·毛泽东谈文论史全编·

顾　问：龙新民　郑欣淼　陈　晋　阎晓宏

评点中国古代辞赋赏析

MAOZEDONG PINGDIAN ZHONGGUO
GUDAI CIFU SHANGXI

毕桂发　主　编

陈锡祥　副主编

中国文史出版社

图书在版编目（CIP）数据

毛泽东评点中国古代辞赋赏析 / 毕桂发主编 . -- 北京 : 中国文史出版社 , 2023.12
（毛泽东谈文论史全编）

ISBN 978-7-5205-4568-6

Ⅰ . ①毛… Ⅱ . ①毕… Ⅲ . ①毛泽东著作研究②赋 – 文学欣赏 – 中国 – 古代

Ⅳ . ① A841.68 ② I207.224

中国国家版本馆 CIP 数据核字 (2023) 第 244902 号

责任编辑：窦忠如

特约编辑：王德俊　　窦广利　　赵增越　　张幼平　　邓文华　　张永俊

出版发行：中国文史出版社

社　　址：北京市海淀区西八里庄路 69 号院　邮编：100142

电　　话：010-81136606　81136602　81136603（发行部）

传　　真：010-81136655

印　　装：廊坊市海涛印刷有限公司

经　　销：全国新华书店

开　　本：787 毫米 × 1092 毫米　1/16

印　　张：25.75

字　　数：382 千字

版　　次：2024 年 1 月北京第 1 版

印　　次：2024 年 8 月第 3 次印刷

定　　价：88.00

总　序

2023 年 12 月 26 日，是中国人民的伟大领袖毛泽东同志诞辰 130 周年。经过多年酝酿策划和组织编撰，我们于今年正式出版发行《毛泽东谈文论史全编》（以下简称《全编》）以示隆重纪念。

十年前，习近平总书记在纪念毛泽东同志诞辰 120 周年座谈会上的重要讲话中指出："毛泽东同志是伟大的马克思主义者，是伟大的无产阶级革命家、战略家、理论家，是马克思主义中国化的伟大开拓者，是近代以来中国伟大的爱国者和民族英雄，是党的第一代领导核心，是领导中国人民彻底改变自己命运和国家面貌的一代伟人。"同时，毛泽东同志又是世所公认的伟大的文学家、史学家、诗人和作家。在深入学习贯彻党的二十大精神、纪念毛泽东同志诞辰 130 周年的重要时间节点上，组织编撰出版这一大型项目图书，为人们缅怀毛泽东同志的丰功伟绩，学习毛泽东同志的伟人品格、政治智慧和文化思想，提供了一套非常重要的文化历史资料；对于弘扬中华优秀传统文化，学习贯彻党的二十大报告中关于"推进文化自信自强，铸就社会主义文化新辉煌"的重要精神，具有十分宝贵的启示和积极的意义。

在组织编撰这部大型项目图书的过程中，我们坚持以习近平新时代中国特色社会主义思想为指导，认真学习党中央关于历史问题的三个决议精神，特别是十九届六中全会通过的《中共中央关于党的百年奋斗重大成就和历史经验的决议》精神，对全部书稿的政治观点和思想内容进行了认真把关，使其符合三个决议精神，也符合习近平总书记十年来有关论述毛泽东同志历史功绩和毛泽东思想指导地位的重要讲话精神，以及关于学习党史国史和弘扬中华传统文化的重要讲话精神。

《全编》计 27 种 40 册 1500 万字。编撰者耗费数十年心血收集、整理、阐析、赏评，把毛泽东在各个时期的文章、诗词、书信、讲话、谈话中引用、化用、批注、圈阅、点评、编选的古今人物和文史作品，把毛泽东传记、年谱、回忆录中提及或引用和评点的古今人物和文史作品，即使片言只语、寸缣尺楮也收集入册，希望能够集散为专、分门别类，尽量避免遗珠之憾，力求内容全面系统、表述科学客观。

这部《全编》有以下几个特点：

资料齐全。毛泽东同志一生酷爱读书，可以说是博览群书、通古贯今。他曾说："饭可以一日不吃，觉可以一日不睡，书不可以一日不读。"他熟读《二十四史》《资治通鉴》等中国历代著名历史著作，熟读中国历代优秀的诗词文学作品，且不动笔墨不读书，读书时做了大量批注和圈画，还常常在自己的文章、诗词、讲话、谈话中引经据典、巧妙运用，真可谓博学约取、学以致用。这就给我们留下了浩如烟海的珍贵史料。在编著这部《全编》时，我们想最大限度地收集、整理、汇编其所涵盖的各个方面的文献史料，力争做到文献可靠、史料精准，可读性、知识性和趣味性兼具，使其成为研究毛泽东思想特别是毛泽东文化思想的重要资料。

分类精细。毛泽东同志喜欢中国古代文学，阅读、圈评了大量各类体式的文学作品，他的诗词创作尤为脍炙人口。因此，收录《全编》中关于毛泽东同志的文史资料，浩瀚如海，编撰者都进行了认真严格的划分整理，将其分三辑，文学类就有两辑，所占分量最大。比如，编撰者将其细分为评点名诗、名词、散曲、辞赋、小说、散文、戏曲的"毛泽东同志评点中国传统文化赏析"7 种 19 册，以及《跟着毛泽东学诗词》《毛泽东诗话》《周世钊论毛泽东诗词》《毛泽东致周世钊书信手迹》与毛泽东读唐诗、宋词、元曲、古文等的"毛泽东与中国诗词曲赋"8 种 9 册。

评述允当。在这部《全编》中，编撰者将每篇作品分为毛泽东评点、人物、事件评述或毛泽东评点、原文和赏析，力求评述或赏析允妥、适当，即深刻理解毛泽东原文含义，紧扣毛泽东的评点，不作过多发挥，文字力求简明生动。同时，编撰者注重史料收集整理的文献性，兼顾知识性和趣味性，这就使得这部大型项目图书兼具很强的可读性。

这部《全编》还有一个最突出的重要特点，那就是比较集中地梳理和呈现了毛泽东同志的历史自信和文化自信。习近平总书记在纪念毛泽东同志诞辰 120 周年座谈会上的讲话中明确指出，毛泽东同志"是马克思主义中国化的伟大开拓者，是近代以来中国的爱国者和民族英雄"。这个评价反映在毛泽东同志学习和运用、继承和发展中华优秀传统文化方面，鲜明地体现为他的历史自信和文化自信。因此，我们认为这部《全编》的编撰出版，有益于读者更深入体会党的二十大报告论述的"坚持和发展马克思主义，必须同中华优秀传统文化相结合"的重大论断。在这部《全编》中，有关毛泽东圈阅、评点历史人物和文史作品的材料，就很具体地体现了他作为"马克思主义中国化的伟大开拓者"，是如何运用马克思主义的世界观和方法论，去激活中华优秀传统文化的；又是如何通过继承、运用和发挥中华优秀传统文化，为坚持和发展马克思主义提供深厚滋养的。

《全编》除了引用毛泽东同志的相关评点外，主要篇幅是介绍、叙述和评论毛泽东同志评点的对象即历史人物和文史作品，所引毛泽东的评点内容都出自公开的出版物并注明出处。从目前已出版的各类关于毛泽东同志的书籍来看，这是目前更加全面系统反映伟人毛泽东同志的一部大型丛书，但每册又可独立成书，以满足不同读者的阅读喜好与多样需求。当然，限于编撰者的水平和时间，这部《全编》的体例编排和文字表述等方面还有改进和完善空间，恳请专家学者和广大读者朋友不吝批评指正。

《毛泽东谈文论史全编》编委会

2023 年 12 月 18 日

目　录

楚　辞

屈　原 ……………………………………………………… 2

　离　骚 …………………………………………………… 3

　九　歌 …………………………………………………… 29

　　东皇太一 ……………………………………………… 29

　　云中君 ………………………………………………… 32

　　湘　君 ………………………………………………… 34

　　湘夫人 ………………………………………………… 39

　　大司命 ………………………………………………… 44

　　少司命 ………………………………………………… 47

　　东　君 ………………………………………………… 51

　　河　伯 ………………………………………………… 55

　　山　鬼 ………………………………………………… 57

　　国　殇 ………………………………………………… 61

　　礼　魂 ………………………………………………… 65

赋

先秦赋

宋 玉 ⋯⋯⋯⋯⋯⋯⋯⋯⋯⋯⋯⋯⋯⋯⋯⋯⋯⋯⋯⋯⋯⋯⋯ 68

　风 赋 ⋯⋯⋯⋯⋯⋯⋯⋯⋯⋯⋯⋯⋯⋯⋯⋯⋯⋯⋯⋯⋯ 69

　高唐赋 并序 ⋯⋯⋯⋯⋯⋯⋯⋯⋯⋯⋯⋯⋯⋯⋯⋯⋯ 73

　神女赋 并序 ⋯⋯⋯⋯⋯⋯⋯⋯⋯⋯⋯⋯⋯⋯⋯⋯⋯ 84

　登徒子好色赋 ⋯⋯⋯⋯⋯⋯⋯⋯⋯⋯⋯⋯⋯⋯⋯⋯ 93

　对楚王问 ⋯⋯⋯⋯⋯⋯⋯⋯⋯⋯⋯⋯⋯⋯⋯⋯⋯⋯ 100

　大言赋 ⋯⋯⋯⋯⋯⋯⋯⋯⋯⋯⋯⋯⋯⋯⋯⋯⋯⋯⋯⋯ 104

两汉赋

贾 谊 ⋯⋯⋯⋯⋯⋯⋯⋯⋯⋯⋯⋯⋯⋯⋯⋯⋯⋯⋯⋯⋯⋯⋯ 108

　吊屈原赋 并序 ⋯⋯⋯⋯⋯⋯⋯⋯⋯⋯⋯⋯⋯⋯⋯ 108

　鵩鸟赋 ⋯⋯⋯⋯⋯⋯⋯⋯⋯⋯⋯⋯⋯⋯⋯⋯⋯⋯⋯⋯ 115

　七 发 ⋯⋯⋯⋯⋯⋯⋯⋯⋯⋯⋯⋯⋯⋯⋯⋯⋯⋯⋯⋯ 123

司马相如 ⋯⋯⋯⋯⋯⋯⋯⋯⋯⋯⋯⋯⋯⋯⋯⋯⋯⋯⋯ 148

　梁王菟园赋 ⋯⋯⋯⋯⋯⋯⋯⋯⋯⋯⋯⋯⋯⋯⋯⋯⋯ 148

傅 毅 ⋯⋯⋯⋯⋯⋯⋯⋯⋯⋯⋯⋯⋯⋯⋯⋯⋯⋯⋯⋯⋯⋯ 156

　舞赋 并序 ⋯⋯⋯⋯⋯⋯⋯⋯⋯⋯⋯⋯⋯⋯⋯⋯⋯⋯ 156

王 粲 ⋯⋯⋯⋯⋯⋯⋯⋯⋯⋯⋯⋯⋯⋯⋯⋯⋯⋯⋯⋯⋯⋯ 167

　登楼赋 ⋯⋯⋯⋯⋯⋯⋯⋯⋯⋯⋯⋯⋯⋯⋯⋯⋯⋯⋯⋯ 167

魏晋赋

曹 植 ⋯⋯⋯⋯⋯⋯⋯⋯⋯⋯⋯⋯⋯⋯⋯⋯⋯⋯⋯⋯⋯⋯ 173

　七启 并序 ⋯⋯⋯⋯⋯⋯⋯⋯⋯⋯⋯⋯⋯⋯⋯⋯⋯⋯ 173

陆　机 ………………………………………… 197
　　文赋　并序 ………………………………… 198

左　思 ………………………………………… 214
　　吴都赋 ……………………………………… 214

木　华 ………………………………………… 257
　　海　赋 ……………………………………… 257

张　协 ………………………………………… 269
　　七　命 ……………………………………… 269

南北朝赋

谢惠连 ………………………………………… 297
　　雪　赋 ……………………………………… 297

谢　庄 ………………………………………… 307
　　月　赋 ……………………………………… 307

江　淹 ………………………………………… 316
　　恨　赋 ……………………………………… 316
　　别　赋 ……………………………………… 324

庾　信 ………………………………………… 336
　　枯树赋 ……………………………………… 337

唐宋赋

李　白 ………………………………………… 345
　　大猎赋并序 ………………………………… 346

韩　愈 ………………………………………… 360
　　感二鸟赋 …………………………………… 360
　　复志赋　并序 ……………………………… 366

闵己赋 ··· 373

李 翱 ··· 378
　　幽怀赋 ··· 378

周敦颐 ··· 383
　　拙　赋 ··· 383

苏 轼 ··· 385
　　赤壁赋 ··· 386
　　菜羹赋 ··· 392

王夫之 ··· 396
　　双鹤瑞舞赋并序 ·································· 396

后　记 ··· 403

楚辞

屈　原

屈原（约前339—约前278），名平，字原，又自云名正则，字灵均，丹阳（今湖北秭归）人。战国时期楚国伟大的浪漫主义诗人、政治家。

屈原初辅楚怀王，做过左徒、三闾大夫。他主张彰名法度，举贤任能，改革政治，东联齐国，西抗强秦。起初屈原很受怀王重用，怀王让他"造为宪令"，即主持国家政令的起草、宣布等事项，并先后两次出使齐国。在同旧贵族子兰、靳尚等人的斗争中，遭谗去职。顷襄王时被放逐，长期流浪于沅、湘流域，比较接近人民生活，对黑暗现实愈益不满，但始终把振兴楚国、统一天下的政治理想寄托在楚王身上。后因楚国的政治更加腐败，首都郢（今湖北江陵西北）亦被秦兵攻破，他既无力挽救楚的灭亡，又深感政治理想无法实现，遂投汨（mì 密）罗江而死。

屈原的作品，根据刘向、刘歆父子的校定和王逸的注本，有25篇，即《离骚》1篇，《天问》1篇，《九歌》11篇，《九章》9篇，《远游》《卜居》《渔父》各1篇。大体说来，《离骚》《天问》《九歌》可以作为屈原作品三种类型的代表。《九章》《远游》《卜居》《渔父》《招魂》《大招》，其内容与风格可与《离骚》列为一组，大都是有事可据，有义可陈，重在表现作者内心的情愫。《离骚》是屈原以自己的理想、遭遇、痛苦、热情以至整个生命熔铸而成的宏伟诗篇。《九歌》是楚国祀神乐曲，经屈原加工、润色而成，充满浓郁的生活气息。

屈原的作品色彩艳丽，情思馥郁，气势奔放，表现了与以《诗经》为代表的北方文学不同的特色。"屈原诸骚皆书楚语、作楚声、纪楚地、名楚物，故可谓之楚辞。"（黄伯恩《翼骚序》）从体制上看，屈原以前的诗歌大多篇幅短小，而屈原发展的长篇巨制，《离骚》一篇就有2400多字。在表现手法上，屈原把赋、比、兴巧妙地糅合成一体，大量运用"香草美人"的比兴手法，把抽象的品德、意识和复杂的现实生活生动形象地表现出来。在语言形式上，屈原作品突破了《诗经》以四字句为主的格局，每句五、六、七、八、九不等，也有三字、十字句的，句法参差错落，灵活多变；句中句尾多用"兮"字，以及"之""于""乎""夫""而"等虚字，造成起伏跌宕、一唱三叹的韵致。总之，屈原的作品从内容到形式都极富创造性。

屈原对后世的影响很大。汉代的赋家无不受"楚辞"的影响，汉以后"绍骚"之作，历代都有。新兴的五、七言诗都和楚骚有关。这是屈原文学的直接影响。此外，以屈原生平事迹为题材的诗、词、曲、戏曲、琴辞、大曲、话本、绘画等，也难以数计。所以鲁迅称屈原作品"逸响伟辞，卓绝一世"，"其影响于后来之文章，乃甚或在'三百篇'以上"（《汉文学史纲要》）。

《汉书·艺文志》著录《屈原赋》25篇，其书久佚，后代所见屈原作品，皆出自刘向辑集的《楚辞》。

【原文】

离　骚

帝高阳之苗裔兮，朕皇考曰伯庸⁽¹⁾。摄提贞于孟陬兮，惟庚寅吾以降⁽²⁾。皇览揆余初度兮，肇锡余以嘉名⁽³⁾。名余曰正则兮，字余曰灵均⁽⁴⁾。

纷吾既有此内美兮，又重之以修能⁽⁵⁾。扈江离与辟芷兮，纫秋兰以为佩⁽⁶⁾。汩余若将不及兮，恐年岁之不吾与⁽⁷⁾。朝搴阰之木兰兮，夕揽洲之宿莽⁽⁸⁾。日月忽其不淹兮，春与秋其代序⁽⁹⁾。惟草木之零落兮，恐美人之迟暮⁽¹⁰⁾。不抚壮而弃秽兮，何不改乎此度⁽¹¹⁾？乘骐骥以驰骋兮，来吾道夫先路⁽¹²⁾！

昔三后之纯粹兮，固众芳之所在⁽¹³⁾。杂申椒与菌桂兮，岂惟纫夫蕙茝⁽¹⁴⁾？彼尧舜之耿介兮，既遵道而得路⁽¹⁵⁾。何桀纣之猖披兮，夫惟捷径以窘步⁽¹⁶⁾。惟夫党人之偷乐兮，路幽昧以险隘⁽¹⁷⁾。岂余身之惮殃兮？恐皇舆之败绩⁽¹⁸⁾。忽奔走以先后兮，及前王之踵武⁽¹⁹⁾。荃不察余之中情兮，反信谗而齐怒⁽²⁰⁾。余固知謇謇之为患兮，忍而不能舍也⁽²¹⁾。指九天以为正兮，夫惟灵脩之故也⁽²²⁾。曰黄昏以为期兮，羌中道而改路⁽²³⁾。初既与余成言兮，后悔遁而有他⁽²⁴⁾。余既不难夫离别兮，伤灵脩之数化⁽²⁵⁾。

余既滋兰之九畹兮，又树蕙之百亩⁽²⁶⁾。畦留夷与揭车兮，杂杜衡与芳芷⁽²⁷⁾。冀枝叶之峻茂兮，愿俟时乎吾将刈⁽²⁸⁾。虽萎绝其亦何伤兮，哀众芳之芜秽⁽²⁹⁾。

众皆竞进以贪婪兮，凭不厌乎求索⁽³⁰⁾。羌内恕己以量人兮，各兴心而嫉妒⁽³¹⁾。忽驰骛以追逐兮，非余心之所急⁽³²⁾。老冉冉其将至兮，恐修名之不立⁽³³⁾。朝饮木兰之坠露兮，夕餐秋菊之落英⁽³⁴⁾。苟余情其信姱以练要兮，长顑颔亦何伤⁽³⁵⁾。擥木根以结茝兮，贯薜荔之落蕊⁽³⁶⁾。矫菌桂以纫蕙兮，索胡绳之纚纚⁽³⁷⁾。謇吾法夫前修兮，非世俗之所服⁽³⁸⁾。虽不周于今之人兮，愿依彭咸之遗则⁽³⁹⁾。

长太息以掩涕兮，哀民生之多艰⁽⁴⁰⁾。余虽好修姱以鞿羁兮，謇朝谇而夕替⁽⁴¹⁾。既替余以蕙纕兮，又申之以揽茝⁽⁴²⁾。亦余心之所善兮，虽九死其犹未悔⁽⁴³⁾。怨灵脩之浩荡兮，终不察夫民心⁽⁴⁴⁾。众女嫉余之蛾眉兮，谣诼谓余以善淫⁽⁴⁵⁾。固时俗之工巧兮，偭规矩而改错⁽⁴⁶⁾。背绳墨以追曲兮，竞周容以为度⁽⁴⁷⁾。忳郁邑余侘傺兮，吾独穷困乎此时也⁽⁴⁸⁾！宁溘死以流亡兮，余不忍为此态也⁽⁴⁹⁾。鸷鸟之不群兮，自前世而固然⁽⁵⁰⁾。何方圆之能周兮，夫孰异道而相安⁽⁵¹⁾？屈心而抑志兮，忍尤而攘诟⁽⁵²⁾。伏清白以死直兮，固前圣之所厚⁽⁵³⁾。

悔相道之不察兮，延伫乎吾将反⁽⁵⁴⁾。回朕车以复路兮，及行迷之未远⁽⁵⁵⁾。步余马于兰皋兮，驰椒丘且焉止息⁽⁵⁶⁾。进不入以离尤兮，退将复修吾初服⁽⁵⁷⁾。制芰荷以为衣兮，集芙蓉以为裳⁽⁵⁸⁾。不吾知其亦已兮，苟余情其信芳⁽⁵⁹⁾。高余冠之岌岌兮，长余佩之陆离⁽⁶⁰⁾。芳与泽其杂糅兮，惟昭质其犹未亏⁽⁶¹⁾。忽反顾以游目兮，将往观乎四荒⁽⁶²⁾。佩缤纷其繁饰兮，芳菲菲其弥章⁽⁶³⁾。民生各有所乐兮，余独好修以为常⁽⁶⁴⁾。虽体解吾犹未变兮，岂余心之可惩⁽⁶⁵⁾！

女媭之婵媛兮，申申其詈予⁽⁶⁶⁾。曰："鲧婞直以亡身兮，终然殀乎羽之野⁽⁶⁷⁾。汝何博謇而好修兮，纷独有此姱节⁽⁶⁸⁾？薋菉葹以盈室兮，判独离而不服⁽⁶⁹⁾。众不可户说兮，孰云察余之中情⁽⁷⁰⁾？世并举而好朋兮，夫何茕独而不予听⁽⁷¹⁾！

依前圣以节中兮，喟凭心而历兹⁽⁷²⁾。济沅湘以南征兮，就重华而陈词⁽⁷³⁾："启《九辩》与《九歌》兮，夏康娱以自纵⁽⁷⁴⁾。不顾难以图后兮，五子用失乎家巷⁽⁷⁵⁾。羿淫游以佚畋兮，又好射夫封狐⁽⁷⁶⁾。固乱流其鲜终兮，浞又贪夫厥家⁽⁷⁷⁾。浇身被服强圉兮，纵欲而不忍⁽⁷⁸⁾。日康娱而自忘兮，厥首用夫颠陨⁽⁷⁹⁾。夏桀之常违兮，乃遂焉而逢殃⁽⁸⁰⁾。后辛之菹醢兮，殷宗用而不长⁽⁸¹⁾。汤禹俨而祗敬兮，周论道而莫差⁽⁸²⁾。举贤而授能兮，循绳墨而不颇⁽⁸³⁾。皇天无私阿兮，览民德焉错辅⁽⁸⁴⁾。夫维圣哲以茂行兮，苟得用此下土⁽⁸⁵⁾。瞻前而顾后兮，相观民之计极⁽⁸⁶⁾。夫孰非义而可用兮，孰非善而可服⁽⁸⁷⁾？阽余身而危死兮，览余初其犹未悔⁽⁸⁸⁾。不量凿而正枘兮，固前修以菹醢⁽⁸⁹⁾。曾歔欷余郁邑兮，哀朕时之不当⁽⁹⁰⁾。揽茹蕙以掩涕兮，沾余襟之浪浪⁽⁹¹⁾。

跪敷衽以陈辞兮，耿吾既得此中正⁽⁹²⁾。驷玉虬以乘鹥兮，溘埃风余上征⁽⁹³⁾。朝发轫于苍梧兮，夕余至乎县圃⁽⁹⁴⁾。欲少留此灵琐兮，日忽忽其将暮⁽⁹⁵⁾。吾令羲和弭节兮，望崦嵫而勿迫⁽⁹⁶⁾。路曼曼其修远兮，吾将上下而求索⁽⁹⁷⁾。饮余马于咸池兮，总余辔乎扶桑⁽⁹⁸⁾。折若木以拂日兮，聊逍遥以相羊⁽⁹⁹⁾。前望舒使先驱兮，后飞廉使奔属⁽¹⁰⁰⁾。鸾鸟为余先戒兮，雷师告余以未具⁽¹⁰¹⁾。吾令凤鸟飞腾兮，继之以日夜。飘风屯其相离兮，帅云霓而来御⁽¹⁰²⁾。纷总总其离合兮，斑陆离其上下⁽¹⁰³⁾。吾令帝阍开关兮，倚阊阖而望予⁽¹⁰⁴⁾。时暧暧其将罢兮，结幽兰而延伫⁽¹⁰⁵⁾。世溷浊而不分兮，好蔽美而嫉妒⁽¹⁰⁶⁾。

朝吾将济于白水兮，登阆风而绁马⁽¹⁰⁷⁾。忽反顾以流涕兮，哀高丘之无女⁽¹⁰⁸⁾。溘吾游此春宫兮，折琼枝以继佩⁽¹⁰⁹⁾。及荣华之未落兮，相下女之可诒⁽¹¹⁰⁾。吾令丰隆乘云兮，求宓妃之所在⁽¹¹¹⁾。解佩纕以结言兮，吾令蹇修以为理⁽¹¹²⁾。纷总总其离合兮，忽纬𦈡其难迁⁽¹¹³⁾。夕归次于穷石兮，朝濯发乎洧盘⁽¹¹⁴⁾。保厥美以骄傲兮，日康娱以淫游⁽¹¹⁵⁾。虽信美而无礼兮，来违弃而改求⁽¹¹⁶⁾。览相观于四极兮，周流乎天余乃下。望瑶台之偃蹇兮，见有娀之佚女⁽¹¹⁷⁾。吾令鸩为媒兮，鸩告余以"不好"⁽¹¹⁸⁾。雄鸠之鸣逝兮，余犹恶其佻巧[119]。心犹豫而狐疑兮，欲自适而不可[120]。凤凰既受诒兮，恐高辛之先我[121]。欲远集而无所止兮，聊浮游以逍遥。及少康之未家兮，留有虞之二姚[122]。理弱而媒拙兮，恐导言之不固[123]。世溷浊而嫉贤兮，好蔽美而称恶。闺中既已邃远兮，哲王又不寤[124]。怀朕情而不发兮，余焉能忍与此终古[125]！

索藑茅以筳篿兮，命灵氛为余占之[126]。曰："两美其必合兮，孰信修而慕之[127]？思九州之博大兮，岂唯是其有女[128]？"曰："勉远逝而无狐疑兮，孰求美而释女[129]？何所独无芳草兮，尔何怀乎故宇[130]？世幽昧以眩曜兮，孰云察余之善恶[131]？民好恶其不同兮，惟此党人其独异[132]。户服艾以盈要兮，谓幽兰其不可佩[133]。览察草木其犹未得兮，岂珵美之能当[134]？苏粪壤以充帏兮，谓申椒其不芳[135]"。

欲从灵氛之吉占兮，心犹豫而狐疑。巫咸将夕降兮，怀椒糈而要之[136]。百神翳其备降兮，九嶷缤其并迎[137]。皇剡剡其扬灵兮，告余以吉故[138]。曰"勉升降以上下兮，求矩矱之所同[139]。汤禹俨而求合兮，挚、咎繇而能调[140]。苟中情其好修兮，又何必用夫行媒。说操筑于傅岩兮，武丁用而不疑[141]。吕望之鼓刀兮，遭周文而得举[142]。宁戚之讴歌兮，齐桓闻以该辅[143]。及年岁之未晏兮，时亦犹其未央[144]。恐鹈鴂之先鸣兮，使夫百草为之不芳[145]"。

何琼佩之偃蹇兮，众薆然而蔽之[146]。惟此党人之不谅兮，恐嫉妒而折之[147]。时缤纷其变易兮，又何可以淹留[148]？兰芷变而不芳兮，荃蕙化而为茅。何昔日之芳草兮，今直为此萧艾也[149]？岂其有他故兮，莫好修之害也！余以兰为可恃兮，羌无实而容长[150]。委厥美以从俗兮，苟得列乎众芳[151]。椒专佞以慢慆兮，樧又欲充夫佩帏[152]。既干进而务入兮，又何芳之能祗[153]？固时俗之流从兮，又孰能无变化[154]？览椒兰其若兹兮，又况揭车与江离[155]？惟兹佩之可贵兮，委厥美而历兹[156]。芳菲菲而难亏兮，芬至今犹未沫[157]。和调度以自娱兮，聊浮游而求女[158]。及余饰之方壮兮，周流观乎上下[159]。

灵氛既告余以吉占兮，历吉日乎吾将行[160]。折琼枝以为羞兮，精琼爢以为粻[161]。为余驾飞龙兮，杂瑶象以为车[162]。何离心之可同兮，吾将远逝以自疏⁽¹⁶³⁾。邅吾道夫昆仑兮，路修远以周流⁽¹⁶⁴⁾。扬云霓之晻蔼兮，鸣玉鸾之啾啾⁽¹⁶⁵⁾。朝发轫于天津兮，夕余至乎西极⁽¹⁶⁶⁾。凤皇翼其承旂兮，高翱翔之翼翼⁽¹⁶⁷⁾。忽吾行此流沙兮，遵赤水而容与⁽¹⁶⁸⁾。麾蛟龙使梁津兮，诏西皇使涉予⁽¹⁶⁹⁾。路修远以多艰兮，腾众车使径待⁽¹⁷⁰⁾。路不周以左转兮，指西海以为期⁽¹⁷¹⁾。屯余车其千乘兮，齐玉轪而并驰⁽¹⁷²⁾。驾八龙之蜿蜿兮，载云旗之委蛇⁽¹⁷³⁾。抑志而弭节兮，神高驰之邈邈⁽¹⁷⁴⁾。奏九歌而舞韶兮，聊假日以婾乐⁽¹⁷⁵⁾。陟升皇之赫戏兮，忽临睨夫旧乡⁽¹⁷⁶⁾。仆夫悲余马怀兮，蜷局顾而不行⁽¹⁷⁷⁾。

乱曰：已矣哉⁽¹⁷⁸⁾！国无人莫我知兮，又何怀乎故都⁽¹⁷⁹⁾？既莫足与为美政兮，吾将从彭咸之所居⁽¹⁸⁰⁾！

【毛泽东评点】

毛泽东十分喜爱屈原的作品，早在1913年在湖南第一师范读书时，就曾在自己的课堂笔记《讲堂录》中，用工整的小楷抄录了《离骚》《九歌》全文，在《离骚》正文的天头上，写有各节的提要。

1915年5月，他和罗章龙初次见面交谈三个多小时，毛泽东"对《离骚》颇感兴趣，主张对《离骚》赋予新评价"。为了纪念这次会见，罗章龙写诗以纪其事，其中提到"策喜长沙傅，骚怀楚屈平"。

1951年7月，毛泽东邀请老朋友周世钊、蒋竹如在中南海里划船，称赞"《左传》《楚辞》虽是古董，但都是历史，也还有一读的价值"。

1957年，他请人把各种版本的《楚辞》及有关《楚辞》和屈原的著作五十余种收集来阅读。

1958年3月成都会议期间，毛泽东在提倡干部要讲真话时，说屈原是敢讲真话的人，敢于为原则而斗争，虽然不得志。

1958年张治中陪毛泽东在安徽视察工作时，毛泽东劝张治中读《楚辞》，并推荐说："那是本好书，我介绍给你看看。"

他在1月12日致人的一封信中还写道："我今晚又读了一遍《离骚》，有所领会，心中喜悦。"

1959年8月16日，他在《关于枚乘〈七发〉》一文中指出："骚体是有民主色彩的，属于浪漫主义流派，对腐败的统治者投以批判的匕首。屈原高据上游。"

1959 年、1961 年他两次要楚辞，还特别指明要人民文学出版社影印的宋版王逸《楚辞集注》。在这期间，毛泽东外出带去的各种书籍中，也有《楚辞集注》和《屈宋古音义》。

他在 1959 年 12 月至 1960 年 2 月读苏联《政治经济学》（教科书）的谈话中说："屈原如果继续做作官，他的文章就没有了，正是因为开除'官籍'，'下放劳动'，才有可能接近生活，才有可能产生《离骚》这样好的文学作品。"1972 年中日邦交正常化，日本首相田中角荣访华，毛泽东把一套线装《楚辞集注》作为贵重礼物送给他。

在一本明人陈第撰写的《屈宋古音义》中，毛泽东用红蓝铅笔，对《离骚》中的一些段落作了圈画。如："汩余若将不及兮，恐年岁之不吾与。朝搴阰之木兰兮，夕揽洲之宿莽。日月忽其不淹兮，春与秋其代序。惟草木之零落兮，恐美人之迟暮。……忽驰骛以追逐兮，非余心之所及。老冉冉其将至兮，恐修名之不立。……长太息以掩涕兮，哀民生之多艰。余虽好修姱以鞿羁兮，謇朝谇而夕替。……怨灵修之浩荡兮，终不察夫民心。众女嫉余之蛾眉兮，谣诼谓余以善淫。……朝发轫于苍梧兮，夕余至乎县圃。……吾令羲和弭节兮，望崦嵫而勿迫。路漫漫（曼曼）其修远兮，吾将上下而求索。……陟升皇之赫戏兮，忽临睨夫旧乡。仆夫悲余马怀兮，蜷局顾而不行。"以上每句末，毛泽东都作了圈画。

——张贻玖：《毛泽东评点圈阅的中国古典诗词》，中国工人出版社 1992 年版，第 29—30 页。

毛泽东曾用行书书写"帝高阳之苗裔兮……夫惟捷径以窘步"。还用小楷书写"帝高阳之苗裔兮……余既滋兰之九畹兮"。

——中央档案馆编：《毛泽东书选集·古诗词（上）》，北京出版社 1996 年版，第 14—18 页。

1949 年 12 月，毛泽东在赴苏访问的火车上，与苏方陪同的汉学家费德林有过一次有关中国诗歌的谈话，其中谈到屈原，费德林称屈原为"第一位有创作个性的诗人"。毛泽东说:"屈原生活过的地方我相当熟悉,也是我的家乡么。所以我们对屈原,对他的遭遇和悲剧特别有感受。我们就生活在他流放过的那片土地上,我们是这位天才诗人的后代,我们对他的感情特别深切。"费德林分析屈原所处的时代时说:"历史上任何一个伟大变革都会产生一些悲欢离合的故事。至于屈原,政治变迁是他个人的不幸。屈原艰苦地走过他的时代。他忧国忧民,力求挽救楚国的危亡。"毛泽东说:"连年战乱使国家凋敝,民不聊生,楚国灭亡了,这是事情的一个方面。接着开始了另一个历史过程,就是把那些分散的、互相争权夺利、争战不休的诸侯王国统一起来的过程,这个过程是不以人的意志为转移的。最后,它以秦始皇统一中国而告终,从而形成第一个集中统一的帝国。这对中国的命运产生了重要作用。这是事情的另一方面。"抚今追昔,毛泽东一往情深地说:"是的,这些都发生在我的故乡湖南,发生在屈原殉难的土地——长沙。因为这个缘故,屈原的名字对我们更为神圣。他不仅是古代的天才歌手,而且是一名伟大的爱国者:无私无畏,勇敢高尚。他的形象保留在每个中国人的脑海里。无论在国内国外,屈原都是一个不朽的形象。我们就是生命长存的见证。"

——(俄)费德林:《我所接触的中苏领导人》,第15—28页,新华出版社1995年版。

1954年10月26日,毛泽东在会见访华即将回国的印度总理尼赫鲁时,引屈原《九歌·少司命》中"悲莫悲兮生别离,乐莫乐兮新相知"的诗句,恰如其分地表达了对客人的心情。接着他向尼赫鲁介绍说:"屈原是中国一位伟大的诗人,他在二千多年前写了许多爱国的诗篇,政府对他不满,把他放逐了。最后屈原没有出路,就投河而死。后来中国人民就把他死的一天作为节日。人们吃粽子,并把它投入河里喂鱼,使鱼吃饱了不伤害屈原。"

——陈晋:《骚怀楚屈平》,载《瞭望》1991年第35期。

【注释】

（1）高阳，上古帝王颛顼（zhuān xū 专虚）的称号。相传颛顼为黄帝之孙，初国高阳，因以为氏。颛顼的后人熊绎被周成王封为楚子，传国至熊通，始称王，即楚武王。武王子瑕食采于屈，因以屈为氏，故屈原自称是高阳氏的苗裔。苗裔（yì 义），远末子孙。朱熹曰："远孙也。"朕，我，秦以前的通用第一人称代词。皇，光明。考，对亡父的尊称。

（2）摄提，即摄提格。古代纪年术语，即寅年。又朱熹认为是星名。贞，正。孟陬（zōu 邹），夏历正月，即寅月。庚寅，庚寅日。降，降生。

（3）皇，皇考。览，观察。揆，衡量。初度，初降生时的器度。肇，开始。锡，古通"赐"，送给。嘉名，美好的名字。

（4）正则，公正的法则。正，平。则，法。屈原名平字原，正则隐含"平"义。高平的地叫"原"，灵均，很好的平地，即"原"的含义。

（5）纷，多。内美，内在本质的美。重（chóng 虫），加上。修能，优秀的才能，一说美好的容态。

（6）扈（hù 户），披。江离，香草名，又名蘼芜。离，一作"蓠"。辟，通"僻"。芷（zhǐ 止），白芷，香草名。纫，联缀。

（7）汩（gǔ 鼓），水流迅疾的状态。比喻光阴的流逝。不吾与，"不与吾"的倒文，不等待我。

（8）搴（qiān 牵），拔取。阰（pí 皮），平顶小山。木兰，香木，即辛夷。揽，采。宿莽（mǐ 米），一种经冬不死的香草。

（9）忽，迅速。淹，久留。代，更。序，次。春往秋来，以次相代。

（10）惟，思。美人，指楚怀王。迟暮，年老。

（11）抚，趁。壮，壮年。秽，恶行。此度，这种行为准则，指"不抚壮而弃秽"的态度。一本有"也"字。

（12）骐骥，骏马。比喻治理国家的贤才。来，招呼之语。道，同"导"，引导。夫，语气词。

（13）三后，古代的三位贤君。指黄帝、颛顼、帝喾。一说指楚国的三位先君熊绎、若敖、蚡冒。后，君。众芳，比喻众多有才能的人。

（14）申椒，申地所产之椒。椒，香木名，即花椒。菌桂，桂的一种，香木名。蕙，一说肉桂，香草名。茝，同"芷"，香草名。

（15）尧舜，唐尧、虞舜，传说中的上古贤明君主。耿介，光明正大。道，正途。路，大道。

（16）桀，夏朝的最后一个亡国暴君。纣，商朝最后一个亡国暴君。猖披，穿衣不系带之状，引申为放纵自恣。捷径，斜出的小路，比喻邪路。窘步，困窘失足。

（17）党人。朋比为奸的人，指楚王周围的一群小人。路，指政治道路。

（18）惮，畏惧。殃，灾祸。皇舆，帝王所乘的车子，用来比喻国家。败绩，本指军队大败，兵车倾覆，此比喻国破家亡之祸。

（19）前王，指三后。踵武，足迹。踵，脚后跟。武，足迹。

（20）荃（quán 权），香草名，又叫荪，指代楚怀王。中情，内心。斋（jì 技），怒，本指用猛火烧饭，暴怒。

（21）謇謇（jiǎn 俭），忠言直谏。

（22）九天，九重天。正，证。灵脩，指楚怀王。王逸说："灵，神也；脩，远也。能神明远见者，君德也，故以喻君。"

（23）期，约。羌，却。中道而改路，半途变卦。此二句系《九章·抽思》中相似文句窜入，应删去。详见洪兴祖《楚辞补注》。

（24）成言，彼此约定的话。悔遁，指背弃诺言。有他，有另外的打算。

（25）难，惮，见《释名》。数（shuò 硕）化，屡次变化。

（26）滋，种植。畹（wǎn 碗），田三十亩为一畹，一说十二亩为一畹，一说二十亩为一畹。

（27）畦（qí 其），本指围垄培植的田块，此指按垄种植。王逸注："五十亩为畦也。"留夷、揭车、杜衡、芳芷都是香草名。种植香草，比喻培育贤才。

（28）冀，希望。峻，高大。刈（yì 义），收割。

（29）萎绝，枯死。芜秽，荒秽堕落。

（30）众，指楚怀王的宠臣。竞进，争相钻营。爱财叫贪，爱食叫婪，贪婪指群小的品行污秽。凭，满，楚地方言，索，取。

（31）羌，发语词，楚地方言。恕，揣度。量，衡量。恕己以量人，犹俗语"以小人之心，度君子之腹"。

（32）驰骛（wù 务），马奔走之状。

（33）冉冉（rǎn 染），渐渐。修名，美名。立，成。

（34）落英，初开的花。《尔雅》："落，始也。"英，花。

（35）苟，假如。信，真。姱，美。练要，精粹。顑颔（hán），面色憔悴黄瘦之态。

（36）擥，同"揽"，拔取。木根，木兰之根。结，系。薜荔（bì lì 闭历），常绿藤本植物，又称木莲。蕊，花心。

（37）矫，举起，索，搓绳子。胡绳，香草名，茎叶可以做绳索。纚纚（xǐ 喜），连缀得很整齐的样子。

（38）謇，发语词，楚方言。前修，前代贤人。服，佩带。时俗不肯佩香草，比喻不肯修饰德能。

（39）周，合。彭咸，殷贤大夫，因谏劝国君不听，投水自杀。遗则，留下来的法则，即榜样。

（40）太息，深深叹息。民生，人生。民，人。

（41）靮（jì 机），马缰绳。羁，马络头。靮羁，受牵累。謇（suì 岁），谏诤。替，废。

（42）纕（xiāng 乡），佩带。蕙纕，以蕙草编缀成的带子。申，申斥。

（43）善，崇尚，爱好。九死，多次死亡。九，极言其多。

（44）浩荡，大水横流的样子。比喻楚怀王的恣意妄为。

（45）众女，比喻楚怀王周围的一群宠臣。蛾眉，蚕蛾之须，细长弯曲，因以喻女子美丽而长的眉毛，引申为姿态美好。诼（zhuó 酌），中伤的话。

（46）固，本来。工巧，擅长投机取巧。偭（miǎn 免），违背。规矩，木工的器具，量圆的叫规，量方的叫矩，这里指法度。改错，改变措施。错，通"措"，措施，办法。

（47）绳墨，木工引绳弹墨，用以打直线。这里指法度。曲，邪曲。周容，苟合取容。

（48）忳（tún 屯），烦闷。郁邑，忧愁。侘傺（chā chì 差翅），失意。穷困，境况窘迫。

（49）溘（kè课），死，忽然死去。此态，指"竞周容以为度"，即苟合取容之态。

（50）鸷（zhì至），鸟，鹰隼之类的猛禽。

（51）方，指方的榫头。圆，圆的孔。周，合。孰，哪。异道，志向不同，操守各异。

（52）委屈。抑，遏制。尤，责难。攘（rǎng让），取。诟（gòu购），辱。

（53）伏，抱。伏清白，抱着清白的节操。死直，为直道殉身。

（54）相，观看。延伫，长久站立，指迟疑不去。反，同"返"。

（55）复路，走回头路。及，趁着。行迷，走迷路。

（56）兰皋，长着兰草的水边高地。椒丘，生长椒木的小山。焉，于此，在彼处。

（57）进，仕进。不入，意见不被国君采纳。离尤，获罪。离，同"罹"，遭受。退，离去。初服，当初的服饰，比喻夙志。

（58）芰（jì技），菱。芙蓉，荷花。裳，人上身穿的叫衣，下身穿的叫裳。

（59）不吾知，不了解我。已，罢了。

（60）岌岌，高耸之状。佩，佩饰。陆离，曼长之状。

（61）芳，芳香。泽，一说腐臭的东西。一说指佩玉的光泽。杂糅（róu柔），掺杂糅合在一起。比喻自己与群小共处一朝。

（62）游目，纵目远望。四荒，四方荒远之处。

（63）菲菲，香气扑鼻的样子。弥，更加。章，同"彰"，显著。

（64）乐，爱好。好修，爱好修治。

（65）体解，肢解，古代把人的四肢分割下来的一种酷刑。惩，戒惧。

（66）女媭（xū须），指屈原之姊（王逸说）。许慎《说文》引贾逵说："楚人谓姊为媭。"一说指屈原侍女（郭沫若说）。婵媛（chán yuán）即"啴咺"，呼吸急促之状。申申，狠狠地。詈（lì利），骂，责骂。

（67）鲧（gǔn滚），禹之父。《史记·夏本纪》载尧派鲧治水，九年不成，被舜放逐羽山而死。下句本此。婞（xìng幸），直，刚直倔强。

亡，同"忘"。妖，未终天年而暴死。羽之野，羽山之野。羽山，在今山东蓬莱市东南。

（68）博謇，博学而好直谏。姱节，美好的节操。

（69）薋（cí 词），草多的样子。菉（lù 路），又叫玉刍，恶草。葹（shī 施），又叫苍耳，恶草。判，明显区别。独离，独自抛开。

（70）户说，挨家挨户说服。余，我。

（71）好朋，好结成朋党。茕（qióng 穷），孤独。予，女媭自指。不予听，不听我的话。

（72）节中，折中。喟（kuì 愧），叹息声。凭，愤懑。历兹，至此。

（73）济，渡过。沅、湘，水名，在今湖南境内。重华，舜的名字。传说舜南巡死于途中，葬在九嶷山（今湖南宁远境内），故屈原要渡江南行。

（74）启，夏启，禹的儿子，继禹后做了国君。《九辩》《九歌》，神话传说中的天帝的乐曲，被夏启偷偷带回人间（见《山海经》）。夏康，太康，启的儿子。纵，放纵。一说下句主语仍是启。康娱，安乐。

（75）不顾难，不考虑危难。五子，指太康的五个儿子。用，因。家巷（hōng 哄），家国。太康在外佚游无度，有穷国君后羿夺了他的王位，他的五个儿子也逃离京城，失掉了自己的国家。

（76）羿（yì 义），传说夏代有穷国君，夺取太康政权。淫游，过分贪于游乐。佚畋（yì tián 义田），放纵田猎。封狐，大狐狸。

（77）乱流，淫乱之流。鲜终，少有好的结果。浞（zhuó 酌），寒浞，羿的臣子。浞令其家臣逢蒙射杀了羿，强占了羿妻。厥，同"其"。家（gū 姑），指妻室。

（78）浇（ào 傲），寒浞之子。强圉（yǔ 羽），强壮多力。不忍，不肯自制。

（79）自忘，忘乎所以。厥，其，他的。用夫，因此。夫，语助词。颠陨，坠落。相传寒浞强占了羿的妻子后，终日淫荒无度，生子浇，杀夏后相，后又被相的儿子少康杀死。

（80）夏桀，夏代末代国君。违，邪僻。乃遂焉，于是就。焉，语助词。逢殃，遭祸。传夏桀被汤放于南巢（今安徽省巢县附近）。

（81）后辛，殷纣王，名辛，商代末代国君。菹醢（zū hǎi 租海），把人剁成肉酱。据《史记·殷本纪》记载，纣王杀比干，醢梅伯，终于亡国。殷宗，殷代的祖祀，即殷朝。用，因。

（82）俨，恭敬庄重。祗，敬畏。指商汤、夏禹敬畏天意。周，周朝，指周文王、武王等。论道，议论治国之道。

（83）循绳墨，遵循法度。颇，偏私。

（84）私阿，偏袒。德，感戴。错辅，给予辅佐。错，同"措"。

（85）苟得，才得。用，享有。下土，国土。

（86）相观，仔细观察。计极，根本打算。

（87）孰非义而可用，哪有不义的国君而能享有天下。孰，哪里。用，享有。服，与"用"同义。

（88）阽（diàn 店），临近。危死，险些死去。初，初志。

（89）凿，安榫的木孔。枘（ruì 锐），木榫。前修，前代贤人。

（90）曾，屡次。歔欷，抽泣声。郁邑，忧伤愁闷。时之不当，生不逢时。

（91）茹，柔软。沾，滴湿。浪浪，同"滚滚"，形容泪流不止。

（92）敷，铺。衽（rèn 刃），衣的前襟。耿，光明。中正，中正之道。

（93）驷（sì 四），驾车的四匹马，用作动词，驾。玉虬（qiú 求），白色无角的龙。鹥（yī 衣），凤凰一类的鸟。溘（kè 客），忽然。埃风，掀起尘埃的大风。上征，上天。

（94）轫（rèn 刃），刹住车轮转动的轮前横木。发轫，把横木去掉，即出发。苍梧，即九嶷山，在今湖南宁远县东南，舜葬身地。县（xuán 玄）圃，神话中的山名，在昆仑山顶。县，同"悬"，一作"玄"。

（95）琐（suǒ 所），门窗上刻的连环形花纹。灵琐，仙府。

（96）羲和，神话中为太阳神驾车的人。弭（mǐ 米）节，停车。崦嵫，神话中的山名，日落之处。迫，近。

（97）曼曼，同"漫漫"，路遥远漫长之状。修，长。求索，寻求。

（98）饮（yìn 印），指让马喝水。咸池，神话中太阳洗浴的天池。总，系，结。辔，马缰绳。扶桑，神话中的树名，长在东方日出之处。

（99）若木，神话中的树名，长在西方日落之处。聊，暂且。相羊，同"徜徉"（cháng yáng 常羊），徘徊。

（100）望舒，神话中为月神驾车的人。飞廉，风神。奔属（zhǔ 主），追随。

（101）鸾鸟，凤凰一类的神鸟。先戒，在前面担任警戒。雷师，雷神。

（102）飘风，旋风。屯，聚。相离，相附著。帅，同"率"，率领。云霓，云霞。御（yé 爷），迎接。

（103）纷，盛多。总总，丛簇聚集之状。斑，颜色错杂。陆离，参差错综之状。

（104）帝阍（hūn 昏），天帝的守门人。关，门闩。阊阖（chāng hé 昌河），天门。

（105）暧暧（ài 爱），昏暗不明之状。罢（pí 皮），疲乏。延伫，长久站立。

（106）溷（hún 混）浊，混乱污秽。

（107）白水，神话中的河名，发源于昆仑山。阆（làng 浪）风，神话中的山名，在昆仑山上。緤（xiè 泄），拴，系。

（108）高丘，即阆风。女，指神女。

（109）春宫，神话中东方青帝所居之所。琼枝，玉树。

（110）荣华，容颜。落，衰谢。下女，指下文宓妃、有虞之二姚等。人间之女、自天而言，故称"下女"。诒，同"贻"，赠送。

（111）丰隆，云神。宓（fú 伏）妃，相传是伏羲的女儿，溺死在洛水，后成为洛水之神。

（112）纕（xiāng），佩带，结言，订盟结誓。謇修，伏羲之臣。理，媒人。

（113）纬繣（huà 画），乖戾。难迁，难以改变。

（114）次，止宿。穷石，山名，弱水发源地，相传是后羿所居之地，在今甘肃张掖。神话传说中宓妃和后羿有淫乱关系。濯，洗。洧（wěi 伟）盘，神话中的水名，发源于崦嵫。

（115）保，恃。厥，其，指宓妃。

（116）来，乃。违弃，抛弃。

（117）瑶台，用美玉砌的台。偃蹇，高耸之态。有娀（sōng嵩），有娀氏，原始社会的一个部落。佚女，美女。有娀之佚女，即帝喾妃简狄，生契。契是商朝的祖先。

（118）鸩（zhèn阵），鸟名，羽毛有毒，置于酒中，可致人死命。

（119）鸠，斑鸠。鸣逝，边飞边叫。恶（wù务），厌恶。佻巧，口吻轻薄，巧而不实。

（120）自适，亲自前往。适，往。

（121）受，同"授"，诒，同"贻"，赠给，受诒，致送聘礼。高辛，帝喾的别号。

（122）少康，夏代中兴君主，杀了寒浞和浇等，恢复了夏朝的政权。未家，未成家，即未结婚。有虞，夏代的一个部落名，是舜的后裔，姓姚。二姚，有虞国君的两个女儿。

（123）理弱，介绍人无能。导言，指媒人的说合双方的话。

（124）闺，宫中小门。邃（suì岁）远，深远。哲王，指楚怀王。寤，觉醒。

（125）怀朕情，即"朕怀情"，我怀着忠贞之情。发，抒发，表白。终古，永远。

（126）藑（qióng穷）茅，占卜用的茅草。以，与。筳（tíng亭），小竹棍。篿（zhuān专），相传楚人用灵草编结筳竹以占卜叫作"篿"。灵氛，古代善占卜的人。王逸注："灵氛，古明占吉凶者。"

（127）两美必合，比喻良臣必遇明君。信修，真正美好。慕，爱慕，求。

（128）九州，天下、海内，是指上述神女、宓妃、简狄、二姚所居之地。

（129）远逝，远行。释，放弃。女同"汝"，指屈原。

（130）所，处所。芳草，喻贤君。故宇，故居，指楚国。

（131）幽昧，黑暗。眩曜，迷乱之态。

（132）党人，结党营乱的佞人。独异，独异于众。

（133）户服，家家佩带。艾，恶草名，即白蒿。盈要，满腰。要，同"腰"。

（134）理（chéng 呈），美玉，指琼佩。当，估价。

（135）苏，取。帏，身上佩戴的香囊。

（136）巫咸，上古神巫，名咸。降，降神。糈（xǔ 许），精米。要，通"邀"，迎候。

（137）翳（yì 义），遮蔽。九巍，九巍山，也作九疑，此指九巍山诸神。缤，繁多之状。

（138）皇，指百神。剡剡（yǎn 眼），发光的样子。扬灵，显扬神的灵异，即后世所说显圣。吉放，前代一些君臣遇合的吉事。

（139）升降上下，即上文"上下求索"之意。王逸说："'上'谓君，'下'谓臣；言当自勉强上求明君，下索贤臣。"榘，同"矩"，量方形的工具。矱（huò 获），量长短的工具。榘矱，喻法度。

（140）俨，一作"严"，敬，指律己严正。求合，访求与己志同道合之臣。挚，伊尹的名，汤的贤相。咎繇（gāo yáo 高摇），即皋陶，禹的贤臣。调，协调和谐。

（141）说（yuè 悦），傅说，殷高宗的贤相。筑，版筑，筑墙用的工具。傅岩，在今山西省平陆县东三十五里。武丁，殷高宗的名。

（142）吕望，本姓姜，名尚。因为先代封邑在吕，故又姓吕。鼓刀，动刀，指当屠户。周文，周文王。传说吕望未遇时曾在朝（zhāo 招）歌（今河南淇县）当屠户，年老后钓于渭滨，周文王用为相国。

（143）宁戚，春秋时卫国商人。讴歌，徒歌，即唱歌时没有音乐伴奏。齐桓，齐桓公。该，备。辅，辅佐之臣。相传宁戚经商至齐，桓公夜出，他正在喂牛，便敲着牛角唱歌。桓公便用为客卿，备于辅佐之列。

（144）晏，晚。暎，尽，终了。

（145）鹈鴂(tì jué 提决)，鸟名，一说伯劳，一说杜鹃。百草不芳，鹈鴂鸣，秋天到，则百草零落。《汉书》颜师古注："鹈鴂（音与鹈鴂同）……一名杜鹃，常以立夏鸣，鸣则众芳皆歇。"

（146）偃蹇，困顿失志之状。薆（ài 爱）然，被遮暗的样子。

（147）不谅，不讲信义。折，摧残。之，指佩玉。

（148）缤纷，此处形容错乱而混杂的样子。

（149）萧艾，萧、艾均是蒿类植物，此处代指恶草，喻指不肖之人。

（150）兰，隐指楚怀王的小儿子令尹子兰。可恃，可靠。容长，外表好看。

（151）委，抛弃。厥，其。它。苟，姑且。

（152）椒，暗喻楚大夫子椒。佞，谄谀。慢慆（tāo 滔），傲慢。樧（shā 杀），茱萸一类的草，外形像椒而不香，暗喻楚国一般官僚。佩帏，佩囊。

（153）干，钻营。务，营求。祇，振。

（154）流从，从流的倒文，随波逐流。王逸说："言时世俗人，随从上化，如水之流也。"

（155）若兹，如此。揭车、江离，次等香草，喻一般士大夫。

（156）兹佩，即琼佩，屈原自喻美德。委，当作"秉"，持。委厥美，怀着这种美德。历兹，遭受这种打击。

（157）沫（mí 迷），终止，消失。

（158）和调度，调度使之和谐。"和"指节奏和谐，"调度"，指人在行走时所佩之琼玉的节奏。"调"指玉之铿锵，"度"指步伐整齐。

（159）周流观乎上下，周游天地四方。

（160）历，选择。

（161）羞，脯。精，春精米。麋（mí 糜），细末。琼麋，玉屑。粻（zhāng 张），粮。

（162）瑶，玉石。象，象牙。朱熹说："杂用象玉以饰其车也。"

（163）离心，异志。

（164）邅（zhān 詹），转向，楚地方言。王逸说："楚人名'转'曰'邅'。"

（165）云霓，指画有云霓图案的旌旗。一说以云霓为旗。晻（yǎn 眼）蔼，旌旗遮天蔽日的样子。玉鸾，用玉雕成鸾鸟形的车铃。啾啾，铃声。

（166）天津，银河。西极，西方天尽头。

（167）翼，敬。承，举。旗（qí 奇），画着交叉的龙形旗帜。翱，鸟一上一下地飞。翔，直插云端而鸟身不动。翼翼，和谐的样子，指飞得有节奏。

（168）流沙，西方沙漠地带，传说沙流如水。赤水，神话中的水名，发源于昆仑山。容与，从容不迫的样子。

（169）麾，指挥。梁，桥梁，用作动词，搭桥。津，渡口。诏，命令。西皇，西方的神，相传即少皞氏。涉予，渡我过去。

（170）腾，王逸解作"过"；闻一多解作"传"，即吩咐之意。径待，径相护卫。待，一本作"侍"，侍卫。

（171）不周，神话中的山名，在昆仑山西北。西海，传说中最西方的大海。期，目的地。

（172）屯，聚。乘（shèng圣），四马拉一车为一乘。玉轪（dài代），以玉为饰的车轮。轪，车轮。

（173）蜿蜿，蜿蜒，龙体摆之状。云旗，以云为旗。委蛇（yí怡），同"逶迤"，旗帜飘扬之状。

（174）抑志，控制自己的感情与意志。弭节，节制行进速度。神，心神。邈邈，遥远之状。

（175）韶，《九韶》，舜时的舞乐。假日，借此消闲之日。假，借。媮（yú余）乐，愉乐。媮，通"愉"。

（176）陟（zhì至），上升。皇，指皇天。赫戏，光明的样子。睨（nì逆），旁视。旧乡，故乡，指楚国。

（177）怀，思念。一说作"伤"解。蜷（quán权）局，蜷曲身子。

（178）乱，有二义，文章的结语，撮其大要，彰明题旨；乐歌的最后一章，繁音促节，纷杂交错。已矣哉，算了吧。王逸说："绝望之词。"

（179）无人，没有贤人。莫我知，即"莫知我"，没有人了解我。故都，故国，即楚国。

（180）与，参与。美政，指屈原的政治理想。从彭咸之所居，即投水自杀。

【赏析】

《离骚》不仅是伟大的爱国主义诗人屈原最重要的作品，也是整个《楚辞》最著名的代表作。这首中国文学史上最为宏伟壮丽的政治抒情诗，是屈原以他全部的思想与情感、心血与生命熔铸而成的辉煌巨制，是鲜明的思想倾向与独特的艺术风格完美结合的不朽杰作。两千多年来，它曾打动、激励了无数读者。在古典文学作品中，毛泽东对它也格外垂青，一生不知读过多少次。1958年1月12日深夜，他给江青写信，说他当晚又读了一遍《离骚》，心中喜悦，有所领会。1972年中日邦交正常化，日本首相田中角荣访华，毛泽东接见他时，曾作为贵重礼品，送给他一部《楚辞集注》。毛泽东对屈原评价很高，称他是我国"第一位有创作个性的诗人"，是位"天才诗人""天才歌手""伟大的爱国者"，是"中国一位伟大的诗人"，是"一个不朽的形象"。纵观毛泽东的诗词作品，其中所蕴含的那种奔腾不息的激情和积极浪漫主义精神，也是与屈（原）赋李（白）诗一脉相承的。

关于《离骚》篇名的含义，历来有着许多不同的解释。有解作"罹（遭）忧"的，有解作"别愁"的，有解作"牢骚"的，有解作"劳商"（楚国的一种古曲名）的，众说纷纭，莫衷一是。但诗人明己遭忧作辞、发愤抒情的用心，则是古今人们的普遍共识。

至于《离骚》的创作时间，也是一个古今争议颇多的问题。或说屈原被疏时作，或说屈原第一次被怀王放逐于汉北时作，或说屈原第二次被顷襄王流放于江南时作，或说非一时一地之作，起自怀王，成于顷襄王等。各有根据，都能自成一说。而细绎诗意，从其表现诗人浓重的绝望情绪，及诗中"老冉冉其将至"等语看，当以作于诗人晚年再放江南时较为可信。

这首鸿篇巨作，长达375句，近2500字，如何划分段落，理解诗人情感发展的脉络与层次，历来亦多有分歧。明人王邦采《离骚汇订》据司马迁《史记·屈原贾谊传》："一篇之中，三致志焉"，把全诗分为三大段，现为多数研究者所采纳。每段又可根据内容，分为若干层次。

篇首至"岂余心之可惩"为第一大段，是诗人对自己大半生殚精竭虑、为国奔劳的艰苦奋斗历程的回顾。开头八句为第一节，诗人以赋的手法，自叙其出身世系、生年月日以及得名的由来和名、字的美好含义。表白出身世系，固然是为了显示其身世的高贵，更重要的是点明他与楚国、楚君的关系。清人张德纯《离骚节解》云："首溯与楚同源共本，世为宗臣，便有不能传舍其国、行路其君之意。"这是诗人热爱祖国、忠于祖国的情感基础。在以下的章节中，特别是最后一大段，诗人反复表现其在去留问题上内心深处的矛盾斗争，最后决计效法前贤，以身殉国，考其根源，正出于此。故清人马其昶云："同姓之臣，义无可去，死国之志，已定于此。"（《屈赋微》）而详记生年月日、得名由来及名、字的含义，则是强调自身生来禀赋纯美，这是诗人自尊自重、自爱自强，渴望施展抱负、报效君国的远大理想的原始动因。

"纷吾既有此内美兮"以下十六句为第二节，多用比兴手法，表现诗人积极用世的人生观。诗人先自述他不满足于生而与俱的内在美质，还注重后天的勤奋学习，努力将一切美好的品德、高尚的节操集于自身。由于常感岁月易逝、时不我待，因而"朝搴""夕揽"，积极进取，勤勉自修，使自己的人格不断趋于完善。而这一切，都是为了一个远大的理想、明确的目标，即辅佐君王，振兴楚国。同时，诗人还表达了他对楚国现行政治的不满及改弦易辙、锐意革新的急切之情。

"昔三后之纯粹兮"至"伤灵脩之数化"为第三节，诗人仍多用比兴，叙述了自己的政治主张及事君不合的经过。前八句，诗人首先提出治国之道重在选贤任能的政治观点，接着引征历史事实，以尧舜与桀纣对举，总结正反两方面的经验和教训，证明自己观点的正确。目的是告诫楚王效法先圣，广用英才，遵循正道，迈步康庄，并以昏王暴君为借鉴，避免国灭身亡的可悲下场。中间八句揭示楚国的严酷现实，痛陈自己的不幸遭遇。楚国的一伙奸人，结党营私，朋比为奸，他们一味苟且偷安，把楚国引上了"幽昧""险隘"的危途。作为国之宗亲，王之近臣，诗人自然不能坐视。他根本不以个人的祸福得失为念，而是瞻前顾后，全力为国事奔忙，希图通过自己的努力，匡辅君主，使楚国富强。但昏庸的楚王根本不体察诗人的良苦用心，反而听信谗言，降怒于诗人。这里，诗人点出了他与"党人"尖锐的矛盾冲突。作为《离骚》的又一条主线，在以下的篇章中，诗人用了大量的笔墨，展示了这种矛盾斗争，并多次表明了自己在这场斗争中决不妥协的立场与态度。后十句诗人着重申明自己的心迹，并指责楚王立场不稳、变化无常。诗人首先说他明明知道他的忠言直谏会惹恼君王，给自己带来祸患，但出于对君国的责任感，他不能隐忍不言。接着他指天发誓：这一切都是为了楚王和楚国的前途着想。然后诗人追述了楚王原本是信任他的，也曾有志于在他的辅佐下革新政治，有所作为，但由于"党人"的影响，楚王最终背弃成言，改变了初衷。诗人对自己忠而见疏并不在意，使他无比愤慨和忧伤的是，随着楚王立场的改变而导致诗人振兴楚国的伟大理想的破灭。这一节既体现了诗人"致君尧舜上"的宏伟抱负，也表明了诗人的美好愿望和楚国的客观现实之间所存在的巨大距离。正是这种距离，铸成了诗人悲剧性的命运。本节还初步展示了诗人与"党人"为代表的楚国腐朽势力的尖锐的矛盾和斗争。斗争的第一个回合，是争夺楚王。而楚王"信谗""齌（jì 既）怒""数化"，宣告了诗人的失败。

"余既滋兰之九畹兮"至"哀众芳之芜秽"为第四节，全用比兴手法，着重从青年一代的现状来分析楚国的现实。诗人深知，要实现革新政治、振兴楚国的伟大理想，除了自己的努力和寄希望于楚王之外，还必须教育青年，培植人才，广结同志，造就一批合格的接班人。特别是自己在仕途上失意之后，他把满腔的希望，倾注到了青年一代的身上。他把他们比作兰蕙、揭车、留夷等香花香草，刻意培养他们，希图用自己的进步思想、高尚品德影响他们，一心指望他们健康成长，成为有用之才，帮助自己完成兴国的大业。但在恶劣世风的影响下，这些青年辜负了他的厚望，纷纷丧节变质，致使他的计划落空。因此，诗人不胜痛惜。这样，第二个回合，即诗人与"党人"争夺青年一代的斗争，仍以诗人的失败告终。

"众皆竞进以贪婪兮"至"固前圣之所厚"为第五节，诗人叙述了他在政治斗争中的客观遭遇，并分析其原因。前二十句，诗人愤怒地抨击了"党人"的种种恶劣行径，并表明了自己和他们截然不同的追求。诗人首先直言痛斥"党人"为追逐私利，争先恐后地向上爬，表现得极其贪婪、不知厌足，他们不仅宽恕自己、互相嫉妒，尤为可恶的是，还用自己卑劣的心思，猜度像诗人这样的忠直之士。接着，诗人表明了自己迥异于他们的人生态度，即唯恐老境渐至，不能及时建立美名，并以各种香花香草为喻，表示自己坚持勤奋自修，要将所有的美好品质集于己身，即使是不合世俗的标准，甚至为此付出巨大代价，也在所不惜。中间二十句，诗人悲愤地叙述了他忠而见黜的不幸遭际，同时表白了自己坚持节操，矢志不移的志向。诗人先是叹息掩涕，哀叹人生多艰，接着直述他朝谏夕替的经过和遭贬的原因，并随即表示即使无辜被弃，仍要坚持修身洁行，九死不悔的决心。然后，诗人再次揭露了楚国的黑暗现实，把批判的矛头指向楚王和"党人"；抱怨楚王昏庸暗昧，不辨忠奸；斥责"党人"胡作非为，趋恶背善；感叹自己被诬陷诋毁，蒙冤受屈。并表明自己宁死也决不变节从俗的坚定态度。后八句则集中表达诗人与"党人"誓不两立、坚决斗争的顽强意志和不屈精神。

"悔相道之不察兮"至段末，为第六节，以想象手法，写诗人思想深处的矛盾斗争。前八句言诗人在斗争失败、理想不能实现后，愤然而欲归隐，脱离时俗，寄情山水的念头。中间八句全用比兴，设想退隐之后修洁品德、独善其身的悠闲生活。但归隐既非诗人本意，逃避现实的态度也与诗人个性绝不相容。故后八句言诗人不忍遗世独立，忘怀现实，仍思进取有为，以光明之躯与黑暗势力再作殊死搏斗。这一节表现了诗人内心充满矛盾、苦闷、彷徨、追求的情感波澜，为下一段展开叙述这种复杂心理作了铺垫。

"女媭之婵媛兮"至"余焉能忍与此终古"为第二大段，由写实转入虚拟的境界，以浪漫主义手法，描绘奇崛瑰丽的想象，表现了诗人被排斥出现实政治生活之后，对祖国的命运、个人的前途所作的深沉思考与积极探索。开头至"夫何茕独而不予听"为第一节，诗人假借其姐女媭之口，列举许多史实，劝他身处昏乱之世，应改变孤忠耿直的作风，明哲保身。亲亲之情，见于笔端。其实，女媭并非不理解诗人，她骂诗人的话，也正是对诗人的赞扬。但她的劝告违背了诗人的意愿，诗人不能听从。由于连最亲近的人都劝他变节从俗，加重了诗人的孤独感，他只得另觅知音。

"依前圣以节中兮"至"沾余襟之浪浪"为第二节，写诗人的心迹无处能明，不得不凭借想象，超越时空，向古代的圣君重华（帝舜）倾吐衷肠，陈述他平生的政治见解。前四句为承上启下的过渡句，以下为向重华陈辞的内容。"启九辩"等十六句，列举夏商二代的许多史实，说明国君不循正道，恣意胡为，会招致国破身亡的可耻下场，以昏王暴君为例，从反面总结历史教训。接下来的四句，则以夏禹、商汤、周文王为例，从正面总结历史经验，强调遵循正道的重要性，重申了诗人举贤授能的政治观点，从而得出"皇天无私阿"等结论，并推而广之，以古往今来的全部历史，证明了它的正确性。也正基于此，诗人九死不悔，始终不渝地坚持这个真理。此处向重华陈辞的内容，实际上是上文"彼尧舜之耿介兮"四句的具体发挥与阐释。且诗人所陈述的见解，构成了他政治理论的完整体系。然而，这种正确的认识、进步的主张，在现实环境中却得不到理解和贯彻。于是，诗人在痛苦忧愤之余，进入了幻想境界，上下求索，在精神领域里开拓了一个无比广阔的空间，把他极其深刻而复杂的内心矛盾，一步步推向了高潮。

"跪敷衽以陈辞兮"至"好蔽美而嫉妒"为第三节，写诗人在幻想中遨游天界，寻求知己的经过和结果。诗人假想自己的政治见解得到了帝舜的首肯，既然在现实中得不到理解，便欲飞升天界，寻求支持。于是朝发苍梧，夕至悬圃，饮马咸池，总辔扶桑，帅云霓，御鸾凤，好不容易来到天界，不料天界也像人世一样混浊，"好蔽美而嫉妒"。由于"帝阍"的阻挠，天门难入，天女难求，等待诗人的，仍然是失望。

"朝吾将济于白水兮"至"余焉能忍与此终古"为第四节，写诗人在幻想中遨游高丘，追求神女及自仙界而返，下求佚女皆不得的经过和结果。前八句写诗人天门难入，转而济白水，登阆风，至高丘求神女，但高丘并无神女可求，不得不自天而降，返回人世。中间三十二句，写诗人下求佚女宓妃、有娀（sōng 嵩）、二姚，却或因其品质不好，或因媒理不当，或因为时过晚，都未成功。后四句写上下求索终归失败时诗人的怅惘情绪。以上两节诗人驰骋想象，借求爱的炽热比喻对理想政治的锲而不舍的追求，以失恋的苦痛象征理想幻灭的伤感与绝望。通过一系列幻想中的活动，抒写了诗人上不见容于君、下不获知于世的苦衷。

从"索藑"（qióng 琼）茅以筵篿（zhuān 专）兮"至全诗结束为第三

大段，诗人仍以虚拟的手法，着重抒写他在理想彻底破灭后，愤然出走之想与眷恋故国之情间的矛盾斗争，以及彷徨、苦闷之余决计以身殉国的意志。开头至"谓申椒其不芳"为第一节，诗人假想命灵氛为他占卦，结果是应该出走。前十句写占卦的经过及灵氛的劝词，言九州博大，诗人应在更广阔的范围内寻求知音，且"两美必合"，定会找到可以辅佐的人。劝他不必犹豫，及早离开故国。后十句写诗人听了灵氛的话后，再一次分析楚国的黑暗现实。

"欲从灵氛之吉占兮"至"使夫百草为之不芳"为第二节，诗人假想托巫咸降神，众神也劝他离国出走。前八句写诗人听了灵氛的劝告，意欲离开楚国，但留恋难舍，犹豫不决，便托巫咸降神，以求神示的经过及众神备降的辉煌场面。后十六句写巫咸转达众神劝他出走的话，主要是列举伊尹、皋陶、傅说、姜尚、宁戚等贤人得遇商汤、帝舜、武丁、周文王、齐桓公等明主的历史事实，鼓励他及时远逝求同，择善而辅。

"何琼佩之偃蹇兮"至"周流观乎上下"为第三节，写诗人听了灵氛、巫咸的劝告，决计出走，行前再一次考察楚国的现实，使出走的决心更大了。前四句指责"党人"恶劣，与上节"世幽昧以眩曜"几句意同，更与第一大段中"众皆竞进以贪婪"几句遥相呼应。中间二十二句，怒斥"众芳"变质，与第一大段第四节亦遥相呼应。后六句自幸昭质未亏，决计出走求同。

"灵氛既告余以吉占兮"至"蜷局顾而不行"为第四节，写诗人毅然决定"远逝以自疏"，但就在将要离开的最后一刻，对故国的深厚感情又使他陷入怅惘迷离的境界中，难舍难离。前八句写诗人假想为离国出走做好了一切准备。中间十六句写诗人假想出走后的路线和目的地。后十二句写即将离去时"临睨旧乡"，眷恋难行的情景。"乱曰"五句，是全诗的尾声，言国虽不容，宁死难离。这五句高度概括了全篇的内容，简要而深刻地阐明了诗人以身殉国的原因和意义。第三大段运用浪漫主义方法，通过奇谲闪幻的想象和光怪陆离的情节，充分展示了诗人远大的政治抱负和深厚的爱国主义感情之间不可调和的矛盾冲突。留既不能，去又不可，诗人只得采取以身殉国这一看似消极，却包含着严峻的现实斗争积极意义的行动。

这首波澜壮阔、气象万千的长诗，不仅充满着诗人丰富多彩、奇谲瑰丽的想象，凝聚着诗人炽热奔放、沉郁浓挚的情感，而且蕴含着诗人博大精深的思想。通过以上对各段落、各层次的具体分析，不难看出，诗人着力表达的思想情感，主要集中在以下三个方面：

其一，对崇高理想热烈而执着的追求。诗中，诗人反复申述：毕生为之奋斗并随时准备为之献身的远大理想、宏伟目标，是在"乱辞"中最终才点明的所谓"美政"。这种"美政"的具体内涵，主要包括举贤授能、修明法度两方面的内容。而施行"美政"所要达到的终极目的，是为了振兴楚国，使楚国在列强纷争的严峻形势下能够保存下来并发展壮大。为了实现这个崇高的目标，诗人除了自己"导夫先路""奔走以先后"，积极努力，甚至不惜"屈心而抑志""忍尤而攘诟"和"党人"进行殊死斗争之外，还对楚王寄予热望，多次称他为"美人""灵修""哲王"，渴盼他能"抚壮""弃秽"，踵武先圣，遵循正道，任用贤才，励精图治，挽国运于既倾；后又对青年一代寄以厚望，亲自像"滋兰""树蕙"一样，对他们加以扶持培养，期待他们健康成长，协助他革新政治，荡涤污浊，给楚国创造一个灿烂的明天。虽然楚王"浩荡""不察""数化""不寤"；青年一代也"萎绝""芜秽""变易""从俗"，全都辜负了他的一片苦心，使他的"美政"理想最终破灭，但诗人鞠躬尽瘁，死而后已，为之奋斗到生命的最后一息的崇高精神，确是极其可贵的。

其二，坚持理想、九死不悔的顽强斗争意志。为了捍卫自己的光明理想，诗人与以"党人"为代表的黑暗腐朽势力进行了长期的、艰苦卓绝的斗争。诗人不仅以大量的篇幅，精当的比喻，表明自己和他们截然不同的人生追求，而且多次以死明志，表达自己百折不挠、决不屈服妥协的斗争信念。实际上，一部《离骚》，就是光明与黑暗、正直与邪恶殊死较量的忠实记录，是诗人一生在逆境中奋力拼搏的不朽史诗。固然，斗争是以诗人的失败而告终，但这正赋予了这首史诗以伟大的悲剧意义，使其焕发着震撼人心的艺术力量，激励并鼓舞一代又一代的志士仁人，继承诗人的顽强意志和抗争精神。

其三，真挚浓郁、无比深厚的爱国感情。这首用血泪凝成的生命挽歌，通篇流贯着诗人强烈的爱国主义激情，表现了诗人忠贞爱国、至死不渝的伟大胸怀。诗人之所以竭尽全力、奋斗一生，渴望实现"美政"理想，之所以与邪恶势力不屈不挠、殊死斗争，唯一的目的，是希望楚国振兴，摆脱困境，在列国纷争中自存自保。甚至在自身被排斥于现实政治生活之外，理想彻底破灭，对祖国命运完全丧失信心的情况下，诗人仍心系故国，不肯暂离。最终在经历了犹豫彷徨、苦闷迷惘的内心剧烈斗争后，诗人怀着极度的绝望，效法彭咸，以身殉国，完成了他的夙愿与壮志。这种伟大的爱国主义精神是我们民族文化中最精粹的一部分，诗人也正是以这种伟大的爱国主义精神名标青史、流芳千古的。

《离骚》不仅以它宏富的思想内涵著称于世，还以它极其巨大的艺术价值衣被百代，征服了无数读者。正如鲁迅先生盛赞的那样："逸响伟辞，卓绝一世。"它杰出的艺术成就可以归结为以下几点：首先，诗歌富于浓郁的浪漫主义气息。第一大段，诗人回顾自己的经历和遭遇时，表现手法已不是完全写实的，而是把这种经历和感受升华为一种善与恶、美与丑、光明与黑暗的不可调和的斗争，其间用了许多新奇的比喻、大胆的夸张，充满了瑰丽的想象。第二、三大段，则完全采用幻想的形式、虚构的境界，来表现诗人的追求与探索、不平与抗争、苦闷与彷徨。尤其是上叩天阍、下求佚女、巫咸降神、驾龙飞升诸情节，神思飞越，想落天外，具有奇谲闪幻、扑朔迷离的色彩。可以说，《离骚》全诗，基本上是通过奔放不羁的想象，来展示诗人丰富复杂的情感世界的，从而取得了用写实手法无法达到的艺术效果。其次，全篇具有严整的悲剧结构，虽然从表面上看，诗人的意绪仿佛纵横开阖、错综复杂，毫无章法可循，"哀乐之极，笑啼无端；笑啼之极，言语无端"（明·陈继儒语）。但，只要紧紧追踪着诗人感情发展的线索，还是可以清晰地看出诗人心理活动的轨迹和情感发展的脉络的。诗人正是通过这种跌宕起伏、回旋流动、虚实相生、抑扬顿挫的纡曲结构，来倾吐他的异常丰富而复杂的内心感受的。还有，本诗创造性地发展了比兴、象征等艺术表现手法。比兴之法，开端于《诗经》。但这种"索物以言情""触物以起情"的方式，在《诗经》中用得比较简单，多局限于某句某章，个别片段，且用以比喻和起兴的事物，还是独立存在的客体。而《离骚》则将这种手法扩展到诗篇的整个艺术构思上，塑造出一组组富于象征意义的意象群，把物的某些特征与人的思想、性格、情感混融起来，成为一体，"善鸟香草，以配忠贞；恶禽臭物，以比谗佞；灵修美人，以媲于君；宓妃佚女，以譬贤臣"（王逸《楚辞章句》）等。因此，造成诗篇写实与虚拟的二重世界互相转化、互相交融，显得朦胧惝恍，独具绰约的风姿与芳悱的情韵。此外，全诗辞采之华美绚丽，句式之长短错落，声调之铿锵刚劲，音韵之和谐浏亮，也都是很突出的。总之，纵观文学史中所有其他诗歌作品，无论气势或文采，都鲜有能与之比肩者。（毕桂发）

【原文】

九　歌

东皇太一

吉日兮辰良，穆将愉兮上皇[1]。抚长剑兮玉珥，璆锵鸣兮琳琅[2]。

瑶席兮玉瑱，盍将把兮琼芳[3]。蕙肴蒸兮兰藉，奠桂酒兮椒浆[4]。

扬枹兮拊鼓，疏缓节兮安歌，陈竽瑟兮浩倡[5]。

灵偃蹇兮姣服，芳菲菲兮满堂[6]。五音兮繁会，君欣欣兮乐康[7]。

【毛泽东评点】

毛泽东1913年在湖南第一师范读书时，在自己的课堂笔记《讲堂录》中抄录了《九歌》全文。

——中共中央文献研究室编：《毛泽东早期文稿》，湖南出版社1990年版，第613页。

【注释】

（1）辰良，即"良辰"，美好的时刻。与上"吉日"相错成文。穆，敬。愉，悦，娱乐。上皇，上帝，指东皇太一。

（2）玉珥（ěr耳），玉制的剑把。璆锵（qiú qiāng 求枪），佩玉相撞的声音。琳琅，美玉名，琳是青碧色玉，琅是球形玉。

（3）瑶席，光润如玉的席子。玉瑱（zhèn 振），压席的玉器。瑱，通"镇"。盍（hé 何），古通"合"，集合。琼芳，玉色的花朵。

（4）蕙，香草。肴蒸，祭祀用的肉。藉，垫。桂酒、椒浆为互文，用桂、椒为香料泡渍的酒。浆，淡酒。

（5）枹（fú 浮），鼓槌。拊（fǔ 府），敲击。安歌，歌声徐缓安详。竽，笙类乐器，三十六簧。瑟，琴类乐器，二十五弦。浩倡，引吭高歌。倡，同"唱"。

（6）灵，楚人呼神为灵；神降于巫身，故也称巫为灵，此指巫人。偃蹇，绰约的舞姿。

（7）五音，即宫、商、角、徵、羽五种音调。繁会，音调繁多，互相交错，即交响之意。君，指东皇太一。

【赏析】

《九歌》是屈原汲取楚国民间神话传说的素材，并采用民间祭歌形式所创作的一组抒情诗的总称。

这组祭歌，由11篇抒情短诗构成。除最后一篇《礼魂》为通用于各篇的送神曲以外，其余每篇各祀一神：《东皇太一》，祭天之尊神；《云中君》，祭云神；《湘君》《湘夫人》祭湘水的一对配偶神；《大司命》，祭主寿命之神；《少司命》，祭主子嗣之神；《东君》，祭日神；《河伯》，祭河神；《山鬼》，祭山神；《国殇》，祭为国捐躯的将士之灵。这组诗歌既弥漫着浓郁的膜拜自然、崇敬神灵的巫术宗教气息，又洋溢着诗人澎湃的激情、绵邈的思绪，是屈原诗歌创作的重要组成部分。

《东皇太一》是其首篇。"太一"，星名。天上的尊神，祠于楚东，以配东君（指太阳神），故称东皇。这首诗是祭东皇太一的诗歌。其内容是描写祭者及灵巫的装束，祭祀的场面和歌舞的繁盛，表现了人们对神的虔诚和对理想生活的热烈追求。

全诗十五句，可分为四节。前四句为第一节，描写祭祀活动的开始。"吉日兮辰良，穆将愉兮上皇。"这场典礼是在吉祥的日子美好的时光举行的，人们都怀着十分敬畏的心情来参加这次祭祀东皇太一的活动。诗一开端，就表现了祭祀的隆重性。接着，主祭的巫师出场，"抚长剑兮玉珥，璆锵鸣兮琳琅"。盛装而出的巫师，手抚长剑的玉柄，身上的佩玉铿锵作响。小心翼翼地"抚"长剑的细节和佩玉"锵鸣"的细小声音，写出了祭祀的庄严，气氛的肃穆，表现了人们迎神的虔诚。

"瑶席兮玉瑱"以下四句为第二节，写摆在祭坛上的供品。"瑶席"，珍贵华美的座席。玉瑱（zhèn 振），用玉做的压席器物。"瑱"，同"镇"。"盍"，同"合"，聚集在一起。"蕙肴（yáo 摇）蒸"，用蕙草裹肉而进之。"蕙"，香草。"肴蒸"，也作"肴丞"。《国语》："燕有肴丞。""蒸"，进。"兰藉"，兰草做的席垫。宝物、鲜花、香食、美酒，表现出献祭者的一片虔诚之心；瑶席、玉瑱，显示祭礼的隆重和规模，也表现了受享之神品格的高洁。

"扬枹兮拊鼓，疏缓节兮安歌，陈竽瑟兮浩倡"三句为第三节，写祭祀时奏乐歌唱的热闹场面。在此之前，祭祀一直是在肃穆的气氛中进行的，当奠酒之后，却是鼓乐并作，歌喉嘹亮，氛围大变。此节三句，第一句写击鼓，第二句写歌唱缓缓开始，第三句写管乐齐奏，歌声高亢，把对神的礼赞写得井然有序。

末四句为第四节，写祭祀结束时的热烈场面，是全诗的高潮。"灵偃蹇兮姣服，芳菲菲兮满堂。五音兮繁会，君欣欣兮乐康。""灵"，楚人称神为灵；神降于巫身，故也称巫为灵。"偃蹇"，绰约的舞姿。"五音"，指宫、商、角、徵、羽五种声调。在祭祀结束时，天神降于巫身，身着盛装的巫师们手持鲜花翩翩起舞，芳香之气充满殿堂；五音交会，众乐齐鸣，神君欣然来享用供品，快乐而安康。祭祀的人们心满意足，相信将得到神的福佑，对安康、幸福的美好生活充满了期望。（毕桂发）

【原文】

云中君

浴兰汤兮沐芳，华采衣兮若英⁽¹⁾。灵连蜷兮既留，烂昭昭兮未央⁽²⁾。

蹇将憺兮寿宫，与日月兮齐光⁽³⁾。龙驾兮帝服，聊翱游兮周章⁽⁴⁾。

灵皇皇兮既降，猋远举兮云中⁽⁵⁾。览冀州兮有余，横四海兮焉穷⁽⁶⁾。

思夫君兮太息，极劳心兮忡忡⁽⁷⁾。

【毛泽东评点】

毛泽东在1913年在湖南第一师范读书时所作的课堂笔记《讲堂录》中抄写过这首诗。

——中共中央文献研究室等编：《毛泽东早期文稿》，湖南出版社1990年版，第613页。

【注释】

（1）浴兰汤，用兰草热水洗澡。浴，洗身体。汤，热水。沐，洗头发。英，花朵。

（2）灵，云神，此指巫人。连蜷（quán拳），舒屈婉转的样子。留，指降神。昭昭，明亮。央，尽。

（3）蹇（jiǎn减），《说文》："蹇，跛也。"引申为滞留或迟行。憺（dàn旦），安。寿宫，寝堂，这里指祭祀的殿堂。

（4）龙驾，以龙驾车。帝服，天帝的服饰。此指五方天帝青黄赤白黑的五彩服色（用郭沫若说）。聊，姑且。周章，周游往来。

（5）灵，指神。皇皇，同"煌煌"，光明灿烂。降（hóng洪），下，猋（biāo标），迅捷。

（6）冀州，古九州之一，地域在今山西和陕西间黄河以东、河南和山西间黄河以北和山东西北、河北东南部。此代指中国。四海，古以中国四境有海环绕，四海指中国四周的海疆。

（7）夫，指示代词。君，指云神。忡忡（chōng充），忧愁不安的样子。

【赏析】

《汉书·艺文志》中有"云中君"。

云中君是云神,名丰隆,又名屏翳。因其居于云中,驾驭浮云来去而得名。《离骚》:"吾令丰隆乘云兮,求宓妃之所在。"《思美人》:"愿寄言于浮云兮,遇丰隆而不将。"都是说云神丰隆乘浮云而来往,所以宋人朱熹《楚辞集注》称"谓云神也"是对的。其他还有水神说、雷电神说、月神说、泽神说及虹神说,可供参考。这首祭祀天上云神的诗歌,叙述祭者沐浴以招云神,神短时降临又回云中,抒发了祭者的叹息和思念。

全诗十四句,分为三节。前四句为第一节,写祭者对云神的企盼和云神降临。初民信神,而神又是虚无缥缈的东西,于是巫就充当人神之间的中介,一面代表人,严妆以敬神,一面又穿戴了神的衣裳,使神降临在自己身上,俨然成了神的化身。诗中巫一登场就唱道:"浴兰汤兮沐芳,华采衣兮若英。"诗一开端,诗人写道,我用兰汤洗身,又用香水洗发,身着彩衣像盛开的鲜花一样美丽、芳香。这是巫盛装待神,代表了人民的企望。接着写云神降临:"灵连蜷兮既留,烂昭昭兮未央。"你看,云神降临了,他舒卷自如,容光焕发,灿烂夺目,没有止境。他是在人们虔诚的企求下,暂来人间停留的。此节前两句写对云神的企盼,后两句写云神降临,井然有序。

"蹇将憺兮寿宫"以下四句为第二节,写云神的受享。"蹇将憺兮寿宫,与日月兮齐光。龙驾兮帝服,聊翱游兮周章。""帝服",天神之服,此指云神所穿彩服。云神缓缓地下降到祭祀的宫殿,享受祭礼,他容光焕发,光彩照人,可与日月争光辉。享祭完毕,云神便驾龙车着彩服,回环遨游,准备升天而去。

末六句为第三节,写云神离去,人民思念。"神皇皇兮既降,猋远举兮云中。"人们所景仰的云神,在一片光辉中降临,但倏忽之间,便又高飞远举,飘飞而去。他在云天中俯视大地;身影所及,四海未能限量其游程。这是对云神性格的描摹和刻画,也是对云神的礼赞。"思夫君兮太息,极劳心兮忡忡。"末二句写云神去后,祭典结束,但人们对这位姗姗来迟、匆匆而去的云神,还思念叹息,伤情失意。

《云中君》祭祀云神,可见劳动人民与云雨的休戚关系,初民靠天吃饭，不能掌握自己的命运，所以寄希望云神赐福，及时降雨，确保丰收，正反映了人们对人世美好事物的追求，是某种社会感情的折射。

云神飘忽不定，来去无迹，很难描摹，但诗人却能举重若轻，描写得极为生动。如"连蜷"，状云之宛转留连；"翱翔"，状云之飘忽浮游；"焱远举"，状云之远扬高飞，来去迅捷；"览冀州""横四海"，状云之高居天宇，无所不及，等等，写景状物，惟妙惟肖，生动之至。（毕桂发）

【原文】

湘　君

君不行兮夷犹，蹇谁留兮中洲⁽¹⁾？美要眇兮宜修，沛吾乘兮桂舟⁽²⁾。令沅湘兮无波，使江水兮安流⁽³⁾。望夫君兮未来，吹参差兮谁思⁽⁴⁾？

驾飞龙兮北征，邅吾道兮洞庭⁽⁵⁾。薜荔柏兮蕙绸，荪桡兮兰旌⁽⁶⁾。望涔阳兮极浦，横大江兮扬灵⁽⁷⁾。扬灵兮未极，女婵媛兮为余太息⁽⁸⁾。横流涕兮潺湲，隐思君兮陫侧⁽⁹⁾。

桂棹兮兰枻，斫冰兮积雪⁽¹⁰⁾。采薜荔兮水中，搴芙蓉兮木末⁽¹¹⁾。心不同兮媒劳，恩不甚兮轻绝⁽¹²⁾。石濑兮浅浅，飞龙兮翩翩⁽¹³⁾。交不忠兮怨长，期不信兮告余以不闲⁽¹⁴⁾。

鼂骋骛兮江皋，夕弭节兮北渚⁽¹⁵⁾。鸟次兮屋上，水周兮堂下⁽¹⁶⁾。捐余玦兮江中，遗余佩兮醴浦⁽¹⁷⁾。采芳洲兮杜若，将以遗兮下女⁽¹⁸⁾。时不可兮再得，聊逍遥兮容与⁽¹⁹⁾。

【毛泽东评点】

毛泽东1913年在湖南第一师范学校所做的课堂笔记《讲堂录》中抄录了这首诗。

—— 中共中央文献研究室等编：《毛泽东早期文稿》，湖南出版社1990年版，第613页。

【注释】

（1）君，指湘君。夷犹，犹豫不前。蹇（jiǎn 减），发语词。中洲，即洲中，水中可居之地。为留，为谁而留。

（2）要眇（yāo miào 妖妙），即"腰眇"，容貌妙丽。宜修，装扮得恰到好处。沛，指舟行快速。吾，女巫自称。桂舟，以桂木造的船。

（3）沅、湘，二水名，在今湖南境内。江水，指长江之水。王夫之曰："沅、湘二水在江水上流，沅、湘二涨，则江水不溢而亦安流。"（《楚辞通释》）

（4）夫，那，彼。君，指湘君。参差，即排箫，古乐器名，相传为舜所造，其状如凤翼之参差不齐，故名参差。一说指洞箫。谁思，思谁。

（5）飞龙，湘君所骑之龙。一说龙舟。北征，从九嶷沿湘水向北行驶。邅（zhān 詹），转弯。

（6）薜荔，香草名。柏，一作"拍"，船舱的壁。蕙，香草名。绸，"帱"的假借字，古代帷帐的名。荪桡（sūn ráo 孙饶），用荪草装饰的船桨。荪，香草。桡，船桨。兰旌（jīng 京），用兰草装饰的旌旗。

（7）涔（cén 岑）阳，地名，今湖南澧县有涔阳浦，在洞庭湖和长江之间。浦，水滨。横，横渡。扬灵，划船前进。一说指湘君发扬其闪烁的光辉。灵，"舲"的假借字，同"舲"，有窗的船。

（8）女，侍女。婵媛，即"啴咺"，眷恋，缠绵多情的样子。

（9）潺湲（chán yuán 馋元），眼泪下流不断的样子。俳侧，"悱恻"的假借字，忧思伤心的样子。

（10）桂棹（zhào 照），桂木船桨。棹，船桨。兰枻（yè 曳），木兰船舷。斫（zhuì 酌），砍。

（11）搴（qiān 牵），摘取。薜荔陆生，却到水中去采；荷花水生，却到树梢摘取，比喻徒劳而无所得。

（12）媒劳，媒人徒劳无功。甚，深。

（13）石濑（lài 赖），石上急流。浅浅（jiàn 笺），同"溅溅"，水流急速的样子。翩翩，飞翔的样子。

（14）期，约会。不信，不守信用。不闲，没有空闲。

（15）曩（zhāo 招），同"朝"，白天。骋骛（chéng wù 逞务），奔走。江皋，江边。渚，水中沙滩。

（16）次，栖宿。周，环绕。

（17）捐，舍掉。玦（jué 决），环形而有缺口的玉器。佩，玉佩。醴（lǐ 里），同"澧"，指湖南北部的澧水。

（18）芳洲，芳草丛生的水中沙洲。杜若，芳草名。遗（wèi 畏），赠给。下女，湘君的侍女。把采来的香草赠给侍女，希望能通最后的情愫。

（19）容与，舒散自适的样子。

【赏析】

本篇与下篇《湘夫人》，是祭祀湘水之神的乐歌。这两首诗歌不仅结构相似，而且内容互相联系，感情互相照应，虽然各自独立成篇，实则浑然一体，共同表现了一种两情难通、会合无缘的主题。辞采清新绮丽，格调凄恻哀婉，是两首优美的情歌。

湘君与湘夫人，是湘水的一对配偶神。大约在最初，这对配偶神也像日神、云神一样，不过是原始初民崇拜自然的一种意识形态的表现。后来，由于和帝舜的历史传说发生了联系，湘水之神的故事才逐渐变得充实而固定了。相传帝舜南巡至湘水流域，死于苍梧，葬于九嶷。他的两个妻子——帝尧的女儿娥皇和女英，赶来相随，追到洞庭君山之上时，得知帝舜的死讯，便南望痛哭，双双投于湘水，以身殉情。楚人把他们与湘水之神附会在一起，于是，帝舜成了湘水的男神，即湘君；娥皇、女英成了湘水女神，即湘夫人。而人们意念中所产生的抽象的神，一旦附丽于某些具体的历史人物身上，其形象当然也就更具风神秀韵，显得血肉丰满、光彩照人了。

大概当年在祭祀时，先由女巫化装成湘夫人，在音乐的伴奏下，边舞边唱这首歌，表现她对湘君的思恋与渴慕，因此才题名为《湘君》。

这首诗可分四节，第一节写湘夫人等待与湘君约会，久候不至，便乘舟四处去寻找他。诗突兀而起，先以设问发端：为什么您犹犹豫豫不肯前来？为了谁您至今还滞留在小洲上？在这个设问中，含有浓重的猜疑与抱怨的成分，表现了湘夫人久待之后的焦虑情绪，体现了湘夫人对湘君深切的思念与渴盼之情。以下，随着情节的发展，这种感情越来越强烈。因此，开篇二句，已为全诗定下了感情基调。这两句是说湘夫人等得不耐烦，便妆饰一新，乘着桂木制成的小船，主动去迎候湘君。"令沅湘兮无波"二句，不仅显示了湘夫人寻觅时范围的广泛、心情的急切，同时，发号施令，挥斥江河，也显示了她水神的身份，给诗歌平添了神秘与浪漫的气氛。"参差"，排箫，相传为帝舜所造，因箫管长短不齐，以便发出高低不同的音调，故称。"谁思"，思谁。这二句是说，湘夫人一路寻访，一路吹响了排箫。不停地吹奏排箫，一来表现她希望以箫声为信号，以便湘君闻声而至，尽快来到她身旁；二来表现她于焦急、疑虑之际，借箫声排遣心中的孤寂与郁闷。"谁思"二字，是自问？是反问？很值得玩味。

第二节写湘夫人溯湘水北上，转道洞庭，继续寻找湘君的经过和心情。"飞龙"，小船，指上文桂舟，因其快捷如飞龙，故称。"薜荔"二句，形容小舟的美丽华贵。不仅上上下下扎满了薜荔、香蕙，而且船桨上还系着荪草，旗杆上飘扬着香兰编织成的旌旗。"望涔阳"两句是说她既到过遥远的涔阳岸边，甚至还横波长江，到江北寻找过。她就是以这样不倦的寻找，来显示对湘君的一片赤诚之爱。"未极"，未到达，指未到达湘君身边，即找不到湘君。"女"，指随行的湘夫人的侍女。"婵媛（chán yuán 蝉园）"，由于关切而显示出的牵连不舍的样子。引申为忧伤。一说是抽噎时的喘息声。"太息"，叹息。"横"，横溢，言多。"潺湲"，原义是水流貌，这里指泪流不止。"陫侧"，同"悱恻"，欲言不得，指痛苦难言。这两句写湘夫人泪流不止、痛苦难言的样子。这一段前二句紧承上段，写沅、湘一带，既遍寻不见，湘夫人并未就此罢休，而是掉转船头，进发洞庭，要在更广阔的范围内去寻找湘君。这里，以"飞龙"代"桂舟"，既描绘出小船劈风斩浪，逆水疾驰之状，又烘托出湘夫人难以按捺的急迫之情。然而，八百里洞庭，烟波浩渺，找起一个人来，何啻大海捞针？因而尽管她先是纵舟涔阳极浦，继之以横绝大江，但水岸沙渚，云影天光，湘君仍杳如黄鹤。"极浦""大江"，看似单纯描写地域的寥廓广远，实际上湘夫人百折不回的顽强追求精神，亦蕴含其间。以下，在写湘夫人因找不到湘君而痛苦悲伤前，先插入"女婵媛"一句，绝非节外生枝的闲笔。首先，写侍女们流泪叹息，既表现了她们对湘夫人历尽艰辛、锲而不舍的同情，也表现了她们对她徒劳往返、枉费心力的惋惜。其次，这句有衬托作用：侍女们尚且流泪叹息，而况湘夫人乎？同时，这句还兼有铺垫作用：通过这句侧面描写，稍事渲染，下面正面描写湘夫人的隐忧悲伤就显得更有力量。末二句写她涕泪横流，凄怆惨恻，似乎与她前边表现出来的顽强不舍略有矛盾，但正是这种前后矛盾所构成的鲜明对比，见出她对湘君的一往情深。

第三节集中描写湘夫人广寻未果时痛苦失望的心情。头两句写她仍未放弃努力，继续流连水上，寻索不停。这二句"桂棹""兰枻"，承上段"荪桡""兰旌"，言长桨短楫，用力之勤，仍烘托湘夫人心情的急切。"斫冰""积雪"，想象新奇，比喻精妙。东坡名句"惊涛拍岸，卷起千堆雪"或即由此化出。尤其是"斫"字形象逼真，贴切而有韵致。下面几句，则着力刻画她由失望而渐生揣测、懊丧、抱怨之情的心理发展过程。薜荔长于陆上，荷花生于水中。涉水采薜荔，缘木摘荷花，言用力虽勤而终不可得，比喻湘夫人怀疑湘君并不爱她，她所做的这一切都是枉费心机。所以，下面直言男女不同心，只能使媒人徒劳往返，恩情不深当然会轻易断绝。最妙的是，尽管湘夫人怀疑自己是否枉费心机，却并未放慢寻找的步伐。故下言小船不停地前进。"石濑"，石上的急流。"浅浅"，同"溅溅"，指水击石上，溅起浪花。"翩翩"，小船疾驰时美好的样子。小船行进的同时，湘夫人心绪如潮，涌现出许多想法：你既然愿意与我相交，却不忠实于我，当然会使我对你产生深长的怨恨；约定好了，你却不守信前来，反而告诉我你不得空闲！这里，"心不同""恩不甚""交不忠""期不信"等一系列否定句的排比铺陈，将湘夫人指摘、怨望之意，溢于言表。但责之深恰恰证明了爱之真。所以这几句实际上把湘夫人对湘君的刻骨铭心的思恋怀想之情，推向了极致。

第四节写湘夫人失意而归后的孤寂、怅惘之情。"骋骛"，迅疾奔走貌。北渚，即二人约定相会的地点。前二句简略交代湘夫人又经过一天的徒劳，终未找到湘君，不得已返回原出发点——北渚，失望地停止了寻找。"骋骛"与前几段中的"沛""飞龙""桂棹""兰枻"遥相呼应，仍言湘夫人苦心孤诣。接下来的二句，宕开笔触，插入环境描写。这二句言湘夫人在夕阳西下、暮色苍茫中，孤独地守候在北渚，寂寞地看着倦鸟飞栖屋顶、流水环绕堂下。这种凄清衰凉的景色，正映衬出湘夫人此刻孤独、寂寞、失望、苦闷的心境。故景语即情语，有了这二句环境描写作衬托和铺垫，下面写她捐玦、遗佩的举动，才不会显得突然而无据。"后六句先写湘夫人于极度的失望、懊恼之余，一气之下，捐玦、遗佩，表示和湘君永远决绝。但立即又来个急转弯。又是折芳草托侍女转致湘君以寄情，又是自慰自解时不可再得、姑且慢慢等待，表明她直至最后一刻，仍心存希冀。而她的捐玦、遗佩，不过是一时冲动之举，并非真心与情侣决绝。要不，怎么会旋即后悔，采取一系列补救措施呢？这样，全篇的感情内涵才和谐一致，不仅不因其一度意欲决绝而稍有减损，反而由于多了这个戏剧性的小插曲，更见其情痴意挚。可见，这个捐玦、遗佩的举动描写，对于塑造人物形象、刻画人物心理，都是重要的一笔，从而有助于深化主题。（王珏）

【原文】

湘夫人

帝子降兮北渚，目眇眇兮愁予[1]。袅袅兮秋风，洞庭波兮木叶下[2]。
登白薠兮骋望，与佳期兮夕张[3]。鸟何萃兮蘋中？罾何为兮木上[4]？
沅有芷兮澧有兰，思公子兮未敢言[5]。荒忽兮远望，观流水兮潺湲[6]。
麋何食兮庭中？蛟何为兮水裔[7]？朝驰余马兮江皋，夕济兮西澨[8]。
闻佳人兮召予，将腾驾兮偕逝[9]。筑室兮水中，葺之兮荷盖[10]。荪壁兮紫坛，播芳椒兮成堂[11]。
桂栋兮兰橑，辛夷楣兮药房[12]。罔薜荔兮为帷，擗蕙櫋兮既张[13]。白玉兮为镇，疏石兰兮为芳[14]。芷葺兮荷屋，缭之兮杜衡[15]。合百草兮实庭，建芳馨兮庑门[16]。九嶷缤兮并迎，灵之来兮如云[17]。
捐余袂兮江中，遗余褋兮澧浦[18]。搴汀洲兮杜若，将以遗兮远者[19]。时不可兮骤得，聊逍遥兮容与[20]。

【毛泽东评点】

1950 年 3 月 10 日，毛泽东在中南海勤政殿会见即将出任驻外大使的一批将军们，当问及黄镇为什么要改名字时说："黄镇这个名字也不错。《楚辞》中说，白玉兮为镇。玉可碎而不改其白，竹可黄而不可毁其节。派你出去，是要完璧归赵喽。你也做个蔺相如吧！"

——尹家民：《将军不辱使命》，解放军文艺出版社 1992 年版，第 10 页。

毛泽东《七律·答友人》前四句："九嶷山上白云飞，帝子乘风下翠微。斑竹一枝千滴泪，红霞万朵百重衣。"即化用了湘夫人的故事。"帝子乘风下翠微"，显由"帝子降兮北渚"而来，"帝子"即湘夫人，"斑竹一枝千滴泪"也是湘夫人的故事。

"洞庭波"，取自《楚辞》中的《九歌·湘夫人》："洞庭波兮木叶下。"

——《对〈毛泽东诗词〉中若干词句的解释》，载《毛泽东诗词》，中央文献出版社 1996 年版，第 260 页。

【注释】

（1）帝子，指湘夫人。相传舜妃为尧女，故称"帝子"，即后世的"公主"。眇眇（miǎo 秒），望眼欲穿的样子。愁予，使我发愁。

（2）袅袅（niǎo 鸟），微风长吹的样子。

（3）白蘋（fán 烦），秋生水草，雁食。佳，一本"佳"下有"人"字，佳人，即湘夫人。张，陈设，指祭具、祭品等。

（4）萃，集聚。蘋，浮萍之类。罾（zēng 增），捕鱼之具。王逸说："夫鸟当集木巅，而言草中；罾当在水中，而言木上。以喻所愿不得，失其所也。"

（5）沅，沅水，在湖南西部。又称沅江。醴（lǐ 里），一本作"澧"，指澧水。公子，即"帝子"，指湘夫人。一说，"公子"为所思之人的通称。

（6）荒忽，即恍惚，心神不定的样子。

（7）麋（mí 迷），兽名，似鹿而大。水裔（yì 义），水边。朱熹说："麋当在山林，而在庭中；蛟当在深渊，而在水裔。以比神不可见，而望之者失其所当也。”

（8）济，渡水。澨（shì士），水边。

（9）腾驾，奔腾地驾着车。偕逝，同往。

（10）葺（qì气），修建，补缀。盖（jì计），房顶。

（11）荪壁，用荪草装饰的墙。紫坛，用紫贝砌的中庭。圉（bō玻），同“播”，散布。

（12）橑（lǎo老），屋椽。辛夷，玉兰树。楣，门上横木。药，即白芷。房，指卧室。

（13）罔，同“网”，织。帷，帐帽。擗（pì匹），用手分开。楄（mián棉），房中的隔扇。

（14）镇，一作“填”，压座席之物。疏，分布，陈列。石兰，香草名。

（15）杜衡，一作“杜蘅”，香草名。

（16）馨，香。庑（wǔ五）门，厅堂四周的廊房。

（17）九嶷，山名，在今湖南宁远境内。此指九嶷山众神。灵，指湘夫人。

（18）袂（mèi妹），衣袖。褋（dié蝶），罩在外面的单裙。醴浦，即澧水之滨。

（19）汀（tīng厅）洲，水中平地。遗（wèi畏），赠给。

（20）骤，王逸《楚辞章句》：“骤，数。”骤得，屡次得到。

【赏析】

本篇是祭祀湘水男神湘君的乐歌。大约当年在祭祀时，由男巫化装成湘君主演，在音乐的伴奏下，边舞边唱，表现他对湘夫人的倾慕与怀恋，故题名为《湘夫人》。

全诗可分五节。

第一节写湘君兴冲冲地赶到约会地点，未能见到恋人时的情景。这一节与《湘君》首段互相联系照应。“帝子”，指湘夫人，即娥皇、女英，因她们是帝尧的女儿，故称帝子。首二句说当湘君来到他与湘夫人约定的地点——北渚时，望穿双眼，却不见伊人倩影，他顿时愁满胸臆。当然，从

《湘君》可知，此时湘夫人因久候不至，已乘舟寻他去了。后二句转为环境描绘：湘君伫立北渚，看到的只是茫茫洞庭水，波翻浪涌，秋风萧瑟，万木落叶飘零。可以想见，此时此刻的湘君，内心必然思绪如潮，恰似这眼前的万顷碧波，荡漾起伏，不能平静。这里以景衬情，比直接地、具体地叙写湘君的心境更富有诗意和艺术感染力。

第二节写湘君登高远望，等待湘夫人时心中所迭起的情感波澜。"登白薠"，指登上长满白草的山坡。"期"，约定。"张"，陈设，此指将用于幽会的帏帐等器物陈设齐备。这一段起句承上，只是一般的过渡。次句较关键，是说湘君为了这次约会，早就做好了充分的准备。因此，乍来不久，即把要用的物品全部陈设齐整了。从他所做准备的充分，可见他对这次约会的重视；由他对约会的重视，又可见他对湘夫人的深情。但，见不到心上人，这一切准备岂非形同虚设？所以，难怪他从希望的峰巅，跌进失望的谷底，以至于浮想联翩，生出许多的猜疑。"鸟何"二句是说：鸟儿怎会聚于水中？渔网怎么会撒到树上？这两个比喻，与《湘君》中"采薜荔兮水中，搴芙蓉兮木末"有异曲同工之妙，是湘君痛苦等待时心中所生的揣测、自问之辞。通过他怀疑自己枉费心机，追求不可能实现的目的，表现他对湘夫人的热恋与挚爱。所以，接下来，他又把她比作沅水边的白芷、澧水边的香兰，那样圣洁，那样华贵，那样高不可攀。即使明明知道得不到，也不能停止对她默默的、深长的思念。末二句中，"荒忽"，同"恍惚"。"潺湲"，水流动的样子。这两句写湘君思绪缭绕，神情恍惚，时而茫然四顾，时而对着溪水发呆。他进退维谷、左右为难的心境由此可见。末句以景语作结，除了有助于宕开笔触，拓展诗的境界以外，还兼有比拟的作用。试想：那潺湲的流水，不正像他心头涌动着的绵绵之思吗？

第三节写湘君四处寻湘夫人的经过和其间的心理活动。麋，本是活动于山林中的野兽，怎么会到人住的庭院中觅食？蛟，本是生活于深渊中的动物，怎么会游到水边的浅滩？这两句承上"鸟何萃兮薠中"二句，也是比喻不可能发生的事。"济"，渡过。"澨（shì世）"，水湾。"腾驾"，腾起车驾飞奔。"偕逝"，同往。后二句是说，一旦听到佳人召唤我的声音，我将立即腾起车驾飞奔，带着她共同投奔那理想的境界。这一段与《湘君》

中详细描写湘夫人寻找湘君的经过所用手法不同，只是以"朝骋江皋"，"夕济西澨"，高度概括他寻觅的范围之广。首尾两处，则表现他开始寻找时惴惴不安的心情，以及在寻找过程中逐渐坚定起来的信念。

第四节承接上段，写"偕逝"的目的地，即湘君准备为恋人营造的理想的境界。这一段全系想象之辞，是他"朝骋江皋""夕济西澨"过程中心理活动的补充叙述与展开描写。由此也可以看出诗人剪裁布局，谋篇安章的构思之妙。"葺之以荷盖"，用荷叶覆盖，做成屋顶。"荪壁"，用荪草装饰墙壁。"芳椒兮成堂"，四壁涂上芳香的花椒做成厅堂。"罔薜荔兮为帷"，用薜荔结成帷帐。"擗蕙櫋"，把蕙草撕开成条状，悬在屋檐上，以此结彩。"芷葺兮荷屋"，把芳香的白芷铺在荷叶做成的屋顶上。"缭之以杜衡"，在屋檐四周缠绕上杜衡。"九嶷缤兮并迎"，发动九嶷山的众神，让他们一起来迎接。这一段不厌其详地铺排了无数香花瑶草、白玉紫贝，五彩缤纷，令人眼花缭乱，表现湘君虔诚、隆重之意，即他愿将世间最香、最美的花草木石，收集起来，建成最华丽的住宅，让湘夫人居住，亦即他愿将世间最美好的一切都奉献给他的心上人。在这种尽详尽细的大事铺陈中，湘君对湘夫人的炽热爱情和他对幸福生活的憧憬，被表达得淋漓尽致。

第五节写湘君最终未能找到湘夫人时的矛盾、痛苦心理。这一段与《湘君》末段结构、内容如出一辙，写湘君痛苦失望之余，先是一气之下，"捐袂""遗褋"，扔掉湘夫人亲手为他缝制的衣服，表示决绝，但又立即后悔，抱着一线希望，继续等待，这里可与《湘君》最后一段互相参看。

本篇与《湘君》一样，是以焦急等待、积极寻找为线索，逐步展开情节，宣泄感情的。这两篇优美的短诗，以绚丽的辞采，细腻的笔触，空灵的意境和情景交融、虚实互生的手法，准确地描摹了一对恋人隐秘而复杂的内心世界。

不知由于什么阴差阳错的原因，使他们失之交臂，从此，便同时开始了往来匆匆、艰难而痛苦的互相寻找的历程。伴随着这个历程的，是他们反复的、不间断的内心情感的自我剖白。尽管其中不乏猜疑、误解、怨望、指责，但贯穿始终、从未间断的，或者说蕴含在那些表征之下的，是他们对于爱情的热烈向往、大胆追求，以及对恋人的苦苦思念与忠贞不渝。诗人通过对这对恋人多维的、富有层次感的心理刻画，塑造了两个神采奕奕、丰满完美的人物形象。

在毛泽东的诗词创作中，常常可以看到屈原的影响。且不说其奔腾不息的激情、奇伟瑰丽的想象，继承发展了屈赋的积极浪漫主义精神，就是一些诗词的意境，甚至个别字句，也能找到屈赋的影子。如他于1961年创作的《七律·答友人》，其中的"帝子乘风下翠微""洞庭波涌连天雪"，显然是借鉴了《湘夫人》中的"帝子降兮北渚""洞庭波兮木叶下"及《湘君》中的"斫冰兮积雪"等笔意和语句的。1950年在接见就任驻外大使的一批将军时，毛泽东引本篇中"白玉兮为镇"的诗句，说明黄镇是个好名字。（王珏）

【原文】

大司命

广开兮天门，纷吾乘兮玄云[(1)]。令飘风兮先驱，使涷雨兮洒尘[(2)]。
君回翔兮以下，逾空桑兮从女[(3)]。纷总总兮九州，何寿夭兮在予[(4)]？
高飞兮安翔，乘清气兮御阴阳[(5)]。吾与君兮齐速，导帝之兮九坑[(6)]。
灵衣兮被被，玉佩兮陆离[(7)]。壹阴兮壹阳，众莫知兮余所为[(8)]。
折疏麻兮瑶华，将以遗兮离居[(9)]。老冉冉兮既极，不寖近兮愈疏[(10)]。
乘龙兮辚辚，高驼兮冲天[(11)]。结桂枝兮延伫，羌愈思兮愁人[(12)]。
愁人兮奈何？愿若今兮无亏[(13)]。固人命兮有当，孰离合兮可为[(14)]？

【毛泽东评点】

毛泽东在1913年在湖南第一师范读书时所做《讲堂录》中抄录了这首诗。

——中共中央文献研究室等编：《毛泽东早期文稿》，湖南出版社1990年版，第613页。

（1）广开，大开。纷，浓云密布的样子。吾，指大司命。玄云，黑云。

（2）飘风，疾风。涷（dòng动），暴雨。

（3）君，指大司命。回翔，回旋地飞翔。空桑，神话中的北方山名，玄冥所居。见《山海经》。女，同"汝"，指大司命。

（4）纷总总，形容九州人类之多。九州，上古时我国分为冀、兖、青、徐、扬、荆、豫、梁、雍九州。此处代指中国。何寿夭，何寿何夭即谁人寿命长、谁人寿命短。在予，由我掌握。

（5）安翔，安稳地飞翔。清气，天空中的清和之气，犹言天地之正气。御阴阳，驾御阴阳。阴主死，阳主生，大司命主宰人类生死，故云。

（6）齐速，整齐而迅速。王逸《楚辞章句》作"斋速"。帝，天帝。之，往。九坑，山名。坑，一本作"冈"，山脊。周拱辰《离骚草木史》："坑、岗同。《郢地志》有九岗山，在今湖北松滋县。"

（7）灵，神。被被，同"披披"，飘动的样子。陆离，光彩闪烁的样子。

（8）壹阴兮壹阳，时阴时阳，指大司命出入冥界与人世间。

（9）疏麻，神麻。瑶华，玉色的花朵。瑶，美玉。华，花。离居，不住在一起的人，指大司命。戴震说："离居，谓相从，而今离隔者也。"

（10）冉冉，渐渐。既极，已至。寖近，稍稍亲近。

（11）龙，指龙车。辚辚（lín邻），车轮声。

（12）延伫，久立。伫，立。羌，发语词。

（13）若今，及今。无亏，没有缺憾。

（14）固，本来。有当，有定数。孰，谁。离合，指神与人的离别、会合。可为，可以自主。

【赏析】

大司命，星名。司命星有两个，故有大司命与少司命之别。从诗中描述来看，大司命星是生命的主宰神，能诛恶护善，很有权威。这首诗就是祭祀大司命神的诗歌。

全诗七节，可分为三个段落。前三节计十二句为第一段，写大司命威风凛凛地从天而降。大司命是"上皇"驾前的尊贵天神，他离开天宫也气势非凡："广开兮天门，纷吾乘兮玄云。令飘风兮先驱，使涷雨兮洒尘。"意思是说，听说大司命车骑驾临，守门的帝阍早就敞开了大门，大司命驾着纷纷扬扬的黑云，像一阵旋风呼啸而过，挟带着倾盆大雨洒除空中的灰尘。寥寥几句，便写出了大司命颐指气使的威严气派。接着便是迎神巫者与大司命的对唱。大司命飞旋着从天而降，巫者飞越神山空桑去为他引路。大司命骄傲地唱道：多么广袤多彩的世界啊，人们的寿夭都由我执掌。可见大司命权力之大。"高飞兮安翔，乘清气兮御阴阳。吾与君兮齐速，导帝之兮九坑。""齐速"，整齐而迅速。"九坑"，九州。大司命并不急于下降，而是安详地在天空中翱翔，他驾着清风，驭使阴阳。巫师则亦步亦趋紧紧追随，把大司命恭迎到九州之上。这是承"何寿夭兮在予"，申述神的功德，大司命降临人间。

四、五两节为第二段，写大司命享受祭祀。"灵衣兮被被，玉佩兮陆离。壹阴兮壹阳，众莫知兮余所为。""被被"，同"披披"，翩跹之意。大司命飘扬着神衣，身上的玉佩多么美丽。大司命终于降临于祭坛，一会儿阴晦，一会儿光明，变幻莫测，谁也不知道他在干什么。这几句把大司命写得形象动人，神情毕现。然后是人们对大司命献祭："折疏麻兮瑶华，将以遗兮离居。老冉冉兮既极，不寖近兮愈疏。""疏麻"，神麻。"离居"，离居之人，指大司命。"寖近"，稍稍亲近。人们早就做好了准备，折来神麻，供上鲜花，来献给大司命。因为人已渐渐进入老境，如果不和这位掌生死大权的尊神亲近，距告别尘世也就不远了。所以谁都想亲近这位神灵，期望得到他的垂悯，以便益寿延年。

末二节为第三段，写大司命归去后人们的怀念。大司命享用过祭品，便乘坐龙车，车声辚辚冲天而去，他的离去与降临一样，迅疾而有声势。这时巫师手持桂枝，引领长望，越想越感到愁闷悲伤。这是说大司命严肃、冷酷，神秘莫测，而人们对他畏惧仰望，正是不能自己控制生死寿夭的惶惑心理的反映。末节诗人以深情的笔调写道："愁人兮奈何？愿若今兮无亏。固人命兮有当，孰离合兮可为？""无亏"，指事神之心不减。"离台"，人神离台。首句用顶针续麻方式紧承上节末句说，大司命已经离去，而一味愁苦不安，又有什么办法呢？虽然，我愿意从今而后事神之心不减，仍然得到神的保佑。人的寿命本来就有定数，哪能够由人神的聚合和离异来决定呢？这是送大司命之后，于怅惘中自我安慰的话。由此可见，人们对待生死寿夭的态度，是现实的，也是乐观的。总之，古人将生命无常、寿夭不齐的抽象思考，塑造成形象生动的大司命，而在迎神、送神的宗教活动中寄予了自己的想象和愿望。而且古人今人，人同此心，心同此理，所以今人读此篇，可能有同感吧！（毕桂发）

【原文】

少司命

秋兰兮靡芜，罗生兮堂下⁽¹⁾。绿叶兮素华，芳菲菲兮袭予⁽²⁾。

夫人兮自有美子，荪何以兮愁苦⁽³⁾？

秋兰兮青青，绿叶兮紫茎⁽⁴⁾。满堂兮美人，忽独与余兮目成⁽⁵⁾。

入不言兮出不辞，乘回风兮载云旗⁽⁶⁾。悲莫悲兮生别离，乐莫乐兮新相知。

荷衣兮蕙带，倏而来兮忽而逝⁽⁷⁾。夕宿兮帝郊，君谁须兮云之际⁽⁸⁾？

与女沐兮咸池，晞女发兮阳之阿⁽⁹⁾。望美人兮未来，临风怳兮浩歌⁽¹⁰⁾。

孔盖兮翠旍，登九天兮抚彗星⁽¹¹⁾。竦长剑兮拥幼艾，荪独宜兮为民正⁽¹²⁾。

【毛泽东评点】

1954 年 10 月 26 日，印度总理尼赫鲁离京到外地访问，他来到中南海勤政殿向毛泽东等中国领导人辞行。毛泽东吟诵了屈原的"悲莫悲兮生别离，乐莫乐兮新相知"的诗句后说：离别固然令人伤感，但有了新的知己，不又是一件高兴的事吗？接着他向尼赫鲁介绍说："屈原是中国一位伟大的诗人，他在二千多年前写了许多爱国的诗，政府对他不满，把他放逐了。最后屈原没有出路，就投河而死。后来中国人民就把他死的一天作为节日。人们吃粽子，并把它投入河里喂鱼，使鱼吃饱了不伤害屈原。"

——陈晋：《骚怀楚屈平》，载《瞭望》1991 年版，第 35 期。

【注释】

（1）秋兰，兰草的一种。秋天开淡紫色的小花，故叫秋兰。《尔雅翼》卷二："兰有国香，人服媚之，古以为生子之祥。"靡芜即蘪芜，香草名，即白芷，细茎，小叶，白花。又名芎䓖（xiōng qióng 兄穷）。《本草》："芎䓖味辛温……主妇人血闭无子。"

（2）素华，白花。华，同"花。"一作"枝"。菲菲，香气扑鼻的情状。

（3）夫，发语词。美子，好儿女。荪（sūn 孙），香草名，此处指少司命。一作"荃"。

（4）青青，菁菁（jīng 京）的假借字，茂盛的样子。

（5）美人，指迎神群巫。一说指参加祭礼的人们。目成，两心相悦，眉目传情。

（6）回风，旋风。云旗，画有熊虎的旗子。《史记·司马相如列传》："拖霓旌，靡云旗。"

（7）荷衣，荷叶做的衣服。蕙带，蕙草编织的佩带。倏（shū 叔），忽有忽无不可捉摸之意。

（8）帝郊，天国的郊野，即天界。须，等待。云之际，云际，云中。

（9）这句前面今本尚有"与女游兮九河，冲风至兮水扬波"两句，清洪兴祖《楚辞补注》认为是《河伯》中窜入的句子，故删。女，即"汝"，指迎神的女巫。咸池，古代神话中太阳出来洗澡的地方。晞（xī 希），晒干。阳之阿，曲阿，古代神话中的旸谷，太阳出来时经过的地方。《淮南子》："至于曲阿，是谓旦明。"

（10）美人，指少司命。怳（huāng 谎），同"恍"，惆怅，失意之态。浩歌，放声歌唱。

（11）孔盖，用孔雀尾羽制作的车盖。翠旍（jīng 京），用翡翠鸟羽毛做的旌旗。九天，古代传说天有九重，九天指天的最高处。彗星，俗称"扫帚星"。古代传说，彗星出现象征战乱、灾难。少司命手抚彗星，有为儿童扫除灾难之意。

（12）竦（sǒng 耸），挺出。幼艾，美好的儿童。荪，指少司命。民正，人民的官长，此指管理人间子嗣的官。

【赏析】

少司命,星名。她是主管人间生育的子嗣之神,即孩子们命运的主宰神。本篇就是祭少司命的诗歌。

全诗六节,可分为三个段落。第一节六句为第一段,写祭堂的布置,为祭祀少司命做准备。少司命这位主管人类生育繁衍的尊神,与人们关系密切,因此备受尊重,所以为了欢迎她的下降做了充分的准备:"秋兰兮糜芜,罗生兮堂下。绿叶兮素华,芳菲菲兮袭予。夫人兮自有美子,荪何以兮愁苦?"为了欢迎少司命的到来,人们在祭堂周围种满了秋兰和糜芜,绿油油的叶子,洁白的花朵,芳香阵阵,沁人心脾。人人都有钟爱的孩子,你为什么还要愁苦?清雅、高洁的环境的描绘,少司命为人们子嗣忧心的抒写,都说明人们对这位尊神的竭诚欢迎。

二、三两节为第二段,写少司命的降临。"秋兰兮青青,绿叶兮紫茎。满堂兮美人,忽独与余兮目成。"这位荷衣蕙带的美丽女神终于来到祭堂,她看到了满院的秋兰,绿色的叶子,紫色的花茎,特别是满堂的美男子都在脉脉含情,忽然间她的目光与其中的一位男子目光相接,向他传情。"忽独与余兮目成",历来都被解释为少司命与世人(男子)眉目传情,以定终身,恐怕有误。因为既然少司命是主管子嗣之神,她独与美人"目成"当是赐给他子嗣了。这位美丽女神向那位男子暗送秋波之后,旋即又乘着旋风、飘扬着云旗很快离去了,竟连一句告别的言辞也没有,这一下使那青年男子陷入了希望与失望、欢乐与哀伤的矛盾之中,诗人把这种境况提炼成"悲莫悲兮生别离,乐莫乐兮新相知"两句千古名言,道尽了人间的悲欢离合。宋人朱熹说:"适相知而遽相别,悲莫甚焉!于是乃复追念始者相思之乐也。"这是人民生活经验和感情的积淀,所以很能激起人们的共鸣。

后三节为第三段,写少司命去后的怀想和思念。少司命女神身着荷衣,腰佩蕙带,突然而来,匆匆而去,晚上寄宿在天国的郊外,一直逗停在高高的云端,似有所待:"君谁须兮云之际?"这是那青年男子十分关心的问题。朱熹说:"不知其何所待于云之际乎?犹幸其有意而顾也。"少司命女神逗留云端似有所待,又给那位青年男子燃起了新的希望,使他产生了种种美妙的遐想："与女沐兮咸池，晞女发兮阳之阿。望美人兮未来，临风怳兮浩歌。"这四句从字面很难索解，实则它与古代一种求子习俗有关。孙作云在《〈诗经〉恋歌发微》中说：古人有"祭祀生子之神的'高禖'，以及用洗澡的方法来求子的风俗"，因为"古人相信，不生子也是一种病气。他们在祭祀高禖时，顺便在河上洗洗手，洗洗脚，或干脆跳到河里洗一个澡"。由此可知，少司命的愿与那青年男子"浴乎咸池"，正是为了实现那位"美人"的求子愿望，只不过因为她是神女，才到太阳神东君洗浴的咸池去洗罢了。但她知道霄壤有别，人神间隔，那位人间"美人"是不可能和她一起来天上的咸池洗澡的，就不禁临风失意地发出悲壮的歌声。末节写道："孔盖兮翠旌，登九天兮抚彗星。竦长剑兮拥幼艾，荪独宜兮为民正。"末节应仍出于那位"美人"的遐想，他看见少司命以孔雀的羽毛做车盖，翡翠的羽毛做就旌，飞登到九天之上，监视着那给人间带来灾祸的扫帚星。她手举宝剑，保护着娇好的幼童，这样的女神，最适合做主管人间子嗣的官长。这是对少司命女神的热切希望与赞颂，也是对她的形象的进一步刻画，她不仅温文尔雅，美丽多情，还是一位英姿飒爽的巾帼英雄。

从艺术表现上看，本篇成功地塑造了少司命女神的形象。诗人用清幽的蘼芜、秋兰的环境，来衬托她的娴静雅洁；用荷衣蕙带的服饰，来描摹她的轻盈飘逸之态；用"竦长剑""抚彗星"的动作，来描写她的飒爽英姿；用"愁苦""目成""浩歌""拥幼艾"等行为，来表现她对人间子嗣的关切，可以说是多方着笔，性格丰富，人物是立体的。

1950年10月26日，毛泽东在会见印度总理尼赫鲁时曾引用此诗中"悲莫悲兮生别离，乐莫乐兮新相知"二句，表达自己对结识新朋友的喜悦心情，并向客人介绍了屈原这位"伟大的爱国诗人"，盛赞他写了"许多爱国的诗篇"，并引民俗证明屈原的永垂不朽。（毕桂发）

【原文】

东　君

　　暾将出兮东方，照吾槛兮扶桑⁽¹⁾。抚余马兮安驱，夜皎皎兮既明⁽²⁾。

　　驾龙辀兮乘雷，载云旗兮委蛇⁽³⁾。长太息兮将上，心低徊兮顾怀⁽⁴⁾。
羌声色兮娱人，观者憺兮忘归⁽⁵⁾。

　　縆瑟兮交鼓，箫钟兮瑶簴⁽⁶⁾。鸣篪兮吹竽，思灵保兮贤姱⁽⁷⁾。翾飞兮
翠曾，展诗兮会舞⁽⁸⁾。应律兮合节，灵之来兮蔽日⁽⁹⁾。

　　青云衣兮白霓裳，举长矢兮射天狼⁽¹⁰⁾。操余弧兮反沦降，援北斗兮
酌桂浆⁽¹¹⁾。撰余辔兮高驼翔，杳冥冥兮以东行⁽¹²⁾。

【毛泽东评点】

　　毛泽东1913年在湖南第一师范学校读书时所做的课堂课记《讲堂录》
中抄写了这首诗。

　　　　——中共中央文献研究室等编：《毛泽东早期文稿》，湖南出版
　　　　社1990年版，第613页。

【注释】

　　（1）暾（tūn吞），初升的太阳。吾，太阳神自称。槛（jiàn见），栏
杆。扶桑，神话传说中的树名。太阳升起时，先在咸池洗澡，然后掠过扶
桑，开始周天运行，故以扶桑为槛。《山海经·海外东经》："汤谷上有扶
桑。"《说文》："扶桑，神木，日所出也。"

　　（2）抚，通"拊"，轻轻敲击。马，指给太阳神驾车的马。安驱，从
容驱驰。皎皎，同"皎皎"，明亮的样子。

　　（3）辀（zhōu舟），车辕。雷，指隆隆如雷的车轮声。载云旗，太
阳初升时，四周被云彩所围绕，好像安插着旌旗。委蛇，同"逶迤"，旌
旗飘动舒卷之态。

　　（4）太息，长叹。上，指太阳升起。低徊，留恋。顾怀，回顾思念。

　　（5）羌，发语词。声色，指下文祭祀太阳神的歌舞娱乐。憺（dàn
旦），安。

（6）絚（gìng 更），把弦绷紧。交鼓，相对击鼓。箫，"萧"的误字，通"搛（xiāo 萧）"，敲击。瑶，"摇"的误字。簴（jù 剧），悬挂钟磬的木架。

（7）篪（chí 驰），同"箎"，古代竹管乐器。竽，笙类乐器。灵保，指扮神的巫。姱（kuā 夸），美好。

（8）翾（xuān 宣），鸟小飞轻扬的状态。翠，翠鸟。曾，当作"翋（zēng 增）"，展翅之状。展诗，陈诗，此处指演唱祭歌。会舞，合舞。

（9）律，音律。节，节拍。灵，神，指太阳神及其随从。

（10）青云衣，以青云为衣。白霓裳，以白霓为下裙。霓，雌虹，即虹中颜色浅者。矢，箭，也是星名，共九星，在天狼星东南，朝向天狼星。天狼，星名。《晋书·天文志》："狼一星在东井南，为野将，主侵扰。"按天象说，天狼星在秦分野。太阳神拿着弓箭射天狼，可能寓有抗击强秦之意。

（11）弧，木弓，也是天上的星名，即上面的"矢"，合称"弧矢"，形状像弓箭，又叫天弓，主备盗贼。反，同"返"，回身。沦降，沉落。援，引，拿起。北斗，星名，共七星，形状像舀酒的斗。桂浆，桂花酒。

（12）撰（zhuàn 赚），持，拿。辔（pèi 沛），马缰绳。杳（yǎo 咬）冥冥，幽深黑暗的样子。东行（háng 杭），向东方运行。古人认为太阳下山后，夜间从大地背面回到东方，准备明天再出来。

【赏析】

本篇是祭祀日神的乐歌，诗中充满了对普照大地、化育万物，给人类带来光明和温暖的太阳的热烈礼赞和无限崇仰之情。当初祭祀时，大约由男巫装扮成日神，其他男巫、女巫装扮成他的随从和祭祀者，且歌且舞，表达对日神的颂扬。

全诗可分四节，第一节表现晨曦初吐、曙色满天的景象，由装扮成日神的男巫演唱。开篇头一个字"暾"，就把太阳刚刚跃出地平线的一刹那间又大又圆、充满光和热的形态，描摹得异常形象逼真。以下三句，则引用神话传说的素材，描写初日冉冉升起的景况。清晨，第一线阳光，首先照耀在日神居处栏干外的扶桑树上，太阳神在开始他每天照例自东至西巡游的行程前，轻轻地抚摸着为他驾车的神马，嘱咐它要安安稳稳地前进。接着，日神开始出发，满天的夜色渐渐被皎皎的阳光所照亮。这些饱含瑰丽想象的诗句，既描绘出了当时祭祀时日神的舞蹈动作，又表现出朝阳升时的壮丽景象。

第二节表现旭日东升、云蒸霞蔚的景象。这四句中，上二句实叙，太阳初升时，周围环绕许多云彩。片片朝霞，绚丽如锦，故而把它比作插在太阳神车上的五颜六色、迎风招展的旗帜。下二句虚写，通过描绘日神眷恋故居、依依难舍的情态，表现一轮红日，喷薄欲出时乍升乍降、摇曳多姿的动人景象。可见诗人观察事物多么细致入微，刻画得又多么准确传神。末二句，转为对祭祀场面的描写。这两句写表现旭日初升场面的歌舞有声有色，使人精神愉悦，以至于观众兴致勃勃地看下去，没有中途退场的。这两句虽十分简略而概括，但既包含着对巫者精彩表演的赞扬，又蕴含着对所演出的日出壮观景象的感叹，可谓词约义丰。

第三节集中描绘祭祀场面的热烈和隆盛。这一段是对第二段末二句内容所做的具体而详细的展开叙述。前四句主要写乐器的繁多。"緪"，弦张得很紧的样子。"緪瑟"，瑟的弦张得很紧，指瑟发出的声音很响亮。"交鼓"，大鼓小鼓交错捶响。"萧"，"箫"的误字，通"搥，击的意思。"箫钟"，敲钟。

"瑶"，"摇"的假借字。"簴"，悬挂钟的木架。"摇簴"，钟敲声太响了，连挂钟的木架都震得摇摇晃晃。"虒"，一种竹制的乐器。"鸣虒"，使虒鸣，即奏响了虒。"竽"，一种竹制的乐器。"灵保"，巫者，指扮演太阳神的男巫。"贤姱"，美好，指扮演太阳神的男巫长得好，唱得好，演得好。后四句主要写舞蹈的美妙。"翾"，轻飞貌。"曾"，通"翻"，举翅。"翾飞兮翠曾"，形容女巫舞步轻盈，姿容妙曼，就像美丽的翠鸟扇动翅膀上下翻飞。大约当时祭祀场面达到高潮时，全体巫者一齐上场歌舞。一时间钟鼓齐鸣，丝竹交作，那声音该是多么悦耳！长袖翻飞，应律合节，那舞姿又该多么婀娜！台上台下，表演者与观看者，全都沉浸在虔诚与狂热的氛围中，群情激奋，万众欢腾。这种热烈与喧闹，不正象征着丽日中天时那光芒万丈、灿烂辉煌的景象吗？

第四节表现夕阳西下的景象。这一段承上"思灵保兮贤姱",大约当时是由装扮太阳神的男巫独唱、独舞。他当时穿着青色的上衣白色的下裙,以象征红日当空时云霓辉映的景象。这一段同第一段一样,诗人结合祭祀场面,把对夕阳西下时的壮丽景象的描绘,寓于对日神英武、倜傥的形象描绘之中。首句写日神的装束,隐喻晴日与青云、白雪交相辉映之状。下三句写日神的舞蹈动作,长矢,象征太阳刺眼的光芒;弯弓,象征衔山的半规落日;北半,泛指薄暮时分初现的群星。这里,诗人通过巧妙的想象与联想,既描绘出了祭祀场面中的形象与动作,又刻画出了壮观的自然现象。旧注多以为"天狼""弧矢"实有所指。天狼,主侵掠。秦,在当时号称"虎狼天国",专事蚕食六国,与天狼星的性质相合。且天狼星的分野,正当秦地;弧矢星的分野,正当楚地。星空的位置与秦、楚的地理环境恰恰相应。屈原创作《九歌》时,又正值楚国遭受秦国侵略最严重的危难关头。因此,诗人在这几句中流露出强烈的抗秦意识与爱国之情,是不难理解的。尤其值得称道的是,诗人将这种意识与感情,巧妙地融汇于诗中,不显丝毫的生硬与牵强。结尾两句,写日神纵辔高驰,从人们看不见的大地的黑沉沉的另一面,返回他所居住的东方,以便第二天重新开始那亘古不变的行程。这种充满浪漫意味的猜想,符合当时人们对于对自然规律的幼稚理解,认为"日没西而东,不出于地中"(《晋书·天文志》引)的观念。

在一切自然现象中,与人类生产、生活乃至生命关系最为密切、时刻能够感受到其存在和作用的,莫过于太阳。因而,人们对太阳的崇敬与景仰,也是最为热烈而具体的。这篇祭歌,正明朗而集中地体现了人类的这种崇敬与景仰。诗人用他那生花的妙笔,把这种崇敬与景仰的感情,外化成如此动人的诗篇,并塑造了既有太阳的禀赋与素质,又有人的性格与情感的形神兼备的日神形象,使得这首富于浓郁神话色彩的短诗,散发着强烈的艺术魅力,即使在两千多年后的今天读来,仍能带给我们无穷的遐思和新奇的意趣。(王珏)

河　伯

与女游兮九河，冲风起兮横波⁽¹⁾。乘水车兮荷盖，驾两龙兮骖螭⁽²⁾。

登昆仑兮四望，心飞扬兮浩荡⁽³⁾。日将暮兮怅忘归，惟极浦兮寤怀⁽⁴⁾。

鱼鳞屋兮龙堂，紫贝阙兮朱宫，灵何为兮水中⁽⁵⁾？

乘白鼋兮逐文鱼，与女游兮河之渚，流澌纷兮将来下⁽⁶⁾。

子交手兮东行，送美人兮南浦⁽⁷⁾。波滔滔兮来迎，鱼隣隣兮媵予⁽⁸⁾。

【毛泽东评点】

　　毛泽东1913年在湖南第一师范学校读书时所做的课堂笔记《讲堂录》中抄录了此诗全文。

——中共中央文献研究室等编：《毛泽东早期文稿》，湖南出版社1990年版，第613页。

【注释】

　　（1）女，同"汝"，你，指河伯。九河，黄河的总名。传说禹治河到兖州，为了防止河水外溢，把它分成徒骇、太史、马颊、覆釜、胡苏、简、洁、钩盘、鬲津九道。徒骇在北，为干线，即河道的本身；其余都在南，成为并行东注的八条支流，相距各二百里。冲风，冲地而起的风，即旋风。

　　（2）荷盖，荷叶做成的车盖。骖（cān 餐），古代用四匹马驾车，两边的马叫骖。螭（chī 吃），没有角的龙。

　　（3）昆仑，昆仑山。

　　（4）怅，失意的样子。惟，思念。极浦，指遥远的黄河水边，当是旧日约会处。寤怀，（日夜）思念。

　　（5）鱼鳞屋，以鱼鳞做瓦的房屋。龙堂，柱有蟠龙或雕龙的殿堂。阙，宫门外两侧的望楼，因中间阙然为道，故称。朱宫，一作"珠宫"，用宝珠装饰的宫殿。灵，指河伯。

　　（6）鼋（yuán 元），大鳖。逐，从。文鱼，有花纹的鱼，鲤鱼一类。

女，同"汝"，指河伯。河之渚，黄河中的小洲。流澌（sī 司），融解后随水流动的冰块。

（7）子，指河伯。交手，拱手（告别）。美人，指河伯。浦，水边。

（8）隣隣，同"鳞鳞"，一个挨一个。媵（yìng 映），相送。予，我。指河伯恋人。

【赏析】

河伯，即河神，黄河之神。"河肴水之伯，上应天汉"，为"四渎之长"，故称河伯。据《山海经》说，河伯本名"冰夷"，又称"冯夷"，"乘二龙"，住在黄河砥柱处的"中极之渊，阳汙之山"。传说河伯是位不守帝规的放浪之神，常常"化为白龙出游"，终于被大神"夷羿"射瞎了左眼，连妻子洛嫔（洛水女神宓妃）也被霸占了去（见《天问》王逸注）。郭沫若说："河伯所追求的大概是洛水之神，因为洛水是黄河之南，下游系往北流，故说'送美人兮南浦，波滔滔兮来迎'。"河伯属山川之神，所以在祭祀中也不降临现场，只能由一位男巫扮演河伯追忆他与恋人洛神共游昆仑、水宫而后分别的事情。本篇写的是神与神的相恋。

"与女游兮九河，冲风起兮横波。乘水车兮荷盖，驾两龙兮骖螭。"诗一开头就写得气势非凡，河神对洛神说，我曾陪伴你游览九曲黄河，忽然间狂风大作，水面掀起惊涛骇浪，可我俩安详地坐在水车上，用荷叶作为车篷，车上驾着两条有角的青龙，又配上两条无角的黄龙。这段追忆与洛神遨游九河的描写，气势雄伟，波澜壮阔，展示了河伯豪放而狂暴不羁的性格和以静制动的高强本领。接着诗人写道，龙车在水上飞行，逆流而上直到黄河的源头昆仑，龙车飞升，登上了高高的昆仑山顶，纵目四望，只见茫茫云海，滔滔黄河，世界是多么广阔，只感到神采飞扬，心花怒放。直到暮色苍茫，还乐而忘返，想到那遥远的水涯，才像从梦中惊醒。然而他们游兴正浓，又领着洛神去参观自己的宫殿。"鱼鳞屋兮龙堂"三句，展现了河伯住所的富丽堂皇：鱼鳞的瓦屋，龙纹的厅堂，紫贝的阙门，明珠的殿府。河伯哟，我明白了你为什么总是逗留在水乡？"灵何为兮水中？"似问而实叹，极言河伯水宫之美，这是洛神的口吻。然而河伯游兴未尽，他又和洛神一道骑上那硕大无比的白鼋，追随那文彩斑斓的鱼儿嬉戏。然后，又在河边的沙洲上徜徉，听那急骤的流水冲击着沙石的声响，他们是那么心旷神怡。以上四节是男巫以河伯同游者即见证人的身份，追忆河伯与恋人洛神愉快的交游与爱慕，刻画了河伯豪爽、暴躁、笃于友谊、忠于爱情的性格，其形象是鲜明的，给人留下了深刻的印象。

末节写河伯离去："予交手兮东行，送美人兮南浦。波滔滔兮来迎，鱼隣隣兮媵予。"正因为这次游玩很愉快，所以不觉到了分别的时候，河伯拱手向洛神告别，驾着滚滚狂滔"东行"，洛神依依不舍地送他至黄河南岸，一片片波浪滔滔来迎，一群群游鱼伴我一起来送行。河伯去后，天地空阔，水花鱼影，一片渺茫，一种惘然若失的失落感油然而生，词尽而意不尽。正如江淹在《别赋》中所说："春草碧色，春水绿波。送君南浦，伤之如何！"（毕桂发）

【原文】

山　鬼

若有人兮山之阿，被薜荔兮带女萝[1]。既含睇兮又宜笑，子慕予兮善窈窕[2]。乘赤豹兮从文狸，辛夷车兮结桂旗[3]。被石兰兮带杜衡，折芳馨兮遗所思[4]。

余处幽篁兮终不见天，路险难兮独后来[5]。表独立兮山之上，云容容兮而在下[6]。杳冥冥兮羌昼晦，东风飘兮神灵雨[7]。留灵脩兮憺忘归，岁既晏兮孰华予[8]？

采三秀兮於山间，石磊磊兮葛蔓蔓[9]。怨公子兮怅忘归，君思我兮不得闲[10]。山中人兮芳杜若，饮石泉兮荫松柏，君思我兮然疑作[11]。雷填填兮雨冥冥，猿啾啾兮狖夜鸣[12]。风飒飒兮木萧萧，思公子兮徒离忧[13]。

【毛泽东评点】

毛泽东1913年在湖南第一师范学校读书时所做的课堂笔记《讲堂录》中抄录了这首诗。

——中共中央文献研究室等编：《毛泽东早期文稿》，湖南出版社 1990 年版，第 613 页。

【注释】

（1）若，发语词。有人，指山鬼。山之阿，山的曲处，即深山里。被（pī 披），同"披"。薜荔，蔓生香草名。女萝，又叫菟丝，蔓生香草名。

（2）含睇（dì 第），含情而笑视。子，山鬼称自己心目中的恋人。予，山鬼自称。窈窕（yǎo tiáo 咬挑），姿态美好的样子。

（3）赤豹，一种红毛有黑花纹的豹。文狸，有花纹的狸。辛夷，木兰科落叶乔木，又名迎春、木笔。结桂旗，以桂枝编成旗帜。

（4）石兰，兰草的一种，又名山兰。带，佩带。杜衡，香草名。芳馨（xīn 辛），泛指香花香草。遗（wèi 为），赠给。所思，所思念的恋人，即上文的"子"。

（5）幽篁（huáng 黄），幽深的竹林。后来，来迟了。山鬼未能见到恋人。

（6）表，特出的样子。容容，同"溶溶"，原是水流之状，此指云从容飘动的状态。

（7）杳冥冥，深暗幽远的样子。羌，发语词。昼晦，白天而光线黑暗。神灵，指雨神。

（8）灵脩（xiū 修），指山鬼的意中人，即上文的"子""所思"。岁既晏，指年岁已大。晏，迟。华，荣华、光宠之意，用作动词。予，山鬼自称。孰华予，即"孰予华"，谁还会爱我呢？

（9）三秀，灵芝的别名。灵芝一年开三次花，故称三秀。秀，草木开花。於（wū 屋）山，即巫山。磊磊，乱石堆积之状。葛，一种多年生藤本蔓生植物。

（10）公子，指山鬼的恋人。怅，失意之态。

（11）山中人，山鬼自称。芳杜若，芳香如杜若。杜若，香草名。石泉，山泉。荫松柏，以松柏为荫。然疑作，确信与怀疑交互而生。然，是，相信，疑，怀疑。

（12）填填，雷声。啾啾，猿叫声。狖（yòu又），长尾猿。

（13）飒飒（sà萨），风声。萧萧，风吹树木发出的声音。公子，指山鬼的恋人。徒，白白地。离忧，遭受忧愁。离，通"罹"，遭受。

【赏析】

本篇是祭祀山神的乐歌，旧说多以为由于她不是正神，故称之为"山鬼"。当初祭祀时，大约由女巫装扮成山神模样，边舞边唱，表达她对情侣的热恋与相思。

全诗可分三节。第一节写女神出去赴约会时的情景。"若"，仿佛，好像。"人"，指山鬼。"子"，指山鬼的心中人。"所思"，所思念的人，指上文"子"。这一段开首着一"若"字，不仅使这位女神一出场亮相，就带有几分似隐似现、虚幻缥缈的精灵意味，十分引人注目，而且造成一种神秘浪漫的氛围，笼罩全篇。接着，诗人以大量篇幅描写她的装束、意态之美和车驾、随从之盛，其间还穿插点染她刚刚出发赴约时乐观自信的心情，这样，出现在读者眼前的，是一个按捺不住内心喜悦和激动的、对爱情充满美好憧憬的神采飞扬的少女形象。当然，这是一种欲抑先扬的手法，诗人于此处着力渲染她的兴奋激动、乐观自信，是为以下写她的失望、痛苦张本的。

第二节写山鬼苦苦等待恋人相会时的情景。"灵修"，指山鬼的意中人，即上文的"子""所思"。这一段基本上是写山鬼的心理活动。前两句写当她满怀激情，兴冲冲地来到约会地点时，却不见恋人的踪影。顿时，心中产生了许多疑虑。又是抱怨自己的住处偏僻荒远，幽篁蔽日，看不见天光，拿不准时间，出发得太晚；又是感叹道路崎岖难行，白白浪费了许多时间；又是责备自己不该过分妆饰，以致迟到。唯独没有怀疑对方，猜测他爽约未来。于中透露出她对情侣的深情厚意，可谓一片赤诚，跃然纸上。下面二句写她独立于高高的山巅之上，脚下云海翻腾。她登高的目的，不外两端：一是眼界开阔，便于游目四望，搜寻恋人；二是目标突出，便于恋人识辨，早些追踪而至。大约她就这样站了很久很久，故接下来的二句写气候改变，天阴云暗，白昼如夜，东风乍起，霪雨霏霏。这是说她坚守在约会地点，一任风吹雨打，寸步不移，不管环境多么恶劣，时间多么长久。最后二句，写她在凄风苦雨中默默等待情侣时的心理活动：时而想到，一旦情侣到来，她将把所有的温柔、所有的情爱统统献给他，使他留在她身边，乐而忘返。时而又想，自己年华老大，谁还会爱自己呢？也许，情侣不会再来了。这一段如果说前四句表现山鬼对恋人的深情厚意还比较曲折、隐晦的话，那么，后四句则把这种感情进一步表面化、具体化，明明确确地流露了出来。

第三节写山鬼寻找恋人，落寞失望的情景。"公子"，指山鬼的恋人，即上文的"子""灵脩"。"君思我兮不得闲"，这句含有两层意思："君思我"，言山鬼自信对方并非不爱她，此时此刻或许也正在思念她。"不得闲"，言山鬼替恋人辩解，他之所以不来相会，是没有空闲的缘故。"山中人"，山鬼自指。这一段前二句写山鬼为了寻找恋人，往来奔忙，踏遍了山间的各个角落。但是，看到的只是岩石嶙峋，葛藤纠缠，始终不见恋人的踪影。首三字不说"寻公子"而言"采三秀"者，是一种委婉、曲折的表达方式。"三秀"，即灵芝，是一种名贵的仙草，用它来指代恋人，也益见山鬼对他的挚爱。当然，在漫长、艰辛的寻找过程中，山鬼肯定一路之上思绪不断。间或，在她心头偶尔也会掠过一丝不祥的预感，猜测、抱怨恋人是不是有意失约，根本没有前来？但是，她实在不愿这样想，故而刚刚有这个念头，马上又自己替他辩解：他并非不思念我，只是不得空闲前来。这里，三四两句活脱脱地勾画出了一个人间痴情小儿女的复杂心态，哪里像个神女，分明是个村姑。可是，接下来的"山中人"二句，又立即恢复了她作为神的本来面目：她像杜若一样芬芳圣洁，渴饮石泉、倦依松柏。"君思我兮然疑作"句最妙，写她忽而自信恋人爱她、思念她，忽而又失望、怀疑，真是悲喜交作，信疑参半，准确地展示了她彼时彼刻隐秘的心曲。结尾四句，集中叙写她如何怀着这种复杂、矛盾的心情，在雷声滚滚、大雨滂沱的漫漫长夜中，还在做痛苦无望的等待，独自忍受着孤独、寂寞的煎熬，谛听着猿狖凄厉的哀啼、万木落叶萧萧。

这首与其说是肃穆的祭歌，不如说是言情的短诗作品，除了像《九歌》其他篇章一样，富于浓郁的浪漫主义气息，成功地塑造了生动的人物形象之外，还具有以下突出的艺术特点而引人瞩目。首先，心理刻画，细腻传神。全诗通过山鬼的自述，倾吐了她渴望得到爱情，并十分诚挚地把自己全部的爱毫无保留地献给了恋人的衷曲。虽然诗中直接描摹她心理意绪的字句并不多，但通过对她的装束、行动、细节的一些描写和许多饱含感情色彩的景物的映衬，使她那炽热、深厚的恋情充溢全篇。并且伴随着出发、等待、寻访等情节的渐次展开，把这种炽热而深厚的恋情，抒泄得千回百转、缠绵缱绻，极富层次感。其次，寓情于景、情景交融。本诗以大量的篇幅描绘景物，用以渲染气氛、烘托感情。且景物的色彩由明丽转为阴郁、凄厉，前后迥异，与山鬼由兴奋喜悦到失意落寞的心理变化过程和谐一致，达到了景因情生、情因景显的境界。同时，这些景物，具有浓郁的山巅泽畔、朦胧凄迷的韵味，不仅与女主人公山神的身份非常相称，还给诗歌增添了一种神秘的美感。此外，辞采清丽，情思绵邈。本篇的语言既精美华丽，又清新自然。虽然没有像《湘君》《湘夫人》那样，铺排许多令人炫目的词藻，但无论体物还是抒情，都一样的穷形尽相、准确传神。全诗那缠绵悱恻的情思、醇郁隽永的韵致，也极耐人咀嚼品味。（王珏）

【原文】

国　殇

操吴戈兮被犀甲，车错毂兮短兵接[1]。旌蔽日兮敌若云，矢交坠兮士争先[2]。

凌余阵兮躐余行，左骖殪兮右刃伤[3]。霾两轮兮絷四马，援玉枹兮击鸣鼓[4]。天时怼兮威灵怒，严杀尽兮弃原野[5]。

出不入兮往不反，平原忽兮路超远[6]。带长剑兮挟秦弓，首身离兮心不惩[7]。诚既勇兮又以武，终刚强兮不可凌[8]。身既死兮神以灵，魂魄毅兮为鬼雄[9]！

【毛泽东评点】

毛泽东1913年在湖南第一师范学校读书时所做的课堂笔记《讲堂录》中抄录了这首诗。

——中共中央文献研究室等编：《毛泽东早期文稿》，湖南出版社1990年版，第613页。

【注释】

（1）"国殇"，王逸说："谓死于国事者。"《小尔雅》："无主之鬼曰'殇'。"吴戈，吴地制造的戈。吴地冶铁术发达，所出产的戈特别锋利。戈，一种兵器，横刀，可勾可击。

被，同"披"。犀甲，犀牛皮制造的铠甲。车错毂（gǔ 古），敌我战车的毂相互交错。

毂，车轮中心用以贯轴的圆木。短兵，戈、矛一类的短小兵器。兵，兵器。

（2）旌（jīng 京），用羽毛装饰的旗子。矢，箭。

（3）凌，侵犯。躐（liè 烈），践踏。行（háng 杭），行列。左骖（cān 参），战车辕马左边的一匹马。殪（yì 义），倒地而死。右刃伤，右骖被兵刃砍伤。周朝时用四马驾车，在中间夹车辕的两匹马叫作服，两旁的两匹叫作骖。

（4）霾（mái 埋），通"埋"。絷（zhí 执），绊住。援，拿着，抢起。枹（fú 浮），同"桴"，鼓槌。

（5）天时怼（duì 队），天怨。怼，怨恨。威灵怒，神怒。威灵，有威力的神灵。严杀，朱熹曰："犹言鏖战痛杀也。"野，古音读shǔ（署），和怒字押韵。

（6）反，同"返"。忽，同"𢙢"。《广雅》："𢙢，远也。"超远，遥远。

（7）秦弓，秦国制造的良弓。惩，悔恨。

（8）诚，确实。勇，勇猛。武，武艺高强。不可凌，言志不可夺。蒋骥曰："'勇'，称其气也；'武'，称其艺也。'勇''武'以战时言，'刚强'以死后言。总承上文，以明设祭之意。"

（9）神以灵，精神以此显示灵验，指阵亡将士精神不泯。毅，威武英挺之状。鬼雄，鬼中英雄。"魂魄毅兮"，一作"子魂魄兮"。

【赏析】

《国殇》是屈原《九歌》中的一篇，是追悼为国牺牲的将士的悲壮祭歌。作为文学，特别是作为诗歌，这篇作品，不仅在先秦所罕见，就是在后代，也很少堪与之比拟的。它以真挚的思想情感，独特的艺术风格，精练的语言技巧，歌颂了为国捐躯的集体英雄。

本诗没有写战争的时间、地点、起因，不像一般史传文学那样，着眼于有本有源、有头有尾，而只根据主题的需要，选取最能表现集体英雄的典型材料来加以记叙和描写。所以诗的开头便直截了当、开门见山地写战争的准备："操吴戈兮披犀甲。"手里拿起吴地制造的锐利的戈，身上披起犀牛皮制造的坚韧的甲。前者为了进攻，后者为了防御。一"操"一"披"，显示出立即上战场的毫不畏惧的作战意志和急不可待的作战要求。

紧接着，便写战争的经过。着笔不多，不过九句，却写得层次分明，重点突出。"车错毂兮短兵接"，写交战的激烈。车毂交错，短兵相接，把车战和近战的图景展现在读者的面前：似乎使人看到马奔车驰，刀光剑影；似乎使人听到战马的嘶叫声，战车的滚动声，刀剑的撞击声。只一句，就把交手战、白刃战的场面，写得有声有色，活灵活现。"旌蔽日兮敌若云，矢交坠兮士争先"，写敌人的强大。敌人旌旗蔽日，密集如云，而且飞矢交坠向我方压来。面对着敌众我寡、敌强我弱的情况，战士如何呢？他们没有被敌人的气势汹汹所吓倒，而是争先恐后，奋勇杀敌。"士争先"三字，看来无奇，然而在这里，却表达了多么大的威力啊！作者愈是写敌人的强大，愈能反衬我战士的英勇。点出"士"字，明显地重点在突出"士"。"凌余阵兮躐余行，左骖殪兮右刃伤。霾两轮兮絷四马，援玉枹兮击鸣鼓"，写情况的危急。敌人侵入我方阵地，冲进我方行列。我方呢，有的战车左骖已经死去，右骖也被砍伤；有的战车两轮已经埋没，不能旋转，四马也被绊住，不能行动。这真是一发千钧，危险万状呀！就在这十分紧急的关键时刻，我方主将手执玉槌敲起响亮的战鼓，以安定军心，鼓舞士气，压住阵脚，坚持战斗。作者愈是写形势的危急，愈能反衬我主将的沉着。这里虽未点出"将"字，但击鼓指挥的是主将，所以也明显的重点在突出"将"。"天时怼兮威灵怒，严杀尽兮弃原野"，写伤亡的惨重。作者以"天怨神怒"来烘托鏖战的气氛，来表彰我将士的英雄气概。这正是所谓"天地昏暗，日月无光"啊，正是所谓"惊天地，泣鬼神"啊！由于敌占优势，我占劣势，敌方主动，我方被动，所以经过残酷的杀戮，我方将士全部牺牲，弃尸原野。然而他们无丝毫怯懦，无一人后退，真是死得壮烈，死得光荣。这里，虽写的是战斗的结束，实际写的是战斗的高潮。在高潮处告诉读者：将士们集体殉国了。不仅点明题目，而且增强了感染力。

以上主要写将士的英雄行为。以下四句，主要写将士的高尚品质。"出不入兮往不反，平原忽兮路超远"，写将士出征前的决心。"出不入"就是"往不反"，"平原忽"就是"路超远"，以变文同义加以强调。（闻一多说）"出不入"，言效命疆场，义无反顾；"平原忽"，言去家远征，不辞辛劳。这是何等的思想境界！"带长剑兮挟秦弓，首身离兮心不惩"，写将士战死后的雄姿。虽然首身分离，而剑弓依然在手；头可断，血可流，而心不可侮。非但宁死不屈，而且死亦不屈，这是何等的精神状态！这样，就把将士作战时的"表现好"和出征前与战死后的"内心美"密切结合起来，使将士的人格达到最完美的高度，从而深化了主题。

最后四句，"诚既勇兮又以武，终刚强兮不可凌。身既死兮神以灵，魂魄毅兮为鬼雄"，是在记叙和描写将士的英雄行为和高尚品质以后，而以正面歌颂作结。前者是基础，后者是提高，缺一不可。没有记叙和描写，则歌颂显得"空"；没有歌颂，则记叙和描写显得"散"。作者一则赞美道：实在是既"勇"又"武"，始终"刚强"，不可侵犯啊！用几个词回应上文，加以总结。再则赞美道：将士们的精灵呵，未可泯灭，将永垂不朽！将士们的魂魄呵，与众不同，是鬼中之雄！把悼念、敬仰的感情写到极致，戛然终止，成为全诗的最强音。

根据上述，这首祭歌，就抒发思想感情说，是积极的、健康的、热烈的；就选材说，是典型的、集中的；就结构说，是谨严的、巧妙的；特别

是能以最俭约的文字，表达最复杂的情意，使形式短小而内涵丰富。所以是千古以来的杰作。（宋景昌）

【原文】

礼　魂

　　成礼兮会鼓，传芭兮代舞⁽¹⁾。姱女倡兮容与⁽²⁾。春兰兮秋菊，长无绝兮终古⁽³⁾!

【毛泽东评点】

　　毛泽东1913年在湖南第一师范学校读书时所做的课堂笔记《讲堂录》中抄录了这首诗。

　　——中共中央文献研究室等编：《毛泽东早期文稿》，湖南出版社1990年版，第613页。

【注释】

　　（1）成礼，指祭礼的完成。祭祀的最后一个程序是送神，故云。会鼓，鼓声齐作，急打紧敲。芭（bā 巴），同"葩"，初开的鲜花。代舞，轮番更替跳舞。

　　（2）姱女，美女，指女巫。倡，同"唱"。容与，从容安详。

　　（3）春兰分秋菊，指时序变化，意谓每年春秋二季祭祀不断。兰，兰花。菊，一作"鞠"，古字。终古，永远。

【赏析】

　　《礼魂》，旧说认为是致礼于善终者的祭歌。汉王逸说它是"祠祀九神，皆先斋戒，成其礼敬，乃传歌作乐"。（《楚辞章句》）可见是《九歌》每篇所共有的尾声。

　　《礼魂》是《九歌》中最短的一首诗，全诗仅五句，一气呵成，节奏轻快，气氛热烈。"芭"，朱熹《楚辞集注》说："芭，与'葩'同。"初开的鲜花。"倡"，通"唱"。"容与"，从容自得。诗的大意是说，每祭完一位神灵，祭堂上便鼓声齐鸣，一群青年男女，传递着芬芳的鲜花，轮番地跳舞。在满场的花影、舞姿中，一位光彩照人的美丽姑娘，悠然自得地放开她那婉转的歌喉：春天有馥郁的兰草，秋天有芬芳的菊花，正象征着我们的祭祀要永远进行下去啊！

　　《礼魂》放在《九歌》每篇之后，完成了对众神的祭礼，却把当年祭祀人们的希冀和失望，宏愿和哀思，留给了千秋万代。（毕桂发）

賦

先秦赋

宋　玉

　　宋玉，战国后期楚国辞赋家。后于屈原或言是屈原弟子，曾事顷襄王。《史记·屈原贾生列传》载："屈原既死之后，楚有宋玉、唐勒、景差之徒者，皆好辞而以赋见称。然皆祖屈原之从容辞令，终莫敢直谏。"刘向《新序》则作"宋玉因其友以见楚襄王"，"事楚襄王而不见察"。晋代习凿齿《襄阳耆旧传》又说："宋玉者，楚之鄢（今湖北宜城）人也。故宜城有宋玉塚，始事屈原，屈原放逐，求事楚友景差。"所以，大体而言，宋玉当生在屈原之后，且出身寒微，在仕途上颇不得志。

　　宋玉的作品，最早见于《汉书·艺文志》载，有十六篇。现今相传为他所作的，《九辩》《招魂》两篇，见于汉王逸《楚辞章句》；《风赋》《高唐赋》《神女赋》《登徒子好色赋》《对楚王问》五篇，见于萧统《文选》；《笛赋》《大言赋》《小言赋》《讽赋》《钓赋》《舞赋》六篇，见于唐章樵《古文苑》；《高唐对》《微咏吟》《郢中对》三篇，见于明代刘节《广文选》。但这些作品，真伪混杂，可信而无异议的只有《九辩》一篇。《风赋》《高唐赋》《神女赋》《登徒子好色赋》《对楚王问》等篇，虽有疑点，也大体可信。

　　宋玉是屈原诗歌艺术的直接继承者，在他的作品中，物象的描绘趋于细腻工致，抒情与写景结合得自然妥帖，在楚辞和汉赋之间，起着承前启后的作用。后人多以屈宋并称，可见宋玉在文学史上的地位。

风　赋

楚襄王游于兰台之宫⁽¹⁾，宋玉、景差侍⁽²⁾。

有风飒然而至，王乃披襟而当之⁽³⁾，曰："快哉此风！寡人所与庶人共者邪⁽⁴⁾？"

宋玉对曰："此独大王之风耳，庶人安得而共之！"

王曰："夫风者，天地之气，溥畅而至⁽⁵⁾，不择贵贱高下而加焉。今子独以为寡人之风，岂有说乎⁽⁶⁾？"

宋玉对曰："臣闻于师，'枳句来巢⁽⁷⁾，空穴生风'。其所托者然⁽⁸⁾，则风气殊焉。"

王曰："夫风，始安生哉⁽⁹⁾？"

宋玉对曰："夫风，生于地，起于青苹之末⁽¹⁰⁾。侵淫溪谷⁽¹¹⁾，盛怒于土囊之口⁽¹²⁾。缘泰山之阿⁽¹³⁾，舞于松柏之下。飘忽淜滂⁽¹⁴⁾，激飏熛怒⁽¹⁵⁾。耾耾雷声，回穴错迕⁽¹⁶⁾。蹶石伐木⁽¹⁷⁾，梢杀林莽⁽¹⁸⁾。至其将衰也，被丽披离⁽¹⁹⁾，冲孔动楗⁽²⁰⁾。眴焕灿烂⁽²¹⁾，离散转移。故其清凉雄风，则飘举升降。乘凌高城，入于深宫。邸华叶而振气⁽²²⁾，徘徊于桂椒之间，翱翔于激水之上。将击芙蓉之精⁽²³⁾，猎蕙草，离秦蘅⁽²⁴⁾；概新夷，被黄杨⁽²⁵⁾；回穴冲陵⁽²⁶⁾，萧条众芳。然后徜徉中庭，北上玉堂⁽²⁷⁾；跻于罗帷，经于洞房⁽²⁸⁾。乃得为大王之风也。故其风中人⁽²⁹⁾，状直憯凄惏栗，清凉增欷⁽³⁰⁾。清清泠泠⁽³¹⁾，愈病析酲。发明耳目，宁体便人。此所谓大王之雄风也。"

王曰："善哉论事！夫庶人之风，岂可闻乎？"

宋玉对曰："夫庶人之风，塕然起于穷巷之间⁽³²⁾，堀堁扬尘⁽³³⁾。勃郁烦冤⁽³⁴⁾，冲孔袭门。动沙堁，吹死灰。骇溷浊，扬腐余。邪薄入瓮牖⁽³⁵⁾，至于室庐。故其风中人，状直憞溷郁邑⁽³⁶⁾，驱温致湿。中心惨怛⁽³⁷⁾，生病造热。中唇为胗⁽³⁸⁾，得目为蔑⁽³⁹⁾。啗齰嗽获⁽⁴⁰⁾，死生不卒⁽⁴¹⁾。此所谓庶人之雌风也⁽⁴²⁾。"

【毛泽东评点】

宋玉写一篇《风赋》，有阶级斗争的意义。说有两种风，一种是贵族之风，一种是贫民之风。"《风赋》何曾让景差"，宋玉、景差和屈原一样都是楚国人。宋玉的这篇《风赋》说："夫风，生于地，起于青萍之末"……这篇《风赋》在《昭明文选》，我前天翻了一下，你们再看看。

　　——转引自陈晋主编：《毛泽东读书笔记解析》，广东人民出版社 1996 年版，第 1203 页。

以后注意辨别风向。大风一来，十二级风，屋倒，人倒，这样好辨别，小风不易辨别。宋玉写的《风赋》，值得一看。他说风有两种，一种是贵族之风，一种是贫民之风（所谓"大王之雄风"与"庶民之雌风"）。风有小风、中风、大风，宋玉说："风生于地，起于青蘋之末。侵淫溪谷，盛怒于土囊之口。"风起青蘋之末，那时最不容易辨别。

　　——转引自董学文：《毛泽东与中国文学》，春风文艺出版社 1994 年版，第 254 页。

【注释】

（1）楚襄王，即楚顷襄王（前 298—前 263 在位），名横，楚怀王之子。战国末期楚国的国王。兰台之宫，楚宫苑名，旧址在今湖北钟祥市东。李周翰注："兰台，台名。"可备一说。

（2）景差（cuō 搓），楚大夫，与宋玉同时，以善写辞赋著称。侍，陪从。《左传·襄公十四年》："师旷侍于晋侯。"

（3）飒然，风声。披襟，敞开衣襟。当，迎，对。

（4）寡人，古代诸侯对下的自称，意为寡德之人。庶人，平民。邪，同"耶"，吗。

（5）溥（pǔ 普），普遍。

（6）岂有，难道有什么。说，解说，说法。

（7）枳句（zhǐ gōu 止沟），树枝分杈的地方。枳，树名，与橘树相类。果小，味酸涩不能食，可入药。《周礼·考工记序》："桔逾淮北为枳。"句，即"勾"，弯曲。巢，筑巢。

（8）托，依托。然，如此。

（9）安，何处。

（10）青苹，水草名。李善注引《尔雅》曰："萍，其大者曰苹。"末，末梢，尖上。

（11）侵淫，渐渐地进入。

（12）盛怒，怒号。土囊，大的土洞。

（13）缘，沿着。泰山，大山。泰，大。《书·泰誓》孔传："大会以誓众。"阿，山坳。

（14）溯滂（píng pāng 平兵），风吹动物发出的声响。

（15）激飏熛（biāo 标）怒，风越刮越猛，像怒火在空中飞舞。飏，通"扬"。熛，火焰迸飞之状。

（16）"眈眈（hóng 红）"二句，风声如雷，回旋交错。眈眈，巨大的风声。回穴，急剧地回旋。错迕（wù 务），错杂之状。

（17）蹶（jué 决）石，飞沙走石。伐木，摧折树木。

（18）梢杀，冲击，折断。莽，野草。

（19）被丽披离，微风吹拂，四处飘散之状。

（20）楗（jiàn 建），门栓。

（21）眴（xuán 炫）焕，景物鲜丽云状。眴，通"眩"。

（22）邸，通"抵"，吹动。华，同"花"。振气，散发香气。

（23）精，花。李善注引《广雅》曰："菁，华也。精与菁，古字通。"

（24）猎，历。蕙草，香草名。离，吹散。秦蘅，秦地所生的香草杜蘅。一说，秦，香草。衡，杜衡。

（25）概，摄取之义，此作荡平解。新荑，即留夷，香木名。被，通"披"，分开。荑（tí 啼），初生的叶芽。荑杨，初发新叶的杨树。

（26）回穴冲陵，在山洞中回旋，冲击着山陵。

（27）玉堂，玉饰的殿堂。亦为宫殿的美称。古代宫殿坐北向南，故称风入"玉堂"为"北上"。

（28）跻（jī 机），登上。罗帷，罗帐。洞房，幽深的内室，多指卧室、闺房。

（29）中（zhòng 众），吹中。

（30）直，简直是。憯（cǎn 惨），凄怵栗，凄凉寒冷之状。怵，通"惨"。增欷，更加悲伤。增，通"层"。欷，叹息。

（31）清清泠泠，李善注："清清泠泠，清凉之貌也。"析酲，解酒。酲（chéng 成），酒病。

（32）瑜（wéng 翁上声），然，忽起之状。穷巷，偏僻的小巷。

（33）堀堁（kū kè 哭克），冲起尘土。堁，尘土。

（34）勃郁烦冤，形容风在回旋中所显示的郁怒不平之状。

（36）邪薄，斜迫。瓮牖（yǒu 友），以破瓮作窗户，指贫寒之家。《礼记·儒行》："荜门圭窬，蓬户瓮牖。"郑玄注："以甕为牖。"

（36）㦧（dùn 盾）溷，心烦。郁邑，气闷。

（37）中（zhòng 众）心，进入人的内心。惨怛（dì 答），痛苦，忧伤。

（38）中（zhìng 众）唇为胗（zhěn 枕），碰到嘴唇上就生疮。

（39）得目为蔑，碰上了眼睛就害眼病。蔑，目伤而红，即今之红眼病。

（40）啗齰（dàn zé 旦则）嗽获，形容人被雌风吹了以后嘴唇颤动的样子。啗，吃。齰，嚼，咬。嗽，吮。获，通"嚄"，大叫。李善注引《声类》曰："嚄，大唤也。"

（41）死生不卒，不死不活。卒，通"猝"，马上，突然。

（42）所谓，所说的。

【赏析】

　　宋玉，战国末年楚人，出身低微，曾为楚襄王侍从小臣。宋玉是继屈原之后楚国著名的文学家，"好辞而以赋"见称，在促成楚辞向骚体赋的转化中起过关键性作用。《风赋》便是他的代表作之一。

　　《风赋》把自然之风分为"大王之雄风"和"庶民之雌风"两类。但我们知道，风，本是一种自然现象，生之于地，兴起于草木之中，聚于山沟大谷，沿山阿而渐盛，遇树木花草则施威，盘旋冲撞，萧杀林莽。当此之时，风只是一种，不分雄雌。然而，一旦风衰离散，进入人间之后，便分化成"大王之雄风"和"庶人之雌风"。

从风中分离出来的清凉之雄风，飘摇高举，直上云霄，登凌城池，进入宫廷大院，徘徊于众芳之间，带着阵阵馨香，进入幽深的卧室，逍遥于罗帐之中，便为君王所专有了。这便是"大王之雄风"。此风吹至，清凉宜人，爽心悦目，愈病醒酒。而另一种燥热之风，刮到穷乡僻壤，扬起肮脏的灰尘，吹动腐臭的垃圾，透过破瓮做的窗户，钻入不能遮风挡雨的草房。这便是"庶民之雌风"。此风吹在人身上，顿感忧郁烦闷，口烂眼红，又患风湿，又是中风，惨痛叫号，求生不得，求死不能。两相对比，从而阐明了"其所托者然，然风气殊焉"的道理，并揭示了楚王与庶民之间的贫富悬殊现象，借以讽喻统治者。这在赋史上便形成了一种讽谏的传统。在艺术上，《风赋》采用了铺张扬厉的笔法，君臣对话的形式和散中有整、韵散相间的句式，通过对风这一客观事物的生动描绘，显示了作者高超的艺术技巧。这种写法，与荀赋一起奠定了后世赋体的体制，产生了广泛影响。

毛泽东喜好《楚辞》，推崇屈原，自然兼及宋玉。在他的著作、讲话等中多次引用宋玉的作品，说明现实问题。1958 年 5 月 23 日，毛泽东在八大二次会议上的第四次讲话中，两次提到宋玉的《风赋》。讲到要"注意辨别风尚"的问题，指出："大风一来，十二级台风，屋倒，人倒，这样好辨别，小风不易辨别。"语重心长地告诉大家："风起于青苹之末，那时最不容易辨别。"毛泽东之所以把《风赋》推荐给与会代表们看，是因为在他看来，《风赋》"有阶级斗争的意义"。这个落脚点及其不良后果，已为事实所证明，自不待言。（毕桂发）

【原文】

高唐赋　并序

昔者楚襄王与宋玉游于云梦之台⁽¹⁾。望高唐之观⁽²⁾，其上独有云气，崒兮直上⁽³⁾，忽兮改容⁽⁴⁾，须臾之间⁽⁵⁾，变化无穷。王问玉曰："此何气也？"玉对曰："所谓朝云者也。"王曰："何谓朝云？"玉曰："昔者先王尝游高唐⁽⁶⁾，怠而昼寝，梦见一妇人曰：'妾巫山之女也⁽⁷⁾，为高唐之客。闻君游高唐，愿荐枕席⁽⁸⁾。'王因幸之⁽⁹⁾。去而辞曰：'妾在巫山之阳，高丘之阻⁽¹⁰⁾；旦为朝云⁽¹¹⁾，暮为行雨。朝朝暮暮，阳台⁽¹²⁾之下。'旦朝视之，如言。故为立庙，号曰'朝云'。"王曰："朝云始出，状若何也？"玉对曰："其始出也，崒兮若松榯⁽¹³⁾；其少进也，晰兮若姣姬⁽¹⁴⁾，扬袂鄣日⁽¹⁵⁾，而望所思。晰忽兮改容，偈兮若驾驷马、建羽旗⁽¹⁶⁾。湫兮如风，凄兮如雨⁽¹⁷⁾；风止雨霁⁽¹⁸⁾，云无处所。"王曰："寡人方今可以游乎？"玉曰："可。"王曰："其何如矣？"玉曰："高矣显矣，临望⁽¹⁹⁾远矣！广矣普及⁽²⁰⁾，万物祖矣⁽²¹⁾！上属于天，下见于渊。珍怪奇伟，不可称论⁽²²⁾。"王曰："试为寡人赋之。"玉曰："唯唯⁽²³⁾。"

惟高唐之大体兮，殊无物类之可仪比⁽²⁴⁾。巫山赫其无畴兮⁽²⁵⁾，道互折而曾累⁽²⁶⁾。登巉岩而下望兮⁽²⁷⁾，临大阺之稽水⁽²⁸⁾。遇天雨之新霁兮，观百谷之俱集。濞汹汹其无声兮⁽²⁹⁾，溃淡淡而并入⁽³⁰⁾。滂洋洋而四施兮⁽³¹⁾，蓊湛湛而弗止⁽³²⁾。长风至而波起兮，若丽山之孤亩⁽³³⁾。势薄岸而相击兮，隘交引而却会⁽³⁴⁾，崒中怒而特高兮⁽³⁵⁾，若浮海而望碣石⁽³⁶⁾。砾磥磥而相摩兮⁽³⁷⁾，嶵震天之礚礚⁽³⁸⁾。巨石溺溺之瀺灂兮⁽³⁹⁾，沫潼潼而高厉⁽⁴⁰⁾。水澹澹而盘纡兮，洪波淫淫之溶㵖⁽⁴¹⁾。奔扬踊而相击兮，云兴声之霈霈⁽⁴²⁾。猛兽惊而跳骇兮，妄奔走而驰迈。虎、豹、豺、㹯⁽⁴³⁾，失气恐喙⁽⁴⁴⁾。雕、鹗、鹰、鹞⁽⁴⁵⁾，飞扬伏窜。股战胁息⁽⁴⁶⁾，安敢妄挚⁽⁴⁷⁾？于是水虫尽暴⁽⁴⁸⁾，乘渚之阳⁽⁴⁹⁾。鼋鼍鳣鲔⁽⁵⁰⁾，交积纵横。振鳞奋翼，蜲蜲蜿蜿⁽⁵¹⁾。

中阪遥望⁽⁵²⁾，玄木冬荣⁽⁵³⁾。煌煌荧荧⁽⁵⁴⁾，夺人目精。烂兮若列星，曾不可殚形⁽⁵⁵⁾。榛林郁盛⁽⁵⁶⁾，葩华覆盖⁽⁵⁷⁾。双椅垂房⁽⁵⁸⁾，纠枝还会⁽⁵⁹⁾。徙靡澹淡，随波闇蔼⁽⁶¹⁾。东西施翼⁽⁶²⁾，猗狔丰沛⁽⁶³⁾。绿叶紫裹⁽⁶⁴⁾，丹茎白蒂。纤条悲鸣⁽⁶⁵⁾，声似竽籁⁽⁶⁶⁾。清浊相和，五变四会⁽⁶⁷⁾。感心动耳，回肠伤气。孤子寡妇，寒心酸鼻。长吏隳官⁽⁶⁸⁾，贤士失志。愁思无已，叹息垂泪。

登高远望，使人心瘁⁽⁶⁹⁾。盘岸嶙峋⁽⁷⁰⁾，㟥陈碨硊⁽⁷¹⁾。磐石险峻，倾崎崖隤⁽⁷²⁾。岩岖参差⁽⁷³⁾，纵横相追。陬互横啎⁽⁷⁴⁾，背穴偃跖⁽⁷⁵⁾。交加累积，重叠增益。状若砥柱⁽⁷⁶⁾，在巫山下。

仰视山巅，肃何千千⁽⁷⁷⁾，炫耀虹蜺⁽⁷⁸⁾。俯视峥嵘⁽⁷⁹⁾，窒寥窈冥⁽⁸⁰⁾。

不见其底，虚闻松声。倾岸洋洋，立而熊经⁽⁸¹⁾。久而不去，足尽汗出，悠悠忽忽，怊怅自失。使人心动，无故自恐。贲育之断⁽⁸²⁾，不能为勇。卒愕异物⁽⁸³⁾，不知所出。縱縱莘莘⁽⁸⁴⁾，若生于鬼，若出于神。状似走兽，或像飞禽。谲诡奇伟⁽⁸⁵⁾，不可究陈⁽⁸⁶⁾。

上至观侧⁽⁸⁷⁾，地盖度平。箕踵漫衍⁽⁸⁸⁾，芳草罗生。秋兰茝蕙⁽⁸⁹⁾，江离载菁。青荃射干⁽⁹⁰⁾，揭车苞并。薄草靡靡⁽⁹¹⁾，联延夭夭⁽⁹²⁾，越香掩掩⁽⁹³⁾。众雀嗷嗷⁽⁹⁴⁾，雌雄相失，哀鸣相号。王雎鹂黄，正冥楚鸠。姊归思妇，垂鸡高巢，其鸣喈喈。⁽⁹⁵⁾

当年遨游⁽⁹⁶⁾，更唱迭和，赴曲随流⁽⁹⁷⁾。有方之士⁽⁹⁸⁾，羡门高溪⁽⁹⁹⁾，上成郁林⁽¹⁰⁰⁾，公乐聚谷⁽¹⁰¹⁾。进纯牺⁽¹⁰²⁾，祷琁室⁽¹⁰³⁾，醮诸神⁽¹⁰⁴⁾，礼太一⁽¹⁰⁵⁾。传祝已俱，言辞已毕。王乃乘玉舆，驷苍螭⁽¹⁰⁶⁾，垂旒旌，施合谐⁽¹⁰⁷⁾。纽大弦而雅声流⁽¹⁰⁸⁾，冽风过而增悲哀。于是调讴⁽¹⁰⁹⁾，令人惏悷惨凄⁽¹¹⁰⁾，胁息增欷⁽¹¹¹⁾。于是乃纵猎者，基趾如星⁽¹¹²⁾。传言羽猎⁽¹¹³⁾，衔枚无声⁽¹¹⁴⁾。弓弩不发，罘罕不倾⁽¹¹⁵⁾。涉漭漭，驰苹苹⁽¹¹⁶⁾。飞鸟未及起，走兽未及发。何节奄忽⁽¹¹⁷⁾，蹄足洒血。举功先得，获车已实⁽¹¹⁸⁾。

王将欲见之，必先斋戒。差时择日⁽¹¹⁹⁾，简舆玄服⁽¹²⁰⁾；建云旆，蜺为旌，翠为盖。风起雨止，千里而逝。盖发蒙⁽¹²¹⁾，往自会⁽¹²²⁾。思万方，忧国害。开贤圣⁽¹²³⁾，辅不逮⁽¹²⁴⁾。九窍通郁⁽¹²⁵⁾，精神察滞⁽¹²⁶⁾，延年益寿千万岁。

【毛泽东评点】

才饮长沙水，又食武昌鱼。万里长江横渡，极目楚天舒。不管风吹浪打，胜似闲庭信步，今日得宽余。子在川上曰：逝者如斯夫！　　风樯动，龟蛇静，起宏图。一桥飞架南北，天堑变通途。更立西江石壁，截断巫山云雨，高峡出平湖。神女应无恙，当惊世界殊。

——《水调歌头·游泳》，载中共中央文献研究室编：《毛泽东诗词集》第95—96页，中央文献出版社1996年版。

（1）昔者，从前，过去。云梦之台，楚国台馆名，在云楚泽中。李善注《文选》引《汉书音义》张揖曰："云梦，楚薮也。在南郡华容县，其中有台馆。"

（2）高唐之观（guàn 贯），宫观名。楚怀王游云梦，梦与巫山神女欢合，后于山下立此观。

（3）崒（zú 足），山峰高峻之状。此形容云气如山峰独立。

（4）改容，改变形态。

（5）须臾，一会儿，片刻。

（6）先王，指楚怀王，名槐，襄王之父。

（7）巫山之女，相传尧帝之女瑶姬未嫁而卒，葬于巫山之南，后化为神。巫山，在今重庆巫山县境。有十二峰，下有神女庙。

（8）荐枕席，侍寝。荐，进。此句意为神女自愿与楚怀王在枕席之上欢合。

（9）幸之，指帝王与女子欢合。

（10）阳，山南。高丘，高山，即巫山。阻，险要之处。

（11）朝云，早晨的云霞。

（12）阳台，传说中台名。后人多以阳台为男女欢合之所本此。

（13）嘒（duì 对），茂盛之状。榯（shí 时），树木直立之状。

（14）晰（zhé 折），鲜亮。姣姬，美女。

（15）袂（mèi 妹），衣袖。鄣，同"障"。阻隔，遮掩。所思，所思念的人。

（16）偈（jié 洁），疾驰之状。指云气快速流动。驷马，四匹马拉的车子，称"驷"。建羽旗，竖起用彩色羽毛装饰的旗帜。形容云气随风飘动，如驷马奔腾，上面的片片浮云又像车子上插的彩旗。

（17）湫（qiū 秋），凄冷，清凉。凄，寒冷。

（18）霁（jì 计），雨止天晴。

（19）临望，从高处往下看。

（20）普，广远。

（21）万物祖矣，指神女所居为万物所生之地。李善注："祖，始也。言万物皆祖宗生此土，为万物神灵之祖。"

（22）不可称论，不能一一述说。意谓说不完，道不尽，无法形容。

（23）唯唯，应答声。

（24）殊，异常特出。仪比，匹比，类比。李善注："言殊异于常，无物可仪比。比，类也。"仪，匹配。

（25）赫，高大显赫。畴，对等，相等。

（26）互折，交互曲折。曾累，层层曲折盘旋。曾，通"层"，重叠。

（27）巉（chán 婵）岩，险峻的山岩。巉，险峻陡峭之状。

（28）阺（dǐ 底），山坡，斜坡。《诗经·秦风·东邻》："阪有漆，隰有栗。"毛传："陂者曰阪。"稸（xù 旭），通"畜"，积聚之义。

（29）濞（pì 辟），大水爆发的声音。汹汹，水波翻腾之状。无声，指大水奔腾，声掩万籁，只听到水声。

（30）溃，水相交流过。淡淡，安流平满之状。

（31）滂洋洋，大水横流之状。四施，大水四溢。

（32）滃（wěng 翁上声），借作"滃"，水流汇聚之状。湛湛，水深之状。

（33）"若丽山"句，比喻波浪像附着在山上的田埂。丽，附着。孤亩，高起的田埂。李善注引郭璞曰："丘有陇界，如田亩。……言风吹水势，浪纹如孤垄之附山。"

（34）隘，狭窄处。交引，一起向后倒流。却会，退回与后流会合。

（35）崪，聚。

（36）碣石，海边的山。李善注引孔安国注《尚书》曰："碣石，海畔山也。"

（37）砾（lì 力），小石。礌礌（lěi 垒）石头众多之状。

（38）嶨嶨（hōng 哄），水石相激之声。礚礚（kē 科），石头相摩的声音，连上句是说，大水相激，碎石撞击，发出震天的声响。

（39）溺溺，浸沉。瀺灂（chán zhuó 蝉浊），石头在水中出没之状。一说，水流声。

（40）沫，水的泡沫。潼潼，高的样子。厉，高。《文选·曹植（七启）》："然主上犹以沈思之未广，惧声教之未厉。"李善注引《广雅》曰："厉，高也。"

（41）淫淫，水远去之状。溶（yì义），水波动荡。

（42）"云兴"句，水流奔腾相击，其势如云涌。霈霈，波浪相击声。吕延济注："霈霈，水声也。"

（43）虎、豹、犴、兕（sì寺），皆猛兽名。犴，通"豻"，似狼而小。兕，犀牛类。

（44）失气恐喙（huì卉），因惊恐而丧失勇气，气息短促。喙，喘息，喘气。《国语·晋语五》："靡笄之役，郤献子伤，曰：'余病喙。'韦昭注：'喙，短气也。'"

（45）雕、鹗、鹰、鹗，四种猛禽名。伏窜，隐藏与逃窜。

（46）股战，两腿发抖。胁息，敛缩气息，屏气而息。

（47）妄挚，肆意搏击。挚，搏击，攫取。

（48）水虫，水中动物，泛指鱼、虾、龟、鳖之类。暴（pū铺），晒。

（49）乘，登。渚，水中的小块陆地。阳，水北为阳。此句是水虫都上了岸。

（50）鼋（yuán元），大鳖。鼍（tuó沱），扬子鳄。鳢（lǐ里）、鲔（wěi伪），皆鱼名。

（51）蝼蝼（wěi委）蜿蜿（wǎn弯），曲折爬行的样子。

（52）中阪（bǎn板），山坡中间。阪，同"坂"。

（53）玄木，传说中的一种常绿树，谓食其叶，可成仙。《吕春秋·本味》："中容之国，有赤木、玄木之叶焉。"高诱注："赤木、玄木，其叶皆可食，食之而仙也。"

（54）煌煌荧荧（yíng迎），形容草木光彩鲜明。荧荧，微光闪烁。

（55）殚形，详尽地描述其形态。殚，尽。

（56）榛林，榛木林，亦泛指丛林。榛，果木名。

（57）葩，花。华，通"花"。

（58）椅，桐属木名，又称山桐子。垂房，垂下房状果实。

（59）纠枝，枝曲交错之状。还会，交互。

（60）徙靡，树枝往来摆动。澹淡，水波小纹。

（61）闇（àn 暗）蔼，指树荫投在水波上幽暗的样子。

（62）施翼，指树枝四处延伸，像鸟展开翅膀。

（63）旖狔（yí nǐ 衣你）柔美之状。李善注："旖狔，柔弱下垂貌。"

（64）裹，花房。

（65）纤条悲鸣，风吹细条，发出尖细的叫声。

（66）竽籁（lài 赖），古代的两种乐器。竽，簧，管乐器。籁，箫类。

（67）五变，指古代的宫、商、角、徵、羽五音及其变音。四会，四方乐声相会合。李善注："四会，四悬俱会也。又云：与四夷之乐声相会也。"

（68）隳（huī 灰）官，废官去职。

（69）瘁，忧愁。

（70）盘岸，盘曲的崖岸。巑岏（cuán yuán 攒元），山势高峻陡峭之状。李善注引王逸《楚辞》注："巑岏，山锐貌。"

（71）祯（zhēn 真）陈，重叠陈列。祯，重叠之状。硊硊（wěi 韦），高峻之状。硊，坚硬的意思。

（72）倾崎，倾斜不平。隤（tuí 颓），倒塌。

（73）岩岖参差（cēn cī 穆茨），山崖崎岖，参差不齐。

（74）陬（zōu 邹），山隅，崖角。横梧（wǔ 午），指山崖横出，道路不畅。梧，逆，抵触。

（75）背穴，如背脊隆起，又能自然生成的山洞。偃蹠（zhí 直），山石横卧之状。

（76）砥柱，山名。《水经注》："砥柱，山名也。昔禹治洪水，山陵挡水者凿之，故破山以通河，河水分流包山而过。山见水中若柱然，故曰砥柱也。"砥柱，原在河南省三门峡市峡州区东北三门峡黄河中，修三门峡水库时已炸掉。

（77）肃，肃穆。千千，通"芊芊"，草木繁盛、翠绿之状。

（78）炫耀虹蜺（ní 尼），光彩照耀，像虹蜺一样高高在上。

（79）嶻嵲，同"峥嵘"，形容山谷幽深险峻。

（80）窐寥（wā liào 蛙料）窈（yǎo 咬）冥，空深幽暗的样子。窐，同"洼"。

（81）立而熊经，立观者内心恐惧，好像有熊从身旁经过一样。李善注：倾岸之势，其水洋洋；避立之处，如熊之在树。

（82）贲（bēn 奔）育，指孟贲、夏育，二人皆战国时卫国的勇士。断，决断。

（83）卒（cù 促），通"猝"，突然。

（84）縰縰（xǐ 洗）莘莘（shēn 申），形容怪石众多的样子。莘，众。

（85）谲诡（jué guǐ 决鬼），怪诞，奇异。

（86）究陈，尽情陈述，描绘。

（87）观侧，高唐观之侧。

（88）箕踵，指山势像簸箕的后部一样，前阔后狭。踵，脚跟。此指簸箕后部。漫衍，平坦开阔。

（89）"秋兰"二句，秋兰、茝（chāi 钗上声或 zhǐ 止）、蕙、江离，皆香草名。载菁（jīng 京），正在开花。菁，花。

（90）"青荃（quán 全）射（yè 页）干"二句，青、荃、射干、揭车（jì 居），皆香草名。芭并，丛生。

（91）薄草，丛生的草。靡靡，草低伏相依之状。

（92）夭夭，草木茂盛之状。

（93）越香，香气发散。掩掩，香气同时发散。掩，同。

（94）雀，鸟的通称。嗷嗷（ǎo 袄），群鸟鸣声。

（95）"王雎"等五句，王雎（jū 居）又名雎鸠。鹂黄，即黄鹂、黄莺。正冥，未详，亦当为鸟名。楚鸠，鸟名，一名"哔唈"。姊归，鸟名，一名"子规"，俗称"布谷鸟"。思妇，也是鸟名。李善注引《地理志》曰："夷通乡北过仁里有观山，故老相传云：昔有归登北山，绝望愁思而死，因以为名。"垂鸡，也当为鸟名。高巢，在高处筑巢。嗜嗜，鸟和鸣声。

（96）当年，正当盛年。指"昔者先王尝游高唐"之事。《文选》李善注："一本云：子当千年，万世遨游。"

（97）赴曲随流，李善注："赴曲者，鸟之哀鸣，有同歌曲，故言赴曲；随流者，随鸟类而成曲也。"

（98）方，法术。

（99）羡门、高溪，古方士名。溪，疑为"誓"。《史记·秦始皇本纪》："秦始皇尝使燕人庐生求羡门、高誓。"

（100）上成，亦古方士名，未详。郁林，人众多如林。

（101）公乐，共同作乐。聚谷，聚食。谷，食。

（102）纯牺，祭祀时所用毛色纯一的整个牡畜。牺，色纯。

（103）祷琁室中祭祀祈祷。琁室，用美玉装饰的房子。《淮南子·本经训》："晚世之时，帝有桀纣，为琁室、瑶台、象廊、玉床。"高诱注："琁、瑶，石之似玉，以饰室台也。"

（104）醮（jiào 叫），祈祷，古代一种祭祀之礼。

（105）太一，天神，为众神之尊。《史记·封禅书》："天神贵者太一。"

（106）驷，四匹马拉的车。用作动词，作"驾"讲。苍螭（chī 吃），苍龙。螭，无角龙。

（107）"垂旒（liú 刘）旌"二句，旒，古代旗帜下悬垂的饰物。旌、旆（pèi 沛），泛指旗帜。

（108）绌（chōu 抽），引，弹奏。大弦，指古代弦乐器的宫声弦。

（109）调，谐调。讴，歌唱。

（110）惏悷（lín lì 林吏），悲伤的样子。惨凄同"惨悽"，悲伤状。

（111）胁息，屏息。增欷（céng xī 层希），更加叹息。增，益，更加。

（112）基趾如星，指猎者人马簇拥。趾，脚。

（113）传言，传告。羽猎，指打猎的人。古代猎者皆负羽箭，故名。

（114）衔枚，古代行军时，为防说话，士兵口中都衔以筷状木条。

（115）罘（fú 福），捕兽的套子。罝（hán 含），捕鸟的网。倾，设，施。

（116）"涉漭漭"二句，漭漭，水面广阔无际之状。苹苹，杂草丛生之状。

（117）何节，什么节奏。奄忽，迅疾。李善注："何，问辞也。言何节奄忽之间，而兽之蹄足，皆已洒血。"

（118）获车，载猎获物的车。实，满。

（119）差（chāi 钗），选择。

（120）简舆玄服，乘简车，着黑服。

（121）盍（hé 合），通"盍"，何不。发蒙，启发蒙昧。《易·蒙》："初久、发蒙，利用刑人。"孔颖达疏："以能发去其蒙也。"

（122）会，与神女相会。

（123）开贤圣，广开贤圣进言之路。

（124）辅不逮，辅佐自己以补救其不足。不逮，不及。

（125）九窍，指人身上的九孔，即两眼，两鼻孔，两耳，一口，大、小便孔。通都，开通。

（126）察滞，滞塞之情得以除去。察，体察洞悉，滞，阻塞不通。

【赏析】

《高唐赋》见于萧统《文选》，列为"情"类。《文选》题曰："高唐赋一首并序"。《高唐赋》的内容，主要叙写楚襄王游云梦，宋玉为之赋高唐一事，故名之曰《高唐赋》。

此赋有一小序，写宋玉陪楚襄王游高唐时，看见云气。襄王问是什么气，宋玉告诉他此气名叫"朝云"。襄王又问："何谓朝云？"宋玉回答说："昔者先王尝游高唐，怠而昼寝，梦见一妇人曰：'妾巫山之女也，为高唐之客。闻君游高唐，愿荐枕席。'王因幸之。去而辞曰：'妾在巫山之阳，高丘之阻；旦为行云，暮为行雨。朝朝暮暮，阳台之下。'"宋玉创造的楚怀王与巫山神女高唐欢合的神话，后来便成了男女欢合的出典。接着，襄王又问："朝云始出，状若何也？"宋玉进行了生动形象的描绘。襄王再问："寡人方今可以游乎？"宋玉答曰："可。"襄王遂让宋玉赋高唐，宋玉答曰："唯唯。"序文以宋玉与楚襄王一问一答提起话头，交代了写作背景和故事的寓意，行文自然，毫不突兀。

从"惟高唐之大体兮"到"举功先得，获车已实"，是全文的重心所在，描述巫山、高唐的奇妙景象与珍奇事物。作者按行程来写，从山下到山上，分写各类景物：先写水。登上悬崖峭壁，回顾山下，主要铺写山脚下的江水与水中的鱼类。作者选择了天雨新霁之时，处处从动态描写波涛奔腾，汹涌澎湃，水石相击，声若雷动，以致惊得虎豹豺兕等猛兽，"失气恐喙"；雕鹗鹰鹞等挚鸟，"飞扬伏窜"；鼋鼍鳣鲔等水禽，"交积纵横"。这就以鸟兽鱼虾的恐惧，侧面烘托了波涛的惊人与壮阔气势。次写林木。"中阪遥望，玄木冬荣，煌煌荧荧，夺人目精。"在半山腰，纵目四望，郁郁葱葱，万木葱茏，花香四溢。微风吹过，声似籁竽。这悦耳的乐音，"感心动耳，回肠伤气"，致使"孤子寡妇，寒心酸鼻。长吏隳官，贤士失志"。在景物描写中，深深地反映出作者的情绪。再次写山。"登高远望，使人心瘁。盘岸崎岖，裖陈硙硙。……仰视山巅，肃何千千，炫耀虹蜺。俯视峥嵘，窒寥窈冥。不见其底，虚闻松声。"这阵阵松涛，使古代勇士孟贲、夏育也失去了决断的勇气。怪石嶙峋，鬼斧神工。"状似走兽，或象飞禽。谲诡奇伟，不可究陈"。作者从"远望""俯视""仰视"三个不同视角，生动形象地描绘出巫山景物，可谓穷形尽相。最后写高唐观的自然景观。一反前文惊心动魄的心绪，眼前呈现出一幅鸟语花香的宜人景色："芳草罗生"，花香四溢；群鸟和鸣，"更唱迭和"。这令人陶醉的景色，自然忆起楚怀王游历高唐的情景，颂扬了怀王的礼仪齐备，文治武功，从而为后文作了铺垫。

最后写宋玉劝楚襄王往观高唐。当然作者的本意，并不在于宣扬游猎、赏景，甚至仿效楚怀王得遇神女，以求欢会，而是要楚襄王效法怀王"思万方，忧国害，开圣贤，辅不逮"，只有这样，才能"精神察滞"，耳聪目明，不受蒙蔽，才能励精图治，重振先王大业，"延年益寿千万年"，永保江山无恙。这就是"终以讽谏"的宗旨。

《高唐赋》的主旨是劝说楚怀王，与其求神女欢会，不若用贤人辅政。但由于作者行文过于委婉曲折，加之又"竟为侈丽闳衍之词"，所以主题非但不显，倒开了汉大赋"曲终奏雅""劝百讽一"的风气。在表现手法上，此赋较之"骚体"更加铺张扬厉，词语华丽多采，句法错落多变，又对汉大赋的"铺采摛文"产生了广泛的影响。

毛泽东在1956年6月写的《水调歌头·游泳》中写道："更立西江石壁，截断巫山云雨，高峡出平湖。神女应无恙，当惊世界殊。"毛泽东驰骋诗人的想象，为我们描绘了一幅改造长江的宏伟蓝图：在鄂西川东长江三峡一带建立一个巨大水坝（"西江石壁"），水坝上游原来高峡间狭窄汹涌的水面将变为平静大湖。到那时，巫山的雨水也都得流入这个"平湖"里来。巫山上的神女当然还会健在如故，她看到这意外的景观，该惊叹世界真是大变样了。词中神女这个人物和"巫山云雨"的词语，就是来自《高唐赋·序》。此赋在序中说，楚怀王在游云梦泽的高唐时曾梦与巫山神女相遇，神女自称"旦为朝云，暮为行雨"。当然，这里借用的只是这个神话故事中的人物和字面意义。（毕桂发）

【原文】

神女赋　并序

　　楚襄王与宋玉游于云梦之浦[(1)]，使玉赋高唐之事[(2)]。其夜王寝[(3)]，果梦与神女遇，其状甚丽。王异之，明日以白玉。玉曰："其梦若何？"王对曰："晡夕之后[(4)]，精神怳忽[(5)]，若有所喜。纷纷扰扰[(6)]，未知何意。目色髣髴[(7)]，乍若有记[(8)]。见一妇人，状甚奇异。寐而梦之[(9)]，寤不自识。罔兮不乐[(10)]，怅而失志。于是抚心定气[(11)]，复见所梦。"王曰："状何如也？"玉曰："茂矣美矣[(12)]，诸好备矣。盛矣丽矣[(13)]，难测究矣。上古既无，世所未见。瑰姿玮态[(14)]，不可胜赞[(15)]。其始来也，耀乎若白日初出照屋梁[(16)]。其少进也，皎若明月舒其光[(17)]。须臾之间，美貌横生[(18)]。晔兮如花[(19)]，温乎如莹[(20)]。五色并驰[(21)]，不可殚形[(22)]。详而观之，夺人目精[(23)]。其盛饰也，则罗纨绮缋盛文章[(24)]，极服妙采照万方[(25)]。振绣衣[(26)]，被袿裳[(27)]。秾不短[(28)]，纤不长[(29)]，步裔裔兮曜殿堂[(30)]。忽兮改容，婉若游龙乘云翔。嫷被服[(31)]，侻薄装[(32)]。沐兰泽[(33)]，含若芳[(34)]。性和适，宜侍旁。顺序卑[(35)]，调心肠。"王曰："若此盛矣！试为寡人赋之。"玉曰："唯唯。"

　　夫何神女之姣丽兮[(36)]，含阴阳之渥饰[(37)]。被华藻之可好兮[(38)]，若翡翠之奋翼[(39)]。其象无双，其美无极。毛嫱鄣袂[(40)]，不足程式[(41)]；西施掩面[(42)]，比之无色。近之既妖[(43)]，远之有望[(44)]。骨法多奇[(45)]，应君之相[(46)]。视之盈目，孰者克尚[(47)]。私心独悦，乐之无量。交希恩疏[(48)]，不可尽畅[(49)]。

他人莫睹，王览其状。其状峨峨[50]，何可极言[51]！貌丰盈以庄姝兮[52]，苞温润之玉颜[53]。眸子炯其精朗兮[54]，瞭多美而可观[55]。眉联娟似蛾扬兮[56]，朱唇的其若丹[57]。素质干之实醲兮[58]，志解泰而体闲[59]。既姽嫿于幽静兮[60]，又婆娑乎人间[61]。宜高殿以广意兮，翼放纵而绰宽[62]。动雾縠以徐步兮[63]，拂墀声之珊珊[64]。望余帷而延视兮[65]，若流波之将澜[66]。奋长袖以正衽兮[67]，立踯躅而不安[68]。澹清静其愔嫕兮[69]，性沈详而不烦[70]。时容与以微动兮[71]，志未可乎得原[72]。意似近而既远兮[73]，若将来而复旋[74]。褰余帱而请御兮[75]，愿尽心之惓惓[76]。怀贞亮之絜清兮[77]，卒与我兮相难[78]。陈嘉辞而云对兮[79]，吐芬芳其若兰。精交接以来往兮[80]，心凯康以乐欢[81]。神独亨而未结兮[82]，魂茕茕以无端[83]。含然诺其不分兮[84]，喟扬音而哀叹[85]。颒薄怒以自持兮[86]，曾不可乎犯干[87]。于是摇珮饰，鸣玉鸾[88]。整衣服，敛容颜[89]。顾女师，命太傅[90]。欢情未接，将辞而去。迁延引身[91]，不可亲附[92]。似逝未行，中若相首[93]。目略微眄[94]，精采相授[95]。志态横出[96]，不可胜记。意离未绝，神心怖覆[97]。礼不遑讫[98]，辞不及究[99]。愿假须臾[100]，神女称遽[101]。徊肠伤气[102]，颠倒失据[103]。闇然而暝[104]，忽不知处。情独私怀，谁者可语。惆怅垂涕[105]，求之至曙[106]。

【毛泽东评点】

才饮长沙水，又食武昌鱼。万里长江横渡，极目楚天舒。不管风吹浪打，胜似闲庭信步。今日得宽余。子在川上曰：逝者如斯夫！　风樯动，龟蛇静，起宏图。一桥飞架南北，天堑变通途。更立西江石壁，截断巫山云雨，高峡出平湖。神女应无恙，当惊世界殊。

——《水调歌头·游泳》，载中共中央文献研究室编《毛泽东诗词集》第95　96页，中共中央文献版社1996年版。

【注释】

（1）云梦，楚国大泽名。浦，水滨。

（2）高唐之事，指楚怀王梦与神女欢合之事。见前《高唐赋》。

（3）王寝，此据《文选》，当作"玉寝"。下文的"王异"也应改为"玉异"，"白玉"改为"白王"，"玉曰"改为"王曰"，"王对曰"改为"玉对曰"。

（4）晡（bù布）夕，傍晚，黄昏。

（5）怳忽，即恍惚，神思不定之态。怳，通"恍"。李善注："怳忽，不自觉知之意。"

（6）纷纷扰扰，指喜悦之情袭来，精神迷乱，不能自已。

（7）目色髣髴，眼睛看不真切。仿佛，模糊不清。髣髴，通"仿佛"。

（8）乍若有记，忽然又好像有印象。乍，忽然。

（9）"寐而梦之"四句，寐（mèi妹），睡着。寤（wù务），醒。

（10）怅，失意之态。罔，同"惘"，忧愁。李善注："罔，忧也。"

（11）抚心定气，使心神安定。抚心，收敛心神。

（12）茂，美好。南朝宋刘义庆《世说新语·容止》："有人叹王恭形茂者云：濯濯如春月柳。"

（13）盛，华美。指服饰。《荀子·子道》："今女衣既盛，颜色充盈，天下且孰肯谏女矣！"

（14）瑰姿玮（wěi伪）态，形容姿态美好。瑰，奇异。玮，珍贵。

（15）胜，尽。赞，显明。李善注："赞，明也。"

（16）耀乎，光彩照耀之状。若白日初出照屋梁，是说神女颜色美盛，如东升旭日。

（17）皎若明月舒其光，语出《诗经·陈风·月出》："月出皎兮，佼人僚兮，舒窈纠兮。"毛传："喻妇人有美白皙也。"舒，徐，从容。

（18）横生，横逸而生，充分展示。

（19）晔（yè），盛美，华美。李善注："晔，盛貌。"

（20）温，温润。莹，珠、玉的光彩。

（21）驰，施。

（22）殚，尽。形，形态。

（23）夺人目精，耀人眼目，精，通"睛"。

（24）罗纨（wán丸）绮缋（huì卉），四种都是丝织品。罗，质地轻薄而滑爽；纨，细洁而薄；绮，有五色花纹；缋，色赤。此指华丽的服饰。盛，多。文章，错杂的彩绘或花纹。

（25）极服，最华丽的衣服。妙彩，美妙的风采。

（26）振，抖动。

（27）被，通"披"。袿（guī 归）裳，古代妇女的上等长袍。袿，妇女的上衣。《广雅·释器》："袿，长襦也。"刘熙《释名·释衣服》："妇人上服谓之袿，其下垂者，上广下狭如刀圭也。"

（28）秾（nóng 农），衣厚之状。李善注引《说文》曰："秾，衣厚貌。"

（29）纤，衣长之态。

（30）裔裔（yì 亦），轻捷流走之状。曜（yào 耀），照耀。

（31）媠（duǒ 垛），美好。被服，披在外面的罩衣。

（32）侻（tuì 退），恰好，相宜。张铣注："侻，宜也。"

（33）沐兰泽，用香兰膏洗头发。兰泽，用兰浸制的润发香油。李善注："以兰浸油泽以涂头。"

（34）若芳，杜若的香气。若，杜若，香草名。

（35）顺序卑，和顺柔弱。顺序，顺理而有序，和谐而不紊乱。《后汉书·爰延传》："动静以理，则晨辰顺序。"卑，李善注："柔弱也。"

（36）姣丽，美丽。

（37）"含阴阳"句，集天地间厚美之饰。渥，厚。

（38）华藻，华丽的文彩。可，合适。好，美好。

（39）翡翠，鸟名，翠鸟。雄者羽赤曰翡，雌者羽青曰翠。奋翼，展翅飞翔。

（40）毛嫱（qiáng 墙），古代美女名。《庄子·齐物论》："毛嫱、丽姬，人之所美也。"成玄英疏："毛嫱，越王嬖妾；丽姬，晋国之宠嫔。此二人者，殊妍冠世。"鄣袂，以袖掩目。鄣，通"障"，掩蔽。

（41）不足程式，不值得效法。程式，比拟，效法。

（42）西施，春秋越国美女名。或称先施，别名夷光，亦称西子。姓施，春秋末年越国苎罗（今浙江诸暨南）人。越王勾践败于会稽，范蠡取西施献吴王夫差，使其迷惑忘政。越遂亡吴，日后西施归范蠡，同泛五湖。事见《吴越春秋·勾践阴谋外传》。

（43）妖，妖娆，艳丽。

（44）远之有望，离远更宜观望。

（45）骨法，骨相，人的骨相特征。

（46）应君之相，匹配君王之相。相，相貌。李周翰注："骨法殊异，正合侍君也。"

（47）孰，谁。克，能。尚，超过。《论语·里仁》："好仁者无以尚之"。

（48）交，交往。恩疏，情意疏薄。

（49）尽畅，尽情倾吐。畅，申。

（50）峩峩，超群独立之态。峩峩，"峨峨"的异体字。

（51）极言，尽说。

（52）丰盈，丰满。以，而。庄，端庄。姝（shū 殊），美好。

（53）苞，花未开时包着花朵的小叶片。温润，温和柔润。本指玉色，后用以形容人或事物的品性《。礼记·聘义》："夫昔者君子比德于玉焉，温润而泽仁也。"孔颖达疏："言玉色温和柔润而光泽，仁者亦温和润泽，故云仁也。"

（54）炯（jiǒng 窘），明亮。精朗，目光明朗。

（55）瞭（liáo 僚），眼睛明亮。

（56）联娟，同"连娟"，微微弯曲。蛾扬，蛾眉上扬。

（57）的（dì 地），鲜明。《说文》："的，明也。"丹，丹砂，朱砂。

（58）干，躯体，身材。醲（nóng 农）实，厚实。

（59）解泰，舒缓。解，通"懈"，松弛。泰，安定。闲，娴静。李善注："言志操解散，奢泰多闲，不急躁也。"

（60）姽婳（guǐ huà 轨化），娴静美好之态。姽，《说文》："姽，靖好貌。"婳，《文雅》："婳，好也。"

（61）婆娑（suō 唆），盘旋，徘徊。

（62）翼放纵，像鸟的翅膀那样随意放纵。

（63）雾縠（hú 胡），绉纱，因其轻薄如雾，故称。

（64）墀（chí 池），台阶。珊珊，玉佩声。李善注："珊珊，声也。"

（65）延视，久视。

（66）流波，目视之态。澜，波澜。李善注："目视貌。言举目延视，精若水波，将成澜也。"

（67）奋，挥。衽（rèn 刃），衣襟。

（68）踯躅，徘徊不进之状。

（69）澹（dàn 旦），恬静。愔（yīn 音），静和的样子。嫕（yì 义），和蔼可亲。李善注："嫕，淑善也，言志态静而和淑也。"

（70）沈详，沉着安详。沈，通"沉"。烦，躁。

（71）容与，徘徊犹豫，踌躇不前之态。

（72）原，指本来之意。

（73）意，心意，打算。

（74）将来，将要过来。旋，回转。

（75）褰（qiān 牵），撩起。帱（chóu 仇），床帐。御，侍奉。

（76）愿，希望。惓惓（quán 全），同"拳拳"，诚恳的样子。

（77）贞亮，忠贞诚信。絜清，清白。絜，通"洁"。

（78）卒，终于。我，宋玉自称。相难，相拒诉。

（79）嘉辞，美好的言辞。云对，对答。

（80）精，精神。交接，目光对视。来往，眉来眼去。

（81）凯康，犹慷慨，激动。清梁绍壬《两般秋雨庵随笔·字音假借》："慨慷二字可作凯康。"

（82）"神独亨"句，神女心中虽已许通，却竟未结爱。亨，通达。结，结爱。

（83）茕茕（qióng 穷），孤零零的样子。端，端次，依赖。

（84）然诺，答应。分，当。李善注："言神女之意，虽含诺，犹未当其心。"

（85）喟（kuì 愧），叹息。

（86）颒（pīng 乒），愤怒变色之态。李善注引《方言》曰："颒色青貌。"薄，微。持，矜持。

（87）干，冒犯。

（88）玉鸾，用玉石雕刻成的鸾形佩饰，行走时可发出声音。

（89）敛，收敛。

（90）"顾女师"二句，顾，回视，指召唤。女师、太傅，皆指女神的老师。女师，古代教女子妇德、妇容的女子。太傅，《文选》李善注引《汉书音义》："妇人年五十无子者为傅。"

（91）迁延，退却而去。引身，抽身。

（92）亲附，亲近。附，贴近。

（93）中，内心。相首，相向。首，向。

（94）眄（miǎn 免），斜视，多情不舍之态。

（95）精采，神采。相授，相示意。

（96）志态，神态。横出，洋溢而出。

（97）怖覆，因恐惧而反覆。李善注："怖覆，谓恐惧而反覆也。《左氏传》：'竖头须曰：沐则心覆，心覆则图返。'"

（98）不遑，来不及。讫，完毕。

（99）究，穷尽。《诗经·大雅·荡》："侯作侯祝，靡届靡究。"毛传："究，穷也。"

（100）假，借。

（101）称，声称。遽（jù 巨），急速，指神女急忙要走。

（102）徊肠伤气，肠回转，气伤断。形容内心伤感。吕延济注："惜别离也。"徊，回环。

（103）颠倒，心神错乱。失据，失去依靠。据，依靠。

（104）闇然，昏暗之状。闇，通"暗"。暝，日暮，夜晚。

（105）惆怅，因失意或失望而伤心、懊恼。《楚辞·九辩》："廓落兮，羁旅而无友生；惆怅兮，而私自怜。"

（106）求，追慕，寻求。曙，天亮。

【赏析】

《神女赋》是《高唐赋》的续篇，两篇联系紧密。合则双美，离则两伤。王文濡《古文辞类纂评注》引何屺瞻语曰："《高唐》《神女》两赋，亦犹相如之《子虚》《上林》、子云之《羽猎》《长杨》，皆合二篇成文，乃见抑扬顿挫之妙。"此说不无道理。因为《高唐赋》描述巫山、高唐之大观，《神女赋》则刻画神女之风采，二者相合，方成完璧。

此赋开头写楚襄王与宋玉同游云梦，"其夜王寝，果梦与神女遇"，是襄王梦神女，而后文却是宋玉为襄王描绘神女形象，造成自相矛盾，文理不通。因而，到底是谁梦神女，后人争论不休。学术界比较一致的看法是："王"字乃是"玉"字之误，宋人沈括，明人张凤翼、陈第等辨之甚详。沈括云："……以此考之，则'其夜王寝，果梦与神女遇'者，王字乃玉字耳。'明日以白玉'等，'以白王'也。王与玉字误书之耳。前日梦神女者，怀王也；其夜梦神女者，宋玉也。襄王无预焉，从来枉受其名耳。"（《梦溪笔谈》）陈第在《屈宋古音义·题神女赋》引张凤翼曰："乃玉梦，非王梦也，旧作王梦，则与下'若此盛矣'处不通。且'白'字应体贴，未有君白臣之理"。陈第说："愚谓'白'，'对'字，俱不宜属之君，张之言是也。"近人郭沫若对此也有辨误。这种看法，还可以追溯到更早，南朝梁简文帝的《行雨》诗可作佐证。诗曰："本是巫山来，无人睹容色。唯有楚王臣，曾言梦相识。"可见，梦者是宋玉而非襄王是可信的。但为慎重起见，本书录载此赋原文时仍依《文选》，而不径自改动，只在此及注中加以说明。

《神女赋》，《文选》吕延济注曰："神女，巫山神女也。"《神女赋》描述梦中与巫山神女相见事。此赋先写神女形态之美，接着写、求爱不得，再写神女飘然离去，而以失意作结。作者于此暗寓讽谏之意。

那么，《神女赋》的讽谏意义何在呢？明人陈第在《屈宋古音义·题神女赋》中说："或问作者之意，曰：'讽也。'或问：'好色之赋欲颜而心顾义，是之谓讽。今无有，何以为讽？'曰：'彼之讽在词之中，此之讽在词之表。'或问：'何以曰楚襄王闻先王之梦巫山女也，徘徊眷顾，亦冀与之遇？'玉乃托梦告之，意谓佳丽而不可亲，薄怒而不可犯，亟去而不可留。是真绝世神女也，彼荐枕席而行云雨，无乃非贞亮之洁清乎？王之妄念可以解矣，是玉之所为讽也。"此说颇有道理。《神女赋》正是以神女坚贞圣洁、以礼自持形象的描写，意在告诫楚襄王不可妄生荒淫之意，以绝其求神女之念，劝其用心于国事。

此赋在艺术上的主要成就，是成功地塑造了巫山神女的形象。作者通过对神女的外貌、服饰、行动、体态和心理的刻画，为我们塑造了一个超凡绝尘、盖世无双的绝代佳人形象。言其形貌，则曰："其状甚丽"，"其始来也，耀乎若白日初出照屋梁；其少进也，皎若明月舒其光；须臾之间，美貌横生，晔兮如华，温乎如莹"。这是正面描绘。下面还以古代美女加以衬托："其象无双，其美无极。毛嫱鄣袂，不足程式；西施掩面，比之无色。"言其仪态则曰："忽兮改容，婉若游龙乘云翔"，"动雾縠以徐步兮，拂墀声之珊珊。望余帷而延视兮，若流波之将澜。奋长袖以正衽兮，立踟蹰而不安。淡清静其愔嫕兮，性沉详而不烦。"言其服饰则曰："罗纨绮缋盛文章，极服妙彩照四方。振绣衣，被袿裳，秖不短，纤不长。"言其德性则曰："性和适，宜侍旁。顺序卑，调心肠"，"頩薄怒以自持兮，曾不可乎犯干"。言其心理则曰："意似近而既远兮，若将来而复旋"，"望余帷而延视兮，若流波之将澜。奋长袖以正衽兮，立踟蹰而不安"，"意离未绝，神女怖覆"。总之，作者从外貌到内心把一个神女形象写得活灵活现，栩栩如生，是我国文学史上早期塑造的成功的美女形象。

《高唐赋》《神女赋》等篇，以丰富的想象和铺陈的手法来描绘女性的神情与体貌，可能渊源于《离骚》中上天求女的传统，但多侁荡的情思而少讽喻的意味。汉以后的某些作品，如汉武帝的《李夫人赋》，司马相如的《美人赋》，曹植的《洛神赋》，谢灵运的《江妃赋》等，均由此发端；至南朝梁、陈间，更演化为宫体、艳情诗的末流。

毛泽东在1956年6月写的《水调歌头·游泳》一词，把巫山神女的故事写入其中："更立西江石壁，截断巫山云雨，高峡出平湖。神女应无恙，当惊世界殊。"他以革命领袖的远见卓识，把改造长江的宏伟蓝图：在长江三峡修大坝，蓄水发电，使原来高峡间的狭窄汹涌的江面变成平静的大湖。三峡地区自然景观的巨大变化，自然会使长生不老的巫山神女大为惊异，真可谓化腐朽为神奇！毛泽东的这一理想，随着三峡工程的兴建已经变为现实。

据《人民日报》原总编吴冷西回忆：1958年3月29日，毛泽东主席乘"江峡轮"从重庆出发。……据毛主席的服务员告诉我和田家英，毛主席正在填一首词，铅笔写的，尚未完成，放在床头，可惜他匆匆间没有记住。

"江峡轮"29日抵白帝城，已是夜色苍茫，但闻隐隐涛声。30日早饭后，"江峡轮"起航进入瞿塘峡。快到巫峡时，毛泽东披着睡衣来到驾驶室，一面欣赏三峡风光，一面同船长和领航员谈及有关三峡的神话和传说。毛主席还从船长手中接过望远镜，留意从几个侧面观看了神女峰。他对我们说：宋玉《神女峰》中说："夫何神女之姣丽兮，含阴阳之渥饰。被华藻之可好兮，若翡翠之奋翼。其象无双，其美无极。毛嫱鄣袂，不足程式。西施掩面，比之无色。"其实谁也没有见过神女，但宋玉的浪漫主义描绘，竟为后世骚人墨客留下无限的题材。（《忆毛主席》第65—66页，新华出版社1995年版）（毕桂发）

登徒子好色赋

大夫登徒子侍于楚王[(1)]，短宋玉曰[(2)]："玉为人体貌闲丽[(3)]，口多微辞[(4)]，又性好色[(5)]。愿王勿与出入后宫[(6)]。"

王以登徒子之言问宋玉。玉曰："体貌闲丽，所受于天也[(7)]；口多微辞，所学于师也；至于好色，臣无有也。"

王曰："子不好色，亦有说乎[(8)]？有说则止[(9)]，无说则退[(10)]。"

玉曰："天下之佳人，莫若楚国；楚国之丽者，莫若臣里[(11)]；臣里之美者，莫若臣东家之子[(12)]。东家之子，增之一分则太长，减之一分则太短；著粉则太白[(13)]，施朱则太赤[(14)]。眉如翠羽[(15)]，肌如白雪，腰如束素[(16)]，齿如含贝[(17)]。嫣然一笑[(18)]，惑阳城，迷下蔡[(19)]。然此女登墙窥臣三年[(20)]，至今未许也。登徒子则不然。其妻蓬头挛耳[(21)]，齞唇历齿[(22)]，旁行踽偻[(23)]，又疥且痔[(24)]，登徒子悦之，使有五子。王孰察之[(25)]，谁为好色者矣？"

是时，秦章华大夫在侧[(26)]，因进而称曰："今夫宋玉盛称邻之女，以为美色，愚乱之邪臣[(27)]，自以为守德[(28)]，谓不如彼矣[(29)]。且夫南楚穷巷之妾[(30)]，焉足为大王言乎？若臣之陋，目所曾睹者[(31)]，未敢云也。"

王曰："试为寡人说之[32]。"

大夫曰："唯唯。

"臣少曾远游,周览九土[33],足历五都[34]。出咸阳[35],熙邯郸,从容郑、卫、溱、洧之间[36]。是时向春之末[37],迎夏之阳,鸧鹒喈喈[38],群女出桑[39]。此郊之姝[40],华色含光[41],体美容冶[42],不待饰装[43]。臣观其丽者,因称诗曰[44]:'遵大路兮揽子祛[45],赠以芳华辞甚妙[46]。于是处子怳若有望而不来[47],忽若有来而不见[48]。意密体疏[49],俯仰异观[50],含望微笑,窃视流眄[51]。复称诗曰:'寤春风兮发鲜荣[52],絜斋俟兮惠音声[53]。赠我如此兮,不如无生[54]。'因迁延而辞避[55]。盖徒以微辞相感动[56],精神相依凭[57],目欲其颜[58],心顾其义[59],扬诗守礼,终不过差[60],故足称也[61]。"

于是楚王称善,宋玉遂不退[62]。

【毛泽东评点】

1958年,毛泽东与部分史学家、科学家和新闻工作者的一次谈话中,他先琅琅地背诵了宋玉《登徒子好色赋》中"玉曰:'天下之佳人莫若楚国……王熟察之,谁为好色者矣'"一段,然后说:"宋玉攻击登徒子的这段话,完全属于颠倒是非诡辩,是采用'攻其一点,不及其余,尽量夸大'的手法。""从本质上看,应当承认登徒子是好人。娶了这样丑的女人,还能和她相亲相爱,和睦相处。照我们的看法,登徒子是一个爱情专一的、遵守'婚姻法'的模范丈夫,怎能说他是个'好色之徒'呢?"

——张贻玖:《毛泽东读史》第149—150页,中国友谊出版社公司1991年版。

登徒子娶了一个丑媳妇,但是登徒子始终对她忠贞不二,他是模范地遵守"婚姻法"的,宋玉却说他好色,宋玉用的就是攻其一点不及其余的方法。

——赵超构:《殷切教诲从头习》,载《毛泽东在上海》第133页,中共党史出版社1993年版。

登徒子好色赋的方法。

攻其一点（或几点），尽量夸大，不及其余的方法，是不对的。

——《在南宁会议上的结论提纲》，载《建国以来毛泽东文稿》第 7 册，中央文献出版社 1992 年版，第 28、31 页。

【注释】

（1）大夫，官名。登徒，复姓。李善注引《战国策》："孟尝君至楚，楚献象床，登徒送之。"子，对男子的美称。楚王，楚襄王。

（2）短，指摘缺点，揭发过失。

（3）体貌闲丽，体态娴静，容貌美丽。闲，静。《庄子·大宗师》："心其闲而无事。"丽，美丽。

（4）微词，巧妙而婉转的语言。

（5）性，本性，生性。好色，喜欢女色。

（6）勿，毋，不要。与，许可，允许。后宫，古代帝王嫔妃所居之所。

（7）所受于天，意谓是天生的。受，付与。

（8）说，说法，理由。

（9）止，停止追究，指继续留下做官。

（10）退，退出朝廷，罢官离职。

（11）里，乡里，家乡。

（12）东家，东邻。子，指未嫁的女子。

（13）著粉，搽粉，抹粉。

（14）施朱，抹胭脂。朱，赤，指胭脂一类的化妆品。一说抹口红。

（15）翠羽，翡翠鸟的青黑色羽毛。

（16）腰若束素，腰像一束绢那样柔细。素，生绢，白色。

（17）齿如含贝，形容牙齿的洁白整齐。贝，白色海螺。

（18）嫣（yān 奄）然，笑时美好的样子。李善注引王逸《楚辞》注曰："嫣，笑貌。"

（19）"惑阳城"二句，她微微一笑，就能够迷惑楚国所有的公子哥儿。阳城和下蔡都是当时楚国贵族的封邑。李善注："阳城、下蔡，二县名，盖楚之贵介公子所封，故取以喻焉。"阳城，秦置，治所在今河南方城县东。下蔡，秦置，治所在今安徽凤台县。

（20）窥，偷看。

（21）蓬头孪（luán 峦）耳，头发蓬乱，耳朵卷曲。孪，弯曲不能伸展。

（22）龁（yǎn 衍）唇，牙齿外露。刘良注："谓语而露齿也。"历齿，牙齿稀疏不齐。

（23）旁行踽偻（jù lòu 巨娄），走路歪斜，弯腰驼背。踽偻，弯腰曲背之态。

（24）疥，一种痒疮。痔疮，一种肛门疾病。

（25）孰，同"熟"，仔细。察，考虑。

（26）章华大夫，章华是楚地名，这位章华人入仕为秦国大夫，此时正好出使楚国。章华，章华台，在今河南商水城西北。

（27）愚乱之邪臣，愚钝昏乱的邪僻之臣。臣，秦章华大夫自称。

（28）守德，遵守德操。

（29）谓不如彼矣，不如宋玉能守礼自持。彼，指宋玉。

（30）穷巷，偏僻小巷。妾，对女子的卑称，指宋玉所说的"东家之子"。

（31）陋目，短浅的眼光，谦辞。所曾睹者，眼睛所见过的美女。

（32）寡人，楚襄王自称。

（33）周览，巡视，遍览。九土之土，九州，指全国。

（34）历，经过。五都，五方的大都会，指全国各个繁华都会。

（35）"出咸阳"二句，经过秦国都城咸阳，游玩赵国都城邯郸。咸阳在今陕西省，邯郸在今河北省。熙，通"嬉"，嬉戏。《淮南子·人间训》："臣不敢以死为熙。"高诱注："熙，戏也。"

（36）从容，逗留。郑、卫，春秋时的两个国家，皆在今河南中部一带，是古代恋爱比较自由的地方。溱（zhēn 针）、洧（wěi 伟），郑国境内的两条河，古代男女有在这两条河边欢会的习俗。《诗经·郑风·溱洧》："溱与洧，方涣涣兮。"毛传："溱、洧，郑两水名。"溱水，源出于河南密县东北的圣水峪，东南流入洧水，为双泊河。洧水，源出于河南登封阳城山，流经鄢陵、扶沟，至西华西入颍水。

（37）"是时"二句，意思是春末夏初，即三四月天气和暖的季节。向，当，对。迎夏，逢初夏。阳，温和。

（38）鸧鹒（cāng gēng 仓耕），鸟名，即黄鹂鸟。喈喈（jiē 皆），鸟和鸣声。《诗经·小雅·出车》："仓庚喈喈，采蘩祁祁。"仓庚，通"鸧鹒"。

（39）群女，众女。出桑，出门采桑。

（40）此郊，这一带（指郑、卫）的郊野。

（41）华色，美色。含光，形容肤色的光洁。

（42）容，面貌。冶，美丽。

（43）不待，不用，不须。

（44）因，因此。称诗，赋诗、诵诗。诗，特指《诗经》。

（45）"遵大路兮"句，《诗经·郑风·遵大路》："遵大路兮，掺执子之祛兮。"遵大路，沿着大路向前走。掺，拉住。祛（qū 区），袖子。

（46）芳华，芳香的花朵。辞甚妙，对她说些美妙动听的话。

（47）处子，处女，未出嫁的女子。怳若，恍恍惚惚。若有望，好像有所期待。

（48）忽若，与上句"怳若"，互文见义。好像想过来，又不好意思与我相见。

（49）意密体疏，情意绵密，形体远离。

（50）俯仰异观，在一俯一仰之间，表现都与众不同。俯，低头。仰，抬头。异观，与众不同。

（51）窃视，偷看。流眄，眼光流动，微微斜视。

（52）"寤春风"句，树木因春风吹拂而苏醒，开出繁盛的花朵。寤（wù 务），苏醒。鲜荣，花，这里用草木的繁荣比喻青春的光彩。

（53）"絜斋"句，你容颜美丽，似鲜花盛开，洁身自好，等待赠予你好的音讯。絜通"洁"，整洁。斋，庄重。俟，等待。惠音声，赠与好音。

（54）赠我如此，指赠以芍药，欲结恩情，而女不受。不如无生，不如死去。《诗经·小雅·苕之华》："知我如此，不如无生。"

（55）迁延，慢慢退却之状。辞避，告辞退避。

（56）盖，因为。徒以，只用。微辞，微妙的词句。李善注："微辞，谓向所陈词甚妙者，若即折登徒言多微词。"

（57）精神相依凭，精神上互相爱恋之意。

（58）目欲其颜，眼睛很爱看她那美丽的容颜。欲，贪恋。

（59）心顾其义，心里总记着道德礼义。义，礼义。

（60）终不过差，始终没有什么大的差错，指越轨的非礼行动。

（61）足称，值得称赞。

（62）遂，终于。

【赏析】

《登徒子好色赋》亦出自萧统编《文选》，列于"情"类。李善注曰："此赋假以为辞，讽于淫也。"宋玉采用诡辩的方法，力攻登徒子好色，洗刷自己。

此赋描述一场关于道德修养的辩论。出场人物有楚襄王、宋玉、秦章华大夫，登徒子没有露面。文章说，由于登徒子曾经攻击宋玉好色，所以宋玉便在楚王面前为自己辩解。宋玉说自己不好色，理由是他的邻居"东家之子"，是个美妙绝伦、举世无双的美人，登上墙头向他张望了三年之久，他都没有答应她的追求。宋玉认为，相反登徒子自己才是好色之徒。证据是，登徒子的妻子长得十分难看："蓬头挛耳，齞唇历齿，旁行踽偻，又疥且痔"。对于这样丑陋不堪的女人，"登徒子悦之，使生五子"。章华大夫从旁支持宋玉的说法，认为宋玉不接受"东家之子"的热烈追求，可谓"守德"之士了。这种"守德"的功夫，秦章华大夫自叹不如。结果楚王肯定了秦章华大夫的意见，将登徒子缺席判为好色之徒，承认宋玉是"扬诗守礼"的"守德"之士。明眼人不难看出，宋玉的辩论是有懈可击的。登徒子能够和丑陋不堪的妻子共同生活，而且生有五个子女，是爱情专一的表现，这在封建社会里是难能可贵的高尚节操，根本谈不上是什么"好色"的邪恶行径。宋玉的指责，显然是不合情理的。至于宋玉的不"好色"倒是一面之辞。因为登徒子不在场，宋玉的一面之辞就有可能骗得楚王的信任。再加上秦章华大夫的花言巧语，从旁帮腔，昏庸的楚王就更容易相信宋玉的诡辩了。正如1958年毛泽东与部分史学家、科学家和新闻工作者的一次谈话中指出的："宋玉攻击登徒子的这段话，完全属于颠倒是非的诡辩，是采用'攻其一点，不及其余，尽量夸大'的手法。"接着他十分风趣而幽默地说："从本质上看，应当承认登徒子是好人……是一个爱情专一的、遵守'婚姻法'的模范丈夫，怎么能说他是一个好色之徒呢？"《登徒子好色赋》这篇文章启示人们：一个人思想方法主观片面，看问题不从本质出发，就容易被谬论邪说所迷惑利用。

此赋表现出一种典型的文人审美情趣，对美妙佳人津津乐道，欣赏备至。不但要求她们美貌绝伦，并且还要情意缠绵，坚贞自守，温顺娴淑，集天生丽质和后天修养于一身。与美女交接，不主张耳鬓厮磨，肉体接触，而应以言辞相调侃，用精神相吸引，"目欲其色，心顾其义"，即后来所称之"意淫"，古希腊之所谓柏拉图式恋爱。这是一种封建士大夫情调。

《登徒子好色赋》中对"东家之子"的描写非常细致生动："东家之子，增之一分则太长，减之一分则太短；著粉则太白，施朱则太赤；眉如翠羽，肌如白雪，腰若束素，齿如含贝；嫣然一笑，惑阳城，迷下蔡。"作者巧妙地使用了比喻、夸张的手法，极尽铺张扬厉之能事，写出了"东家之子"风态的朦胧美，给人留下了遐想的余地，收到了很好的效果。

1958年，毛泽东曾多次谈到过《登徒子好色赋》。早在我们上面提及的八大二次会议上的讲话之前，1月6日毛泽东在杭州同周谷城、谈家桢、赵超构的谈话中，讲到要分清九个指头和一个指头的关系时，他讲解了宋玉的《登徒子好色赋》，幽默地指出：登徒子娶了一个丑媳妇，但是登徒子始终对她忠贞不二，他是模范地遵守"婚姻法"的，宋玉却说他好色，宋玉用的就是攻其一点不及其余的方法。1月12日，在南宁召开的中央工作会议上，他又讲到了这篇赋的内容，也是从九个指头与一个指头的关系说的。毛泽东说：并不反对对某些搞过头的东西加以纠正，但反对把一个指头的东西当成十个指头来反。不能使用宋玉攻击登徒子的方法，攻其一点，不及其余。宋玉打赢了这场官司，他采用的方法，就是攻其一点，尽量夸大，不及其余的方法。从此，登徒子成了好色之徒的典型，至今不得翻身（吴冷西：《忆毛主席》第52页，新华出版社1995年版）。毛泽东在1958

年 1 月 21 日《在南宁会议上的结论提纲》中，列有"登徒子好色赋的方法"，明确表示："攻其一点（或几点），尽量夸大，不及其余的方法是不对的。"

毛泽东数次讲到《登徒子好色赋》，是要告诉人们，要学会掌握和运用唯物论和辩证法，克服和减少片面性错误，不要陷入诡辩术的泥淖。值得一提的是，在这次南宁会议上，毛泽东还批示印发《登徒子好色赋》，给与会者阅读。（毕桂发）

【原文】

对楚王问

楚襄王问于宋玉曰[1]："先生其有遗行与[2]？何士民众庶不誉之甚也[3]？"宋玉对曰："唯，然，有之[4]。愿大王宽其罪，使得毕其辞。

"客有歌于郢中者[5]，其始曰《下里》《巴人》[6]，国中属而和者数千人[7]；其为《阳阿》《薤露》[8]，国中属而和者数百人；其为《阳春》《白雪》[9]，国中属而和者，不过数十人；引商刻羽[10]，杂以流徵[11]，国中属而和者，不过数人而已。是其曲弥高，其和弥寡[12]。故鸟有凤而鱼有鲲[13]，凤皇上击九千里[14]，绝云霓[15]，负苍天[16]，翱翔乎杳冥之上[17]；夫蕃篱之鷃[18]，岂能与之料天地之高哉[19]！鲲鱼朝发昆仑之墟[20]，暴鬐于碣石[21]，暮宿于孟诸[22]；夫尺泽之鲵[23]，岂能与之量江海之大哉！

"故非独鸟有凤而鱼有鲲也[24]，士亦有之[25]。夫圣人瑰意琦行[26]，超然独处[27]；夫世俗之民[28]，又安知臣之所为哉[29]！"

【毛泽东评点】

就算你的是"阳春白雪"吧，这暂时既然是少数人享用的东西，群众还是在那里唱"下里巴人"，那末，你不去提高它，只顾骂人，那就怎样骂也是空的。现在是"阳春白雪"和"下里巴人"统一的问题，是提高和普及统一的问题。

——《在延安文艺座谈会上的讲话》，载《毛泽东选集》第 3 卷，人民出版社 1991 年版，第 865 页。

　　"阳春白雪"和"下里巴人"这两种歌，你们喜欢哪一种呢？我看"下里巴人"也不错，全国人民都会唱。

　　　　——艾克恩：《延安文艺运动纪盛》，文化艺术出版社 1987 年版，第 70 页。

【注释】

　　（1）楚襄王，战国末期楚国的国王。

　　（2）先生，对宋玉的尊称。其，通"岂"，难道。遗行，应当遗弃的行为，失检的行为。李善注："遗行，可遗弃之行也。"与，语气词，表反诘。

　　（3）士民众庶，社会上的各种人。不誉，不称誉，批评的委婉说法。

　　（4）唯，敬谨应答之辞。然，表示肯定的答语。有之，有遗行。

　　（5）郢（yǐng 影），楚国国都，故址在今湖北省江陵市纪南城。

　　（6）《下里》《巴人》，当时楚流行的通俗歌曲。下里，乡里。巴，古国名，地在今川东、鄂西一带。

　　（7）国中，都城中。属（zhǔ 主）而和（hè 贺）者，跟上一起唱的人。

　　（8）《阳阿》，楚歌曲名。《薤露》，乐府《相和曲》名，是古代的挽歌。比《下里》《巴人》高雅。

　　（9）《阳春》《白雪》，楚歌曲名，比《阳阿》《薤露》更高雅。《文选》李周翰注："高曲名也。"

　　（10）引商刻羽，古乐律音阶有宫、商、角、徵、羽五音及变徵、变宫。商音在第五音中最高，称"引"；羽声等较细，称"刻"。引商刻羽，谓曲调高古、讲究声律的演奏。

　　（11）杂以流徵，在商羽中再夹杂上流动的徵音。徵（zhǐ 止），其音抑扬递续，不断转换。流徵，音调名。

　　（12）"是其曲弥高"二句，所以，歌曲越是高雅，跟着唱的人就越少。是，是故，所以。弥，更加。寡，少。

　　（13）凤，凤凰。传说中的鸟类之王。雌的叫凤，雄的叫凰。通称为凤或凤凰。鲲,传说中的一种最大的鱼。《庄子·逍遥游》:"北冥有鱼,其名为鲲;鲲之大,不知其几千里也。"

(14)上击九千里,向上飞行搏击至九千里。九千里,形容飞得极高。

(15)绝云霓,超越云霓。霓,虹。

(16)负苍天,背负青天。《庄子·逍遥游》:"背负苍天,而莫之夭阏者,而后乃今将图南。"

(17)翱翔,展开翅膀,回旋飞舞之状。杳冥,极高远之处。冥,幽深之状。

(18)蕃篱之鷃(yàn 燕),篱笆间的小鸟。鷃,小鸟名。鹑的一种。

(19)岂,怎么。料,计量。

(20)昆仑之墟,昆仑山的脚下。墟,山基。

(21)暴(pū 铺)鬐(qí 其)于碣石,在海滨的山上晒背鬐。暴,同"曝",晒。鬐,鱼背鬐。碣石,海边山。李善注引孔安国《尚书传》曰:"碣石,海畔山。"

(22)孟诸,古代大泽名。故址在今河南商丘市东北、虞城西北。《书·禹贡》:"寻菏泽,被孟猪。"孟猪即孟诸。

(23)尺泽之鲵(ní 尼),一尺来长的小水塘里的小鱼。尺泽,小池。鲵,小鱼。

(24)独,仅仅。

(25)士,指有才能、有知识的人。之,代士中的杰出人物。

(26)瑰意琦行,卓越的思想和不平凡的行为。瑰,特异。琦,珍贵的。

(27)超然独处,超尘拔俗地自处于世。超然,超脱于世俗之外。独处,不与人为伍。

(28)民,人。

(29)安知,怎么知道。臣,宋玉自称。

【赏析】

《对楚王问》亦出自萧统《文选》,列为"对问"类,不以赋体视之。盖因此文通篇是以问答形式写成的。实际上,它与宋玉的《风赋》等相似，也应属于赋体。近代学者刘熙载在《艺概·文概》中指出："用辞赋之骈丽以为文者，起于宋玉《对楚王问》。"可见，《对楚王问》只不过是更加趋于散体化而已。

此篇文字也见于汉刘向《新序·杂事》，文字略有差异，《新序》为"楚威王"，而《文选》作"楚襄王"。因而，人们认为，此赋如《卜居》《渔父》记录屈原逸事一样，是记宋玉事迹的，当不是宋玉手笔，而是后人伪托。我们认为，这种说法根据是不足的。我们不妨说，此赋为宋玉所作，刘向《新序》据此而以故事录之，这既顺理成章，又与《新序》记载舜、禹至汉代史实的性质相符。

《对楚王问》是一篇极为精彩的应对文字，充分体现了宋玉"口多微辞""善辞好赋"的才能。宋玉"瑰意琦行"，不愿与众人为伍，自然遭到世人的诋毁。当楚王问及时，宋玉竟出人意料地不加否定，承认自己有所谓"遗行"，于是读者便为宋玉捏了一把汗，不知宋玉如何辩解。

谁知宋玉早已胸有成竹，他首先以"曲高和寡"的故事，从侧面说明了自己遭贬的原因，在于自己的品德高尚。他以歌于郢都之中的低级、中级、高级等三个不同层次的歌曲作比，通俗的《下里》《巴人》等曲，和者数千人；较高级的《阳阿》《薤露》，和者数百人；而高级的《阳春》《白雪》，和者数十人；最后"引商刻羽，杂以流徵"，能相和者，只有数人而已。水到渠成，自然得出"其曲弥高，其和弥寡"的结论。以曲喻人，有力地说明，并不是我宋玉品德败坏，有失检点，而是由于他们都是世俗庸人，无法理解我的高洁的志趣。

宋玉并没有就此罢休，他进而又以鸟中之凤、鱼中之鲲与"蕃篱之鷃""尺泽之鲵"作对比，由于眼光远大与短浅、行动潇洒与猥琐的不同，出现鷃鸟嘲凤，小鲵讥鲲的现象，也就不足为怪了。既然如此，那么大王您自然就明白，我为什么要受指责了。两组形象的比喻，揭示出"世俗之民，又安知臣之所为"的道理，故臣自蒙冤，无须再辩。文章最后用宋玉以凤、鲲自况，圣人自许作结，恰到好处。

此赋文笔流畅，情感充沛，心潮激荡之处，有似风击千里，不平之气直冲云霄；语言精练，辞藻华美，妙笔生花之处，字字珠玑，成语中的

"下里巴人""阳春白雪""曲高和寡"等即由此文化出，至今仍活在人们的语言之中，可见其影响之大。

这篇文章写宋玉遭受谗言，以及他为自己的辩护。一方面流露了宋玉继承战国游说之士夸夸其谈、妄自尊大的浮夸作风；另一方面也反映出楚襄王时期，宗室贵族把持朝政、嫉贤妒能，较为清醒的士大夫受迫害的情况。

1938 年 5 月 12 日，毛泽东到延安鲁迅艺术学院作报告时，生动地论述了有关抗战文艺是团结人民，教育人民，打击日本帝国主义的武器的道理。他风趣地说："红楼梦里有大观园……你们鲁艺是个小观园"，告诫鲁艺师生："抗日民主根据地就是大观园。你们的大观园在太行山、吕梁山。"接着问大家：'阳春白雪'和'下里巴人'这两种歌，你们喜欢哪一种呢？"他明确表示："我看'下里巴人'也不错，全国人民都会唱。"从而阐明了我们的文艺必须从服务全国人民出发，坚持普及第一的思想。

1942 年 5 月，毛泽东写的《在延安文艺座谈会上的讲话》，讲到普及和提高的关系时，批评了当时一些人的资产阶级狭隘功利主义的观点，反用"阳春白雪"与"下里巴人"的典故，明确地指出："现在是'阳春白雪'和'下里巴人'统一的问题，是提高和普及统一的问题。"（毕桂发）

【原文】

大言赋

楚襄王与唐勒、景差、宋玉游于阳云之台[1]。王曰："能为寡人大言者[2]，上座[3]。"王因晞曰[4]："操是太阿剥一世[5]，流血冲天[6]，车不可以厉。"至唐勒，曰："壮士愤兮绝天维[7]，北斗戾兮太山夷[8]。"至景差，曰："校士猛毅皋陶嘻[9]，大笑至兮摧覆思[10]。锯牙云[11]，晞甚大[12]，吐舌万里，唾一世[13]。"至宋玉，曰："方地为车，圆天为盖[14]，长剑耿耿倚天外[15]。"王曰："未可也[16]。"玉曰："并吞四夷[17]，饮枯河海[18]，跋越九州[19]，无所容止[20]。身大四塞[21]，愁不可长[22]，据地蚡天[23]，迫不得仰[24]。"

【毛泽东评点】

毛泽东曾手书：方地为舆，圆天为盖，长剑耿耿，倚天之外。

——中央档案馆整理：《毛泽东手书选集·古诗词（上）》，北京出版社1996年版，第21页。

横空出世，莽昆仑，阅尽人间春色。飞起玉龙三百万，搅得周天寒彻。夏日消溶，江河横溢，人或为鱼鳖。千秋功罪，谁人曾与评说？　而今我谓昆仑：不要这高，不要这多雪。安得倚天抽宝剑，把汝裁为三截？一截遗欧，一截赠美，一截还东国。太平世界，环球同此凉热。

——中共中央文献研究室编：《毛泽东诗词集》，中央文献出版社1996年版，第60—61页。

【注释】

（1）唐勒、景差，战国时辞赋家，楚王侍臣。《史记·屈原贾生列传》："屈原既死之后，楚有宋玉、唐勒、景差之徒者，皆好辞而以赋见称。"阳云之台，即阳台。宋玉《高唐赋》："妾在巫山之阳，高丘之阻；旦为朝云，暮为行雨，朝朝暮暮，阳台之下。"遂以阳台指男女幽会之所。

（2）大言，大话，夸大的言辞。《史记·高祖本纪》："刘季固多大言，少成事。"

（3）上座，受尊敬的席位。《史记·高祖本纪》："高祖因狎侮诸客，遂坐上座。"颜师古注："上座，尊处也。"

（4）唏（xī 希），叹息。《淮南子·说山训》："纣为象箸而箕子唏。"

（5）操，拿。是，此，这。太阿，也叫"泰阿"，古宝剑名，相传春秋时楚王命欧冶子、干将所铸。剥，割，削。

（6）"流血"二句，是说血水冲天，深不可涉。厉，涉水。《诗经·邶风·匏有苦叶》："深则厉，浅则揭。"

（7）绝天维，断绝天柱地维。相传共工氏怒触不周之山，天柱折，地维缺。见《淮南子·坠形训》。绝，断。天维，天网的大绳子。

（8）北斗，星名，戾（lì 吏），通"捩"，折，弯曲。《吕氏春秋·尽数》："饮必小咽，端直无戾。"太山，即泰山。夷，平。

（9）校（jiào 叫）士，角斗之士。猛毅，勇猛刚毅。皋陶（yáo 尧），传为舜时大臣，掌刑狱之事。嘻，欢笑。

（10）摧，摧毁。覆思，亦作"復思""罳"。即"罘罳"。门外之屏。北魏郦道元《水经注·谷水》："今阊阖门外夹建巨阙以应天宿，虽不如礼，犹象而魏之，上加復思以易观也。《广雅》曰'思谓之屏'。"

（11）锯牙云，指牙齿坚利似锯子，巨大如云。

（12）晞甚大，牙齿如野猪之牙长而且大。晞，通"豨"，野猪。

（13）唾一世，吐出的唾液可以飘洒世间。唾，吐唾液。

（14）方地，大地。古人认为天圆地方，故宋玉如此说。《庄子·说剑》："上法圆天，以顺三光；下法方地，以顺四时。"盖，车，盖。

（15）耿耿，光亮的样子。倚天，靠着天。倚天外，靠到了天外，才能抽出长剑。

（16）未，还没有说完。

（17）四夷，古代对地处四方的少数民族的称呼：东夷、西戎、南蛮、北狄。

（18）枯，干。

（19）跋越，跨越。九州，我国上古时设置的九个州，《书·禹贡》作冀、兖、青、徐、扬、荆、豫、梁、雍。尚有其他说法。此处泛指中国。

（20）容止，容纳栖止。

（21）四塞，塞满四方。

（22）愁不可长，为不能再长而发愁。

（23）据地蚡（fēn 芬）天，站在地上，可以蹬住天。蚡，踏，《古文苑》章樵注："蚡，蹴也。"

（24）迫不得仰，站立身体，还仰不起头来。唐余知古《渚宫旧事》于"迫不得仰"下还有十字："'若此之大也，何如？'王曰：'善。'"

【赏析】

　　相传为宋玉所作的《大言赋》，最早见于唐无名氏编的《古文苑》。在唐人余知古编的《渚宫旧事》卷三中也有刊载，文字与《古文苑》相同。学术界认为，从作品的内容和风格来看，此篇不是宋玉所作，当系伪作。

　　《大言赋》文字不长，情节简单，读来却颇有意味。它主要写唐勒、景差、宋玉几个文学侍从小臣，陪同楚襄王游阳云之台时，楚襄王让他们比着说大话，并自己率先垂范说道：操着太阿宝剑横行天下，流血冲天，不可跋涉。意思与《书·武成》中"血流漂杵"相近，都是说血流成河，形容杀人极多。这符合襄王妄图称霸诸侯的身份。唐勒说的是壮士愤怒起来，把系天四角的大绳子砍断了，北斗星也扭弯曲了，泰山也被夷平了。壮士力量之大，可想而知。景差说的是：角斗士勇猛刚毅，使舜掌刑狱的大臣皋陶为之惊叹。他大笑起来，门外的屏被摧毁。像野猪一样的牙齿锋利似锯，巨大如云。伸出舌头，长有万里，唾口唾液，淹没全国。最后轮到宋玉，他说：以方形的大地作车子，用圆形的天空当车盖，光彩夺目的长剑，只有倚靠在天外才能抽出来。襄王说：话还没说完。宋玉接着道：吞并四夷，喝干河海，跨越九州，无处容身。身躯庞大，塞满四方，还发愁不能再长大，站在地上，脚能蹬住天，被压迫得抬不起头。说到这里，宋玉问楚襄王："如此之大也，何如？"楚襄王回答："善。"应该说，几位的大话说得都不小，但以宋玉为佳，为什么呢？宋玉的"大言"从几个方面刻画了巨人的形象：他要整个大地作车子，圆形的天空作车盖，这是坐着；他立起来，靠到天外才能抽出长长的宝剑。他威力巨大，可以"吞并四夷，饮枯海河，跨越九州，无所容止"。而且这威力无比的巨人，虽然"身大四塞"，却还"愁不可长"。他站在地上，可以蹬住天，还被压抑得抬不起头。宋玉说的这位巨人，不仅地不能载，天不能容，而且他还在成长着，不可限量，所以，宋玉的大话，可谓极尽夸张之能事，在这场竞赛中取得了胜利。

　　宋玉在本篇中的"大言"，大胆的想象，极度的夸张，得到了富于浪漫主义气质的毛泽东的喜好。在练习书法时，毛泽东曾不止一次手书过本文中"方地为车，圆天为盖，长剑耿耿，倚天之外"。不仅如此，他的《念奴娇·昆仑》中"安得倚天抽宝剑"一句也显然由本文中化出。（毕桂发）

两汉赋

贾　谊

贾谊（前200—前168），洛阳（今河南洛阳东）人，西汉政论家、文学家。时称贾生，通申（不害）、商（鞅）之术。初受李斯学生吴公的赏识和推荐，被文帝召为博士。不久迁太中大夫，为大臣周勃、灌婴等排挤，贬为长沙王太傅。后为梁怀王太傅。他曾多次上书，批评时政，建议用"众建诸侯而少其力"的办法，削弱诸侯王势力，巩固中央集权。后梁王坠马死，贾谊自伤没有尽到太傅的责任，常常哭泣，年仅33岁而亡。所著政论有《陈政事疏》《过秦论》等，《吊屈原赋》《鹏鸟赋》也较有名。明人辑有《贾长沙集》，另传有《新书》十卷。

【原文】

吊屈原赋　并序

谊为长沙王太傅[(1)]，既以谪去[(2)]，意不自得；及渡湘水，为赋以吊屈原[(3)]。屈原，楚贤臣也。被谗放逐，作《离骚》赋，其终篇曰："已矣哉[(4)]！国无人兮，莫我知也。"遂自投汨罗而死[(5)]。谊追伤之，因自喻。其辞曰：

恭承嘉惠兮[(6)]，俟罪长沙[(7)]；侧闻屈原兮[(8)]，自沉汨罗。造托湘流兮[(9)]，敬吊先生：遭世罔极兮[(10)]，乃殒厥身[(11)]。呜呼哀哉！时逢不祥。鸾凤伏窜兮(12)，鸱枭翱翔(13)。阘茸尊显兮(14)，谗谀得志(15)；贤圣逆曳兮(16)，方正倒植(17)。世谓随、夷为溷兮(18)，谓跖、蹻为廉(19)；莫邪为钝兮(20)，铅刀为铦(21)。吁嗟默默(22)，生之无故兮(23)；斡弃周鼎(24)，宝康瓠兮(25)。腾驾罢牛(26)，骖蹇驴兮(27)；骥垂两耳(28)，服盐车兮。章甫荐履(29)，渐不可久兮；嗟苦先生，独离此咎兮(30)。

讯曰(31)：已矣(32)！国其莫我知兮(33)，独壹郁其谁语(34)？凤漂漂其高逝兮(35)，固自引而远去(36)。袭九渊之神龙兮(37)，沕深潜以自珍(38)；偭蟂獭以隐处兮(39)，夫岂从虾与蛭蟥(40)？所贵圣人之神德兮，远浊世而自藏(41)；使骐骥可得系而羁兮(42)，岂云异夫犬羊？般纷纷其离此尤兮(43)，亦夫子之故也。历九州而相其君兮(44)，何必怀此都也？凤凰翔于千仞兮(45)，览德辉而下之；见细德之险征兮，遥曾击而去之。彼寻常之污渎兮(46)，岂能容夫吞舟之巨鱼？横江湖之鳣鲸兮(47)，固将制于蝼蚁。

【毛泽东评点】

如有时间，可一阅班固的《贾谊传》。可略去《吊屈》《鹏鸟》二赋不阅。贾谊文章大半亡失，只存见于《史记》的二赋二文，班书略去其《过秦论》，存二赋一文。

——《给田家英的信》（1958 年 4 月 27 日），载《毛泽东书信选集》，人民出版社 1983 年版，第 539 页。

汉朝有个贾谊，十七岁就被汉文帝找去了，一天升了三次官，后来贬到长沙，写了两篇赋：《吊屈原赋》和《鹏鸟赋》。……他写了几十篇作品，留下来的就是两篇文学作品（两篇赋）和两篇政论作品——《治安策》和《过秦论》。他死的时候只有 33 岁。

——转引自王子今：《毛泽东与中国史学》，中共中央党校出版社 1993 年出版，第 198 页。

【注释】

（1）长沙王，汉初封吴芮为长沙王，是汉初所封的异姓王之一。其国境在今湖南东部，都临湘（今湖南长沙）。太傅，辅导太子的官员。西汉时称太子太傅。

（2）谪，贬官。王傅的官并不比贾谊原任的太中大夫小，因为是王国的官，在当时认为地位低于中央政府的官，故称贬官。

（3）吊，悼念、哀悼死者。屈原（约前340—约前378），战国时楚政治家、我国最早的伟大诗人。名平，字原，自云名正则，字灵均。初辅楚怀王，做过左徒、三闾大夫。主张举贤授能、立法富国，联齐抗秦。后被谗去职，放逐沅湘流域，愤而投汨罗江而死，著有《离骚》等诗篇。

（4）"已矣哉"三句，此处所引《离骚》，与《史记》《汉书》本传略有不同。

（5）汨（mì 觅）罗，水名，汨水源于江西修水，西南流入湖南湘阴县境，与由岳阳发源的罗水汇合，因此称汨罗江。下游注入湘江。

（6）嘉惠，美好的恩惠，指受皇帝诏命出任长沙王太傅。

（7）俟（sì 四）罪，待罪。汉朝人习惯称作官任职为"待罪"，表示自己能力薄弱，不知何时会犯罪过。这是一种谦卑的措辞。时贾谊为长沙王吴差太傅。

（8）侧闻，侧耳而闻的略语，从旁听说，含有恭敬谦卑之意。

（9）造，到。托湘流，指把祭文投入湘水之中进行悼念。

（10）罔极，没有标准，指世道混乱，变化无常。语出《诗经·小雅·青蝇》："谗人罔极，交乱四国。"

（11）殒（yǔn 允）身，丧命。厥，其，指屈原之死。

（12）鸾凤，鸾鸟和凤凰，皆古代传说中的神鸟，古人认为是祥鸟，后来多用以比喻贤俊之士。伏窜，隐藏。

（13）鸱枭（chī xiāo 吃消），猫头鹰。多用以比喻小人。以善鸟比喻贤人，恶鸟比喻小人，是《楚辞》的习惯表现方法。

（14）阘茸（tà róng 踏荣），无能力的人。

（15）谗谀，进谗言和阿谀奉承的小人。

（16）逆曳（yè 叶），横拖竖扯，指贤圣之人不能顺正道行走。

（17）倒植，颠倒放置，指方正之人应登高位而屈居下僚。

（18）随，卞随，商代贤人，相传商汤以天下让卞随，而卞随不受。

夷，伯夷，商末周初人，反对周武王伐纣，不食周粟而死。卞随、伯夷二人，过去都认为是高尚的人。溷（hún混），混浊。

（19）跖（zhí直），春秋末年，鲁国奴隶起义领袖，因反抗当时统治者，被诬称为"盗跖"。蹻，庄蹻，战国时楚国奴隶起义领袖，亦被诬称为盗。

（20）莫邪（yé爷），古代有名的宝剑，相传名匠干将和妻子莫邪合铸两剑，分别用两人的名字命名。

（21）铦（xiān先），锋利。

（22）吁嗟（xū jiē虚皆），感叹词。默默，不得意之态。

（23）生，古代"先生"可以简称为"生"，此称屈原，贾谊也被称为贾生。无故，无端遭祸。

（24）斡（wò握），转，弃。周鼎，周朝的传国之宝，比喻宝器。此句是说，真正的宝物反被抛弃。

（25）宝康瓠，以康瓠为宝。康瓠，《尔雅·释器》："康瓠谓之甈。"甈（qì弃），瓦壶。康，空。《诗经·小雅·宾之初筵》："酌彼康爵，以奏尔时。"郑玄："康，空也。"

（26）腾，驾，乘。罢（pí皮），通"疲"。

（27）骖（cān参），古代一车三马或四马中两旁的两匹。《诗经·郑风·大叔于田》："两骖如舞。"郑玄笺："在旁曰骖。"蹇（jiǎn简），跛足。

（28）骥垂两耳二句，典出《战国策·楚策》："夫骥之齿至矣，服盐车而上太行，中阪延，负辕不能上。"骥，千里马。垂两耳，吃力之状。服，驾。骥服盐车，比喻有才能的人被糟蹋。

（29）章甫，殷冠名。《礼记·儒行》："［孔子］长居宋，冠章甫之冠。"孙希旦集解："章甫，殷玄冠之名，宋人冠之。"荐，垫。履，鞋子。章甫荐履，比喻贤人在下位。

（30）离，同"罹"，遭受。咎（jiù旧），灾祸。

（31）讯，《汉书》作："谇"，二字古通，告诉，责让。楚辞体裁，在赋的篇末，再概括一段表现全篇要旨，《离骚》用"乱曰"二字引起，此用"讯"字，是同一体例。

（32）已矣，算了吧。表感叹。

（33）莫我知，莫知我。《离骚》有"国无人莫我知兮"句。

（34）壹郁，同"抑郁"。

（35）漂漂，《汉书》作"缥缥"，形容高飞远去。

（36）引，引退，避开。

（37）袭，深藏。九渊，九重渊，指极深的渊。《庄子·列御寇》："夫千金之珠，必在九重之渊，而骊龙颔下。"这句指潜伏在深水中的神龙。

（38）汋（mì 密），不易见，形容潜伏。

（39）偭（miǎn 免），背离。蟂（xiāo 枭），鳄鱼的一种。一说四足水虫，像蛇，以鱼为食。獭（tǎ 塔），水獭，食鱼水兽。蟂獭比喻凶恶奸诈的小人。

（40）虾，蛤蟆。蛭（zhì 至），水蛭，俗称蚂蟥，吸血水虫。螾，即"蚓"，蚯蚓。虾蛭螾比喻龌龊小人。

（41）自藏，保全自己。

（42）使，假使。系而羁，用绳子和笼头拴住。云，语中助词。两句是说，假如骏马会受羁绊，那和犬羊有什么两样。

（43）般，通"斑"，驳杂，纷乱。离，通"罹"。尤，过错。夫子，指屈原。二句是说，所以陷于这种过错之中，也是由于你自己的缘故啊！

（44）历，游历，走遍。九州，指各诸侯国。相，辅佐。君，指贤明的君主。此都，指楚国郢都。两句是说，你可以走到各处请辅佐别国的君主，何必一定要苦苦恋着这个地方呢！

（45）仞，古代以七尺（一说八尺）为仞。千仞，极言其高。德辉，人君品德放射出的光辉。细德，卑劣的品德。险征，危险的征兆。遥曾击，飞得很高很远。曾，高。击，两翅拍击身体，指飞。四句是说，凤凰在高处翱翔，见有德行的光辉，才肯下来，如果看出德行的细节上有危险的征兆，也就远远高飞而去了。

（46）彼寻常之污渎兮二句，典出《庄子·庚桑楚》："夫寻常之沟，巨鱼无所还其体。……吞舟之鱼，砀而失水，则蚁能苦之。"寻常，形容尺度之小。古代以八尺为"寻"，十六尺为"常"。污渎（dú 读），死水沟。吞舟之鱼，能吞船的大鱼。

（47）鳣（zhān 沾），一种大鱼，或说鳇鱼，或说鲨鱼类。蝼蚁，蝼蛄和蚂蚁。二句是说，一道水沟怎能容得下大鱼？在江湖中横行的大鱼落在水沟中，就难怪要受蝼蛄和蚂蚁的欺负了。

【赏析】

汉文帝初年，西汉王朝的统治秩序尚未稳定，对外政策也不很明确，洛阳的一个青年学者贾谊把这个加强统治、建立政制的事情引为己任，他以儒家学说为中心，提出了一系列革新政治、加强中央集权、巩固封建秩序的主张。当时文帝很看重他，对他破格重用，一年内便擢升为太中大夫，朝廷的许多法令、规章制度的制定都由他主持进行；但朝廷上守旧的将相大臣都嫌他年轻多事，屡进谗言，对他进行攻击和陷害，文帝的意志也为之动摇了，将他调离朝廷，派去做长沙王太傅。这王傅的官职，仅仅对诸侯王本人有辅导之责，没有任何实权。长沙在当时又很偏僻，因此贾谊郁郁不得志。在路过汨罗屈原投江之处，感到自己的遭遇与屈原相似，就写了这篇《吊屈原赋》。

《史记》和《汉书》本传都载有这篇赋，以后王逸收在《楚辞》中，《昭明文选》则改称《吊屈原文》。现在正文据《文选》，并以《史记》《汉书》作参考。

关于《吊屈原赋》的写作背景，《文选》本有一小序，字句根据本传而略有不同，交代了写作此赋的原因，提出了"追伤""自喻"的创作主张。有的学者认为，小序非原作固有，而是后人所写用来作为本文的介绍的，可备一说。

赋的正文可分三段。"恭承嘉惠兮"至"乃殒厥身"为第一段。说明祭吊屈原的缘由。贾谊的遭遇与屈原颇多类似，因而对屈原深入理解与同情。当他来到屈原沉江之处，自然生出缅怀追伤之情。"呜呼哀哉"至"独离此咎兮"为第二段，抒发对人君昏愦、是非颠倒、小人得志、圣贤遭斥的社会现实的强烈不满，表达对屈原不幸遭遇的深切同情。文中多方举证，反复作譬：以鸾凤比喻贤人，以鸱枭比喻群小；阿谀奉承的无能之辈占据高位，品行端方的正直之人屈居下僚；卞随、伯夷这样品德高尚的人被诬为混浊，盗跖、庄蹻那样的江洋大盗被誉为清廉；更有视莫邪为钝，以铅刀为锋利，抛弃周鼎，宝藏瓦壶，乘驾疲牛癞驴，而让骏马去拉盐车，甚至用礼帽去垫鞋子，种种倒行逆施，件件是非颠倒，屈原生逢此世，怎脱此灾！字里行间，对屈原的不幸遭遇寄寓深切的同情。"讯曰"至篇末为第三段，指出屈原应远世自藏或择明君而事，对屈原受制于小人而自沉表示惋惜。"讯"，《汉书》作"誶"，二字古通，作告诉或责让解。楚辞的体例，在赋的篇末，再概括一段，《离骚》用"乱曰"二字引起，此处"讯"字，与"乱曰"同一体例。在这一段中，作者仍多方作比，首先以凤凰为喻，指出屈原可以高飞远去，自行引退，不然则可以像神龙深藏，不遭危害。但神龙是不能和蝮、獭、虾和蛭蚓这些害虫在一起的。接着再用骏马作譬，指出骏马不能受羁绊，否则就和犬羊无异了。之后再以凤凰作比，凤凰在高空中飞翔，见有德行的光辉，才肯下来，如果看出在德行的细节上有危险的征兆，也就远远高飞而去了。最后又把屈原比作吞舟之大鱼，惋惜它落在水沟里，就难怪要受虫蚁的欺压了。此段更进一步表达了作者对屈原的哀悼之情，继第二段的抒情之后，又掀起了一个抒情的高潮，增强了本文一唱三叹的韵味，很切合祭吊文的性质。

此赋与作者的散文一样，感情强烈，议论风发，文笔犀利，言辞激切，极富感染力。文中大量运用比喻、对比的表现手法，并使用了不少铺排句、对偶句、反诘句、感叹句等，既具有楚辞"善鸟香草，以配忠贞；恶禽臭物，以比谗佞"（王逸《〈离骚〉序》）的比兴传统，又具有汉赋铺张扬厉的风格特点。此赋又多用"兮"字，表明它仍受着战国以来骚体赋传统的影响，是汉初骚体赋的代表作之一。

毛泽东非常重视西汉年轻的政治家、文学家贾谊，在自己的文章、诗词，讲话中多次提到贾谊。在 1958 年 4 月 27 日致田家英的信中，准确地说明《史记》《汉书》本传中对贾谊的文、赋的录载情况，说明他十分熟稔。1958 年 5 月 8 日的中共八大二次会议上，毛泽东作"破除迷信"的报告，一口气讲了几十个年轻有为的例子，其中也谈到贾谊。他说：汉朝有个贾谊，十七岁就被汉文帝找去了，一天升了三次官。后来贬到

长沙，写了两篇赋：《吊屈原赋》和《鵩鸟赋》。……说明他对《吊屈原赋》比较看重。（毕桂发）

【原文】

鵩鸟赋

单阏之岁兮[1]，四月孟夏[2]，庚子日斜兮，鵩集予舍[3]，止于坐隅兮，貌甚闲暇[4]。异物来萃兮，私怪其故[5]；发书占之兮，谶言其度[6]，曰："野鸟入室兮，主人将去。"请问于鵩兮："予去何之[7]？吉乎告我，凶言其灾[8]。淹速之度兮，语予其期[9]。"鵩乃叹息，举首奋翼；口不能言，请对以臆[10]：

"万物变化兮，固无休息[11]。斡流而迁兮，或推而还[12]；形气转续兮，变化而蟺[13]。沕穆无穷兮，胡可胜言[14]！祸兮福所倚，福兮祸所伏[15]；忧喜聚门兮，吉凶同域[16]。彼吴强大兮，夫差以败；越栖会稽兮，句践霸世[17]。斯游遂成兮[18]，卒被五刑。傅说胥靡兮，乃相武丁[19]。夫祸之与福兮，何异纠纆[20]；命不可说兮，孰知其极[21]！水激则旱兮，矢激则远[22]；万物回薄兮，振荡相转[23]。云蒸雨降兮，纠错相纷[24]；大钧播物兮，块圠无垠[25]。天不可预虑兮，道不可预谋[26]；迟速有命兮，焉识其时[27]！

"且夫天地为炉兮[28]，造化为工；阴阳为炭兮，万物为铜。合散消息兮，安有常则[29]？千变万化兮，未始有极[30]！忽然为人兮，何足控抟[31]；化为异物兮，又何足患[32]！小智自私兮，贱彼贵我[33]；达人大观兮，物无不可[34]。贪夫徇财兮，烈士徇名[35]；夸者死权兮，品庶每生[36]。怵迫之徒兮，或趋西东[37]；大人不曲兮，意变齐同[38]。愚士系俗兮，窘若囚拘[39]；至人遗物兮，独与道俱[40]。众人惑惑兮，好恶积亿[41]；真人恬漠兮，独与道息[42]。释智遗形兮，超然自丧[43]；寥廓忽荒兮，与道翱翔[44]。乘流则逝兮，得坻则止[45]；纵躯委命兮，不私与己[46]。其生兮若浮，其死兮若休[47]；澹乎若深渊之静，泛乎若不系之舟[48]。不以生故自宝兮，养空而浮[49]；德人无累兮，知命不忧[50]。细故蒂芥兮，何足以疑[51]！"

【毛泽东评点】

给田家英的信

（一九五八年四月二十七日）

家英同志：

　　如有时间，可一阅班固的《贾谊传》。可略去《吊屈》《鹏鸟》二赋不阅。贾谊文章大半亡失，只存见于《史记》的二赋二文，班书略去其《过秦论》，存二赋一文。……

毛泽东

四月二十七日

　　——《给田家英的信》（1958 年 4 月 27 日），《毛泽东书信选集》第 539 页，人民出版社 1983 年版。

　　"汉朝有个贾谊，写过一篇《鹏鸟赋》，我读过十几遍，还想读，文章不长，可意境不俗。""不少人就是想不开这个道理，人无百年寿，长存千年忧，一天到晚想那些办不到的事情，连办得到的事情也耽误啰！秦皇、汉武都想长生不老，到头来，落了个'万里长城今犹在，不见当年秦始皇'。其实任何事物都不过是一个过程，人的一生也不过如此，有始必有终。"

　　——摘自毛泽东同孟锦云的谈话，见白金华编《毛泽东谈作家与作品》，吉林人民出版社 1993 年版，第 213 页。

　　汉朝有个贾谊，十几岁就被汉文帝找去了，一天升了三次官。后来贬到长沙，写了两篇赋：《吊屈原赋》和《鹏鸟赋》。后来又回到朝廷，写了一本书，叫做《治安策》。他是秦汉历史专家。他写了 10 篇作品，留下来的就是两篇文学作品（两篇赋），两篇政治作品——《治安策》和《过秦论》。他死在长沙的时候才只有 33 岁。

　　——摘自 1958 年 5 月 8 日毛泽东在中共八大二次会议上的讲话，见陈晋主编《毛泽东读书笔记解析》，广东人民出版社 1996 年版，第 1210—1211 页。

【注释】

（1）单阏（chán è蝉遏），"卯"年的别称。《尔雅·释天》："太岁……在卯曰单阏。"太岁是古代天文学中假设的星名，它十二年为一周天，故又将黄道分为十二等分，以太岁所在的部位（子、丑、寅、卯等）作为岁名。单阏之岁，清钱大昕《十驾斋·养新录》及《廿二史考异》，定丁卯为汉文帝七年（前173年）。由此可见贾谊初为长沙王太傅时，当是文帝五年；及文帝七年，乃作《鹏鸟赋》，正合为太傅三年之数（参阅清朱珔《文选集释》）。

（2）孟夏，初夏。孟，四季中的第一个月。农历四、五、六月为夏季，四月是夏季的第一个月。

（3）庚子，四月里的一天。集，止。予舍，我的屋子，指贾谊的居室。

（4）坐隅，座位的旁边。闲暇，指鹏鸟从容不迫，毫不惊恐。

（5）异物，怪物，指鹏鸟，即猫头鹰一类的鸟。旧传为不祥之鸟。《西京杂记》卷五："长沙俗以鹏鸟至人家，主人死。"萃，字应作"崒"，止。私，暗自。

（6）发，打开。书，这里指占卜吉凶所用的策数之书。谶（chèn衬），预断吉凶的话。度，数，即吉凶的定数。

（7）之，往。

（8）吉乎告我二句，大意是：如果有吉利的事，你就告诉我；即使将有凶事，你也要把灾祸对我说明。

（9）淹速之度，年寿的长短。李善《文选注》："'淹'，迟也；'速'，疾也；谓死生之疾迟也。"度，数。语，告诉。

（10）请对以臆，用示意的方式来作答。李善《文选注》："请以臆中之事对也。"臆，胸。《汉书》作"意"。

（11）固，本来。

（12）斡（wò沃）流而迁二句，大意是：万物之运转推移，循环反复，永远在变化发展之中而无所停止。斡流，运转。斡，转。迁、推，皆指推移变化。还，回，指循环反复。

（13）形，指天地间有形体之物。气，指天地间无形体之物。转，互相转化。续，赓续不断。而，如。嬗（chán蝉），通"蝉"，蜕化。《史记索引》引韦昭说："而，如也，如蝉之蜕化也。"

（14）汒（wù务）穆，精微深远之状。胜，尽。《鹖冠子》："变化无穷，何可胜言。"

（15）祸兮福所倚二句，语见《老子》第五十八章。大意是：祸福彼此相因，其来无定，往往因祸得福，而福中藏祸。倚，因。伏，藏。

（16）聚门，聚集在一家之门。同域，同在一处。域，处所。

（17）彼吴强大兮四句，这里用春秋末年吴、越相争事说明胜反为败，失反为胜之理。据《国语·越语》载，最初吴王夫差曾战胜越国，其后，越王勾践卧薪尝胆，十年生聚，又一举灭吴，称霸于当时。栖，居山。勾践被吴围困时，曾居于会稽山中。

（18）斯游遂成兮二句，李斯游说于秦国，身登相位，后被赵高所谮，身受五刑而死。斯，李斯（？—前208），楚上蔡（今河南上蔡）人，秦代政治家。游，指游说于秦。遂成，得到成功，指身居相位。五刑，五种残酷的肉刑。《汉书·刑法志》："当三族者，皆先黥、劓、斩左右趾，笞杀之，枭其首，菹其骨于市，其诽谤詈诅者，又先断舌，故谓之具五刑。"

（19）傅说（yuè悦）胥靡兮二句，傅说是商代武丁的大臣。相传原是傅岩地方从事版筑的奴隶，后被武丁任为大臣，治理国政。胥靡，《汉书》颜师古注："相随之刑也。"其法是用绳索把罪人系在一起，相随而行，以服劳役。武丁，殷高宗。

（20）纠，两股线捻成的绳子。纆（mò墨），三股线捻成的绳子。

（21）命，天命。说，解说。极，终极，止境。

（22）水激则旱二句，旱，与"悍"通，猛疾。二句是说，水受激则奔流迅猛，箭受激则发射更远。

（23）万物回薄兮二句，回薄，往返不停地激荡。回，反。薄，逼，迫。振，同"震"。转，转化。二句大意是说，万物彼此激荡而互为影响，以致引起了种种变化。《文选》五臣注李周翰说："言人因祸之激而至于福，因福之激而至于祸，回薄振荡，相转无常。"

（24）云蒸雨降，水因热上蒸为云而又因冷下降为雨。纠错，纠缠错杂。纷，纷乱。

（25）大钧，即造化，大自然。钧，古代制陶器时用的转轮。自然界形成万物好像用钧制造各种陶器一样，故称"大钧"。播物，运转造物。播，运转，推动。块（yáng 仰或 áng 昂）圠（wà 袜或 yā 轧），无边际之状。圠，边际，界限。此言自然之造化推动万物，使之运行发展，其范围是广阔无边的。

（26）天不可预虑兮二句，天和道皆高深莫测，只靠人类的思虑谋划是不能对天和道有所理解的。预，干预。《史记》《汉书》"预"皆作"与"，参与。《鹖冠子》："天不可预谋，道不可预虑。"

（27）死生有革，人的死生迟速自有变化。革，改变，革除。

（28）且夫天地为炉兮四句，炉，熔炼金属的火炉。工，冶匠。语出《庄子·大宗师》："今一以天地为大炉，以造化为大冶，恶乎往而不可哉！"清顾施祯说："阴阳所以成物，故曰'为炭'；物由阴阳而成，故曰'为铜'。"（《文选六臣汇注疏解》）

（29）合，聚。消，灭。息，生。常则，一定的规律。《庄子·知北游》："人之生也，气之聚也，聚为生，散为死。"

（30）未始，未尝。极，终极。《庄子·田子方》："生有所乎萌，死有所乎归，始终相反乎无端，而莫知乎其所穷。"

（31）忽然，偶然。意谓生而为人，不过是偶然意外之事。控，引持。抟（tuán 团），抚弄。控抟，引申为爱惜珍重之意。是说生命本无足贵，何必爱惜珍重。

（32）异物，指人死之后身体变质，成为另一种东西。患，忧虑。

（33）小智，指眼光短浅的人。

（34）达人，《史记》作"通人"，指通达知命之人。大观，指所见远大。可，适宜。《庄子·齐物论》："物固有所然，物固有所可。无物不然，无物不可。"

（35）徇，一作"狥"，今通作"殉"。《汉书》颜师古注引臣瓒说："以身从物曰殉。"烈士，重义轻生之士。

（36）夸者，指好虚名、喜权势的人。权，权势。品庶，众庶，一般人。每，《史记》作"凭"，贪。

（37）怵（xù叙），同"訹"，引诱，诱惑。《史记集解》引孟康说："怵，为利所诱訹也；迫，迫贫贱；西东，趋利也。"《管子·心术篇》："人之可杀，以其恶死也；其可不利，以其好利也。是以君子不怵乎好，不迫乎恶。"

（38）大人，道德修养极高深的人。《文选》李善注："大人者与天地合其德。"曲，屈，指为物欲所屈。意变齐同，把各种变化的事物都等量齐观。意，《汉书》作"亿"。亿变，千变万化。

（39）系俗，为世俗所牵累。窘，《汉书》作"僒"，困迫。囚拘，拘囚。

（40）至人，有至德的人。《庄子·天下》："不离于真，谓之至人。"这里所说的"至人"，与下文的"真人""德人"等，都是采用道家的概念。遗物，遗弃了外物所累。道，指老、庄一派理想中的大道。

（41）惑惑，王先谦说："《说文》：'惑，乱也。'惑惑，谓惑之甚。"億，同"臆"，作"满"解。积臆，积满于胸中。

（42）真人，《文选》李善注引《文子》："得天地之道，故谓之真人。"恬漠，淡泊无欲，虑静不扰。恬，安。漠，静。息，生，存在之意。

（43）释智遗形，抛弃思想，遗弃形体。释智，即道家所谓的"绝圣弃智"。遗形，忘形。超然，超然于万物之外。丧，亡，失。此二句即道家所谓"心如死灰，形如槁木"的情形，老、庄一派认为这是修养的最高境界。

（44）寥阔，深远空阔之状。忽荒，同"恍惚"。《文选》李善注："寥阔忽荒，元气未分之貌。"与道翱翔，指人与道合而为一。

（45）乘，随着。逝，往，喻人生向前行进。坻（chí迟），水中的小洲。

（46）纵躯委命，把自己的身躯任凭命运来支配。不私与己，不把身躯看作自己的私有之物。意谓真人应委命造化，一切任凭时运自然地发展。语出《鹖冠子》："纵躯委命，与时往来。"

（47）其生分若浮二句，语出《鹖冠子》："其生若浮，其死。若休。"意谓活着就好比把自己寄托在世上，死去就好比自己长远地休息。

（48）澹，安定。言人的心情平定，应如无波的深渊那样宁静沉寂。

泛，动，浮游。言人在生活中应当如一只不系的小舟。

（49）自宝，自贵。浮，《史记》作"游"。《汉书》注引服虔说："道家养空虚若浮舟也。"意谓人不必因为活在世上的缘故就过于看重自己的生命，最好还是养其空虚之性，以浮游于人世。

（50）德人，《庄子·天地》："德人者，居无思，行无虑，不藏是非美恶。"累，忧，顾虑。

（51）细故，琐碎的事故。蒂芥，即芥蒂，喻小不愉快的事，指鹏鸟入室之事。明闵齐华《文选瀹注》："细故芥蒂，即死生事；因鹏鸟来舍，而蒂芥于胸中也。"

【赏析】

此赋见于《史记》《汉书》和《昭明文选》，三本文字略有出入；《文选》本最通行。今正文据《文选》，而录《史记》《汉书》异文之较重要者于注文之内，以备参考。关于此赋的创作情况，《史记·屈原贾生列传》云："贾生为长沙王太傅，三年，有鸮飞入贾生舍，止于坐隅。楚人命鸮曰鹏。贾生既已適（谪）居长沙，长沙卑湿，自以为寿不得长，伤悼之，乃为赋以自广。"此记载与序文大体相同。据司马贞《史记索隐》引《荆州记》云："乌县有乌如雌鸡，其雄为鸮，楚人谓之服。""服"与"鹏"通假，即今所谓猫头鹰，古人认为它是不祥的鸟。《西京杂记》曰："贾谊在长沙，鹏鸟集其承尘。长沙俗以鹏鸟至人家，主人死。谊作《鹏鸟赋》，齐死生，等荣辱，以遣忧累焉。"清河焯《义门读书记》也说："此赋皆原本道家之言，多用老庄绪论。"这些评论揭示的贾谊作此赋题旨，是不错的。但这只是贾谊作此赋的直接原因，此外还有更广阔更深刻的社会原因：具有王佐之才的贾谊，颇受汉文帝器重，力主改革积弊，惨遭权贵恶语中伤，贬谪长沙。不仅政治理想不能实现，而且处于进退两难的尴尬境地，无穷的苦闷，无端的忧思，无法排遣，才是他作此赋的真正动因。

个人的不幸遭遇，促使贾谊对社会、对人生的思考。赋的第二段，他把个人荣衰多变的身世，放到整个天地宇宙、万物众生之中来看，揭示出万物变化无穷、反复无常的道理。祸福相生，吉凶为邻，宇宙、社会、人生无不如此。纵观历史，吴、越胜败无常；横看人生，李斯、傅说穷达莫测；洞察自然，云雨相错无有穷尽，种种变化，皆非人力所为，全由命运主宰，由此他得出结论说："天不可预虑兮，道不可预谋；迟速有命兮，焉识其时！"这就是西汉这位杰出的政治家所作的哲理思辨。

作了这种哲理思辨之后，则寻求精神上的解脱。这就是第三段的内容。贾谊所寻求的精神超脱是什么呢？它既不是楚狂接舆式的放浪，也不是儒家孔孟式的道德自我完善，而是道家老庄式的遗形忘我的达观超越，其表现是追求精神自由。作者在千变万化的人生比较中，选择了"达人大观""大人不曲""至人遗物""真人恬漠""德人无累"的超脱之路。一句话，达到达观忘我、清静无为的精神境界，人生的忧患，烦恼和苦闷，便都自行消失，所以说"细故芥蒂，何足以疑"。"卒章显其志"，这画龙点睛之笔，充分表现出作者置生死忧患于度外的精神追求，顺应天命的人生抉择。当然，现在看来，这种追求和抉择并不高明。

在艺术表现上，作者吸收了先秦诸子所习用的寓言手法，借一只偶然飞入屋中的鹏鸟之口，发表了自己对宇宙人生的看法。这在汉初辞赋创作中有开创意义，其后扬雄的《逐贫赋》在某些程度上就受此赋的启发。此外，赋中还大量运用"兮"字，并且全文充满了道家思想，这些都说明贾谊的赋正处在从战国以来的骚体赋向自具面目的汉大赋演变的过程中。

毛泽东对西汉政治家贾谊非常重视，在自己的讲话、文章、诗词中多次提到贾谊，给予很高的评价。对贾谊的两篇赋也很重视，在给田家英的信中，限于当时需要，指出可以略两赋。在1958年5月8日，他在中共八大二次会议的讲话中，提到汉朝的贾谊，十几岁就被汉文帝找去了，一天升了三次官，后来贬到长安，写了两篇赋：《吊屈原赋》和《鹏鸟赋》，作为青年人胜过老年的佐证，同时也表明了他对《鹏鸟赋》的肯定态度。

（毕桂发）

七 发

楚太子有疾⁽¹⁾，而吴客往问之，曰："伏闻太子玉体不安⁽²⁾，亦少乎⁽³⁾？"太子曰："惫⁽⁴⁾！谨谢客⁽⁵⁾。"客因称曰："今时天下安宁，四宇和平⁽⁶⁾，太子方富于年⁽⁷⁾。意者久耽安乐⁽⁸⁾，日夜无极⁽⁹⁾，邪气袭逆⁽¹⁰⁾，中若结轖⁽¹¹⁾。纷屯澹淡⁽¹²⁾，嘘唏烦酲⁽¹³⁾，惕惕怵怵⁽¹⁴⁾，卧不得瞑⁽¹⁵⁾。虚中重听⁽¹⁶⁾，恶闻人声。精神越渫⁽¹⁷⁾，百病咸生⁽¹⁸⁾。聪明眩曜⁽¹⁹⁾，悦怒不平⁽²⁰⁾。久执不废⁽²¹⁾，大命乃倾⁽²²⁾。太子岂有是乎⁽²³⁾？"太子曰："谨谢客。赖君之力⁽²⁴⁾，时时有之，然未至于是也。"

客曰："今夫贵人之子，必宫居而闺处⁽²⁵⁾，内有保母⁽²⁶⁾，外有傅父⁽²⁷⁾，欲交无所⁽²⁸⁾。饮食则温淳甘脆⁽²⁹⁾，脭醲肥厚⁽³⁰⁾。衣裳则杂遝曼煖⁽³¹⁾，燀烁热暑⁽³²⁾。虽有金石之坚，犹将销铄而挺解也⁽³³⁾，况其在筋骨之间乎哉？故曰：纵耳目之欲⁽³⁴⁾，恣支体之安者⁽³⁵⁾，伤血脉之和⁽³⁶⁾。且夫出舆入辇⁽³⁷⁾，命曰蹷痿之机⁽³⁸⁾。洞房清宫⁽³⁹⁾，命曰寒热之媒⁽⁴⁰⁾。皓齿蛾眉⁽⁴¹⁾，命曰伐性之斧⁽⁴²⁾。甘脆肥脓⁽⁴³⁾，命曰腐肠之药⁽⁴⁴⁾。今太子肤色靡曼⁽⁴⁵⁾，四支委随⁽⁴⁶⁾，筋骨挺解。血脉淫濯⁽⁴⁷⁾，手足堕窳⁽⁴⁸⁾。越女侍前⁽⁴⁹⁾，齐姬奉后⁽⁵⁰⁾。往来游醼⁽⁵¹⁾，纵恣乎曲房隐间之中⁽⁵²⁾。此甘餐毒药⁽⁵³⁾，戏猛兽之爪牙也⁽⁵⁴⁾。所从来者至深远⁽⁵⁵⁾，淹滞永久而不废⁽⁵⁶⁾，虽令扁鹊治内⁽⁵⁷⁾，巫咸治外⁽⁵⁸⁾，尚何及哉！今如太子之病者，独宜世之君子⁽⁵⁹⁾，博见强识⁽⁶⁰⁾，承间语事⁽⁶¹⁾，变度易意⁽⁶²⁾，常无离侧⁽⁶³⁾，以为羽翼⁽⁶⁴⁾。淹沉之乐⁽⁶⁵⁾，浩唐之心⁽⁶⁶⁾，遁佚之志⁽⁶⁷⁾，其奚由至哉⁽⁶⁸⁾！"太子曰："诺。病已⁽⁶⁹⁾，请事此言⁽⁷⁰⁾。"

客曰："今太子之病，可无药石、针刺、灸疗而已⁽⁷¹⁾，可以要言妙道说而去也⁽⁷²⁾，不欲闻之乎？"太子曰："仆⁽⁷³⁾愿闻之。"

客曰："龙门之桐⁽⁷⁴⁾，高百尺而无枝。中郁结之轮囷⁽⁷⁵⁾，根扶疏以分离⁽⁷⁶⁾。上有千仞之峰⁽⁷⁷⁾，下临百丈之谿。湍流溯波⁽⁷⁸⁾，又澹淡之⁽⁷⁹⁾。其根半死半生。冬则烈风、漂霰、飞雪之所激也⁽⁸⁰⁾，夏则雷霆、霹雳之所感也⁽⁸¹⁾。朝则鹂黄、鳱鴠鸣焉⁽⁸²⁾，暮则羁雌、迷鸟宿焉⁽⁸³⁾。独鹄晨号乎其上⁽⁸⁴⁾，鹍鸡哀鸣翔乎其下⁽⁸⁵⁾。于是背秋涉冬⁽⁸⁶⁾，使琴挚斫斩以为琴⁽⁸⁷⁾，野茧之丝以为弦⁽⁸⁸⁾，孤子之钩以为隐⁽⁸⁹⁾，九寡之珥以为约⁽⁹⁰⁾。使师堂操《畅》⁽⁹¹⁾，伯子牙为之歌⁽⁹²⁾。歌曰：'麦秀蔪兮雉朝飞⁽⁹³⁾，向虚壑兮背槁槐⁽⁹⁴⁾，依绝区兮临回溪⁽⁹⁵⁾，'飞鸟闻之，翕翼而不能去⁽⁹⁶⁾。野兽闻之，垂耳而不能行。蚑、蟜、蝼、蚁闻之⁽⁹⁷⁾，拄喙而不能前⁽⁹⁸⁾。此亦天下之至悲也，太子能强起听之乎？"太子曰："仆病，未能也。"

客曰："犓牛之腴⁽⁹⁹⁾，菜以笋蒲⁽¹⁰⁰⁾。肥狗之和⁽¹⁰¹⁾，冒以山肤⁽¹⁰²⁾。楚苗之食⁽¹⁰³⁾，安胡之饭⁽¹⁰⁴⁾，抟之不解⁽¹⁰⁵⁾，一啜而散⁽¹⁰⁶⁾。于是使伊尹煎熬⁽¹⁰⁷⁾，易牙调和⁽¹⁰⁸⁾。熊蹯之臑⁽¹⁰⁹⁾，勺药之酱⁽¹¹⁰⁾。薄耆之炙⁽¹¹¹⁾，鲜鲤之鲙⁽¹¹²⁾。秋黄之苏⁽¹¹³⁾，白露之茹⁽¹¹⁴⁾。兰英之酒⁽¹¹⁵⁾，酌以涤口。山梁之餐⁽¹¹⁶⁾，豢豹之胎⁽¹¹⁷⁾。小饭大歠⁽¹¹⁸⁾，如汤沃雪⁽¹¹⁹⁾。此亦天下之至美也，太子能强起尝之乎？"太子曰："仆病，未能也。"

客曰："钟、岱之牡⁽¹²⁰⁾，齿至之车⁽¹²¹⁾；前似飞鸟，后类距虚⁽¹²²⁾。穋麦服处⁽¹²³⁾，躁中烦外⁽¹²⁴⁾。羁坚辔⁽¹²⁵⁾，附易路⁽¹²⁶⁾。于是伯乐相其前后⁽¹²⁷⁾，王良、造父为之御⁽¹²⁸⁾，秦缺、楼季为之右⁽¹²⁹⁾。此两人者⁽¹³⁰⁾，马佚能止之⁽¹³¹⁾，车覆能起之⁽¹³²⁾。于是使射千镒之重⁽¹³³⁾，争千里之逐⁽¹³⁴⁾。此亦天下之至骏也⁽¹³⁵⁾，太子能强起乘之乎？"太子曰："仆病，未能也。"

客曰："即登景夷之台⁽¹³⁶⁾，南望荆山⁽¹³⁷⁾，北望汝海⁽¹³⁸⁾，左江右湖⁽¹³⁹⁾，其乐无有⁽¹⁴⁰⁾。于是使博辩之士⁽¹⁴¹⁾，原本山川⁽¹⁴²⁾，极命草木⁽¹⁴³⁾，比物属事⁽¹⁴⁴⁾，离辞连类⁽¹⁴⁵⁾。浮游览观⁽¹⁴⁶⁾，乃下置酒于虞怀之宫⁽¹⁴⁷⁾。连廊四注⁽¹⁴⁸⁾，台城层构⁽¹⁴⁹⁾，纷纭玄绿⁽¹⁵⁰⁾。辇道邪交⁽¹⁵¹⁾，黄池纡曲⁽¹⁵²⁾。溷章⁽¹⁵³⁾、白鹭，孔雀、鵾鹍，鸐鸐、鵁鶄⁽¹⁵⁴⁾，翠鬣紫缨⁽¹⁵⁵⁾。螭龙、德牧⁽¹⁵⁶⁾，邕邕群鸣⁽¹⁵⁷⁾。阳鱼腾跃⁽¹⁵⁸⁾，奋翼振鳞⁽¹⁵⁹⁾。潎潎菶蓁⁽¹⁶⁰⁾，蔓草芳苓⁽¹⁶¹⁾。女桑、河柳⁽¹⁶²⁾，素叶紫茎⁽¹⁶³⁾。苗松、豫章⁽¹⁶⁴⁾，条上造天⁽¹⁶⁵⁾。梧桐、并间⁽¹⁶⁶⁾，极望成林⁽¹⁶⁷⁾。众芳芬郁⁽¹⁶⁸⁾，乱于五风⁽¹⁶⁹⁾。从容猗靡⁽¹⁷⁰⁾，消息阳阴⁽¹⁷¹⁾。列坐纵酒，荡乐娱心⁽¹⁷²⁾。景春佐酒⁽¹⁷³⁾，杜连理音⁽¹⁷⁴⁾。滋味杂陈⁽¹⁷⁵⁾，肴糅错该⁽¹⁷⁶⁾。练色娱目⁽¹⁷⁷⁾，流声悦耳⁽¹⁷⁸⁾。于是乃发《激楚》之结风⁽¹⁷⁹⁾，扬郑、卫之皓乐⁽¹⁸⁰⁾。使先施、征舒、阳文、段干、吴娃、闾娵、傅予之徒⁽¹⁸¹⁾，杂裾垂髾⁽¹⁸²⁾，目窕心与⁽¹⁸³⁾；揄流波⁽¹⁸⁴⁾，杂杜若⁽¹⁸⁵⁾，蒙清尘⁽¹⁸⁶⁾，被兰泽⁽¹⁸⁷⁾，嬿服而御⁽¹⁸⁸⁾。此亦天下之靡丽皓侈广博之乐也⁽¹⁸⁹⁾，

太子能强起游乎?"太子曰:"仆病,未能也。"

客曰:"将为太子驯骐骥之马⁽¹⁹⁰⁾,驾飞軨之舆⁽¹⁹¹⁾,乘牡骏之乘⁽¹⁹²⁾。右夏服之劲箭⁽¹⁹³⁾,左乌号之雕弓⁽¹⁹⁴⁾。游涉乎云林⁽¹⁹⁵⁾,周驰乎兰泽⁽¹⁹⁶⁾,弭节乎江浔⁽¹⁹⁷⁾。掩青蘋⁽¹⁹⁸⁾,游清风⁽¹⁹⁹⁾。陶阳气⁽²⁰⁰⁾,荡春心⁽²⁰¹⁾。逐狡兽⁽²⁰²⁾,集轻禽⁽²⁰³⁾。于是极犬马之才⁽²⁰⁴⁾,困野兽之足⁽²⁰⁵⁾,穷相御之智巧⁽²⁰⁶⁾。恐虎豹,慴鸷鸟⁽²⁰⁷⁾。逐马鸣镳⁽²⁰⁸⁾,鱼跨麋角⁽²⁰⁹⁾。履游麕兔⁽²¹⁰⁾,蹈践麏鹿⁽²¹¹⁾,汗流沫坠⁽²¹²⁾,冤伏陵窘⁽²¹³⁾。无创而死者⁽²¹⁴⁾,固足充后乘矣⁽²¹⁵⁾。此校猎之至壮也⁽²¹⁶⁾,太子能强起游乎?"太子曰:"仆病,未能也。"然阳气见于眉宇之间⁽²¹⁷⁾,侵淫而上⁽²¹⁸⁾,几满大宅⁽²¹⁹⁾。

客见太子有悦色,遂推而进之曰⁽²²⁰⁾:"冥火薄天⁽²²¹⁾,兵车雷运⁽²²²⁾,旍旗偃蹇⁽²²³⁾,羽毛肃纷⁽²²⁴⁾。驰骋角逐,慕味争先⁽²²⁵⁾。徼墨广博⁽²²⁶⁾,观望之有圻⁽²²⁷⁾。纯粹全牺⁽²²⁸⁾,献之公门⁽²²⁹⁾。"太子曰:"善!愿复闻之。"

客曰:"未既⁽²³⁰⁾。于是榛林深泽⁽²³¹⁾,烟云闇莫⁽²³²⁾,兕虎并作⁽²³³⁾。毅武孔猛⁽²³⁴⁾,袒裼身薄⁽²³⁵⁾。白刃砲砲⁽²³⁶⁾,矛戟交错。收获掌功⁽²³⁷⁾,赏赐金帛。掩蘋肆若⁽²³⁸⁾,为牡人席⁽²³⁹⁾。旨酒嘉肴⁽²⁴⁰⁾,羞炰脍炙⁽²⁴¹⁾,以御宾客⁽²⁴²⁾。涌触并起⁽²⁴³⁾,动心惊耳⁽²⁴⁴⁾。诚必不悔,决绝以诺⁽²⁴⁵⁾;贞信之色⁽²⁴⁶⁾,形于金石⁽²⁴⁷⁾。高歌陈唱,万岁无斁⁽²⁴⁸⁾。此真太子之所喜也,能强起而游乎?"太子曰:"仆甚愿从,直恐为诸大夫累耳⁽²⁴⁹⁾。"然而有起色矣。

客曰:"将以八月之望⁽²⁵⁰⁾,与诸侯远方交游兄弟,并往观涛乎广陵之曲江⁽²⁵¹⁾。至则未见涛之形也,徒观水力之所到,则邮然足以骇矣⁽²⁵²⁾。观其所驾轶者⁽²⁵³⁾,所擢拔者,所扬汩者,所温汾者,所涤汔者,虽有心略辞给⁽²⁵⁴⁾,固未能缕形其所由然也⁽²⁵⁵⁾。怳兮忽兮⁽²⁵⁶⁾,聊兮慄兮⁽²⁵⁷⁾,混汩汩兮⁽²⁵⁸⁾,忽兮慌兮⁽²⁵⁹⁾,俶兮傥兮⁽²⁶⁰⁾,浩瀇瀁兮⁽²⁶¹⁾,慌旷旷兮⁽²⁶²⁾。秉意乎南山⁽²⁶³⁾,通望乎东海⁽²⁶⁴⁾。虹洞兮苍天⁽²⁶⁵⁾,极虑乎涯涘⁽²⁶⁶⁾。流揽无穷⁽²⁶⁷⁾,归神日母⁽²⁶⁸⁾。汩乘流而下降兮⁽²⁶⁹⁾,或不知其所止。或纷纭其流折兮⁽²⁷⁰⁾,忽缪往而不来⁽²⁷¹⁾。临朱汜而远逝兮⁽²⁷²⁾,中虚烦而益怠⁽²⁷³⁾。莫离散而发曙兮⁽²⁷⁴⁾,内存心而自持⁽²⁷⁵⁾。于是澡概胸中⁽²⁷⁶⁾,洒练五藏⁽²⁷⁷⁾,澹澉手足⁽²⁷⁸⁾,颒濯发齿⁽²⁷⁹⁾,揄弃恬怠⁽²⁸⁰⁾,输写淟浊⁽²⁸¹⁾,分决狐疑⁽²⁸²⁾。

发皇耳目⁽²⁸³⁾。当是之时，虽有淹病滞疾⁽²⁸⁴⁾，犹将伸伛起躄⁽²⁸⁵⁾，发瞽披聋而观望之也⁽²⁸⁶⁾，况直眇小烦懑⁽²⁸⁷⁾，酲醲病酒之徒哉！故曰：发蒙解惑，不足以言也⁽²⁸⁸⁾。"太子曰："善！然则涛何气哉⁽²⁸⁹⁾？"

客曰："不记也⁽²⁹⁰⁾。然闻于师曰，似神而非者三⁽²⁹¹⁾：疾雷闻百里⁽²⁹²⁾；江水逆流，海水上潮⁽²⁹³⁾；山出内云，日夜不止⁽²⁹⁴⁾。衍溢漂疾⁽²⁹⁵⁾，波涌而涛起。其始起也⁽²⁹⁶⁾，洪淋淋焉⁽²⁹⁷⁾，若白鹭之下翔。其少进也，浩浩溰溰⁽²⁹⁸⁾，如素车白马帷盖之张⁽²⁹⁹⁾。其波涌而云乱⁽³⁰⁰⁾，扰扰焉如三军之腾装⁽³⁰¹⁾。其旁作而奔起也⁽³⁰²⁾，飘飘焉如轻车之勒兵⁽³⁰³⁾。六驾蛟龙⁽³⁰⁴⁾，附从太白⁽³⁰⁵⁾。纯驰浩蜺⁽³⁰⁶⁾，前后骆驿⁽³⁰⁷⁾。颙颙卬卬⁽³⁰⁸⁾，椐椐彊彊⁽³⁰⁹⁾，莘莘将将⁽³¹⁰⁾。壁垒重坚⁽³¹¹⁾，沓杂似军行⁽³¹²⁾。訇隐匈礚⁽³¹³⁾，轧盘涌裔⁽³¹⁴⁾，原不可当⁽³¹⁵⁾。

观其两旁，则滂渤怫郁⁽³¹⁶⁾，闇漠感突⁽³¹⁷⁾，上击下律⁽³¹⁸⁾。有似勇壮之卒，突怒而无畏⁽³¹⁹⁾；蹈壁冲津⁽³²⁰⁾。穷曲随隈⁽³²¹⁾，逾岸出追⁽³²²⁾；遇者死，当者坏⁽³²³⁾。初发乎或围之津涯⁽³²⁴⁾，荄轸谷分⁽³²⁵⁾。回翔青篾⁽³²⁶⁾，衔枚檀桓⁽³²⁷⁾。弭节伍子之山⁽³²⁸⁾，通厉骨母之场⁽³²⁹⁾。凌赤岸⁽³³⁰⁾，篲扶桑⁽³³¹⁾，横奔似雷行。诚奋厥武⁽³³²⁾，如振如怒⁽³³³⁾。沌沌浑浑⁽³³⁴⁾，状如奔马。混混庉庉⁽³³⁵⁾，声如雷鼓。发怒庢沓⁽³³⁶⁾，清升踰跇⁽³³⁷⁾，侯波奋振⁽³³⁸⁾，合战于藉藉之口⁽³³⁹⁾。鸟不及飞，鱼不及迴，兽不及走⁽³⁴⁰⁾。纷纷翼翼⁽³⁴¹⁾，波涌云乱。荡取南山⁽³⁴²⁾，背击北岸⁽³⁴³⁾。覆亏丘陵⁽³⁴⁴⁾，平夷西畔⁽³⁴⁵⁾。险险戏戏⁽³⁴⁶⁾，崩坏陂池⁽³⁴⁷⁾，决胜乃罢⁽³⁴⁸⁾。沚汩潗湒⁽³⁴⁹⁾，披扬流洒⁽³⁵⁰⁾。横暴之极，鱼鳖失势⁽³⁵¹⁾，颠倒偃侧，沈沈湲湲⁽³⁵²⁾，蒲伏连延⁽³⁵³⁾。神物怪疑⁽³⁵⁴⁾，不可胜言。直使人踖焉⁽³⁵⁵⁾，洄闇凄怆焉⁽³⁵⁶⁾。此天下怪异诡观也⁽³⁵⁷⁾，太子能强起观之乎？"太子曰："仆病，未能也。"

客曰："将为太子奏方术之士，有资略者⁽³⁵⁸⁾，若庄周、魏牟、杨朱、墨翟、便蜎、詹何之伦⁽³⁵⁹⁾，使之论天下之精微⁽³⁶⁰⁾，理万物之是非⁽³⁶¹⁾。孔、老览观⁽³⁶²⁾，孟子持筹而算之⁽³⁶³⁾，万不失一。此亦天下要言妙道也，太子岂欲闻之乎？"于是太子据几而起，曰⁽³⁶⁴⁾："涣乎若一，听圣人辩士之言⁽³⁶⁵⁾。"涩然汗出⁽³⁶⁶⁾，霍然病已⁽³⁶⁷⁾。

【毛泽东评点】

一

此篇早已印发，可以一读。这是骚体流裔，而又有所创发。骚体是有民主色彩的，属于浪漫主义流派，对腐败的统治者投以批判的匕首。屈原高据上游。宋玉、景差、贾谊、枚乘略逊一等，然亦甚有可喜之处。你看《七发》的气氛，不是有颇多的批判色彩吗？"楚太子有疾，而吴客往问之"，开头就痛骂上层统治阶级的腐化。"且夫出舆入辇，命曰蹷痿之机。洞房清宫，命曰寒热之媒。皓齿蛾眉，命曰伐性之斧。甘脆肥脓，命曰腐肠之药。"这些话一万年以后还将是真理。现在我国在共产党领导下，无论是知识分子、党、政、军工作人员，一定要做些劳动、走路、游泳、爬山、广播体操，都是在劳动之列，如巴夫诺夫那样，不必说下放参加做工、种地那种更踏实的劳动了。

二

"客曰：今如太子之病，可无药石、针刺、灸疗而已，可以要言妙道说而去也，不欲闻之乎？"指出了要言妙道，这是本文的主题思想。此文首段是序言。下分七段，说些不务正业而又新奇可喜之事，是作者主题之反面。文好。广陵观潮一段，达到了高峰。第九段是结论，归到要言妙道。于是太子高兴起来，"涩然汗出，霍然病已"。用说服而不用压服的方法，用摆事实、讲道理的方法，见效甚快。这个法子，有点像我们的"处理从宽"。首尾两段是主题，必读。如无兴趣，其余可以不读。

三

枚乘，苏北淮阴人，汉文帝时为吴王刘濞的文学侍从之臣。他写此文，是为给吴国贵族们看的。后来"七"体繁兴，没有一篇好的。《昭明文选》所收曹植《七启》，张协《七命》，作招隐之词，跟屈、宋、贾、枚唱反调，索然无味了。

——《骚体有民主色彩，属浪漫主义流派》，《毛泽东文艺论集》第 201—203 页，中央文献出版社 2002 年版。

昭明文选第三十四卷，枚乘《七发》末云："此亦天下之要言妙道也，太子岂欲闻之乎？于是太子据几而起，曰：涣乎若一听圣人辩士之言。涩然汗出，霍然病已。"你害的病，与楚太子相似。如有兴趣，可以一读枚乘的七发，真是一篇妙文。

——《给张闻天的信》（1959.8.2），载《建国以来毛泽东文稿》，
第8卷，中央文献出版社1993年版，第399页。

毛泽东曾手书过自"楚太子有疾"至"太子曰：'诺，病已，请事此言'"一段文字。

——中央档案馆编：《毛泽东手书选集·古诗词〈上〉》第25—31页，
北京出版社1996年版。

【注释】

（1）"楚太子"二句，楚太子、吴客，皆为作者虚构的人物。

（2）玉体，尊贵的身体。李善注："言玉，美之也。"

（3）少间，亦作少间，稍愈。《列子·周穆王》："尹氏闻其友言，宽其役夫之程，减己思虑之事，疾并少间。"

（4）惫，疲惫，困乏。

（3）谢，《说文》："谢，辞也。"

（6）四宇，四方，天下。

（7）方富于年，年纪正轻。

（8）意者，表示测度，大概，或许。耽（dān 丹），迷恋，爱好。

（9）无极，无度。

（10）邪气袭逆，邪气侵入体内（压住了正气）袭逆，侵犯。指侵入内部而为逆。

（11）中，胸中。结轖（sè 色），又作"轖结"，郁结不畅。轖指古代车旁用皮革结成的障蔽物。李善注："轖，车籍交革也。"

（12）纷屯澹淡，衰老烦闷之态。李善注："愤懑烦闷之貌也。"

（13）嘘唏，叹息声。烦酲（chéng 呈），烦乱如醉。酲，病酒。

（14）惕惕怵怵（chù 处），忧烦惊惧之状。惕惕，忧劳。《尔雅》：

"惕惕，忧也。"怵怵，戒惧，警惕之态。

（15）瞑（mián 眠），通"眠"。假寐，小睡，亦泛指睡觉。瞑，古"眠"字。

（16）虚中，身体内部虚弱。吕向注："精气竭也。"重听，听觉迟钝。

（17）越渫（xiè 泄），涣散。越，分散。渫，发散，发泄。李善注引郑玄《毛诗笺》曰："渫，发也。"

（18）咸，都，皆。

（19）聪，听觉。明，视觉。眩曜，惑乱之态。

（20）不平，不均，指失常。

（21）久执不废，病情长远地保持下去而不停止。废，止。

（22）大命，生命。倾，倒，语出《诗经·大雅·荡》："曾是莫听，古命以倾。"

（23）是，这些，指上述症状。

（24）赖君之力，仰赖国君的力量。李善注："言赖君之力，天下太平，故久耽安乐，时有此疾也。"

（25）宫居，居于宫中。闺处，处于闺门之内。闺，宫中小门。

（26）保母，古代宫廷负责抚养子女的女妾。《礼记·内则》："异为孺子室于宫中，择于诸母与可者；……使为子师，其次为慈母，其次为保母，皆居于室。"

（27）傅父，负责辅导教育贵族子女的老年男子。《孔子家语·曲礼子夏问》："古者男子外有傅父，内有慈母，君命所使教子者也。"

（28）交，交往。无所，没有处所。

（29）温淳，厚味。甘脆（cuì 翠），脆甜爽口。脃，古"脆"字。

（30）脭（chěng 呈），肥肉。醲（nóng 农），醇酒。

（31）杂遝（tà 踏），纷杂众多之状。曼，轻细。煖，通"暖"。

（32）燂（xún 旬），火热。烁（shuò 硕），热。

（33）销铄（shuò 硕），熔化。挺解，散弛。挺，动。

（34）耳目之欲，指声色之满足。

（35）恣，放纵。支，通"肢"。

（36）和，调和。

（37）舆、辇，都是车辆。

（38）蹷痿（jué wěi 决委），不能走路的足病。机，征兆。吕向注："蹷，足不能行；痿，痹也。舆辇之安，乃为此病之几兆也。"

（39）洞房，幽深的房屋。清宫，清凉的宫室。李善注引《吕氏春秋》曰："室大多阴，台高多阳。多阴则蹷，多阳则痿。此阴阳不适之患也。"

（40）寒热，感寒或受热。媒，媒介。

（41）皓齿蛾眉，指美女。瞿蜕园注："皓齿蛾眉，美玉的代称。"

（42）伐性之斧，比喻危害身心的事物。《吕氏春秋·孟春》："靡曼皓齿，郑卫之音，务以自乐，命之曰伐性之斧。"

（43）脓，同"醲"，醇酒。

（44）腐肠，腐蚀肠胃。古人用以指美味佳肴。

（45）靡曼，纤弱柔美。

（46）委随，屈伸不灵活。随，李善注："随，不能屈伸也。"

（47）淫濯，阻滞不通。吕延济注："淫濯，不通也。"一说胀大。李善注："淫濯谓其过度而且大也。"

（48）堕㼖（yú 于），懈怠无力。㼖，应劭《汉书》注曰："㼖，弱也。"

（49）越女，古代越国出美女，指美女。《越绝书》："越王饰美女西施、都巴，使大夫种献之于吴王。"

（50）齐姬，齐国来的美女，也是泛指。姬，古时妇人的美称，也用作指美女。《诗经·陈风·衡门》："岂其娶妻，必齐之姜。"

（51）醵，通"宴"。

（52）曲房，深曲的房子。隐间，秘室。此句是纵欲之意。

（53）甘，甘心。餐，吃。

（55）"所从来者"一句，得病的由来极为深远。

（56）淹滞，拖延。淹，久。废，止。

（57）扁鹊，传说战国时名医。原名秦越人，渤海郡莫（今河北任丘市北）人，学医于长桑居，医道精湛。治内，治疗体内疾病。

（58）巫咸，传说中有法术的神巫。唐尧时人。晋郭璞《巫咸山赋》：

"盖巫咸者，实以鸿术为帝尧医。"治外，指于身体之处进行祷祝。

（59）宜，应该。

（60）博见强识，见多识广而记忆力又强。识，记忆。

（61）承间，找机会。

（62）变度易意，改变其态度和心意。

（63）侧，指太子之侧。

（64）羽翼，辅佐。

（65）淹沉，沉湎。

（66）浩唐，浩荡，放荡。唐，通"荡"。

（67）遁佚，放纵，淫佚。

（68）奚由，何从。

（69）病已，病愈之意。

（70）事，从事，实践。《论语·颜渊》："回虽不敏，请事斯语矣。"

（71）药石，药剂和砭石，泛指药物。灸疗，以灸法治病。灸，中医的一种疗法。用燃烧的艾绒熏灼人体的穴位。

（72）要言，中肯之言。妙道，精妙的道理。说（shuì税），劝说。

（73）仆，太子自己的谦称。

（74）龙门，山名，在今陕西韩城市与山西河津市之间。桐，木名，是制琴良材。

（75）郁结，隆高之状。轮囷，盘曲之状。李善注引张晏《汉书》注曰："轮囷，委曲也。"

（76）扶疏，分布。

（77）仞，七尺为仞。一说八尺。

（78）湍流，急流。遡波，逆流的水波。遡，通"溯"。

（79）澹淡，摇荡之状。

（80）漂霰（xiàn现），下雪珠（冰雹）。漂，通"飘"。激，激荡。

（81）雷霆、霹雳，皆响雷，震雷。感，触。

（82）鹂黄，即黄鹂。鸦鸣（hàn dàn旱旦），鸟名。似鸡，冬无毛，昼夜常鸣。

（83）羁雌，失去配偶的雌鸟。迷鸟，迷路的鸟。

（84）独鹄（hú 弧），孤雁。

（85）鹍（kūn 昆）鸡，黄白色像鹤的鸟。《楚辞·九辩》："鹍鸡啁哳而悲鸣。"洪兴祖补注："鹍鸡，似鹤，黄白色。"

（86）背秋，离秋。涉，历。

（87）琴挚，春秋时鲁国的太师，是主管音乐的官，善弹琴。斫斩，砍伐。

（88）野茧，野蚕之茧。

（89）孤子，年少丧父者，或幼无父母者。钩，衣带钩。隐，琴上的一种装饰物。

（90）九寡，春秋时鲁国有九个儿子的寡母。珥，耳饰。约，琴徽。

（91）师堂，一称"师襄"，字子京，相传孔子曾向他学琴。事见《韩诗外传》。操，弹奏。《畅》，相传尧时琴曲名。李善注引《琴道》曰："尧畅达，则兼天下，无不通畅，故谓之《畅》。"

（92）伯子牙，春秋时著名琴师俞伯牙。

（93）麦秀蕲（jiān 尖）兮，麦出穗的芒尖尖的。蕲，麦芒。宋玉《笛赋》："麦秀蕲兮雉华飞。"雉（zhì 志），野鸡。

（94）虚壑（hè 贺），空谷。槁，枯木。

（95）绝区，险绝之地。

（96）翕（xī 昔）翼，合起翅膀来。

（97）蚑（qì 其），虫名，一种长脚蜘蛛。蟜（jiǎo 角），爬虫。

（98）拄，支，张开之意。喙（huì 卉），嘴。

（99）犓（chú 厨）牛，小牛。腴，腹下肥肉。

（100）菜以笋蒲，配上笋菜和蒲菜。蒲，香蒲。

（101）和，和羹。配以不同调味品而制成的羹汤。《书·说命下》："若作和羹，尔惟盐梅。"孔传："盐，咸；梅，醋；羹须咸梅以和之。"

（102）冒，盖。山肤，石根菜。

（103）楚苗之食，楚国的米做的饭。

（104）安胡，又称彫胡，即菰米。饭，同"饭"。宋玉《讽赋》："为臣炊彫胡之。"

（105）抟（tuán 团），捏之成团。不解，不散。

（106）啜（chuò 绰），尝，吃。《说文》曰："啜，尝也。"

（107）伊尹，商汤的臣子，善于烹调。

（108）易牙，春秋时擅长调味的人，善逢迎，传说曾烹其子为羹以献桓公。事见《左传·僖公十三年》等。后多指善烹调肴。

（109）熊蹯（fán 凡），熊掌。臑（ér 而），通"胹"，烂熟的肉。

（110）勺药，即"芍药"。酱，汤汁。李善注引韦昭《上林赋》注曰："勺药，和齐鹹酸美味也。"

（112）鲙（kuài 快），鱼片。

（113）苏，紫苏，药草名。

（114）茹，蔬菜。

（115）兰英之酒，用兰花泡的香酒。

（116）山梁之餐，野鸡肉。《论语·乡党》："山梁雌雉，时哉时哉！"

（117）豢豹，被人豢养的豹。胎，指用豹胎制成的食物。

（118）歠（chuò 绰），喝，饮。《国语·越语上》："勾践载稻与脂于舟中以行，国之孺子之游者，无不辅也，无不歠也。"

（119）如汤沃雪，喻吃饭速度快。汤，热水。沃，浇。

（120）钟、岱，春秋时赵国产良马的地方，在今陕西长城外河一带。牡，雄马。钟，未详。岱，即今山西上党曲阳。

（121）齿至之车，用适龄的马驾的车。语出《战国策·楚策四》："夫骥之齿至矣，服盐车而上太行。"

（122）距虚，千里名，善于奔走。《广雅·释兽》："距虚，马属。"李善注引范子曰："千里马，必有距虚。"

（123）穈（jué 决）麦，早熟的麦子。服处，服用，指喂马。

（124）躁中烦外，指马性急躁不安，欲奔走。

（125）羁，勒。辔，辔头。

（126）附，依循。易路，容易走的路。

（127）伯乐，春秋秦穆公时人，姓孙，名阳。善相马。《吕氏春秋·观表》："古之善相马者……若赵之王良，秦之伯乐、九方堙，尤尽其妙也。"

（128）王良，春秋时晋国善驾车的人。事见《孟子·滕文公下》。造父，赵之先祖，相传为周穆王御者，曾驾车使穆王西游。见《史记·赵世家》。

（129）秦缺，古代善走勇士。楼季，战国时魏之勇士，善于攀登跳跃。为之右，做车右。车右是车子上的保卫者。李善注引许慎《淮南子》注曰："楼季，魏文侯之弟也。"

（130）两人，指秦缺、楼季。

（131）佚，通"逸"，奔跑。

（132）覆，倾翻。起，扶起。

（133）射，打赌。镒（yì义），古代重量单位，一镒为旧制二十四两。

（134）逐，追逐。李善注引韩子曰："王子期为赵简子取道，争千里之发也。"

（135）至骏，最好的马。

（136）景夷，台名，在今湖北监利市北。

（137）荆山，即猎山，在今湖南华容县境。

（138）汝海，即汝河，源出河南嵩县，东南流入淮河。李善注引郭璞《山海经》注曰："汝水出鲁阳山东，北入淮海，称汝海，大言之也。"

（139）江，指长江。湖，指洞庭湖。

（140）其乐无有，这种快乐是世上没有的。意思是最大的快乐。

（141）博辩，学识广博而有辩才。

（142）原本山川，陈说山川的本原。

（143）极命草木，尽举草木之名。命，名。

（144）比物，排比同类事物。属（zhǔ主），连接，归纳。事，指山川草木。

（145）离辞连类，把山川草木归纳起来，连缀成文。离，通"丽"，附着。离辞，排比组织词语。指写文章。

（146）浮游，周游。

（147）虞怀，宫名。

（148）连廊四注，游廊四面和屋檐相接。四注，环绕。

（149）台城层构，台城重重叠叠。台城，古代守城拒敌的设备。《墨子·备高临》："守为台城，以临羊黔，左右出，巨各二十尺，行城三十尺。"

（150）纷纭，盛多之状。玄绿，深绿。

（151）辇道，车道。邪交，纵横交错。邪，通"斜"。

（152）黄池，即"湟池"，绕城的积水池，俗称护城河。

（153）涸章，鸟名。涸，通"混"。

（154）孔鸟，孔雀。鹍（kūn昏），鹍，即鹍鸡。鹓雏（yuān chú渊除），凤类鸟名。鹪鹢（jiāo jīng交京），水鸟名。

（155）翠鬛（liè列）紫缨，绿的头毛和紫的颈毛。

（156）螭（chī吃）龙、德牧，皆鸟名。

（157）邕邕（yōng拥），鸟和鸣声。

（158）阳鱼，鸟和鱼。李善注引曾子曰："鸟鱼皆生于阴，而属于阳。鱼游于水，鸟飞于云。"

（159）翼，指鸟的翅膀。

（160）潺潦（jì liáo寂辽），清净的水。菁、蓼，皆水草名。

（161）苓，古"莲"字。

（162）女桑，柔嫩的小桑树。《诗经·豳风·七月》："以伐远扬，猗彼女桑。"毛传"女桑，夷桑也。"河柳，柽柳。《尔雅》："柽，河柳也。"俗称三春柳。

（163）素叶，叶色纯粹，指女桑。紫茎，指河柳。

（164）苗松，苗山之松。豫，枕木。章，樟树。

（165）条，枝。造，到达。

（166）并闾，即棕榈树。

（167）极望，极目远望。

（168）芬郁，香气浓郁。

（169）五风，五方之风。李周翰注："五风，宫商角徵羽之风也。"古以宫、商、角、徵、羽配东、西、南、北、中。

（170）猗靡，随风舞动。

（171）消息，生与灭，引申为隐现。阳阴，阴暗。

（172）荡乐，纵情作乐。

（173）景春，战国时的纵横家。佐酒，陪酒。李善注引《孟子》刘熙曰："景春，孟子时人，为纵横之术者。"

（174）杜连，古代善鼓琴的人。理音，调音，指奏乐。李善注引《史记》曰："上召子弟佐酒。"如淳《汉书》注曰："今乐家五日一习乐为理乐。"

（175）陈，陈列。

（176）肴糅，鱼肉类荤菜。肴，熟肉。亦泛指鱼肉之类的荤菜。糅（róu 柔），各种肉。该，备。

（177）练色，精选的美色。

（178）流声，流转的乐曲声。一说选择。李善注引《尔雅》曰："流，择也。"

（179）激，冲激的急风。结风，旋风。李善注引文颖《上林赋》注曰："激，冲激急风也。结风，回风。亦急风也。楚地风气既漂疾，然歌乐者犹复依激结之急风为饰，其乐促疾哀切也。"

（180）郑、卫，先秦古国名，以产生新声而著名。皓乐，美妙动听的歌曲。

（181）先施，即西施。征舒，指春秋时夏征舒之母夏姬。阳文，楚美女。吴娃，吴国美女。闾娵（zōu 邹），战国时梁王魏婴的美人。段干、傅予，皆古代美人。

（182）杂裾，各色衣裙。裾，衣的前后襟。垂髾（shāo 烧），垂着燕尾形的发髻。

（183）目窕，用目光挑逗。窕，同"挑"。与，许可。

（184）揄流波，引水洗澡。揄，引。

（185）杜若，香草名。

（186）蒙清尘，头发上好像笼罩着尘雾。

（187）被兰泽，涂上兰膏。宋玉《神女赋》："沐兰泽，含若芳。"

（188）嬿服而御，换上便服来侍奉。李善注引《尚书大传》曰："古者后夫人至于房中，释朝服，袭嬿服，入侍于君也。"

（189）靡丽皓侈广博之乐，淫靡豪华盛大的游乐。靡丽，淫靡。皓，通"浩"，盛大。

（190）驯，驯服。骐骥，良马。

（191）飞軨（lìng 令）之舆，士族以上用的有窗的车。軨，车轮。

（192）牡骏之乘（shèng 胜），雄性骏马拉的车。

（193）夏服之劲箭，夏羿箭囊里的劲箭。服，古通"箙"，古代盛箭的器具。一说，夏服，良箭名。服，箭囊。

（194）乌号，传说黄帝所用的宝弓。一说是一种用坚劲的桑柘制的弓。雕弓，雕有花纹的弓。

（195）云林，云梦的林中。云梦是楚国大泽名。

（196）兰泽，生有兰草的沼泽地。

（197）弭节，停鞭，指停车。浒，水边。

（198）掩，休息。蕃，蘋（fán 凡）的误字，草名。李善注引张揖《子虚赋》注曰："青蘋，似莎而大。"

（199）游青风，迎着清风。游，五臣本作"遡"。

（200）陶，畅。阳气，春天之气。指伤春之心。

（201）荡，涤荡。春心，为春景触起的心情。

（202）狡兽，矫健凶猛的野兽。《墨子·节用中》："古者圣人，为猛禽狡兽暴人害民，于是教兵以兵行。"

（203）集，攒射。轻禽，轻捷的飞鸟。

（204）极，尽。

（205）困，使困乏。

（206）穷，尽。相御，驾车的人。意谓没有驾车人的辛苦也能达千里之遥。

（207）慴（zhé 哲），恐惧。鸷，鹰类猛禽。

（208）逐马，飞奔的马。镳（biāo 标），马口上的嚼铁，上系铃铛。

（209）鱼跨，似鱼之腾跃。麋角，执鹿之角。

（210）履游，践踏。麕（jūn 军），兽名，鹿类。

（211）麖（jīng 京），兽名，大鹿。

（212）沫，犬马口中之唾沫。

（213）冤伏，屈伏。吕延济注："冤，屈。"陵窘，急促窘迫。

（214）无创而死者，因惊恐致死的野兽。创，伤。

（215）后乘，随从的车子。

（216）校猎，设栅栏的围猎，亦泛指打猎。《汉书·成帝纪》："冬，行幸长杨宫，从胡客大校猎。"颜师古注："校猎者大为阑校以遮禽兽而猎取也。"至壮，极为壮观。

（217）阳气，喜悦之气。见，音义同"现"。李善注引《周书》曰："民有五气，喜气内蓄，虽欲隐之，阳喜必见。"

（218）侵淫，扩展。

（219）几，几乎。大宅，指面部。刘良注："大宅，谓面也。"

（220）推而进之，进一步之意。

（221）冥火，夜间燃火。薄，至。

（222）兵车雷运，兵车滚滚而来，发出雷一般的声音。运，王逸《楚辞》注："运，转也，音旋。"

（223）旍，同"旌"。古代用牦牛尾或兼五彩羽毛饰竿头的旗子。偃蹇，高举。

（224）羽毛，鸟羽和牛尾，皆旗上饰物。肃纷，整齐而众多。

（225）慕味，贪得野味（猎物）。

（226）徼，同"邀"，拦捕。墨，烧田。

（227）圻，通"垠"，边际。《说文》："圻，地圻垺也。"

（228）纯粹，毛色纯一。全牺，躯体完整的猎获物。

（229）献之公门，献之诸侯之门。语出《诗经·豳风·七月》："二之日其同。载缵武功，言私其豵，献豜开公。"

（230）未既，还没有完。既，完，尽。

（231）榛林，丛林。

（232）闇莫，同"暗漠"，昏暗之状。莫，《说文》："日且冥也。"

（233）兕，野牛的一种，犀类。作，出现。

（234）毅武，刚毅勇武之士。孔，很，甚。

（235）袒裼（tàn xī 坦夕），裸露身子。《诗经·郑风·大叔于田》：

"檀裼暴虎，献于公所。"毛苌传："袒裼，肉袒也。"

（236）皑皑，同"皑皑"，白亮之状。《六韬·书刀铭》曰："刀利皑皑。"

（237）掌功，掌管记功。掌，掌管，主管。

（238）肆，陈列。若，杜若。

（239）牧人，官名，掌蕃殖供祭祀用的六畜。

（240）旨酒，美酒。

（241）羞，美味的食物。炰（pào 泡），烧烤的食物。脍，生肉。炙，烧烤的肉。

（242）御，进献。

（243）"涌触"，涌觞，满怀。一作并起，齐举。

（244）动心惊耳，指席间的言语好听动人。

（245）决绝以诺，答应了就坚决去做。

（246）贞信，忠贞诚信。色，表情。

（247）形于金石，表现在金石上。李善注引《孔子家语》孔子曰："夫钟鼓之音，忧而击之则悲，喜而击之则乐。故志诚感之，通于金石，而况人乎哉！"金石，指钟磬一类乐器。

（248）致（yì义），厌。

（249）直，只。为诸大夫累，成为群臣的累赘。

（250）望，农历十五日。孔安国《尚书》传曰："十五日，日月相望。"

（251）广陵，古属吴地广陵国，今江苏扬州市。曲江，此指扬州市南的长江的一段。

（252）然，惊惧之状。邮，通"恤"。

（253）"观其所驾轶者"五句，皆状波涛之动态。驾轶，腾越。擢拔，耸起。扬泪（gǔ古），激荡。温汾，回转。涤汔（qǐ乞），冲击。

（254）心略，智慧。辞给，有辩才。

（255）缕形，详细描述。

（256）忦忽，同"恍惚"，迷乱。《老子》曰："恍兮忽兮，其中有物。"

（257）聊慄，惊恐之状。

（258）混，水势大。汩汩，水声。

（259）忽分慌分，同"恍惚"之意。

（260）俶傥（tì tǎng 替淌），突出之状。《广雅》曰："俶傥，卓异也。"

（261）潢漾（wāng yáng 枉养），同"汪洋"，水广深无涯之状。

（262）慌，通"荒"，远。旷旷，辽阔广大的样子。

（263）秉意，集中注意。秉，执。南山，指江水发源之地。

（264）通望，一直望到。

（265）虹洞分苍天，天连水，水连天。虹洞，相连之状。

（266）涯涘（sì 寺），水边，岸。《庄子·秋水》："今尔出于涯涘，观于大海。"

（267）流揽，流览。揽，通"览"。看，观赏。

（268）日母，东方日出之处。李善注："言周流观览而穷，然后归神至日所出也。"

（269）"汩乘流"句，浪涛随江水疾速东下。汩，迅疾之状。

（270）流折，曲折奔流。

（271）缪（liáo 燎），纠缠，交错。

（272）朱汜（sì 寺），南方的水涯。刘良注："朱汜，南方水涯也。"一说，地名。见李善注。

（273）虚烦，空虚烦躁。益，更。怠，倦怠。

（274）莫，离散，精神不离散。发曙，等待天亮。《说文》："曙，旦明也。"

（275）存心，安定心神。自持，克制自己。

（276）澡概胸中，把胸中洗濯一下。概，通"溉"，涤。

（277）洒练，洗汰。藏，通"脏"。

（278）澹澉（dàn gǎn 旦赶），洗涤。

（279）颒（huì 卉）濯，洗涤。颒，《说文》曰："颒，洗面也。"

（280）揄，挥。恬怠，怠惰。

（281）输写，排除。输，《方言》曰："输，脱也。"写，同"泻"。涊（tiǎn 舔）浊，垢浊。

（282）分决，解除。狐疑，疑虑。

（283）发皇，启明。皇，明。宋玉《风赋》："发明耳目。"

（284）淹病滞疾，长久的疾病。

（285）伸伛（yǔ 宇），使驼背的人伸直腰。伛，曲，伛偻。起躄（bì 闭），使跛脚的人站起来。躄，跛足。

（286）发瞽，启开盲人的眼睛。披聋，通开聋子的耳朵。之，指涛。

（287）况，况且。直，不过是。眇小，指小病。懑（mèn 闷），烦闷。

（288）"发蒙"二句，《黄帝内经·素问》："发蒙解惑，未足以论也。"发蒙，启发蒙昧。

（289）何气，何种气象。

（290）不记，不见于记载。

（291）似神而非者三，江涛有三种特征似神而非神。

（292）疾雷，声如炸雷。声似炸雷而闻百里。

（293）上潮，起潮。言能江水、海水生潮。

（294）出内，吞吐。内，同"纳"。言山纳云而日夜不止。

（295）衍溢，平满之状。漂疾，湍急。衍，散。漂浮。

（296）其，指代波涛。

（297）洪，盛大。淋淋，水倾泻落下之状。淋，《说文》："淋，山下水也。"

（298）浩浩溰溰（yí 夷），水声浩大，一片洁白。浩浩，深广之状。溰溰，高白之态。溰同"皑"。

（299）帷盖，车帷与车盖。张，张开。

（300）云乱，纷乱如云。

（301）扰扰，纷乱之状。腾，奋起。装，装束。

（302）旁作，旁起，横流。

（303）飘飘，波浪飞涌之状。轻车，将军坐的轻顶的车。勒兵，指挥军队。

（304）六驾蛟龙，六条蛟龙驾车。

（305）太白，河神。

（306）纯驰，专驰。浩蜺，白色的虹。蜺，同"霓"。李善注引贾逵《国语》注曰："纯，专也。浩蜺，即素蜺也。波涛之势，若素蜺而驰。"

（307）骆驿，同"络绎"，连续不断。

（308）颙颙（yóng 嵱）卬卬（áng 昂），波涛高大盛多之状。

（309）椐椐（jù 巨）彊彊，波涛前后相随之状。

（310）莘莘（shēn 申）将将，波涛激荡澎湃。莘莘，众多之状。将将，高大之状。

（311）壁垒重坚，波涛如壁垒重叠而坚固。语出《太公阴符经》："并我劳力，重坚壁垒。"

（312）沓（tà 踏）杂，众多之状。军行（háng 杭），军队的行列。

（313）訇（hōng 哄）隐匉礚（gài 丐），波涛轰轰的声音。刘良注："訇隐、匉礚，皆大声也。"

（314）轧盘，广大无边。涌裔，波涛奔流。

（315）原，本。

（316）滂渤怫（fú 伏）郁，汹涌澎湃。

（317）闇漠，昏暗不明。感突，互相撞击。

（318）上击下律，波涛涌起跌落。律作"硉"（lù 律），石自高处落下。

（319）突怒，冲怒。

（320）壁，指营垒。津，渡口。

（321）隈（wēi 威），水湾。

（322）逾，超出。追，"堆"的借字，此指沙堆。

（323）坏，毁灭。

（324）或围，古地名。或，古"域"字。

（325）荄（gāi 该）轸谷分，浪涛遇到山陇或川谷而回转分流。荄，通"陔"，山陇。一说，草根。涯如草转。轸，转。言涯如转，谷似袭。

（326）回翔青蔑，在青蔑回翔奔走。青蔑，地名。

（327）衔枚，指水流无声，如兵士衔枚疾走。檀桓，地名。

（328）弭节，停止。伍子之山，山名，因伍子胥而得名。

（329）通厉，远奔。胥母，当作"胥母"，山名，在今江苏省苏州西南洞庭东山。《越绝书·吴地传》：［吴王］"旦食于纽山，暮游于胥母。"

（330）凌，超越。赤岸，地名，在今江苏南京市六合区东。

（331）篲（huì卉），扫帚。扶桑，系"柴桑"（今江西九江市西南）之误。一说，扶桑，指日出之地。

（332）诚，实在。奋，奋发。厥，其，它的。武，威武。语出《诗经·大雅·常武》："王奋厥武，如震如怒。"

（333）振，通"震"，发威。

（334）沌沌浑浑，波涛滚滚之后状。

（335）混混庉庉（dùn盾），波涛汹涌相激之声。李善注："混混庉庉，波浪之声也。"

（336）庢（zhì至）沓，水受到阻碍而沸涌。庢，阻碍。沓，《埤苍》曰："沓，釜沸出也。"

（337）清升，清波上升。踰跇（yì义），超越。

（338）侯波，阳侯之波，大波。阳侯，传说中的大波涛之神。《战国策·韩策》："塞漏舟而轻阴侯之波，则舟覆矣。"鲍彪注："说阳侯多矣。今按《四八目》，伏羲六佐，一曰'阳侯'，为江海。盖因此为波神欤？"

（339）藉藉，地名。口，山口。

（340）兽不及走，野兽来不及跑掉。走，跑。

（341）翼翼，壮健之态。

（342）荡，激。

（343）背，反。

（344）覆亏，颠覆破坏。

（345）平夷，荡平。畔，岸。

（346）险险戏戏，危险之状。戏，通"巇"。

（347）陂（bēi杯），池泽之堤岸。

（348）决胜，取胜。

（349）汫（jié杰），水波相叠交。汩，水疾之状。潺湲，水流之状。

（350）披扬，波涛飞扬。流洒，浪花飞溅。

（351）失势，失去常态。

（352）沈沈（yóu 尤）溰溰，鱼鳖颠倒狼狈之态。

（353）蒲伏，同"匍匐"，伏地而行。连延，相续。

（354）神物，指水中怪物。忹，通"怪"。

（355）踣（bó 勃），惊仆。

（356）泂閴，刘良注："泂閴，深不明貌。"悽怆，悲伤，悲凉。

（357）诡观，奇怪的现象。

（358）奏，进，推荐。方术之士有资略者，有才智道术的人。方，道。

（359）庄周、魏牟、杨朱、墨翟、便蜎、詹何，都是春秋战国时有学问的人。庄周，即庄子，战国时思想家、哲学家。魏牟，魏国公子。扬朱，《荀子·王霸》：杨朱吴衢途曰：此夫举踬步而常跌千里者夫："哀哭之"。墨翟，战国初年墨家学派的创始人。便蜎，一作"蜎蠉"，名渊，战国楚人。詹何，古得道者，与魏牟对话，事见《吕氏春秋》。伦，类。

（360）精微，精深微妙。一作"释微"。《礼记·经解》："絜静精微，《易》教也。"

（361）理，条理。

（362）孔、老，孔子和老子。览观，观察。

（363）持筹而算之，用筹码来计算。

（364）据几，依凭几案。

（365）涣乎，恍然明白之态。

（366）涊（niǎn 碾）然，汗出之状。

（367）霍然，突然。快疾之状。

【赏析】

《七发》是一篇讽喻性作品。赋中假设吴客与楚太子的问答，构成了八段文字。第一段铺陈致病之由：楚太子有疾，吴客前往探问。通过对吴太子病症的叙述和分析，吴客认为吴太子的病是由于贪欲过度、享乐无时、荒淫糜烂的宫廷生活造成的，一般的药石针灸已无法治愈，必须靠"博闻强识"的人，经常给太子启发和提醒，使太子改变原来的生活和欲念，才有希望把病治好。于是下文分别依次描述音乐、饮食、车马、游宴、田猎、观涛六件事的乐趣，一步步诱导太子改变淫荒无度的生活方式。但太子并没有真正受到启发和震动。最后要向太子引见"方术之士"，"论天下之精微，理万物之是非"，这时太子才"据几而起"，"涩然汗出，霍然病已"。作品的主旨在于劝诫贵族子弟不要过分沉溺于安逸享乐，表达了作者对贵族集团腐朽纵欲的不满和批判。尽管他所开的疗救的药方，包括最后的所谓"要言妙道"，也不过是从统治者可以接受的生活方式出发，要求扩大些生活面，以及关心一下治国安民之术罢了，但是，作为一个封建社会的文人，能够意识到安逸享乐的病症，不是药石针灸所能治疗的，而是必须转移志趣，从思想上进行化解，应该说是颇有见地的。《七发》中表现出的这种进步思想，与枚乘长期为吴国、梁国的文学侍臣，主张废除秦王朝的严刑苛法，与民休息，反对地方割据势力、维护中央王朝的统一，密切相关。

《七发》所写的内容，从多方面开拓了文学的题材，这些题材在后来的赋作中得到了进一步发挥。司马相如的《子虚赋》《上林赋》中关于游猎和酒宴场面的描写，是对《七发》中宴游描写的发展；王褒专写乐器和音乐的《洞箫赋》，可以说是对《七发》中音乐描写的弘扬；《七发》中写海涛一节，则启迪了后来木华《海赋》、郭璞《江赋》等江河湖海题材的辞赋。

《七发》的艺术性也很高。它的突出特色是用虚构、铺张、夸饰的手法来穷形尽相地描写事物，词藻华美，结构宏伟，气势磅礴。刘勰在《文心雕龙·杂文》中指出："枚乘摛艳，首创《七发》，腴辞云构，夸丽风骇。"《七发》的休制和描写手法虽已具后来汉代散体大赋的特点，但不像后来的一般大赋那样堆叠奇字俪句，而是善于运用形象的比喻做逼真的描摹。例如赋中写海涛的一段，用了许多形象的比喻，绘形绘色地描写了海涛汹涌澎湃的态势。通过对海涛的形状、颜色、声响、气势的描绘，繁音促节，气壮神旺，使人惊心动魄，如同身临其境一般。再如赋中用夸张、渲染的手法表现音乐的动听，用音节铿锵的语句描写威武雄壮的田猎场面，也都颇为出色。而《七发》的艺术结构，更是一种创造。它用层次分明的七个大段落各叙一事，移步换形，层层递进，最后揭出题旨，有中心，有层次，有变化，不像后来一般大赋那样流于平直呆板。枚乘《七发》的出现，标志着汉代散体大赋的正式形成。从《楚辞》到司马相如、扬雄等人的赋，《七发》确是一篇承前启后的作品。后来沿袭《七发》体式而仿作的作品很多，如傅毅《七激》、张衡《七辩》、王粲《七释》、曹植《七启》、陆机《七徵》、张协《七命》，等等。因此在赋史上，"七"成为一种专体。清代平步青《霞外攟屑》统计，自枚乘以后到唐代为止，"七"体辞赋有目可查者四十多家；唐以后仍有仿作，只是其中出色的很少。

毛泽东对《七发》的了解应从他少年时代起，到1959年中共庐山会议期间"忽有所感，翻起来一看，如见故人。聊效野人献曝之诚，赠之以同志"。时隔四十多年后，他把《七发》印发并赠给与会诸同志，接着又在大会上讲解，然后又印发了《关于枚乘〈七发〉》这篇评论文章。毛泽东称《七发》是"一篇真正的妙文"，是"骚体流裔，而又有所创发。骚体是有民主色彩的，属于浪漫主义文学流派，对腐败的统治者投以批判的匕首"。文章结尾又说："后来'七'体繁兴，没有一篇好的。昭明文选所收曹植《七启》，张协《七命》，作招隐之词，跟屈、宋、贾、枚唱反调，索然无味了。"由此可以看出，毛泽东所看中的、所感的，就在于《七发》的气氛，《七发》的批判精神。而在庐山会议期间，毛泽东的批判矛头指向谁呢？众所周知，是针对所谓的"彭（德怀）黄（克诚）张（闻天）周（小舟）反党集团"（这个大错案，中共中央早已平反，此是后话）毛泽东"古为今用"，通过对《七发》的宣讲，表明自己的观点，使庐山会议那种紧张的气氛，在历史文献的映照之下，缓和下来，从而达到统一思想的目的。我们从毛泽东对《七发》的宣讲中，可以看到深刻的寓义：

第一，生活方式是行为方式的一种表现。毛泽东从楚太子的生活方式看出楚太子与枚乘分别代表封建统治阶级的贵族阶层、低级阶层，以古喻今，从而引申出社会主义社会无产阶级与资产阶级的路线斗争，为彭、黄、张、周等同志戴上了右倾机会主义的帽子，认为他们像太子代表的贵族一样——患病了。

第二，如何对待患病的人呢？毛泽东借枚乘的方法，用革命的"要言妙道"——马克思列宁主义，"论天下之精微，理万物之是非"，摆事实，讲道理，"发蒙启惑"，以理服人，"批判从严"，"处理从宽"。用这种方法对待彭、黄、张、周，当然是看错了对象。但这种方法对待犯错误的人，不失为一种比较好的方法。

此外，1959 年 8 月 1 日，毛泽东给周小舟写信，要他读丘迟的《与陈伯之书》，特别指出"迷途知返，往哲是与，不远而复，先典攸高"几句，劝周小舟"迷途知返"，改正错误，放下包袱，轻装前进。并在信中附言："如克诚有兴趣，可以一阅。"可见此信也适用于黄克诚。而对张闻天，8 月 2 日毛泽东又写一专信，明确指出："你害的病，与楚太子相似。"劝他"一读枚乘的《七发》"，并说"真是一篇妙文"。由此看来，毛泽东的态度是诚恳的，与人为善的，虽然用错了对象，但仍不失其教育意义。（毕桂发　毕英男）

司马相如

司马相如（？—前117），字长卿，蜀郡成都（今四川成都）人。西汉辞赋家。景帝时为武骑常侍，因病免。宦游梁，与邹阳、枚乘等人同为梁孝王门客，为梁孝王著《子虚赋》。梁孝王死，归蜀，过临邛，与富人卓王孙女卓文君相恋，俱归成都，家贫无以为生，复返临邛，夫妻以卖酒为生。汉武帝读了《子虚赋》，重其才，召见，相如又作《上林赋》，备受器重，封为郎，曾奉诏出使西南夷。晚年因病免官，卒于家。

司马相如是大辞赋家，《汉书·艺文志》载有赋二十九篇，后多亡佚，今仅存《子虚》《上林》《大人》《长门》《美人》《哀二世》六赋，《梁园赋》人多存疑。

其中《子虚赋》《上林赋》是其代表作。其赋大都描写帝王苑囿之盛，田猎之乐，极尽铺张之能事，于篇末则寄寓讽谏；富于文采，但有堆砌辞藻之病。其赋奠定了铺张扬厉的大赋体制，后世赋家多模拟沿袭其模式而形成一种传统，在汉赋发展史上有重要地位。原有集，已佚，明人辑入《司马文园集》。

【原文】

梁王菟园赋

修竹檀栾[(1)]，夹池水旋[(2)]，菟园并驰[(3)]，道临广衍[(4)]，长冗故故[(5)]，径于昆仑[(6)]，狠观相物[(7)]，苅焉子有[(8)]，似乎西山[(9)]。

西山隙隙[(10)]，卹焉隤隤[(11)]。卷嵝嵝[(12)]，峯岩绔嵷[(13)]，巍魅焉暴熛[(14)]，激扬尘埃。蛇龙[(15)]，奏林薄竹[(16)]，游风踊焉[(17)]，秋风扬焉，满庶庶焉[(18)]，纷纷纭纭，腾踊云乱。枝叶翚散[(19)]，摩来幡幡焉[(20)]。溪谷沙石，涸波沸日[(21)]。

湲浸疾东[22]，流连焉辚辚[23]，阴发绪菲菲[24]，訚訚謹謹[25]。扰昆鸡蜧蛙[26]，仓庚密切[27]。别鸟相离，哀鸣其中。若乃附巢蹇鷙之傅于列树也[28]，欐欐若飞雪之重弗丽也[29]。

西望西山：山鹊野鸠，白露鹘桐[30]。鹯鹗鷂雕[31]，翡翠鸲鹆[32]，守狗戴胜[33]，巢枝穴藏，被塘临谷，声音相闻。啄尾离属，翱翔群熙，交颈接翼，闟然未至[34]。徐飞翋㵒[35]，往来霞水[36]，离散而没合。疾疾纷纷，若尘埃之间的白云也，予之幽冥[37]，究之乎无端。

于是晚春早夏，邯郸裴国易阳之容丽人及其燕饰子[38]，相与杂遝而往款焉。车马接轸相属[39]，方轮错毂[40]。接望何骖[41]，披街迹蹶，自奋增绝，怵惕腾躍[42]。水意而来发[43]，因更阴逐心相秩奔[44]，遂林临河[45]，怒气未竭，羽盖繇起[46]，被以红沫。濛濛若雨委雪，高冠扁焉，长剑闲焉，左挟弹焉，右执鞭焉。日移乐衰，游观西园。之芝芝成宫阙[47]，枝叶荣茂，选择纯熟，挈取含苴[48]。复取其次，顾赐从者。于是从容安步[49]，斗鸡走兔，俯仰钓射，烹熬炮炙，极欢到暮。

若乃夫郊采桑之妇人兮[50]，袿裼错纡，连袖方路，摩䀝长髲。便娟数顾[51]，芳温往来，按神连才结[52]，已诺不分，缥併进靖[53]，傧笑连便[54]，不可忍视也。于是妇人先称曰，春阳生兮萋萋[55]，不才子兮心哀[56]，见嘉客兮不能归，桑萎蚕饥，中人望奈何[57]！

【毛泽东评点】

《梁园赋》相如作。

——中共中央文献研究室等编：《毛泽东早期文稿·讲堂录》，湖南出版社 1990 年版，第 595 页。

【注释】

（1）修竹，高竹。修，长，高。檀栾，美好之状，形容竹。《文选·左思〈吴都赋〉》：“檀栾婵娟，玉润碧鲜”。吕向注：“檀栾、婵娟，皆美貌。”

（2）旋，回旋。

（3）苑园并驰，意谓苑园内可以并驾齐驱。

（4）道临广衍，道路都临近宽广低平之地。《墨子·非攻中》："今万乘之国，虚数于千，不胜而入，广衍数于万，不胜而辟。"衍，孙诒让注引王逸注《楚辞》曰："衍，广大也。"

（5）长冗，长而多。故故，故意，偏偏。

（6）径于昆仑，直通到昆仑峰。昆仑，当为西山主峰。

（7）狠（kěn 肯）观相物，看到了很多景物。狠，同"恳"。《古文苑》章樵注："狠音垦。狠观，犹博观也。"

（8）芴焉子有，恍惚像到了子虚、乌有所说的境界。芴（hū 忽），通"忽"。恍惚。谓模糊不清或茫然无知之状。《庄子·至乐》："芒乎芴乎，而无从出乎？芴乎芒乎，而无有象乎？"此处是眼花缭乱，目不暇接之意。子有，即子虚、乌有，司马相如《子虚赋》虚构的两个人物，此借赋中二人之口描写的田猎景况。

（9）西山，菟园的土地，因在其西北角，故云。即今河南省开封禹王台公园的古吹台一带。

（10）隑隑（ái 癌），企立之状。《广韵》："隑，企立貌。"

（11）卹，惊恐。卹焉，卹然，惊恐之状，隗隗，通"崔崔"，高峻之状。

（12）巷路，山间小路。《古文苑》章樵注："巷路，即'巷路'，山间之蹊径也。"娄籍，亦作"逶迤"，连绵曲折之状。

（13）鋈（yín 银）岩，高峻之状。绉嵸（zōng 宗），形容山势高峻。

（14）巍巍，即巍巍。巍，"巍"字之误。巍或作峹，归旁俗书或作"来"，所谓追来为归也，山又讹作巛。暴熛（bào biāo 报标），暴风突起之状。暴，鼓起，突出。《周礼·考工记·瓬人》："凡陶瓬之事，髻垦薜暴不入市。"郑玄注："暴，坟起不坚致也。"熛，疾风、暴风。

（15）蛇龙，此处疑有脱文。

（16）奏林，走林。奏，通"走"。《诗经·大雅·绵》："予曰有奔奏。"薄竹，拍击竹林。薄，搏击，拍击。《易·说卦》："天地定位，山泽通气，雷风相薄，山火不相射。"

（17）游风，游动的旋风。

（18）庶庶，众多之状。《尔雅·释诂》："庶，众也。重言之曰庶庶。"

（19）翚（huī 挥）散，飞散。翚，疾飞。《尔雅·释鸟》："鹰隼丑，其飞也翚。"郭璞："鼓翅翚翚然疾。"

（20）幡幡（fān 番），犹翩翩，反复翻动之状。《诗经·小雅·巷伯》："捷捷幡幡。"

（21）洄，一本作"洄"，水回旋而流。《后汉书·王景传》："十里立一水门，令更相洄注，无复溃漏之患。"

（22）湲浸，应作"湲湲"，浸，为"湲"之误，流水声。

（23）流连，留恋不止，依依不舍。粼粼，借作"粼粼"，水流闪映之状。《诗经·唐风·扬之水》："扬之水，白石粼粼。"毛苌传："粼粼，清澈也。"

（24）阴发绪，河北岸树上新抽的花蕾。菲菲，香气盛。

（25）訚訚（yín 银），心平气和的争论之状。《论语·乡党》："朝，……与上大夫言，訚訚如也。"朱熹集注："和悦而诤也。"讙讙（huān 欢），大声喧哗之态。《荀子·儒效》："此君义信乎人矣，通于四海，则天下应之如讙杨倞注："讙，喧也。言齐声应之也。"

（26）扰，惊扰。昆鸡，即"鹍鸡"。《文选·司马相如〈上林赋〉》："蹴玄鹤，乱昆鸡。"郭璞注引张揖曰："昆鸡，似鹤，黄白色。"蜓蚗（tí jué 题决），杜鹃鸟的别名。《古文苑》章樵注："音题决，一音弟桂，字本作题鴂，或作鹈鴂，子规，鸟也。"陆佃《埤雅·释鸟》："子规，一名杜鹃。"

（27）仓庚，亦作"仓鹒""鸧鹒"。鸟名，即黄莺、黄鹂。《诗经·豳风·七月》："春日载阳，有鸣仓庚。"密切，亲近。

（28）附巢、寒，《古文苑》章樵说："附巢、寒，皆水鸟。"

（29）櫔櫔（lì 吏），繁多之状。《古文苑》章樵注："櫔櫔，多貌。"重弗丽，三字有误。

（30）鹘（gǔ 骨）桐，即"鹘鸼"，"桐"为"鸼"字之误，又名鹘嘲，今之斑鸠。《尔雅·释鸟》："鹘鸠，鹘鸼。"郭璞注："似山鹊而小，短尾，青黑色，多声，今江东亦呼为鹘鸼。"郝懿行义疏："《左·昭十七年》疏引舍人曰：鹪鸠，一名鹁鸠。今之斑鸠也。"

（31）鹯（zhàn 占），即晨风，猛禽名。似鹞，羽色青黄，以鸠、鸽、燕雀为食。《孟子·离娄上》："为丛驱爵者，鹯也。"鹗（è 厄），鸟名。亦名鱼鹰。鹞（yào 要），猛禽名。通称雀鹰、鹞鹰。似鹰而小，脊灰褐色，腹白带赤。善捕食小鸟。《文选·宋玉〈高唐赋〉》："雕鹗鹰鹞，飞扬伏窜。"李善注引《说文》："鹞，鸷鸟也。"雕，通"雕"，猛禽。

（32）翡翠，鸟名。嘴长而直，羽毛有蓝、绿、赤、棕等颜色，嘴和足呈珊瑚红颜色。生活在平原或山麓多树的溪旁，捕食虾、蟹和昆虫。司马相如《子虚赋》："捎翡翠，射骏鸃（jùn yí 俊仪，鸟名，即锦鸡）。"鸲鹆（qū yù 渠玉），亦作"鸜鹆"。鸟名。俗称八哥。《春秋·昭公二十五年》："有鸜鹆来巢"。杨伯峻注："鸜同鸲，音劬。鸜鹆即今之八哥，中国各地多有之。"

（33）守狗，守为"狘"字之讹。《尔雅》："狘，天狗。"戴胜，亦作"戴鵀""戴任""戴绀"。鸟名。状似雀，头有冠，五色如方胜，故称。《礼记·月令》："［季春之月］鸤鸠拂其羽，戴胜降于桑。"《尔雅·释鸟》："戴鵀"郭璞注："鵀即头上冠，今亦呼为戴胜。"

（34）闑（xì 戏）然，突然停立之状。《管子·小问》："桓公北伐孤竹，未至卑耳之溪十里，闑然止。"

（35）挊搨（là tà 腊榻），飞翔之状。

（36）往来霞水，指群鸟飞来飞去倒映于水像天上云霞一般。

（37）予之幽冥二句，意谓群鸟飞入高空，怎么也看不见影子。予，通"与"，给予。幽冥，幽僻，荒远。《汉书·贾捐之传》："快心幽冥之地，非所以救助饥馑，保全元元也。"此指高空。究，彻底推求。端，头绪。

（38）邯郸裴国易阳之容丽人及其燕饰子二句，邯郸裴国的改装美人及其燕国装束的子女，相与跟随纷纷来游览。邯郸，今河北邯郸。裴国，即魏郡。《广韵》："裴，音肥，即裴，县名。"《前汉书·地理志》："魏郡即裴。"魏郡，西汉高帝十二年（前195年）置，治所在邺县（今河北临漳西南邺镇）。邯郸、裴国均为古赵国地，梁孝王先封于代，后继梁，由邯郸迁梁，故佳人及其子弟多此地人。易阳之容，改装。阳，通"佯"，假装。杂遝，亦作"杂沓"，纷杂繁多之状。《汉书·扬雄传上》："骈罗列布，鳞以杂沓兮，柴虒参差，鱼颉而鸟䀼。"往款，来到。款，至。

（39）接轸（zhěn 诊），车轮相接。轸，本指车厢底部四面横木，此指代车。

（40）方轮，两车并行。错毂（gǔ 古），车轮交错。毂，车轮中心的圆木，周围与车辐的一端相接，中有圆孔，用以插轴。用作车轮的代称。

（41）骖（cān 参），一车驾三马。此指一车三马或四马中的两旁两匹。

（42）怵惕（chù tì 触替），戒惧。《书·冏命》："怵惕惟厉，中夜以兴，思免厥愆。"孔安国传："言悚惧惟危，夜半以起，思所以免其过悔。"

（43）水意，水字当误。

（44）因更阴逐心相秩奔，因而更暗自产生了超越常规的私相追逐。阴，暗自，私下。秩，秩序，常规。奔，一作"奋""夺"。

（45）遂，同"坠"。

（46）羽盖，古时用鸟羽装饰的车盖。《文选·张衡〈东京赋〉》："羽盖葳蕤。"薛综注："羽盖，以翠羽覆车盖也。"繇，自，从。《尔雅·释水》："繇膝以下为揭，繇膝以上为涉。"

（47）之芝芝成宫阙，之芝二字涉下而衍。芝，通"芷"，香草。宫阙，古代帝王宫门外有两阙，故称宫殿为"宫阙"。

（48）挈（qiè 妾），提起，拔取。苴（jù 巨），通"咀"。咀嚼。

（49）安步，缓步徐行。

（50）"若乃"至"长鬓"，《文选·谢灵运〈会吟行〉》李善注引作"若采之女，连袖方路，摩陀长鬓"。《艺文类聚》无"郊""人"字。袿（guī 圭），妇女的上衣。宋玉《神女赋序》："被袿裳。"裼（xī 希），袒开或脱去上衣，露出内衣或身体。《礼记·玉藻》："君衣狐白裘，锦衣以裼之。"郑玄注："君衣狐白毛之裘，则以素锦为衣覆之，使可裼也，袒而有衣曰裼。"错纡（yú 迂），交互组结。纡，系结。《晋书·儒林传序》："莫不纡青拖紫，服冕乘轩。"方路，在路上并行。摩眮，"眮"字之讹。《玉篇》："眮，……又延也。"《史记·司马相如传》："眮丘陵。"《注》："眮犹延也。'"鬓，"鬓"之讹字。摩眮长鬓，摩弄使发延长。

（51）便（pián谝）娟，轻盈美好之态。《楚辞·大招》："丰肉微骨，体便娟兮。"

（52）按神连才结，按为"精"之讹，连为"神"之讹衍。

（53）缥姘进靖，指采桑女邀游客。缥，青白色的丝织品。此指代采桑女。姘，借为姫（pīng乒），同"頩"。美貌。一说，作色，变色貌。《玉篇·色部》引《楚辞》"玉色姫以脕颜兮"。按：今本《远游》作"頩"，洪兴祖补注："頩，美貌，一曰敛容。"靖，为"请"之讹。

（54）傧笑，或颦或笑。傧，通"颦"。《古文苑》章樵注："傧，音频，与颦同，眉小蹙也。或颦或笑，恣态便媚。"

（55）春阳，阳春。汉焦赣《易井·井之巽》："春阳生草，夏长条枝。"萋萋，草茂盛之状。《诗经·周南·葛覃》："维叶萋萋。"

（56）不才子，不成材的人，指采桑女之夫。不才，不成材。《韩非子·五蠹》："今有不才之子，父母怒之弗能改。"

（57）中人，内人，妻子。《古诗笺·吴均〈古意〉》："中人坐相望，狂夫终未还。"闻人倓注："中人，室中之人，谓思妇也。"

【赏析】

《梁园赋》又作《梁王菟园赋》。作者一说司马相如，一说枚乘。收录本文的较有影响的《古文苑》《艺文类聚》都系于枚乘名下，故学术界一般认为作者是枚乘，但也有存疑。梁园，又名菟园、兔园。在今河南开封市东南（一说在今河南商丘县东）。汉梁孝王刘武所筑，为游赏和宴宾之所。《西京杂记》卷二："梁孝王好营宫室苑囿之乐，作曜华之宫，筑兔园。"刘武是汉文帝第二子，立为代王。徙淮阳，又徙梁。筑东苑三百余里，广睢阳城七十里。招览四方豪杰，自山东游士莫不至。栗太子废。太后欲立梁王为嗣。大臣袁盎等关说于帝，太后议阻。梁王派人刺杀袁盎。后入朝，欲留朝中供职，未许，归国卒，谥孝。可见梁孝王是在争太子位中死掉的。当时，梁孝王身边的著名文学侍从有邹阳、枚乘等。所以，《梁园赋》是枚乘所作，可能性较大。但是司马相如所作，也有可能，据《汉书·司马相如》传记载，在汉景帝时，司马相如为武骑常侍。景帝不好辞赋，他称病免官，来到梁国。"相如游梁，乃著《子虚赋》。"直到梁孝王死，相如才归蜀。所以，客居于梁的相如在与邹阳、枚乘陪梁孝王游猎之后，写作《梁园赋》加以赞扬也在情理之中。

本文是篇写苑囿之盛的小赋，篇幅虽短，语言精练，形象生动，堪称佳作。全文分四段，首先写菟园概貌："修竹檀栾，夹池水旋，菟园并驰，道临广衍。"了了数语，便写出了菟园景色之美。在优美的景色中又突出了西山主峰昆仑。接着重点写西山的景色优美壮观："隑隑""隒隒""峉嶅嵾嵯""崟岩峥嵘"，状其雄伟；"激扬尘埃""竹游风踊""腾踊云乱""枝叶翠散"，写其气势；"溪谷沙石，洄波沸日，湲浸疾东，流连焉鳞鳞"，描其水之秀；"山鹊野鸠，白鹭鹃桐，鹔鹗鹍雕，翡翠鸲鹆"，"巢枝穴藏，被塘临谷"，绘其鸟之众。作者从山、水、树、鸟等几个方面描绘出西山一幅景色优美的图画，令人钦羡！所以，接下去，便写游人之盛，游人当中不仅有本地人，而且远方游客不少。这些远方游客多是邯郸斐国丽人及其燕国装束的子弟。晚春早夏，车马接轸，方轮错毂，游人如织。这些纨绔子弟，左挟弹，右执鞭，"斗鸡走兔，俯仰钓射，烹熬炮炙"，"日移乐衰"，"极欢到暮"。最后写归途中巧遇采桑妇人，"袿褋错纡，连袖方路"，"便娟数顾"，"傧笑连便"，结以芳草生兮萋萋，王孙游冶不归，寓托微讽之意。

此赋在艺术上也有显著特色：首先是重点突出。题为"菟园赋"，重笔浓抹，特写西山，西山之山、水、树、鸟依次写来，生动如画。其次，韵散结合，语言明快。如写游人之乐一段："高冠扁焉，长剑闲焉，左挟弹焉，右执鞭焉。日移乐衰，游观西园。"全是散文句子；"丁是从容安步，斗鸡走兔，俯仰钓射，烹熬炮炙，极欢到暮"，又类韵语。语言明快俏丽，极富表现力。

毛泽东在1913年10月至12月的听课笔记《讲堂录》"国文"中简要地记下：《梁园赋》相如作。他对作品没有作具体评价，标明了作者是司马相如，也说明了这篇赋引起了他的注意。（毕桂发　东民）

傅　毅

傅毅（？—约90），字武仲，扶风茂陵（今陕西兴平东北）人，东汉文学家。汉明帝永平中，在平陵习章句之学，作《迪志诗》自勉并以明志。又因为明帝求贤无诚意，士多隐居，而作《七激》以讽谏。章帝时，广召文学之士，任为兰台令史，拜郎中，与班固、贾逵共典校内府书。作《显宗颂》十篇，文名彰于朝廷。后被车骑将军马防聘为军司马。和帝永元元年（89），东骑将军窦宪复拜请为主记室，及窦宪升迁大将军，又任他为司马。早卒。

傅毅博学多才，著有诗、赋、文章等28篇。《文选》仅录其《舞赋》一篇，其余作品分见严可均辑《全上古三代秦汉三国六朝文》和逯钦立辑《先秦汉魏南北朝诗》。

【原文】

舞赋　并序

楚襄王既游云梦[1]，使宋玉赋高唐之事[2]，将置酒宴饮，谓宋玉曰："寡人欲觞群臣[3]，何以娱之？"玉曰："臣闻歌以咏言[4]，舞以尽意[5]。是以论其诗不如听其声[6]，听其声不如察其形。《激楚》《结风》《阳阿》之舞[7]，材人之穷观[8]，天下之至妙。噫！可以进乎[9]？"王曰："如其《郑》何[10]？"玉曰："小大殊用，《郑》《雅》异宜[11]，弛张之度[12]，圣哲所施[13]。是以《乐》纪干戚之容[14]，《雅》美蹲蹲之舞[15]，《礼》设三爵之制[16]，《颂》有醉归之歌[17]。夫《咸池》《六英》[18]，所以陈清庙、协神人也[19]；郑卫之乐，所以娱密坐、接欢欣也[20]。余日怡荡[21]，非以风民也[22]。其何害哉！"王曰："试为寡人赋之[23]。"玉曰"唯唯。"

夫何皎皎之闲夜兮⁽²⁴⁾，明月烂以施光。朱火晔其延起兮⁽²⁵⁾，耀华屋而熺洞房⁽²⁶⁾。靧帐袪而结组兮⁽²⁷⁾，铺首炳以焜煌⁽²⁸⁾。陈茵席而设坐兮⁽²⁹⁾，溢金罍而列玉觞⁽³⁰⁾。腾觚爵之斟酌兮⁽³¹⁾，漫既醉其乐康⁽³²⁾。严颜和而怡怿兮⁽³³⁾，幽情形而外扬⁽³⁴⁾。文人不能怀其藻兮，武毅不能隐其刚。简惰跳踃⁽³⁵⁾，般纷挐兮⁽³⁶⁾。寒渊沉荡⁽³⁷⁾，改恒常兮。

于是郑女出进，二八徐侍⁽³⁸⁾。姣服极丽，姁媮致态⁽³⁹⁾。貌嫽妙以妖蛊兮⁽⁴⁰⁾，红颜晔其扬华⁽⁴¹⁾。眉连娟以增绕兮⁽⁴²⁾，目流睇而横波⁽⁴³⁾。珠翠的砾而炤耀兮⁽⁴⁴⁾，华袿飞髾而杂纤罗⁽⁴⁵⁾。顾形影，自整装。顺微风，挥若芳⁽⁴⁶⁾。动朱唇，纡清阳⁽⁴⁷⁾，亢音高歌为乐方⁽⁴⁸⁾。歌曰："摅予意以弘观兮⁽⁴⁹⁾，绎精灵之所束⁽⁵⁰⁾。弛紧急之弦张兮，慢末事之骫曲⁽⁵¹⁾。舒恢炱之广度兮⁽⁵²⁾，阔细体之苛缛⁽⁵³⁾。嘉《关雎》之不淫兮⁽⁵⁴⁾，哀《蟋蟀》之局促⁽⁵⁵⁾。启泰真之否隔兮⁽⁵⁶⁾，超遗物而度俗⁽⁵⁷⁾。"扬激徵⁽⁵⁸⁾，骋清角。赞舞操⁽⁵⁹⁾，奏均曲⁽⁶⁰⁾。形态和，神意协。从容得，志不劫⁽⁶¹⁾。

于是蹑节鼓陈⁽⁶²⁾，舒意自广。游心无垠⁽⁶³⁾，远思长想。其始兴也，若俯若仰，若来若往。雍容惆怅⁽⁶⁴⁾，不可为象⁽⁶⁵⁾。其少进也，若翱若行⁽⁶⁶⁾，若竦若倾⁽⁶⁷⁾。兀动赴度⁽⁶⁸⁾，指顾应声。罗衣从风，长袖交横。骆驿飞散⁽⁶⁹⁾，飒擖合并⁽⁷⁰⁾。䡬䬝燕居⁽⁷¹⁾，拉㧺鹄惊⁽⁷²⁾。绰约闲靡⁽⁷³⁾，机迅体轻⁽⁷⁴⁾。姿绝伦之妙态，怀悫素之絜清⁽⁷⁵⁾。修仪操以显志兮，独驰思乎杳冥⁽⁷⁶⁾。在山峨峨⁽⁷⁷⁾，在水汤汤⁽⁷⁸⁾。与志迁化，容不虚生⁽⁷⁹⁾。明诗表指⁽⁸⁰⁾，喟息激昂⁽⁸¹⁾。气若浮云，志若秋霜。观者增叹，诸工莫当⁽⁸²⁾。

于是合场递进，按次而俟⁽⁸³⁾。埒材角妙⁽⁸⁴⁾，夸容乃理⁽⁸⁵⁾。轶态横出⁽⁸⁶⁾，瑰姿谲起⁽⁸⁷⁾。眄般鼓则腾清眸⁽⁸⁸⁾，吐哇咬则发皓齿⁽⁸⁹⁾。摘齐行列，经营切儗⁽⁹⁰⁾。仿佛神动，回翔竦峙。击不致策⁽⁹¹⁾，蹈不顿趾。翼尔悠往，闇复辍已⁽⁹²⁾。及至回身还入，迫于急节。浮腾累跪⁽⁹³⁾，跗蹋摩跌⁽⁹⁴⁾。纤形赴远⁽⁹⁵⁾，漼似摧折⁽⁹⁶⁾。纤縠蛾飞⁽⁹⁷⁾，纷猋若绝⁽⁹⁸⁾。超逾鸟集，纵弛殟歾⁽⁹⁹⁾。蜲蛇姌嫋⁽¹⁰⁰⁾，云转飘曶⁽¹⁰¹⁾。体如游龙，袖如素蜺⁽¹⁰²⁾。黎收而拜⁽¹⁰³⁾，曲度究毕。迁延微笑，退复次列。观者称丽，莫不怡悦。

于是欢洽宴夜，命遣诸客。扰攘就驾⁽¹⁰⁴⁾，仆夫正策。车骑并狎⁽¹⁰⁵⁾，骙骙逼迫⁽¹⁰⁶⁾。良骏逸足，跄捍凌越⁽¹⁰⁷⁾。龙骧横举⁽¹⁰⁸⁾，扬镳飞沫⁽¹⁰⁹⁾。马

材不同，各相倾夺。或有逾埃赴辙，霆骇电灭[110]，蹴地远群[111]，閤跳独绝[112]。或有宛足郁怒[113]，般桓不发[114]。后往先至，遂为逐末。或有矜容爱仪，洋洋习习[115]。迟速承意，控御缓急。车音若雷，骛骤相及[116]。骆漠而归[117]，云散城邑。

天王燕胥[118]，乐而不泆[119]。娱神遗老[120]，永年之术。优哉游哉[121]，聊以永日。

【毛泽东评点】

毛泽东曾手书《舞赋》序和赋中自"夫何皎皎之闲夜兮"至"妩媚致态"部分。

—— 中央档案馆整理：《毛泽东手书选集》，第9卷《古诗词上》第33—36页，北京出版社1996年版。

【注释】

（1）楚襄王，即楚顷襄王，名熊横，怀王子。云梦，古大泽名，在今湖北、湖南两省交界地区。

（2）宋玉，战国时楚辞赋家。高唐之事，宋玉作《高唐赋》《神女赋》，描写楚王与巫山神女欢爱故事。宋玉《神女赋》："昔楚襄王与宋玉游于云梦之浦，使玉赋高唐之事。"高唐，观名。

（3）觞（shāng 商），以酒劝人。

（4）歌以咏言，语出《尚书·尧典》："诗言志，歌永言"。咏，通"永"。

（5）舞以尽意，以舞蹈充分地表达情感。《毛诗序》："在心为志，发言为诗。情动于中而形于言，言之不足故嗟叹之，嗟叹之不足故永歌之，永歌之不足，不知手之舞之，足之蹈之也。"

（6）是以，因此，所以。《老子》："功成而弗居。夫惟弗居，是以不去。"声，指音乐、诗歌。《论语·阳货》："恶紫之夺朱也，恶郑声之乱雅乐也。"

（7）《激楚》《结风》，皆歌曲名，可配舞蹈。《阳阿》，古之名倡。李善注引张晏曰："《激楚》，歌曲也。《列女传》曰：'听《激楚》之遗风。'结风，亦曲名。《上林赋》曰：'鄢郢缤纷，《激楚》《结风》。'……

《淮南子》曰：'足蹀《阳阿》之舞。'……高诱注：'古之名倡也。'"

（8）材人，有才华的人。材，通"才"。穷观，极现，至观。

（9）进，推荐。

（10）《郑》，指春秋战国时的郑国民歌。其地在今河南新郑一带。《礼记·乐记》："郑卫之音，乱世之音也。"恐怕郑国舞蹈亦如是。

（11）《郑》《雅》，郑声与雅乐。雅，雅乐，先秦上层社会流行的雅正之乐。异宜，各有所宜。意谓舞应配雅乐。

（12）弛张，弓上弦曰张，下弦曰弛。度，法度。《礼记·杂记下》："一张一弛，文武之道也。"比喻文王与武王以宽、严相济治世的法度。

（13）圣哲，指周文王、周武王。

（14）干戚，古代武舞名，舞时手执干（盾）戚（斧）。《礼记·乐记》："执其干戚，习其俯仰诎伸，容貌得庄焉。"

（15）《雅》，指《诗经》中的"雅"诗。蹲蹲，起舞之态。《诗经·小雅·伐木》："坎坎鼓我，蹲蹲舞我。"

（16）《礼》，《礼记》。三爵之制，《礼记·玉藻》："君子之饮酒也，……礼已三爵而油油以退。"古代臣侍君宴，酒不过三爵，爵，酒器。

（17）《颂》，指《诗经》中的"颂"诗。醉归之歌，指《诗经·鲁颂·有駜》，其中有"振振鹭，鹭于飞。鼓咽咽，醉言归"的诗句。

（18）《咸池》《六英》，皆古乐名，相传前者为黄帝之乐，后者为帝喾或颛顼之乐。《周礼·春官·大司乐》："舞《咸池》，以祭地示。"《吕氏春秋·古乐》："帝喾使咸黑作为声歌：《九招》《六列》《六英》。"

（19）陈，告。清庙，宗庙，祀周文王。协，和。《尚书·尧典》："八音克协，神人以和。"

（20）郑卫之乐，乱世之音。密坐，靠近而坐，形容关系亲密。

（21）怡荡，愉快舒畅。

（22）风，教化。

（23）寡人，古代君王自称，意谓寡德之人。

（24）皎皎，明亮之状。《楚辞·远游》："时髣髴以遥见兮，精皎皎以往来。"

（25）朱火，指烛火。晔（yè夜），明亮。

（26）熙（xī希），照亮。

（27）黼（fǔ辅）帐，绣帐，袪（qū区），揭起。结组，以丝带结之。组，宽丝带。

（28）铺首，门环底座。焜煌，明亮。

（29）茵（yīn因），垫褥。席，坐席。

（30）罍，酒器名，腹大口小。玉觞，玉爵。

（31）腾，奉上。觚（gū孤），酒器名。《礼记·礼器》："凡觞，一升曰爵，二升曰觚。"

（32）漫，无拘束。乐康，快乐。

（33）严颜，严肃的表情。怡怿，愉悦欢乐。《尔雅》："怿，乐也。"

（34）幽情，深情。形，表现。

（35）简惰，简慢惰怠之人。跳踃（xiāo肖），跳跃。

（36）般，乱。纷挐（rú茹），相互牵引之状。

（37）塞渊，深沉质实之人。《诗经·鄘风·定之方中》："秉心塞渊。"毛苌曰："塞，实也。渊，深也。"沉荡，沉迷摇荡。

（38）二八，十六人。徐侍，缓步侍侧。《楚辞·招魂》："二八侍宿。"又："二八齐容，起郑舞些。"

（39）姁媮（xū yú须鱼），和悦美好之态。李善注："姁媮，和谐貌。"

（40）嫽（liáo僚），美好的样子。妖蛊，艳丽。李善注："妖蛊，淑艳也。"

（41）红颜，脸面红润。晔，容光焕发。

（42）连娟，弯曲而细长。《史记·司马相如列传》："长眉连娟，微睇绵藐。"司马贞索隐引郭璞曰："连娟，眉曲细也。"

（43）流睇，流转顾盼。横波，目光流转如水波之横起。

（44）的砾（dì lì地立），明亮晶莹之状。汉司马相如《上林赋》："明月珠子，的砾江靡。"焗耀，同"照耀"。

（45）袿（guī圭），妇女的上衣。飞䰖，李善注引《上林赋》："飞纤垂䰖。"司马彪曰："䰖，燕尾也，衣上假饰。"

（46）挥，飘洒。若芳，杜若的芳香。美人佩以为芳香。

（47）纤，垂，低。清阳，清秀的眉目。《诗经·郑风·野有蔓草》："有美一人，清扬婉兮。"毛传："清扬，眉目之间婉然美也。"扬，通"阳"。

（48）亢音，高音。

（49）摅，抒发。弘观，大观。

（50）绎，理。精灵，精神。

（51）慢，轻慢。末事之肌（jī 几）曲，指歌唱之曲。作者意在赋舞，故以歌唱郑卫之曲为末事。肌，同"肌"。《苍颉篇》："肌，曲也。"

（52）恢炲（tái 台），同"恢台"，广大之状。广度，宽广的胸怀。

（53）阔，辣阔。细体，细碎。苛缛，烦琐之状。

（54）嘉，赞美。《关雎》，《诗经》的首篇。不淫，《毛诗序》："《关雎》，乐得淑女，以配君子，忧在进贤，不淫其色。"又《论语·八俏》："《关雎》乐而不淫，哀而不伤。"

（55）哀，哀怜，《蟋蟀》，《诗经·唐风》中的首篇。其首章有云："蟋蟀在堂，岁聿其莫。今我不乐，日月其除。"局促，窘迫。《毛诗序》："《蟋蟀》，刺晋僖公也，俭不中礼。"

（56）泰真，太极真气，道家术语。否（pǐ 匹）隔，阻隔不通。《吕氏春秋·仲夏纪·古乐》："昔陶唐氏之始，阴多滞伏而湛积，水道雍塞，不行其原。民气郁阏而滞著，筋骨瑟缩不达，故作舞以宣导之。"

（57）遗，遗弃。度，超越。

（58）"扬激徵（zhǐ 止）"二句，扬、骋，皆演奏之意。徵、角，皆五音之一。徵音激越，角音清亮。李善注："激徵，清角，皆雅曲名。《琴操》曰：'伯牙鼓瑟，作激楚之音'。《韩子》师旷曰：'清徵之声，不如清角。'"

（59）舞操，跳舞时伴奏的琴曲。

（60）均曲，五律协调之曲。均，协调。

（61）协，和。劫，迫劫。

（62）蹑节，踩着节拍。

（63）游心，心意驰骋。垠（yín 银），边际。

（64）雍容，温雅大方。惆怅，失意之态。

（65）象，形象，用舞姿来表现之意。李善注："象，形象也。谓停节之间，形态顿乏，如惆怅失志也。变态不极，不可尽述其形象也。"

（66）翱行，飞翔。

（67）竦（sǒng 耸），伸长脖子，踮起脚跟站着。

（68）兀，立。赴度，让音乐的节度。声，声曲。

（69）骆驿，同"络绎"。不绝之状。

（70）飒擖（yè 业），曲折之态。

（71）鹒鹝（piān piáo 偏嫖），轻盈之态。燕居，燕子落巢。

（72）拉搭（tà 踏），举翅之状。鹄（hú 胡），天鹅。

（73）绰约，体态柔美。闲靡，娴雅美丽。闲，通"娴"。

（74）机迅，如同机弩之发箭。言舞之回折，如弩机之发迅。

（75）悫（què 却）素，贤贞质朴。《说文》："悫，贞也。"絜清，即清洁，纯洁。絜，通"洁"。

（76）杳冥，指极远之地。

（77）峨峨，山高耸之状。

（78）汤汤（shāng 伤），水浩大之状。《列子·汤问》载："伯牙鼓琴，志在高山，钟子期曰：'善哉，峨峨兮若泰山。'志在流水，钟子期曰：'善哉，洋洋兮若江河'。"峨峨汤汤，形容音乐高亢奔放。

（79）容，指舞姿。

（80）明诗，歌中有诗，舞人表而明之。指，通"旨"，意旨。

（81）喟，同"喟"，长叹。《说文》："喟，太息也。喟与喟同。"激昂，激励昂扬。

（82）诸工，指众乐师。

（83）俟，等待。

（84）埒（liè 劣），等。材，通"才"，才能。角妙，斗巧妙。

（85）夸，美。理，装饰。

（86）轶（yì 义）态，飘逸的神态。轶，通"逸"。

（87）瑰姿，美丽的姿容。谲（jué 决），怪异。

（88）般鼓，一种调节舞曲节奏的鼓，亦作"盘鼓"。眸，眼珠。

（89）哇咬，指民间歌乐。哇，谄声。咬，淫声。

（90）切㑋（nǐ 你），切合比拟。㑋，比拟。言舞人指引，皆有所比拟。

（91）击不致策，击鼓不见挥动鼓槌。策，鞭子，此指鼓槌。蹈不顿趾，蹈鼓而足趾不顿。

（92）阉，通"奄"，忽然。《方言》："奄，遽也。"辍，止。

（93）浮腾，跳跃。累跪，屡跪。

（94）跗蹋（fū tā 夫它），脚尖蹈地。跗，脚趾。摩跌，摩擦脚掌。跌，脚掌。

（95）纡，曲。

（96）漼（cuī 璀），通"摧"，曲折之状。

（97）纤縠（hú 胡），柔细的皱纱，指舞衣。

（98）纷猋（biāo 标），飞扬之态。

（99）殟歾（wēn mò 温末），舒缓之态。

（100）蜲蛇（wěi yí 委夷），盘旋曲折之状。姌嫋（rán niǎo 冉鸟），柔长之态。

（101）飘吻（hū 乎），迅如飘风。回风为飘。吻，通"忽"。

（102）素蜺，白虹，蜺，同"霓"。司马相如《大人赋》："垂绛幡之素蜺。"

（103）黎收，徐收。李善注引《苍颉篇》曰："邌，徐也。邌与黎同。"

（104）扰躟，纷乱疾行。躟，疾行。

（105）并狎，拥挤。

（106）巃嵸（lóng sóng 龙怂），聚集之状。

（107）跄（qiāng 枪）捍，疾驰之状。

（108）龙骧，马昂首疾行，其状若龙。

（109）镳（biāo 标），马勒两旁之铁。

（110）霆骇，声音响如雷霆。电灭，喻声音如电光闪灭。

（111）跖，踩、踏。

（112）阉跳，快速之状。

（113）宛足，回转不前。郁怒，马按足缓行，若有怒气郁滞不快走。

（114）般桓，同"盘桓"，徘徊，滞留。

（115）洋洋，庄敬之状。习习，和谐之态。

（116）骛骤，奔驰骤集。

（117）骆漠，骆驿纷漠，奔驰之状。

（118）天王，大王。燕胥，共宴。《诗经·大雅·韩奕》："笾豆有且，侯氏燕胥。"郑玄笺："胥，皆也。诸侯在京师未去者，于显父饯之时，皆来相与燕。"

（119）泆，通"逸"，放纵。

（120）娱神，精神愉快。遗（wèi 位）老，赠予老人。

（121）优哉游哉，形容从容自得，悠闲无事。《诗经·小雅·采菽》："优哉游哉，亦是戾矣。"

【赏析】

《舞赋》见于《昭明文选》卷十六"音乐上"，李善注引《周礼》曰："舞师、乐师掌教舞，有兵舞，有干舞，有羽舞，有旄舞。"又引《吕氏春秋》曰："尧时阴气滞伏，阳气闭塞，使人舞蹈以达气。舞者，音声之容也。"这大概是我国最早的舞蹈资料。在古代，我国诗歌、音乐、舞蹈三位一体，诗歌见诸文字记载，由于当时没有录音、录像器材，音乐、舞蹈资料的保存就非常困难，借助绘画和文学作品便是常用的手段。傅毅的《舞赋》是我国文学史上第一篇专门描写舞蹈的文学作品，弥足珍贵。

全文可分为七个段落。小序为一段，以下六个自然段各自成段。

第一段是全篇的序文，交代作赋的缘起。作者假托从前楚襄王游云梦泽，让宋玉作《高唐》《神女》二赋之后，备酒宴饮群臣，问宋玉用什么方式取乐助兴为好，宋玉回答："歌以咏言，尽舞以尽意。是以论其诗不如听其声，听其声不如察其形。"因而主张观舞。襄王问："郑卫之音怎么解释？"宋玉认为："小大殊用，郑雅异宜"，雅乐是"陈清庙，协神人"的，"郑卫之音"，是"娱密坐，接欢欣"的，各有各的用途。于是楚襄王让宋玉把舞蹈描绘一番，宋玉答应了。这个序文，除了有引子的作用，还表达了对舞蹈功能以及雅乐与郑卫之音关系的认识，肯定郑卫之音愉悦情感的美学功能。

第二段，描写晚宴的排场和欢乐的氛围。宁静的月夜，灯火灿烂，宽敞的厅堂，帐幕高悬，满座的亲朋，飞杯传盏，文臣耀彩，武将逞刚，疏懒者手舞足蹈，稳重者形神癫狂，充分展现了宴会的盛大场面和热闹欢乐的气氛，渲染了晚宴的环境和观众的情绪，为即将开始的舞蹈表现作了有力的铺垫。

第三段，描写舞蹈演出前的歌唱场面及其内容。未曾观舞，先写听歌。十六位舞女翩然而入，轻盈舒展分列两行。服装鲜艳，举止大方，美目流盼，蛾眉细长，罗衣轻飘，珠翠生光，顾影自怜，轻理艳装，微微和风，飘送清香，轻启朱唇，歌声嘹亮。歌词大意是，要挣脱精神束缚，摆脱烦琐细故，叹息《蟋蟀》节俭却太拘谨，赞美《关雎》欢乐而不过度。"形态和，神意协。从容得，志不劫"，演出效果十分理想。听歌旨在提倡精神放松，为舞蹈的表演和欣赏创造了良好心理准备。此段对歌女的装束和神态的描绘，形神兼备，尤为精彩。

第四段，描写小规模的领舞场面。刚开始，忽俯忽仰，忽来忽往，忽呈优雅，忽显忧伤，难摹其形，难绘其状；再往后，忽立忽倾，忽飞忽行，前趋后退，手指目视，罗衣随风，长袖纵横；达到高潮时，扑碌碌纷然四散，呼啦啦忽然聚拢，悠然轻飘如紫燕恋巢，翩然奋翼似惊鸿腾空，时而志在空山险峰万丈，时而志在流水浪叠千层，志气高远如飘飘云气，心志纯洁像凛凛秋霜，以至于众多乐师也难以追随，满场的观众倍加赞赏。这场领舞，写来井然有序，刻画演员优美的舞姿，惟妙惟肖，摹写舞蹈动作与内心感情的联系，十分逼真，创造舞蹈所表现的意境，非常高妙。

第五段，描写大规模群舞场面。你看，全体演员依次入场，循序排列分为两行。比试绝技，夸耀仪容：一个个丰神飘逸，一个个妙舞新奇，一双双明眸飞动，一排排皓齿呈形。先跳整齐的舞步，又作盘旋兀立。长袖舒展犹如飞鸟展翅，翩然疾逝却又骤然停止。及至返身旋回舞场，蓦然纵身腾入长空。舞姿的婆娑，好似云霞飘散，体态婉转，似神龙盘旋。当缓缓敛足躬身行礼时，全场上下一片欢腾。这场群舞，进一步展现了演员们娴熟高超的舞蹈技巧，优美曼妙的舞姿舞态以及潇洒飘逸的神韵风度，把整个舞会推向高潮。

第六段，描写舞会结束时的情形。欢乐的舞会直到深夜，楚襄王才命宴散送客。有的乘马，有的坐车，车毂交错，竞相凌越。不多时，车去人散，城邑之中，寂然而空，如同风流云散。此段通过宴会结束后诸客回府时车马攘扰奔逐情状的描写，从侧面衬托舞会的盛大。

第七段，以整饰的四言作歌，赞美舞蹈的娱神益寿作用，结束全篇，点醒题目，有卒章显志的作用。

《舞赋》通过大量形象的比喻和细致的刻画，演员们鲜艳华丽的服饰，美貌动人的容颜，娴熟高超的舞蹈技巧，优美曼妙的舞姿舞态，潇洒飘逸的神韵风度，内心的情感，高洁的节操，诗化的意境，都描状得生动逼真，出神入化；同时还用舞会的氛围、观众的心理及舞散归途中愉快情绪，从侧面进行有力的衬托。全文描写细腻逼真。笔调清丽流畅，铺陈有序，生动传神，不愧为汉魏六朝赋中的名作。此外，作品的序文和结末部分，发表了对雅乐和郑卫之音的看法，肯定了舞蹈的娱乐功能，这是对儒家"郑声淫""放郑声"的传统美学思想的突破，表现了作者的创新精神。同时，《舞赋》还为我们保存了不少古代舞蹈资料。

毛泽东曾手书过《舞赋》中的序文、第一段和第二段前四句（从开头至"姁媮致态"），说明他对《舞赋》是十分熟悉、非常欣赏的。（毕桂发　毕晓莹）

王　粲

　　王粲（177—217），字仲宣，山阳高平（今山东邹县）人，汉末文学家。出身世家，以博洽著称。逢董卓之乱，由东京洛阳随汉献帝流落到西京长安，后又避乱荆州依附刘表，"表以粲貌寝而体弱通侻"，未见重用。刘表死后，王粲劝刘表子刘琮归降曹操，曹操封为丞相掾，赐爵关内侯。曹丕称帝后，官至魏国侍中，世称"王侍中"。粲博学多闻，强记默识，尤为诗赋著称于时。其诗语言刚健，词气慷慨。所作《登楼赋》，是历代抒情小赋中的珍品。为"建安七子"之一，在七子中成就较大，与曹植并称为"曹王"。《文心雕龙·才略篇》称："仲宣溢才，捷而能密，文多兼善，辞少瑕累，摘其诗赋，则七子之冠冕乎！"原有集，已散佚，明人辑有《王侍中集》。

【原文】

登楼赋

　　登兹楼以四望兮⁽¹⁾，聊暇日以销忧⁽²⁾。览斯宇之所处兮⁽³⁾，实显敞而寡仇⁽⁴⁾。挟清漳之通浦兮⁽⁵⁾，倚曲沮之长洲⁽⁶⁾。背坟衍之广陆兮⁽⁷⁾，临皋隰之决流⁽⁸⁾。北弥陶牧⁽⁹⁾，西接昭丘⁽¹⁰⁾。华实蔽野⁽¹¹⁾，黍稷盈畴⁽¹²⁾。虽信美而非吾土兮⁽¹³⁾，曾何足以少留⁽¹⁴⁾！

　　遭纷浊而迁逝兮⁽¹⁵⁾，漫逾纪以迄今⁽¹⁶⁾。情眷眷而怀归兮⁽¹⁷⁾，孰忧思之可任⁽¹⁸⁾！凭轩槛以遥望兮⁽¹⁹⁾，向北风而开襟⁽²⁰⁾。平原远而极目兮⁽²¹⁾，蔽荆山之高岑⁽²²⁾。路逶迤而脩迥兮⁽²³⁾，川既漾而济深⁽²⁴⁾。悲旧乡之壅隔兮⁽²⁵⁾，涕横坠而弗禁⁽²⁶⁾。昔尼父之在陈兮⁽²⁷⁾，有"归欤"之叹音⁽²⁸⁾。钟仪幽而楚奏兮⁽²⁹⁾，庄舄显而越吟⁽³⁰⁾。人情同于怀土兮⁽³¹⁾，岂穷达而异心⁽³²⁾！

惟日月之逾迈兮⁽³³⁾，俟河清其未极⁽³⁴⁾。冀王道之一平兮⁽³⁵⁾，假高衢而骋力⁽³⁶⁾。惧匏瓜之徒悬兮⁽³⁷⁾，畏井渫之莫食⁽³⁸⁾。步栖迟以徙倚兮⁽³⁹⁾，白日忽其将匿⁽⁴⁰⁾。风萧瑟而并兴兮⁽⁴¹⁾，天惨惨而无色⁽⁴²⁾。兽狂顾以求群兮⁽⁴³⁾，鸟相鸣而举翼。原野阒其无人兮⁽⁴⁴⁾，征夫行而未息⁽⁴⁵⁾。心凄怆以感发兮⁽⁴⁶⁾，意忉怛而憯恻⁽⁴⁷⁾。循阶除而下降兮⁽⁴⁸⁾，气交愤于胸臆⁽⁴⁹⁾。夜参半而不寐兮⁽⁵⁰⁾，怅盘桓以反侧⁽⁵¹⁾。

【毛泽东评点】

这篇赋好，作者抒发了他拥护统一和愿为统一事业做贡献的思想，但也含有故土之思。人对自己的童年，自己的故乡，过去的朋侣，感情总是很深的，很难忘记的。到老年更容易回忆、怀念这些。

——杨建业：《在毛主席身边读书——访北京大学中文系讲师芦荻》，载 1978 年 12 月 29 日《光明日报》。

【注释】

（1）兹楼，据说是湖北省当阳市的城楼。兹，此。

（2）聊，姑且。暇日，空闲的日子。《孟子·梁惠王上》："壮者以暇日修其孝悌忠信。"五臣本《文选》作"假日"，假借时日。《楚辞·离骚》："奏《九歌》而舞《韶》兮，聊假日以媮乐。"销忧，消除忧愁。李善注引东方朔曰："销忧者莫若酒。"

（3）斯宇，这所房子，即"兹楼"。

（4）显敞，明亮宽敞。寡仇，少有匹敌。仇，匹敌。

（5）挟，带。清漳，清澈的漳河水。通浦，与大水相通的小水。这句说城楼俯临在漳河之上，好像携带着江水。漳，水名。源出湖北南漳县，流经当阳，过麦城东，合沮水，入长江。

（6）"倚曲沮"句，城楼位于曲折的沮水边上，好像倚长洲而立。曲沮（jì 居），弯曲的沮水。沮水源出湖北保康，过麦城西，与漳水合。

（7）坟衍，高地为坟，平地为衍。广陆，宽广的陆地。

（8）皋，水边之地。隰（xí 习），低湿之地。沃流，可用以灌溉的流水。

（9）弥，终，终极。陶牧，地名，在荆州（今湖北江陵）西，传说其地有陶朱公（范蠡）墓，故名。牧，郊外。《尔雅·释地》："邑外谓之郊，郊外谓之牧。"

（10）昭丘，地名，在今湖北当阳东南，因有楚昭王墓得名。

（11）华实，花朵和果实。

（12）黍，一年生草本植物，米有黏性；稷。黍类，米无黏性。泛指庄稼。畴，田地。《孟子·尽心上》："易其田畴，薄其赋敛，民可使富也。"孙奭疏："《说文》云：'［畴］为耕治之田也。'"

（13）信，实在。吾土，我的故乡。

（14）曾，语助词，表示舒缓的语气。何足以，怎么能够。少留，短暂逗留。

（15）纷浊，喻时世的混乱。迁逝，迁徙流亡。指作者避董卓之乱而徙荆州。

（16）漫，漫长。逾，超越。纪，十二年为一纪。《书·毕命》："即历三纪。"孔传："十二年曰纪。"

（17）眷眷，留恋不舍之态。怀归，思归故里。《诗经·小雅·小明》："岂不怀归，畏此罪罟。"

（18）孰，谁。任，担当，承受。

（19）轩槛（jiàn件），栏板。《汉书·史丹传》："或置鼙鼓殿下，天子自临轩槛上，隤铜丸以擿鼓，声中严鼓之节。"

（20）向北风，故乡在北，故打开衣襟让北风吹拂，以慰思念之心。

（21）极目，尽目力所及望去。《楚辞·招魂》："目极千里兮伤春心，魂兮归来，哀江南。"

（22）荆山，在今湖北南漳县。岑，小而高的山。《尔雅·释山》："山小而高曰岑。"

（23）逶迤（wēi yí威移），长而曲折之状。脩迥，长远。脩，长。迥，远。

（24）川，河。漾，水流长之状，渡，此指河水。

（25）旧乡，故乡。《楚辞·离骚》："陟陞皇之赫戏兮，忽临睨夫旧乡。"壅隔，阻隔。

（26）涕，眼泪。横坠，乱流下来。弗禁，止不住。

（27）尼父，对孔子的尊称。孔子，字仲尼，故称。《左传·哀公十六年》："旻天不吊……呜呼哀哉，尼父！无自律。"古代在男子名后加"父"表示尊敬。陈，陈国，其故址在今河南淮阳县。

（28）归欤，回去吧。《论语·公冶长》："子在陈：'归欤，归欤！'"朱熹集注："此孔子周流四方，道不行而思归之叹也。"

（29）"钟仪"句，《左传·成公九年》载，楚国乐师钟仪被郑人俘虏，献给晋国。晋侯叫他弹琴，他弹的仍是楚乐。说明人在困苦中也不忘乡国。幽，囚禁。

（30）"庄舄（xì细）"句，《史记·张仪列传》载，越人庄舄在楚国做了显赫的官，病中思念故乡，仍旧发着越国的语音。

（31）怀土，怀念故乡。汉班彪《王命论》："悟戍卒之言，断怀土之情。"

（32）穷达，困顿与显达。《墨子·非儒下》："穷达、赏罚、幸否有极，人之知力，不能为焉。"

（33）惟，句首语助词。日月，指时光。逾迈，消逝。《书·泰誓》："我心之忧，日月逾迈，若弗云来。"

（34）"俟河清"句，据《左传·襄公八年》载，逸《诗》有"俟河之清，人寿几何"的句子。此以河水清喻太平盛世。俟，等待。极，至。

（35）冀，期望。李善注引贾逵《国语注》云："觊，望也。冀与觊通。"王道，王朝的政权。一平，一归平定。李善注引《尚书》曰："王道正直。"孔安国传："王道平直也。"王道一平，指王朝的统治恢复正常状态。

（36）假，借。高衢，大路。骋力，用马作比方，发挥其奔驰能力。骋，驰。

（37）匏瓜，葫芦的一种。葫芦悬在藤上是不能吃的。《论语·阳货》："我岂匏瓜也哉，焉能系而不食？"

（38）渫（xiè泻），除去污物使水清洁。《易·井》："井渫不食，为我心恻。"王弼注："渫，不停污之谓也。"孔颖达疏："井渫而不见食，犹人修己全洁而不见用。"这句以井水干净后仍无人饮用，比喻作者担心自己修身洁行后仍不为君用。

（39）栖迟，游息。《诗经·陈风·衡门》："衡门之下，可以栖迟。"朱熹集传："栖迟，游息也。"徙倚，徘徊。《楚辞·远游》："步徙倚而遥思兮，怊惝怳而乖怀。"

（40）匿（nì 逆），隐藏。此指太阳将要下山。

（41）萧瑟，风吹树木的声音。并兴，指四面起风。

（42）惨惨，暗淡无光。

（43）狂顾，仓皇地左顾右盼。

（44）阒（qù 去），寂静。李善注引《埤苍》曰："阒，静也。"

（45）征夫，远行在外的人。

（46）凄怆，悲伤。感发，感触。

（47）忉怛（dāo dá 刀答），悲痛。《诗经·齐风·甫田》："劳心忉忉？……劳心怛怛！"毛苌传："怛怛，犹忉怛也。"憯恻，忧伤。憯，同"惨"。

（48）阶除，阶梯。

（49）交，夹杂。臆，胸怀。

（50）夜参半，半夜。参，分。《方言》："参，分也。"

（51）怅，惆怅。盘桓，徘徊，想来想去之意。《广雅》："盘桓，不进貌。"反侧，翻来覆去。《诗经·周南·关雎》："悠哉悠哉，展转反侧。"

【赏析】

《登楼赋》见于《文选》卷——"游览"。此赋写于建安十三年（208），作者王粲归附曹操之前，正在荆州避难、久无建树的时候。所登之楼即今湖北省当阳县城楼。《文选》李善注引盛弘之《荆州记》曰："当阳县城楼。"《文选》六臣注之刘良注认为是江陵。亦有人认为是当阳之麦城。王粲登上当阳城楼，写下了这篇著名的《登楼赋》，抒发了故土之思与怀才不遇的忧愤。

全赋共分三段。第一段写登楼眺望，见荆州地区的富美，暗寓为刘表的昏庸而感到惋惜，并以"非吾土"来反衬强烈的思乡之情。第二段回顾遭逢乱世的经历，言外之意是，荆州非可久居之地，正面抒写思乡怀归之情。第三段抒写自己无从舒展抱负，而以所见的凄凉景物作为余波，托出内心的痛苦。此赋通过登楼所见所感，抒发了他忧愤愁思的思想感情：一为长年流离，思念故乡；一为国乱未息，雄才不展。归乡无路，报国无门，而时光却在流逝，使作者思绪万千，不能自已。这种把作者遭乱流徙、漂泊异乡的痛苦和对故乡的深切思念，以及对时难未平、壮怀莫展的感慨相关联，把个人命运同时代风云相结合，代表了建安文学的特色。

从艺术上来看，全赋以登楼消忧始，以登楼增忧终，线索集中，段落分明，环环相扣，首尾呼应，结构严密完整。赋中或描写辽阔壮美之景以反衬思乡心切，或描写萧瑟凄凉之景以烘托忧思伤感，或直抒胸中之抑郁愤懑，写景与抒情和谐统一。再加文气舒曼，语言平易，从文章中流溢出的感情易于感人；历史典故的恰当运用，又使赋具有含蓄蕴藉的特色。因而，使此赋极具艺术魅力，在抒情小赋的发展史上具有重要地位。曹丕在《典论·论文》中说："王粲长于辞赋……如粲之《初征》《登楼》《槐赋》《征思》……虽张、蔡不过也。"这个评价诚不为过。

毛泽东从青年时代起便熟读《昭明文选》，对书中收录的《登楼赋》当很熟悉。晚年因视力不好，调北京大学中文系讲师芦荻为他读书。那是1975年夏，毛泽东让芦荻给他读了王粲的《登楼赋》后，便讲了上面我们所引录的那段话。这段谈话准确地指出了《登楼赋》主题的两个方面：一个是登楼望见异乡风物之美而引起思乡怀土的深切情感；一个是身处乱世而壮志未酬的感慨，并渴望河山统一的积极进取精神。但毛泽东随后的发挥，则在前一方面，这与他迟暮之年重病缠身的心境有关。特别是他说的人"到老年就更容易回忆、怀念"自己的童年、故乡、朋侣，更是由人及己的评论了，因为王粲写《登楼赋》的时候，才30岁左右，谈不上是"老年"。

毛泽东说完《登楼赋》后，接着又说了这样一段话：我写《七律·到韶山》的时候，就深切地想起了32年前的许多往事，对故乡是十分怀念的。《七律·答友人》："斑竹一枝千滴泪，红霞万朵百重衣"，就是怀念杨开慧的，杨开慧就是霞姑嘛！可是现在的有些解释却不是这样，不符合我的意思。他现身说法又以自己的创作印证了自己的议论。（毕桂发　毕国民）

魏晋赋

曹　植

　　曹植（192—232），字子建，沛国谯（今安徽亳州市）人，三国魏诗人。曹操第三子。封陈王，谥思，世称陈思王。他才华过人，抱负远大，深得曹操喜爱，几乎被立为太子。及曹丕、曹睿相继为帝，遭受猜忌，抑郁而终，年仅四十一岁。曹植是曹魏时期最有才华有成就的文学家，诗、赋、文兼擅，以诗歌成就最高。诗以五言为主，辞彩华茂。他是两汉大赋向魏晋抒情小赋过渡的关键人物之一。其赋作大都篇幅短小，感情充沛，基本上摒弃了铺排堆砌的传统写法。《洛神赋》较为著名。原有集，已散佚，宋人辑有《曹子建集》。明人刻有《陈思王集》，清人丁晏有《曹集铨评》，今人赵幼文有《曹植集校注》。

【原文】

七启　并序

　　昔枚乘作《七发》[(1)]，傅毅作《七激》[(2)]，张衡作《七辩》[(3)]，崔骃作《七依》[(4)]，辞各美丽[(5)]，余有慕之焉！遂作《七启》，并命王粲作焉[(6)]。

　　玄微子隐居大荒之庭[(7)]，飞遯离俗[(8)]，澄神定灵[(9)]，轻禄傲贵[(10)]，与物无营[(11)]，耽虚好静[(12)]，羡此永生[(13)]。独驰思乎天云之表[(14)]，无物象而能倾[(15)]。于是镜机子闻而将往说焉[(16)]：驾超野之驷，乘追风之舆[(17)]，经迥漠[18]，出幽墟，入乎泱漭之野[19]，遂届玄微子之所居。其居也：左激水[20]，右高岑[21]，背洞壑[22]，对芳林。冠皮弁[23]，被文裘[24]。出山岫之潜穴[25]，倚峻崖而嬉游。志飘飘焉，峣峣焉[26]，似若狭六合而隘九州[27]，若将飞而未逝，若举翼而中流[28]。于是镜机子攀葛蔂而登。距岩而立[29]，顺风再称曰[30]："予闻君子不遁俗而遗名[31]，智士不背世而灭勋[32]。今吾子弃道艺之华[33]，遗仁义之英[34]，托精神乎虚廓[35]，废人事之纪经[36]。譬若画形于无象[37]，造响于无声，未之思乎？何所规之不通也。"玄微子俯而应之曰："嘻[38]！有是言乎？夫太极之初，混沌未分[39]，万物纷错，与道俱隆[40]。盖有形必朽，有迹必穷，茫茫元气[41]，谁知其终。名秽我身，位累我躬，窃慕古人之所志，仰老庄之遗风，假灵龟以托喻，宁掉尾于涂中[42]。"

镜机子曰："夫辩言之艳[43]，能使穷泽生流[44]，枯木发荣，庶感灵而激神[45]，况近在乎人情。仆将为君子说游观之至娱[46]，演声色之妖靡[47]，论变化之至妙，敷道德之宏丽，原闻之乎？"玄微子曰："吾子整身倦世[48]，探隐拯沈[49]，不远遐路，幸见光临，将敬涤耳，以听玉音[50]。"

镜机子曰："芳菰精粺[51]，霜蓄露葵[52]，玄熊素肤[53]，肥豢脓肌[54]。蝉翼之割，剖纤析微；累如叠縠[55]，离若散雪，轻随风飞，刃不转切。山鸡斥鷃[56]，珠翠之珍[57]。寒芳莲之巢龟[58]，脍西海之飞鳞[59]，臛江东之潜鼍[60]，腾汉南之鸣鹑[61]。糅以芳酸[62]，甘和既醇[63]。玄冥适醎[64]，蓐收调辛[65]。紫兰丹椒，施和必节[66]。滋味既殊，遗芳射越[67]。乃有春清缥酒[68]，康狄所营[69]，应化则变，感气而成。弹徵则苦发[70]，叩宫则甘生[71]。于是盛以翠樽[72]，酌以雕觞[73]，浮蚁鼎沸[74]，酷烈馨香[75]，可以和神，可以娱肠。此有肴馔之妙也，子能从我而食之乎？"玄微子曰："予甘藜藿[76]，未暇此食也。"

镜机子曰："步光之剑[77]，华藻繁缛[78]，饰以文犀[79]，雕以翠绿[80]，缀以骊龙之珠[81]，错以荆山之玉[82]。陆断犀象，未足称隽[83]；随波截鸿，水不渐刃[84]。九旒之冕[85]，散曜垂文[86]。华组之缨[87]，从风纷纭。佩则结绿悬黎[88]，宝之妙微，符采照烂[89]，流景扬辉[90]。黼黻之服[91]，纱縠之裳[92]，金华之舄[93]，动趾遗光。繁饰参差，微鲜若霜。绲佩绸缪[94]，或雕或错，薰以幽若[95]，流芳肆布。雍容闲步，周旋驰曜[96]。南威为之解颜⁽⁹⁷⁾，西施为之巧笑⁽⁹⁸⁾。此容饰之妙也，子能从我而服之乎？"玄微子曰："予好毛褐⁽⁹⁹⁾，未暇此服也。"

镜机子曰：驰骋足用荡思，游猎可以娱情。仆将为吾子驾云龙之飞驷⁽¹⁰⁰⁾，饰玉辂之繁缨⁽¹⁰¹⁾。垂宛虹之长绥⁽¹⁰²⁾，抗招摇之华旆⁽¹⁰³⁾。揷忘归之矢⁽¹⁰⁴⁾，秉繁弱之弓。忽蹑景而轻骛⁽¹⁰⁵⁾，逸奔骥而超遗风⁽¹⁰⁶⁾。于是碨填谷塞，榛薮平夷⁽¹⁰⁷⁾。缘山置罝⁽¹⁰⁸⁾，弥野张罘。下无漏迹，上无逸飞。鸟集兽屯，然后会围。獠徒云布⁽¹⁰⁹⁾，武骑雾散。丹旗耀野，戈殳皓旰⁽¹¹⁰⁾。曳文狐，掩狡兔，捎鹔鹕⁽¹¹¹⁾，拂振鹭⁽¹¹²⁾。当轨见迹⁽¹¹³⁾，值足遇践。飞轩电逝⁽¹¹⁴⁾，兽随轮转。翼不暇张，足不及腾，动触飞锋⁽¹¹⁵⁾，举挂轻罾⁽¹¹⁶⁾。搜林索险，探薄穷阻⁽¹¹⁷⁾，腾山赴壑，风厉焱举⁽¹¹⁸⁾。机不虚发。中必饮羽⁽¹¹⁹⁾。于是人稠网密，地逼势胁⁽¹²⁰⁾。哮阚之兽⁽¹²¹⁾，张牙奋鬣，志在触突，猛气不慑⁽¹²²⁾。乃使北宫、东郭之俦⁽¹²³⁾，生抽豹尾，分裂貙肩⁽¹²⁴⁾，形不抗手，骨不隐拳⁽¹²⁵⁾。批熊碎掌，拉虎摧斑。野无毛类，林无羽群。积兽如陵，飞翮成云⁽¹²⁶⁾。于是驷钟鸣鼓⁽¹²⁷⁾，收旌弛斾，顿纲纵网，罴獠迥迈⁽¹²⁸⁾，骏騄齐骧⁽¹²⁹⁾，扬銮飞沫⁽¹³⁰⁾，俯倚金较⁽¹³¹⁾，仰抚翠盖，雍容暇豫，娱志立外。此羽猎之妙也⁽¹³²⁾，子能从我而观之乎？"玄微子曰："予性乐恬静，未暇此观也。"

镜机子曰："闲宫显敞⁽¹³³⁾，云屋皓旰⁽¹³⁴⁾，崇景山之高基⁽¹³⁵⁾，迎清风而立观⁽¹³⁶⁾。彤轩紫柱，文榱华梁⁽¹³⁷⁾，绮井含葩⁽¹³⁸⁾，金墀玉箱⁽¹³⁹⁾。温房则冬服絺绤⁽¹⁴⁰⁾，清室则中夏含霜⁽¹⁴¹⁾。华阁缘云⁽¹⁴²⁾，飞陛凌虚⁽¹⁴³⁾，俯眺流星，仰观八隅⁽¹⁴⁴⁾，升龙攀而不逮，眇天际而高居⁽¹⁴⁵⁾。繁巧神怪。变名异形，班输无所措其斧斤⁽¹⁴⁶⁾，离娄为之失晴⁽¹⁴⁷⁾。丽草交植，殊品诡类⁽¹⁴⁸⁾，绿叶朱荣，熙天曜日⁽¹⁴⁹⁾。素水盈沼，丛木成材。飞翮陵高，鳞甲隐深。于是逍遥暇豫，忽若忘归。乃使任子垂钓⁽¹⁵⁰⁾，魏氏发机⁽¹⁵¹⁾。芳饵沈水，轻缴弋飞⁽¹⁵²⁾，落翳云之翔鸟，援九洲之灵龟。然后采菱华，擢水蘋⁽¹⁵³⁾，弄珠蚌，戏鲛人⁽¹⁵⁴⁾。讽《汉广》之所咏，觊游女于水滨⁽¹⁵⁵⁾。燿神景于中汜⁽¹⁵⁶⁾，被轻縠之纤罗，遗芳烈而静步⁽¹⁵⁷⁾，抗皓手而清歌⁽¹⁵⁸⁾。歌曰：望云际兮有好仇⁽¹⁵⁹⁾，天路长兮往无由⁽¹⁶⁰⁾，佩兰蕙兮为谁修⁽¹⁶¹⁾，嬛婉绝兮我心愁。此宫馆之妙也，子能从我而居之乎？"玄微子曰："予耽岩穴⁽¹⁶²⁾，未暇此居也。"

镜机子曰："既游观中原，逍遥闲宫，情放志荡，淫乐未终。亦将有才人妙伎，遗世越俗⁽¹⁶³⁾，扬北里之流声⁽¹⁶⁴⁾，绍阳阿之妙曲⁽¹⁶⁵⁾。尔乃御文轩⁽¹⁶⁶⁾，临洞庭⁽¹⁶⁷⁾，琴瑟交挥⁽¹⁶⁸⁾，左篪右笙⁽¹⁶⁹⁾，钟鼓俱振，箫管齐鸣。然后姣人乃被文縠之华袿⁽¹⁷⁰⁾，振轻绮之飘飘，戴金摇之熠耀⁽¹⁷¹⁾，扬翠羽之双翅⁽¹⁷²⁾。挥流芳，耀飞文，历盘鼓⁽¹⁷³⁾，焕缤纷。长裾随风⁽¹⁷⁴⁾，悲歌入云，蹻捷若飞，蹈虚还躔⁽¹⁷⁵⁾，陵跃超骧⁽¹⁷⁶⁾，蜿蝉挥霍⁽¹⁷⁷⁾，翔尔鸿鹥⁽¹⁷⁸⁾，潜然凫没⁽¹⁷⁹⁾。纵轻体以迅赴，景追形而不逮⁽¹⁸⁰⁾。飞怕激尘⁽¹⁸¹⁾，依威厉响，才捷若神，形难为象⁽¹⁸²⁾。于是为欢未渫⁽¹⁸⁴⁾，白日西颓，散乐变饰⁽¹⁸⁵⁾，微步中闺。玄眉弛兮铅花落⁽¹⁸⁶⁾，收乱发兮拂兰泽⁽¹⁸⁷⁾，形婧服兮扬幽若⁽¹⁸⁸⁾。红颜宜笑⁽¹⁸⁹⁾，睇盼流光⁽¹⁹⁰⁾。时与吾子，摧手同行。践飞除，即闲房，华烛烂，幄幕张。动朱唇，发清商⁽¹⁹¹⁾，扬罗袂⁽¹⁹²⁾，振华裳，九秋之夕⁽¹⁹³⁾，为欢未央⁽¹⁹⁴⁾。此声色之妙也，子能从我而游之乎？"玄微子曰："予愿清虚，未暇及此游也。"

镜机子曰："予闻君子乐奋节以显义⁽¹⁹⁵⁾，烈士甘危躯以成仁⁽¹⁹⁶⁾。是以雄俊之徒⁽¹⁹⁷⁾，交党结伦⁽¹⁹⁸⁾，重气轻命，感分遗身。故田光伏剑于北燕⁽¹⁹⁹⁾，公叔毕命于西秦⁽²⁰⁰⁾。果毅轻断⁽²⁰¹⁾，虎步谷风⁽²⁰²⁾。威慴万乘⁽²⁰³⁾，华夏称雄。"词未及终，而玄微子曰："善！"

镜机子曰："此乃游侠之徒耳，未足称妙也。若夫田文、无忌之俦⁽²⁰⁴⁾，乃上古之俊公子也⁽²⁰⁵⁾，皆飞仁扬义，腾跃道艺，游心无方⁽²⁰⁶⁾，抗志云际，陵轹诸侯⁽²⁰⁷⁾，驱驰当世⁽²⁰⁸⁾，挥袂则九野生风⁽²⁰⁹⁾，慷慨则气成虹蜺。吾子若当此之时，能从我而友之乎？"玄微子曰："予亮愿焉⁽²¹⁰⁾，然方于大道有累，如何⁽²¹¹⁾？"

镜机子曰："世有圣宰⁽²¹²⁾，翼帝霸道⁽²¹³⁾，同量乾坤⁽²¹⁴⁾，等曜日月⁽²¹⁵⁾，玄化参神⁽²¹⁶⁾，与灵合契⁽²¹⁷⁾。惠泽播于黎苗⁽²¹⁸⁾，威灵振乎无外⁽²¹⁹⁾，超隆平于殷周⁽²²⁰⁾，踵羲皇而齐泰⁽²²¹⁾。显朝惟清⁽²²²⁾，王道退均⁽²²³⁾，民望如草⁽²²⁴⁾，我泽如春⁽²²⁵⁾。河滨无洗耳之士⁽²²⁶⁾，乔岳无巢居之民⁽²²⁷⁾。是以俊义来仕⁽²²⁸⁾，观国之光，举不遗材，进各异方⁽²²⁹⁾。赞典礼于辟雍⁽²³⁰⁾，讲文德于明堂⁽²³¹⁾，正流俗之华说⁽²³²⁾，综孔氏之旧章⁽²³³⁾。散乐移风⁽²³⁴⁾，国富民康，神应休

徵⁽²³⁵⁾，屡获嘉祥。故甘露纷而晨降，景星宵而舒光⁽²³⁶⁾。观游龙于神渊，聆鸣凤于高冈⁽²³⁷⁾。此霸道之至隆，而雍熙之盛际⁽²³⁸⁾。然主上犹尚以沉恩之未广⁽²³⁹⁾，惧声教之未厉⁽²⁴⁰⁾，采英奇于仄陋⁽²⁴¹⁾，宣皇明于岩穴⁽²⁴²⁾，此宁子商歌之秋⁽²⁴³⁾，而吕望所以投纶而逝也⁽²⁴⁴⁾。吾子为太和之民⁽²⁴⁵⁾，不欲仕陶唐之世乎⁽²⁴⁶⁾？"于是玄微子攘袂而兴曰⁽²⁴⁷⁾："伟哉言乎！近者吾子所述华淫，欲以厉我⁽²⁴⁸⁾，祇搅予心⁽²⁴⁹⁾。至闻天下穆清⁽²⁵⁰⁾，明君莅国⁽²⁵¹⁾，览盈虚之正义⁽²⁵²⁾，知顽素之迷惑⁽²⁵³⁾。令予廓尔⁽²⁵⁴⁾，身轻若飞，原反初服⁽²⁵⁵⁾，从子而归。"

【毛泽东评点】

此篇（按：指《七发》）早已印发，可以一读。这是骚体流裔，而又有所创发。骚体是有民主色彩的，属于浪漫主义流派，对腐朽的统治者投以批判的匕首。屈原高据上游。宋玉、景差、贾谊、枚乘略逊一筹，然亦甚有可喜之处。……后来"七"体繁兴，没有一篇好的。《昭明文选》所收曹植《七启》，张协《七命》，作招隐之词，跟屈、宋、贾、枚唱反调。索然无味了。

——《骚体是有民主色彩，属浪漫主义流派》，载《毛泽东文艺论集》，中央文献出版社 2002 年版，第 201—203 页。

【注释】

（1）枚乘（？—前140），字叔，淮阴（今江苏淮阴）人。西汉辞赋家。《汉书》有传。《七发》，见《昭明文选》。

（2）傅毅（？—约90），字武仲，扶风茂陵（今陕西兴平东北）人。东汉文学家。《后汉书》有传。《七激》见严可均辑《全后汉文》。

（3）张衡（78—139），字平子，河南南阳西鄂（今河南南召县南）人。东汉天文学家、文学家。《后汉书》有传。《七辩》亦见《全后汉文》。

（4）崔骃（？—92），字亭伯，涿郡安平（今河北安平）人。东汉文学家。《后汉书》亦有传。《七依》亦见《全后汉文》。

（5）辞各美丽，刘勰《文心雕龙·杂文》："自《七发》以下，作者继踵：观枚氏首唱，信独拔而伟丽矣！及傅毅《七激》，会清要之工；崔骃《七依》，入博雅之巧；张衡《七辩》，结采绵靡；崔瑗《七厉》，植义纯正；陈思《七启》，取美于宏壮；仲宣《七释》，致辨于事理。"

（6）丁晏《曹集铨评》："晏案：王粲听作名《七释》，见《艺文类聚》五十七。"

（7）玄微子，曹植假托的道家之流隐士。《文选》李善注："玄微，幽玄精微也。"《山海经·大荒西经》曰："大荒之中有山，名曰大荒之山，日月所入，……是谓大荒之野。"后泛指辽阔的原野和边远的地方。

（8）飞遯，亦"肥遯"。飘然远举。遯"，遁"的异体字。《易·遯·爻辞》："肥遯最为卦上，居五位之地，不为物所累，缯缴所不及，遯之最美，故名肥遯。"离俗，脱离社会。

（9）澄神定灵，心灵恬静，不受外物干扰。

（10）轻禄傲贵，轻视俸禄，侮慢权贵。

（11）与物无营，《文选》李善注："蔡邕。"《释诲》曰："安贫乐道，与世无营也。"物，万物。营，《楚辞·天问》王逸注："为也。"

（12）耽虚，《淮南子·原道训》："嗜欲不载，虚之至也。"耽，酷嗜。好静，重视恬静之人生哲理。

（13）永生，长生。

（14）乎，《文选》三十四作"於"。天云之表，象征最高境界。表，外。一作"际"。

（15）物象，事物的气象、形象。倾，超越。《汉书·田蚡传》颜师古注："倾，谓逾越而胜之也。"

（16）镜机子。曹植假托的一位洞察幽微的道家人物。镜机，洞察幽微。《文选》李善注："镜机：镜，照；机，微也。"

（17）驾超野之驷二句，《文选》李善注："超野、追风，言疾也。"驷（sì四），古代一车套四马，因以称一车所驾之四马。舆，本谓车箱，因代指车。

（18）迥，远。漠，沙漠。

（19）泱漭，亦作"泱莽"。广大无边之状。《文选·司马相如〈上林赋〉》：“过乎泱漭之野。”

（20）激水，湍急的河流。

（21）高岑，《尔雅·释山》：“山小而高曰岑也。”

（22）洞壑（hè 贺），深谷。汉班固《西都赋》：“超洞壑，越峻崖。”

（23）皮弁（biàn 卞），古冠名。用白鹿皮制成。《周礼·夏官·弁师》：“王之皮弁，会五采玉璂，象邸，玉笄。”

（24）文裘，《文选》李善注：“文狐之裘也。”

（25）岫（xiù 秀），《尔雅·释山》：“山有穴曰岫。”潜，幽深之状。

（26）峣峣（yáo 尧），高高之状。

（27）狭六合，以六合为狭。狭，窄。六合，指天地四方。《庄子·齐物论》：“六合之外，圣人存而不论。”隘九州，以九州为隘。隘，狭窄。九州，传说中的我国古代中原行政区域。说法不一，《书·禹贡》作冀、兖、青、徐、扬、荆、豫、梁、雍。

（28）流，《文选》作“留”，是，止。

（29）距，至。《文选》李善注：“孔安国《尚书传》曰：距，至也。”

（30）顺风而称，《荀子·劝学篇》：“顺风而呼，声非加疾也，而闻者彰。”称，言。

（31）遯俗，即遁世。遯，通“遁”。俗，世俗。遗名，忘记美名。

（32）背世，违时。灭勋，淹灭勋业。灭，没。

（33）道艺，《周礼·天官·宫正》郑司农注：“道，谓先王之教道民者。艺，谓礼、乐、射、御、书、数。”

（34）仁义，《老子》：“绝仁弃义。”王注：“仁义，人之善者。”爱人及物谓之仁，等贵贱，明尊卑谓之义。

（35）虚廓，亦作“虚霩”。道家指天地未形成时的状态，后亦指天。《淮南子·天文训》：“道始于虚霩，虚霩生宇宙，宇宙生气。”

（36）人事，亲戚朋友交往之道。纪经，纲领。

（37）譬若画形于无象二句，《文选》李善注：“言像因形生，响随声发，今欲无声而造响，图像而无形，岂有得哉！”

（38）譆，通“嘻”，惊惧之声。《公羊传·僖公元年》：“庆父闻之，曰：'譆！此奚斯之声也！'"

（39）太极之初，古代谓形成天地的气的原始状态，此用以称天地形成前的时期。太极，指原始混沌之气。《易·系辞上》："易有太极，是生两仪，两仪生四象，四象生八卦。"混沌，亦作"浑沌"。古人想象中的世界开辟前的状态。《白虎通·天地》："混沌相连，视之不见，听之不闻。"

（40）隆，《太平御览》作"运"。《广雅·释诂四》："运，转也。"此句是说，万物随自然运转之规律而发生变化。

（41）茫茫，广大之状。元气，天气。此指宇宙。

（42）假灵龟以托喻二句，《文选》李善注："《庄子》曰：楚王使大夫往聘庄子。庄子曰：吾闻楚有神龟，已死三千岁矣！王巾笥而藏之于庙堂之上。此龟者，宁其死为留骨而贵乎？宁岂生而曳尾涂中乎？二大夫曰：宁生曳尾涂中。庄子曰：往矣！吾将曳尾于涂中也。"

（43）艳，指文辞之美。

（44）穷泽，干涸的湖泊。

（45）激，《楚辞·招魂》王逸注："感也。"

（46）君子，《文选》"君"作"吾"，是，下文"吾子整身倦世"可证。

（47）演，《左传·昭公二年》传《正义》："演谓为其辞而演说之。"妖靡，妖，美，形容色；靡，好，形容声。

（48）整身，整饬行为。倦世，勤劳于人间之事。

（49）探，《说文》："远取之也。"隐，隐居之士。拯沈，《广雅·释诂一》："拯，举也。"沈，沈于下位之人。

（50）玉音，对人言辞的敬称，谓其贵重。《诗经·小雅·白驹》："勿金玉尔音，而有遐心。"

（51）菰，多年生草本植物，生长在池沼边，地下茎白色，地上茎直立，开紫红色小花。嫩茎可食，叫茭白，果实狭圆柱形，名"菰米"，一称"雕胡米"，可作饭。精粺（bài 败），精米。《诗经·大雅·召旻》："彼疏斯粺，胡不自替。"《传》："彼宜食疏，今反食精粺。"

（52）霜蓄，《广韵》："蓄，冬菜。"即今人称蔓菁菜，霜后味尤美。露葵，《本草纲目》："古人采葵，必待露解，故曰露葵。今人呼为滑菜，言其性也。"

（53）玄熊，黑熊。素肤，白肉。

（54）肥豢，饲养猪狗。脓肌，肥状。

（55）縠（hú 胡），绉纱一类的丝织品。

（56）山鸤（duǒ 垛，又读 zhuā 抓），鸟名，雉属，亦名"突厥雀"，俗称"沙鸡"。《尔雅·释鸟》："鸤鸠，寇雉。"郭璞注："鸤大如鸽，似雌雉，鼠脚无后指，歧尾。"

（57）珠翠，《文选》李善注："珠翠，珠柱也。《南方异物记》曰：探珠人以珠肉作鲊也。"

（58）巢龟，《文选》李善注："《史记》曰：有神龟在江南嘉林中，常巢于芳莲之上。"

（59）脍，细切的鱼肉。飞鳞，即飞鱼。指文昌鱼。《文选》李善注："西海飞鳞，即文鳐。鳐，鱼也。"

（60）臛（huò 霍），肉羹，也指做成肉羹。《楚辞·招魂》："露鸡臛蠵，厉而不爽些。"鼍（tuó 驼），亦称扬子鳄，为我国特产动物。长约二米，穴居池沼底部，以鱼、蛙、小鸟及鼠类为食，皮可蒙鼓，生长江及太湖流域池沼中。

（61）膗（juàn 眷），少汁的羹。《楚辞·招魂》："鹄酸膗凫。"洪兴祖补注："膗，子衮切，臛，少汁也。"鹑（chún 淳），鹌鹑。形似小鸡，头小尾短，羽毛赤褐色，有黄白色条纹。

（62）糅，杂。

（63）醇，《广雅·释诂二》："厚也。"

（64）玄冥适碱，《文选》李善注："《礼记》曰：北方，其神玄冥。北方，水也。《尚书》曰：水曰润下，润下作碱。"碱，今通"咸"，盐的味道。

（65）蓐（rù 褥），古国名，在今山西省汾水流域。《文选》李善注："《礼记》曰：西方，其神蓐收。西方，金也。《尚书》曰：金曰从革，从革作辛。"辛，辣味。

（66）和，调，指调味品。节，节制。

（67）射越，《文选》李善注："《上林赋》曰：众香发越。郭璞曰：香气射散也。"

（68）春清缥酒，郑玄《礼记注》："清酒，今之中山，冬酿接夏而成也。缥，绿色而微白也。"

（69）康、狄，杜康、仪狄，皆古代善酿者。《文选》李善注："《博物志》曰：杜康作酒。《战国策》曰：梁王请为鲁君举觞。鲁君曰：昔帝女仪狄作酒而美，进之于禹。禹饮而甘之。"

（70）弹徵则苦发，《文选》李善注："《礼记》曰：季夏之月，其音徵，其味苦。"

（71）叩宫则甘生，《文选》李善注："《礼记》曰：中央土，其音宫，其味甘。"甘，甜。

（72）翠樽，绿玉制的酒杯。

（73）酌，斟酒，饮酒。雕觞（shāng 伤），刻有花纹的酒杯。觞，古代盛酒器，酒杯。

（74）浮蚁，《释名》曰："酒有泛齐，浮蚁在上，泛泛然。"意谓酒糟浮于酒上好像蚂蚁。鼎沸，如鼎水之沸腾。

（75）酷烈，《文选》李善注："《上林赋》曰：酷烈淑郁。郭注：香气盛也。"

（76）藜藿，《史记·太史公自序》："粝粱之食，藜藿之羹。"张守节正义："藜，似藿而表赤；藿，豆叶也。"多用以指粗劣的饭菜。

（77）步光，古宝剑名。《史记·仲尼弟子列传》："因越贱臣种奉先人藏器，铁屈卢之矛，步光之剑，以贺军吏。"

（78）华藻，华丽的藻饰。繁褥，彩饰富丽。

（79）文犀，即通天犀。葛洪《抱朴子·登涉》："通天犀角有一赤理如綖，自本彻末，以角盛米，置群鸡中，鸡欲啄之，未至数寸，即惊却，故南人或名通天犀为骇鸡犀。"

（80）翠绿，翠色和绿色。

（81）骊龙之珠，宝珠。传说出自骊龙颔下之珠，故名。《庄子·列御寇》："夫千金之珠，必在九重之渊，而骊龙颔下。"

（82）错，《广雅·释器》："镂谓之错。"荆山之玉，亦称荆璞，春秋时楚人卞和得璞玉于荆山，剖琢而为宝玉。事见《韩非子·和氏》。

（83）隽，《左传·宣公十五年传》杜预注："绝异也。"

（84）渐刃，刃上不留一丝水痕，形容剑之锋利。渐，《广雅》曰："渐，渍也。"

（85）旒，冕前所悬之珠串。天子十二旒，诸侯九旒。

（86）散曜垂文，刘梁《七举》："九旒之冕，散耀垂文。"散曜，散发晶莹的光辉。垂文，悬挂文采。

（87）华组之缨，冠上花带。缨，冠带。

（88）结绿、悬黎，皆美玉名。《战国策·秦策》："臣闻周有砥厄，宋有结绿，梁有悬黎，楚有和璞，此四宝者，工之所失也，而为天下名器。"

（89）符采，刘渊林《蜀都赋》注："符采，玉之横纹也。"照烂，光泽鲜明之状。

（90）流景，流光。景，光。

（91）黼黻（fǔ fú 斧伏）。古代礼服上所绣的花纹。黼，黑白相次，作斧形，刃白身黑；黻，黑青相次，作亚形。《书·益稷》："藻、火、粉、米、黼、黻、絺绣。"孔安国传："黼若斧形，黻为两己相背。"

（92）纱縠（hú 胡），精细、轻薄的丝织品的通称。《汉书·江充传》："充衣纱縠禅衣，曲裾后垂交输。"颜师古注："纱縠，纺丝而织之也。轻者为纱，绉者为縠。"

（93）金华之舄（xì 戏），用金线绣有花纹的鞋子。舄，鞋，古代一种复底鞋。崔豹《古今注·舆服》："舄，以木置履下，干腊不畏泥湿也。"

（94）绲佩，一种美玉饰器。绲，当作"琨"。《白虎通》："能本道德则佩琨。"曹植《平原懿公主诔》："琨佩惟鲜。"绸缪，繁密之状。左思《吴都赋》："荣色杂糅，绸缪缛绣。"

（95）薰，古通"熏"。幽若，杜若。

（96）驰曜，流光。

（97）南威，亦称"南之威"。春秋时晋国美女。《战国策·魏策二》："晋文公得南之威，三日不听朝，遂推南之威而远之，曰：'后世必有以色亡其国者。'"

（98）西施，春秋时越国美女。或称先施，别名夷光，亦称西子。姓施，春秋末年越国苎罗（今浙江诸暨南）人。越王勾践败于会稽，范蠡取西施献吴王夫差，使其迷惑忘政。越遂亡吴。后西施归范蠡，同泛五湖。事见《吴越春秋·勾践阴谋外传》。

（99）褐（hè贺），兽毛或粗麻制成的短衣，古时贫苦人所服。《诗经·豳风·七月》："无衣无褐，何以卒岁？"

（100）云龙，骏马的美称。《周礼》："凡马八尺以上为龙。"飞驷，飞车。

（101）玉辂（lù路），玉饰的绑在车辕上以备人牵挽的横木。繁缨，马腹下的大带。

（102）宛虹，宛屈如虹。緌（ruì锐），古代帽带的末梢部分。《礼记·内则》："冠緌缨。"疏："结缨领下以固冠，结之余者，散而下垂，谓之緌。"

（103）抗，举。招摇，《西京赋》："树招摇。"薛综注："招摇（北斗）第九星名，为盾，今卤簿中画之于旗，建树之以前驱。"华旍（jīng精），华旌。旌上画有招摇星之形，故称华旍。

（104）忘归之矢，古代良箭名。以一去不复返，故称。繁弱之弓，古代良弓名。《左传·定公四年》："分鲁公以大路，大旗，夏后氏之璜，封父之繁弱。"杜预注："繁弱，大弓名。"《公孙龙子·迹府》："龙闻楚主张繁弱之弓，载忘归之矢，以射蛟兕于云梦之圃。"

（105）蹑景，秦始皇良马名。晋崔豹《古今注·鸟兽》："秦始皇有七名马：追风、白兔、蹑景、犇电、飞翮、铜爵、最兔。"景，同"影"。

（106）遗风，《吕氏春秋·本味》："马之美者，遗风之乘。"高诱注："行疾谓之遗风。"

（107）于是蹊填谷塞二句，司马相如《上林赋》："填阬满谷，掩平弥泽。"为曹植句意所本。榛，灌木丛。

（108）罝（jiē皆，又读jū苴），捕兽的网。罘（fú浮），捕兽的纲。《淮南子·时则训》："田猎毕、弋、罝、罘、罗、罻（网），喂毒之药，毋出九门。"高诱注:"罝,兔罟也……罘,麋鹿罟。罝,其总名也。"

（109）獠徒,夜猎之人。獠,夜间打猎。司马相如《子虚赋》:"于是乃相与獠于蕙圃。"云布、雾散,皆形容布置密集。《封禅书》:"云布雾散。"

（110）戈殳(shū书),戈戟。殳,古代撞击用的兵器。竹制,长一丈二尺,头上不用金属为刃,八棱而尖。《诗经·卫风·伯兮》:"伯也执殳,为王前驱。"晧旰,《说文》段玉裁注:"洁白光明之貌。"

（111）鵁鶄,亦作"鹔鹴"。鸟名,雁的一种。《淮南子·原道训》:"长胫,绿色,其形似雁。"

（112）振鹭,鹭鹴。《诗经·周颂·振鹭》:"振鹭于飞,于彼西雝。"孔颖达疏:"言有振振然絜白之鹭鸟往飞也。"

（113）当轨见藉,被车所辗。

（114）飞轩,飞车。电逝,车行迅疾,如电光逝去。

（115）飞锋,箭。

（116）举,高飞。矰(zēng增),用竿支架的网。

（117）探薄,《广雅》:"草藂生曰薄。"穷阻,穷险。《广雅·释邱》:"阻,险也。"

（118）焱(yàn焰)举,《说文》段玉裁注:"焱举,谓如火燺之飞射也。"

（119）饮羽,饮,隐没;羽,箭杆上附的羽毛。箭深入没羽,形容发箭的力量极强。《吕氏春秋·精通》:"养由基射兕中石,矢乃饮羽。"

（120）势胁,势迫。

（121）哮阚(hǎn喊)之兽,指虎豹。哮,野兽的吼声。哮,虎怒之态。《诗经·大雅·常武》:"进厥虎臣,阚如虓虎。"毛传:"虎之自怒虓然。"

（122）憛,"慴"的异体字。

（123）北宫,古代齐勇士北宫黝。《淮南子·主术训》:"故握剑锋以离北宫子、司马蒯蒉,不使应敌,操其觚,招其末,财庸人难以制胜。"高诱注:"北宫子,齐人,《孟子》所谓北宫黝也。"东郭之俦,《吕氏春秋·当务》:"齐之好勇者,其一人居东郭,其一人居西郭,卒然相遇于途曰:'姑相饮乎?'觞数行,曰:'姑求肉乎?'一人曰:'子肉也? 我肉也？尚胡革求肉而为？于是具染而已。'因抽刀而相啖，至死而止。"后因以东郭之俦指勇猛之徒。俦，伴侣，同辈。

（124）貙（chū 初），兽名。《尔雅·释兽》："貙，獌，似狸。"刑貙疏引《字林》："貙似狸而大，一名獌。"

（125）形不抗手二句，意谓兽骨不禁武士之拳击而粉碎。抗、御。隐，筑。

（126）飞翮（hé 核），鸟翼的代称。翮，羽根。

（127）骱（xiè 谢）钟，击钟。骱，钟声响而急。

（128）羆（pí 皮），熊的一种。獠，夜间打猎。迈，远行。

（129）骥駼，皆良马。齐骧，齐驰。

（130）扬銮，扬铃。飞沫，指马口喷沫。

（131）金较，车辆两旁板上供凭倚的金饰龙形横木。张衡《西京赋》："戴翠帽，倚金较。"《文选》李善注引《说文》："较，车輢上曲钩也。"薛综注："黄金以饰较也。"

（132）羽猎，用箭射猎，打猎。

（133）闲宫，空阔之宫。显敞。《苍颉篇》："敞，高显也。"

（134）云屋，屋高如云。晧旰，疑当作浩汗，浩汗或作浩瀚，广大之状。

（135）景山，即《洛神赋》之景山。李善《洛神赋》注："《河南郡图经》：景山，缑氏县南七里。"高基，基若景山，言其高。

（136）立观，《文选》李善注《：地理书》曰："迎风观在邺也。"

（137）文榱（cuī 催），绘有图案的屋椽屋桷。

（138）绮井，杨慎《丹铅外集》："绮井谓之斗八。又曰：今之天花板也。"含葩，指绘有荷藻之类。

（139）金墀，用金属装饰的宫阶，借指臣子朝拜皇帝的地方。玉箱，华丽的房子。

（140）絺（chī 痴），细葛布。绤（xì 隙），粗葛布。《诗经·周南·葛覃》："为为绤。"毛传："精白絺，粗曰绤。"

（141）清室，寒房。中夏，盛暑之时。

（142）华阁，施以彩绘的阁道。绿云，临云。

（143）飞陛，阁道阶除，凌空直上，不在地上。

（144）八隅，八方。

（145）眇。视。《文选·东京赋》："眇天末以远期。"天际，天末。

（146）班输，我国古代巧匠名。《汉书·叙传上》："班输榷巧于斧斤。"颜师古注："班输，即鲁公输班也。一说，班，鲁班也，与公输氏为二人也，皆有巧艺名。"斧斤，斧子。斤，斧。

（147）离娄，古代传说中明目的人。《孟子·离娄上》："离娄之明。"赵岐注："古之明目者也，盖以为黄帝之时人也。……能视于百步之外，见秋毫之末。"

（148）诡类，异类。

（149）熙天，光天。

（150）任子垂钓，《庄子·外物》："任公子为大钩巨缁，五十犗以为饵，蹲乎会稽，投竿东海，旦旦而钓，期年不得鱼。已而大鱼食之，牵巨鉤陷没而下。惊扬而奋鬐，白波若山。"

（151）魏氏，传说中的古代善射者，羿的四传弟子。《文选》李善注："《吴越春秋》曰：越王欲伐吴，范蠡进善射者陈音。越王问其射所起焉，音曰：黄帝作弓以备四方，后有楚狐父以其道传羿，羿传逢蒙，逢蒙传楚琴氏，琴氏传大魏，大魏传楚三侯：糜侯、翼侯、魏侯也。"

（152）缴（zhuó 酌），系在箭上的生丝绳，射鸟用。《汉书·苏武传》："武能网纺缴，檠弓弩。"颜师古注："缴，生丝缕也，可以弋射。"弋飞，射鸟。弋，射。

（153）擢（zhuó 濯），抽，拔。

（154）鲛人，亦作"蛟人"，传说中的人鱼。《太平御览·珍宝部二·珠下》引张华《博物志》："鲛人从水出，寓人家，积日卖绡，将去，从主人索一器，泣而成珠满盘，以与主人。"

（155）《汉广》，《诗经·周南》篇名。毛诗《汉广序》："汉广，德广所及也。文王之道，被于南国，美化行乎江汉之域，无思犯礼，求而不可得也。"《汉广》："汉有游女，不可求思。"汉，汉水。觌（dí 敌），见，相见。《易·困》：“三岁不觌。”

（156）燿，通“耀”。神景，神光。中沚，《尔雅·释水》：“水中可居者曰洲，小洲曰渚，小渚曰沚。”

（157）静步，徐行。芳烈，馥郁的馨香。

（158）抗，举。清歌，悲歌。

（159）好仇，好伴侣。仇，通“逑”，伴侣。《诗经·周南·兔置》：“赳赳武夫，公侯好仇。”

（160）无由，无从。

（161）修，饰。

（162）耽（dān 丹），酷嗜，过乐。《书·无逸》：“惟耽乐之从。”孔安国传：“过乐谓之耽。”岩穴，山洞。隐者所居。《汉书·司马迁传》：“身直为闺阁之臣，宁得自引，深藏于岩穴邪？”

（163）遗世，离世，绝世。

（164）北里，古舞曲名。《史记·殷本纪》：“帝纣……好酒淫乐，嬖于妇人。爱妲己，妲己之言是从。于是使师涓作新淫声，北里之舞，靡靡之乐。”

（165）阳阿，古乐曲名。战国楚宋玉《对楚王问》：“客有歌于郢中者，其始曰《下里》《巴人》，国中属而和者数千人；其为《阳阿》《薤露》，国中属而和者数百人；其为《阳春》《白雪》，国中属而和者不过数十人。”一说阳阿为古代名倡。

（166）御，驾。文轩，华美的车子。《墨子·公输》：“今有人于此，舍其文轩，邻有敝舆，而欲窃之。”

（167）洞庭，今湖南之洞庭湖。

（168）琴瑟，两种弦乐器名。挥，弹。

（169）篪（chí 池），古管乐器。用竹制成，单管横吹篪。同“竾”。笙，簧管乐器。

（170）姣人，美女。姣，美好。《慎子·威德》：“毛嫱、西施，天下之至姣也。”被，通“披”。文縠（hú 胡），花绉纱。袿（guī 圭），妇女的上衣。宋玉《神女赋序》：“被袿裳。”

（171）金摇，亦称步摇，头上饰物。用金属制凤凰形，下悬五色玉，行动则玉摇荡。熠燿，光辉灿烂之状。

（172）翠羽双翘，指舞伎头上插有两支绿色的长翎。

（173）盘鼓，古代用于舞蹈伴奏的一种鼓曲。

（174）长裾，长袖。

（175）蹠（zhí 直），通"跖"。践，踏。

（176）超骧，超举，腾跃。

（177）蜿蝉，犹蜿蜒。形容转折回旋之舞态。挥霍，迅疾之状。

（178）鸿翥（zhù 注），高飞。《说文》："翥，飞也。"

（179）瀿（jí 辑）然兔没，迅疾得像兔没水中。瀿，迅疾之状。

（180）景追形而不逮，影子追不上形体，形容动作极为迅捷，达到高妙之境。

（181）激尘，《文选》李善注："《七略》曰：汉兴，善歌者兽人虞公发声动梁上尘。"形容歌声高亢。

（182）依威，《文选》作"依违"。李善注："依违，犹徘徊也。"形容歌声婉转荡漾之词。厉，疾。

（183）形难为象，形态极难作出具体的描绘。

（184）未渫（xiè 屑），未歇。

（185）散乐，宋刊本《曹子建文集》作"乐散"，乐队解散。变饰，更换装饰，卸装。

（186）玄眉，青黑色的眉毛。《释名·释首饰》："黛，代也，灭眉毛去之，以此画代其处也。"黛，青黑色，故曰玄眉。铅花，粉。

（187）兰泽，用兰草浸制的润发油。《文选·宋玉〈神女赋〉》："沐兰泽，含若芳。"李善注："以兰浸油泽以涂头。"

（188）形婑（tuǒ 妥）服，现出美丽之服装。婑，美好。

（189）宜笑，适宜于笑。指笑时很美。屈原《九歌·山鬼》："既含涕兮又宜笑，子慕予兮善窈窕。"

（190）睇盼，《文选》作"睇眄"。《一切经音义》引《苍颉篇》："旁视曰眄。"斜视之状。流光，眼光莹莹如波水之流，形容娇羞之态。

（191）清商，商声，古代五音之一。其调凄清悲凉，故称。《韩非子·十过》："公曰：'清商固最悲乎？'师旷曰：'不如清征。'"

（192）罗袂（mèi妹），绫罗衣袖。袂，袖口。《论语·乡党》："亵裘长，短右袂。"疏："袂是裘之袖。"

（193）九秋之夕，深秋夜晚。

（194）未央，未尽。《广雅·释诂一》："央，尽也。"

（195）奋节，激扬品德。显义，明义。

（196）成仁，指用生命成全仁德。仁，仁爱，儒家的最高道德准则。语本《论语·卫灵公》："志士仁人，无求生以害仁，有杀生以成仁。"焦循曰："为百姓御大灾，捍大患谓之仁，牺牲生命以完成曰成仁。"（见《雕菰楼文集》）

（197）雄俊之徒，才能出众的人。

（198）交党结伦，联络意气相投的人。

（199）田光（前？—前227），战国时燕人。为人多智而深沉。秦灭韩、赵，燕太子丹恐惧，谋刺秦王政。太傅鞠武荐光。光辞以年老，转荐荆轲。因命荆轲过太子，欲自杀以激荆轲，遂自刎。事见《史记·荆轲传》。

（200）公叔，《文选》五臣注刘良曰："公叔，荆轲之字。"

（201）果毅，《论语·泰伯》皇疏："谓能强果断也。"轻断，草率作出决定。

（202）虎步谷风，《文选》李善注："《春秋元命苞》曰："猛虎啸而谷风起。"象征勇猛无畏之状。

（203）慴，惧。万乘（shèng圣），乘，一车四马。万乘，指万辆兵车。周制，王畿方千里，能出万辆兵车，后因以"万乘"指帝位。

（204）田文，即孟尝君。战国时齐贵族，承继其父靖郭君田婴的封爵，为薛公。好客养士，门下食客数千人。齐湣王使孟尝君入秦，被扣留。孟尝君靠食客中鸡鸣狗盗之徒的帮助，逃出秦国，归为齐相。后因受齐湣王疑忌，出奔为魏相，联合秦、燕、赵攻齐。湣王死，返国。卒，谥为孟尝君。事见《史记》本传。无忌，即信陵君。战国魏安釐王异母弟。有食客三千。魏安釐王二十年，秦围赵，魏使晋鄙领兵救赵，鄙畏秦兵强，至边境按兵不动。信陵君使如姬从宫里窃出虎符，杀鄙，夺兵权，救赵却秦。后为上将军，率五国兵，大破秦军。因功高名盛为安釐王所忌，遂称病不朝，病酒卒。事见《史记·魏公子列传》。

（205）俊，《孟子·公孙丑》赵岐注："俊，美才出众。"

（206）游心无方，涉猎广泛。方，晋灼《汉书注》："主，常也。"

（207）陵轹（lì 历），同"凌轹"，欺压。《史记·文帝本纪》："陵轹边吏，入盗，甚敖无道。"

（208）驱驰当世，驱使当世之人，为之奔走。

（209）挥袂，奋袖。九野生风，刘邵《赵郡赋》曰："煦气成虹蜺，挥袖赵风尘。"与此二句意同。九野，九州地域。《后汉书》二八下《冯衍传》："疆理九野，经营五山。"

（210）亮愿，实在愿意。《尔雅》："亮，信也。"

（211）方，将。累，妨害。

（212）圣宰，指曹操。曹操于建安十三年（208）夏六月为丞相。

（213）翼帝，辅佐汉献帝刘协。霸世，《论语·宪问》《正义》引郑玄注："天子衰，诸侯兴，故曰霸。霸者把也，言把持王者之政教。"

（214）同量乾坤，同天地无私之准则。

（215）等曜日月，与日月同光。曜，明。

（216）玄化，深厚教化。参神，似于神。

（217）合契，《文选·剧秦美新》李善注："言应录而王。"

（218）黎苗，黎庶，众百姓。苗，《广雅·释诂》："苗，众也。"

（219）振，通"震"，震动。无外，无限际。

（220）隆平，太平盛世。隆，《礼记·乐记》郑玄注："隆犹盛也。"

（221）羲皇，即伏羲氏。《文选·扬雄〈剧秦美新〉》："厥有云者，上罔显于羲皇。"李善注："伏羲为三皇，故曰羲皇。"泰，《论语·泰伯》皇疏："善大之称也。"

（222）显朝，《尔雅·释诂》："显，光也。"清，静。

（223）遐，远。均，同。

（224）民望如草，民众的希望，如草从风。《文选》李善注："《汉书·文纪述》曰：我德如风，民应如草。"民望，民众的希望、心愿。《左传·哀公十年》："国人望君，如望慈父母焉。"

（225）泽，润泽。如春，如春天之长育万物。

（226）洗耳之士，指许由。许由为上古高士，隐于箕山。相传尧让以天下，不受，遁耕于箕山之下。尧又召为九州长，由不欲闻之，洗耳于颍水之滨。事见《史记·伯夷传》等。

（227）乔岳，高山。巢居之民，指巢父。皇甫谧《隐士传》："巢父者，尧时隐人，常居山，以树为巢，而寝其上，时人号曰巢父也。"

（228）俊乂（yì义），德高望重的老人。《书·皋陶谟》："俊乂在官。"又通称贤德之人。

（229）进，指入仕。方，《文选·东京赋》薛综注："道也。"

（230）辟（bì壁）雍，周王朝为贵族子弟所设的大学。取四周有水，形如壁环为名。大学有五，南为成均，北为上庠，东为东序，西为瞽宗，中为辟雍。《礼记·五制》："大学在郊，天子曰辟雍，诸侯曰頖宫。"

（231）明堂，古代皇帝朝诸侯、明政教之所。《淮南子·本经训》高诱注："明堂，王者布政之堂，上圆下方，堂四出，各有左右房谓之个，凡十二所。王者月居其房，告朔朝历，颁宣共令，谓之明堂。"

（232）流俗，《礼记·射义》郑玄注："失俗也。"华说，华而不实之学说。

（233）孔氏，指孔子。旧章，旧日的典章制度。

（234）散乐移风，扩大音乐的感化作用，以转变社会风尚。

（235）休徵，吉祥信验。

（236）景星，杂星名，也称瑞星、德星。《史记·天官书》："天精而见景星。景星者，德星也。其状无常，常出于有道之国。"

（237）聆鸣凤于高冈，语出《诗经·大雅·卷阿》："凤凰鸣矣，于彼高冈。"聆，听。

（238）雍熙，和乐升平。《文选·张衡〈东都赋〉》："百姓同于饶衍，上下共其雍熙。"薛综注："言富饶是同，上下咸悦，故能雍和而广也。"

（239）主上，指汉献帝刘协。沉恩，深恩。

（240）声教，《尚书·禹贡》《正义》："谓声威文教。"厉，高。

（241）仄陋，《尚书·舜典》《正义》："不在朝廷谓之侧，其人贫贱谓之微，居处褊隘故言陋。"仄，通"侧"。《三国志·魏书·武帝纪》建安十五年令："二三子其佐我明扬仄陋，唯才是举。吾得而用之。"为植父所本。

（242）皇明，皇帝的圣明。封建时代臣下对皇帝的谀称。汉班固《西都赋》："天人合应，以发皇明。"

（243）宁子，春秋时卫国人宁戚。宁戚到齐国去求官，由于穷困没有机会进见齐桓公。便乘牛车到齐国经商。一天晚上在齐国都城临淄东门外，恰遇齐桓公迎接客人，便敲着牛角唱起了《饭牛歌》。商歌，悲歌。

（244）吕望，即吕尚、姜子牙。吕望曾垂钓磻溪，得遇周文王姬昌，后辅佐文王、武王伐纣，建立周朝。投纶，丢下钓绳。纶，钓缴。

（245）太和，太平。

（246）陶唐，古帝名，即唐尧。帝喾之子，姓伊祁，名放勋，初封于陶，后徒于唐，陶唐之世，为我国上古盛世。

（247）攘袂，卷袖，形容激动之态。

（248）厉，通"励"，劝勉。

（249）祇（zhǐ 只）搅予心，《诗经·小雅·何人斯》："胡逝我梁，祇搅我心。"搅，乱。

（250）穆清，太平祥和。汉蔡邕《舜诲》："夫子生穆清之世，秉醇和之灵。"

（251）莅，临。《穀梁传》哀公七年范注："临者，抚有之也。"

（252）盈虚，盛衰。虚，通"虚"。

（253）顽素，愚拙而质朴。《文选》李善注："薛君《韩诗章句》：'素，质也'，言人但有质朴，无治人之材也。"

（254）令，《文选》作"今"，是。尔，《艺文》作"然"。《文选·长扬赋》："廓然已昭矣。"李善注："廓，除貌。"

（255）初，始。服，事。

【赏析】

曹植《七启》是他写的为数不多的大赋之一。有小序说，他看到枚乘《七发》、傅毅《七激》等作品，"辞各美丽，余有慕之焉，遂作《七启》"，交代了写作的缘起。《文选·七启》刘良注曰："启，开也；欲开发天下令归正道，故托贤人在山林，待明君而后出。盖明君崇贤也。"文章假托了两位道教之徒的隐士（一似已出山，一仍在隐）互相诘难，用以启发玄微子的处世态度，最后归于时逢圣君贤相，不得不出山作结。在结构上，《七启》采用"七"体的惯用写法，用七个大段，每段各叙一事，移步换形，层层逼进，最后揭出主旨。文章写得有中心，有层次，有变化，感染力颇强。

文中的玄微子是一个隐居大荒，飞遁离俗，轻禄傲贵，企求长生的老庄之徒。而另一位假托的人物镜机子则已洞明世事，主动去劝说玄微子出山为统治者服务。镜机子首先对玄微子遁迹山林、遗世离俗的态度提出疑问，玄微子答曰："盖有形必朽，有迹必穷。名秽我身，位累我躬。窃慕古人之所志，仰老庄之遗风。"然后镜机子与玄微子就几个生活处世问题进行问答。镜机子以所食美味佳肴，美酒芳樽，可以"和神""娱肠"的"肴馔之妙"来劝说，玄虚子对以"予甘藜藿，未暇此食也"，加以否定。镜机子再以"黼黻之服，纱縠之裳，金华之舄"令古代美女南威"解颜"，西施"巧笑"的"容饰之美"来劝说，玄虚子则对以"予好毛褐，未暇此服也"。镜机子又以"骏骡齐骧，扬镳飞沫，俯倚金较，仰抚翠盖"的"羽猎之妙"来劝说，玄虚子则对以"予性乐恬静，未暇此观也"。镜机子又以"华阁缘云，飞陛凌虚，俯眺流星，仰观八隅"的"宫观之美"劝说，玄虚子则对以"予耽岩穴，未暇此居也"。镜机子又以"飞声激尘，依威厉响，才捷若神，形难为象"的"声色之妙"劝说，玄虚子则对以"予愿清虚，未暇及此游也"。最后，当镜机子以君子奋节显义，烈士危躯成仁，并举出田光和荆轲为榜样加以赞扬时，"词未及终，而玄微子曰：'善！'"笔法一变。可镜机子却说："此乃游仙之徒耳，未足称妙也。"文章又一曲折。那么什么人才值得推崇呢？镜机子举出的是战国时著名的四公子中的齐国孟尝君田文和魏国信陵君无忌，说他们"陵轹诸侯，驱驰当世，挥袂则九野生风，慷慨则气成虹蜺"，才是掌握时代命运的风云人物。然后反问玄虚子道："吾子若当此之时，能从我而友之乎？"玄虚子答道："予亮愿焉，然方与大道有累，如何？"此段文章，写得一波三折，曲折有致。经过反复诘辩，原先持遁世离俗态度的玄虚子，已同意了应当做一个像田文、无忌这样显义成仁的有为之士，对社会作出自己的贡献，但还有顾虑，即认为这样做会不会"有累大道"，换句话说，就是会不会妨害老庄之道。这是玄虚子这位隐士的最后一道思想防线。

于是，镜机子便讲了一番大道理："世有圣宰，翼帝霸世"，"河滨无洗耳之士，乔岳无巢居之民"，正是宁子商歌之秋，吕望投纶之际，反问玄虚子："吾子为太和之民，不欲仕陶唐之世乎？"于是玄微子攘袂而兴曰："伟哉言乎！……至闻天下穆清，明君莅国，览盈虚之正义，知顽素之迷惑。令予廓尔，身轻若飞，顾反初服，从子而归。"隐士出山，辅佐朝政，揭出本文主旨。

要理解曹植的这一思想，不能不把它放在写作此文的背景下来考虑。曹操消灭袁绍，统治冀州，又取荆州，逐渐统一了北方。为了进一步发展统一事业，必须争取士族与之合作。针对这一客观现实，曹操便在建安十五年宣布《求贤令》，提出"唯才是举"的征用原则，借以网罗在野的士族，充实曹魏政权的统治力量。曹植作为统治集团的重要成员，在《七启》中热烈歌颂求贤措施的必要性，而且极力阐述国家对此的决心。并借汉献帝刘协为号召，期求鼓舞在野士族积极参与政治，从而创建国富民康的理想社会。通过玄微、镜机的问答，深刻地指出不愿为当前政治服务的思想是错误的，这就配合曹操的政治意图作了有力的宣传，表现了文学与政治的密切关系。所以这篇文章应该是言之有物，内容上是好的，艺术性也颇高，不愧为佳作。文中称曹操为圣宰，是在操任丞相时，故疑此文当作于《求贤令》之后，即建安十五年（210）左右。

因此，毛泽东认为，枚乘之后，"七"体繁兴，但包括曹植《七启》在内的一些作品，"作招隐之词，跟屈、宋、贾、枚唱反调"，"没有一篇好的"，都"索然无味"，虽然从"七体"发展趋势上指出了某些基本事实，但这个评价有些偏低，过于言重了。但从另一方面看，毛泽东指出

《七发》是"骚体流裔，而又有所创发"，认为骚体及演化的赋体"有民主色彩"，是投向腐败统治者"批判的匕首"，而《七启》却一反这一优良传统，歌颂圣君贤相，天下太平，说它"索然无味"，也未尝不可。

需要再多说几句的是，曹植的赋，今存四十余篇，数量在汉魏作者中为第一。从内容来看，大致可分为三类：一为纪事，如《东征赋》《述行赋》等；二为述志，如《离思赋》《感节赋》等；三为咏物，如《洛神赋》《宝刀赋》等。曹植的赋朝着日常化、生活化、小型化、抒情化方向发展，摒弃了汉大赋铺排堆砌的传统，渗进强烈的主观情感，是由汉代大赋到魏晋南北朝小赋的关键人物之一，他的功迹亦是不可泯灭的。（毕桂发　赵玉玲）

陆 机

陆机（261—303），字士衡，吴郡吴县华亭（今上海松江）人，西晋文学家。曾任平原内史，也称"陆平原"。与其弟陆云合称"二陆"。祖陆逊为东吴丞相，父陆抗是东吴大司马。陆抗去世时，陆机14岁，即与其弟兄分领父兵为牙门将。20岁时，吴灭，与其弟云退居故里，闭门勤读。太康十年（289），陆机与弟云入洛，拜访太常张华。张华大为爱重，广为张扬，使陆氏兄弟享誉京师，有"二陆入洛，三张减价"之说。当时贾谧当权，开阁延宾，一朝文士辐辏其门，其中著名的有二十四人，号称"二十四友"，陆氏兄弟亦入其列。历任国子祭酒、太子洗马、著作郎等职。永康元年（300），赵王伦专擅朝政，以陆机为相国参军。次年，赵王伦阴谋篡位，以陆机为中书郎。伦败，陆机涉嫌被收，赖成都王颖、吴王晏等救理，得减死，徙边，遇赦而止。后入成都王幕，参大将军军事，又表为平原内史。太安二年（303），成都王举兵伐长沙王，以陆机为前将军前锋都督。兵败，为怨家所谮，被杀，夷三族。

陆机是西晋太康、元康之间声誉最高的文学家，被后人誉为"太康之英"。就创作实践而言，他的诗歌"才高辞瞻，举体华美"（钟嵘《诗品》），注重艺术形成技巧，藻饰排偶，且多拟古之作，代表了太康文学的主要倾向。

陆机的赋今存27篇，或感时节之代谢，或悲故旧之死亡，或抒思乡之情愫，大多篇幅短小，文笔清灵。《叹逝赋》《瓜赋》等较有名。陆机赋中最有名的是《文赋》。这是文学史上最早采用"赋"的体裁写成的文学理论著作。其中既总结了前代作家的创作经验，也融合了陆机本人创作的甘苦和体会，有不少颇有价值的见解。

陆机的文，思想内容比诗、赋更为充实，时有峭健之笔。善写骈文，《辨亡论》《吊魏武帝文》等较有名。他的骈文，比起汉魏文章来，句式更为整饰，声律更为谐美，典故更为繁密。陆机是骈文的奠基者之一。

陆机的才能是多方面的。文学创作之外，他在史学、艺术方面也多所建树。今存诗107首，文127篇（包括残篇）。原有集，已散佚。明人张溥辑有《陆平原集》。

【原文】

文赋　并序

余每观才士之所作，窃有以得其用心⁽¹⁾。夫放言遣辞⁽²⁾，良多变矣。妍蚩好恶⁽³⁾，可得而言；每自属文⁽⁴⁾，尤见其情。恒患意不称物⁽⁵⁾，文不逮意。盖非知之艰，能之难也⁽⁶⁾。故作《文赋》以述先士之盛藻，因论作文之利害所由⁽⁷⁾，它日殆可谓曲尽其妙⁽⁸⁾。至于操斧伐柯⁽⁹⁾，虽取则不远，若夫随手之变，良难以辞逮。盖所能言者，具于此云。

伫中区以玄览，颐情志于典坟⁽¹⁰⁾。遵四时以叹逝，瞻万物而思纷。悲落叶于劲秋，喜柔条于芳春⁽¹¹⁾。心懔懔以怀霜，志眇眇而临云。咏世德之骏烈，诵先人之清芬⁽¹²⁾。游文章之林府，嘉丽藻之彬彬⁽¹³⁾。慨投篇而援笔，聊宣之乎斯文⁽¹⁴⁾。

其始也，皆收视反听，耽思傍讯⁽¹⁵⁾，精骛八极，心游万仞⁽¹⁶⁾。其致也，情曈昽而弥鲜，物昭晰而互进⁽¹⁷⁾，倾群言之沥液，漱六艺之芳润⁽¹⁸⁾，浮天渊以安流，濯下泉而潜浸⁽¹⁹⁾。于是沈辞怫悦，若游鱼衔钩，而出重渊之深；浮藻联翩，若翰鸟缨缴，而坠曾云之峻⁽²⁰⁾。收百世之阙文，采千载之遗韵⁽²¹⁾，谢朝华于已披，启夕秀于未振⁽²²⁾，观古今于须臾，抚四海于一瞬⁽²³⁾。

然后选义按部，考辞就班，抱景者咸叩，怀响者毕弹⁽²⁴⁾。或因枝以振叶，或沿波而讨源⁽²⁵⁾，或本隐以之显，或求易而得难，或虎变而兽扰，或龙见而鸟澜，或妥帖而易施，或岨峿而不安⁽²⁶⁾。罄澄心以凝思，眇众虑而为言，笼天地于形内，挫万物于笔端⁽²⁷⁾。始踯躅于燥吻，终流离于濡翰⁽²⁸⁾，理扶质以立干，文垂条而结繁，信情貌之不差，故每变而在颜⁽²⁹⁾：思涉乐其必笑，方言哀而已叹。或操觚以率尔，或含毫而邈然⁽³⁰⁾。

伊兹事之可乐，固圣贤之所钦。课虚无以责有，叩寂寞而求音⁽³¹⁾。函绵邈于尺素，吐滂沛乎寸心。言恢之而弥广，思按之而逾深⁽³²⁾，播芳蕤之馥馥，发青条之森森，粲风飞而猋竖，郁云起乎翰林⁽³³⁾。

体有万殊，物无一量，纷纭挥霍，形难为状⁽³⁴⁾。辞程才以效伎，意司契而为匠⁽³⁵⁾，在有无而僶俛，当浅深而不让，虽离方而遁员，期穷形而尽相⁽³⁶⁾。故夫夸目者尚奢，惬心者贵当，言穷者无隘，论达者唯旷⁽³⁷⁾。诗缘情而绮靡，赋体物而浏亮，碑披文以相质，诔缠绵而悽怆⁽³⁸⁾，铭博约而温润，箴顿挫而清壮⁽³⁹⁾，颂优游以彬蔚，论精微而朗畅⁽⁴⁰⁾，奏平彻以闲雅，说炜晔而谲诳⁽⁴¹⁾。虽区分之在兹，亦禁邪而制放。要辞达而理举，故无取乎冗长⁽⁴²⁾。

其为物也多姿，其为体也屡迁，其会意也尚巧，其遣言也贵妍。暨音声之迭代，若五色之相宣⁽⁴³⁾。虽逝止之无常，固崎錡而难便。苟达变而识次，犹开流以纳泉⁽⁴⁴⁾。如失机而后会，恒操末以续颠，谬玄黄之袟序，故淟涊而不鲜⁽⁴⁵⁾。

或仰逼于先条，或俯侵于后章，或辞害而理比，或言顺而义妨⁽⁴⁶⁾。离之则双美，合之则两伤。考殿最于锱铢，定去留于毫芒⁽⁴⁷⁾。苟铨衡之所裁，固应绳其必当⁽⁴⁸⁾。

或文繁理富，而意不指适⁽⁴⁹⁾。极无两致，尽不可益。立片言而居要，乃一篇之警策⁽⁵⁰⁾。虽众辞之有条，必待兹而效绩⁽⁵¹⁾。亮功多而累寡，故取足而不易⁽⁵²⁾。

或藻思绮合，清丽芊眠⁽⁵³⁾，炳若缛绣，悽若繁絃。必所拟之不殊，乃闇合于曩篇⁽⁵⁴⁾。虽杼轴于予怀，怵他人之我先。苟伤廉而愆义，亦虽爱而必捐⁽⁵⁵⁾。

或苕发颖竖，离众绝致。形不可逐，响难为系⁽⁵⁶⁾。块孤立而特峙，非常音之所纬。心牢落而无偶，意徘徊而不能揥⁽⁵⁷⁾。石韫玉而山辉，水怀珠而川媚。彼榛楛之勿翦，亦蒙荣于集翠⁽⁵⁸⁾。缀《下里》于《白雪》，吾亦济夫所伟⁽⁵⁹⁾。

或托言于短韵，对穷迹而孤兴⁽⁶⁰⁾。俯寂寞而无友，仰寥廓而莫承⁽⁶¹⁾。

譬偏弦之独张，含清唱而靡应[62]。

或寄辞于瘁音，徒靡言而弗华[63]。混妍蚩而成体，累良质而为瑕[64]。象下管之偏疾，故虽应而不和[65]。

或遗理以存异，徒寻虚以逐微[66]。言寡情而鲜爱，辞浮漂而不归。犹弦么而徽急，故虽和而不悲[67]。

或奔放以谐合，务嘈囋而妖冶。徒悦目而偶俗，固高声而曲下[68]。寤《防露》与桑间，又虽悲而不雅[69]。

或清虚以婉约，每除烦而去滥[70]，阙大羹之遗味，同朱弦之清汜。虽一唱而三叹，固既雅而不艳[71]。

若夫丰约之裁，俯仰之形，因宜适变，曲有微情[72]。或言拙而喻巧，或理朴而辞轻；或袭故而弥新，或沿浊而更清[73]；或览之而必察，或研之而后精。譬犹舞者赴节之投袂，歌者应弦而遣声[74]。是盖轮扁所不得言，亦非华说之所能精[75]。

普辞条与文律，良余膺之所服[76]。练世情之常尤，识前修之所淑。虽浚发于巧心，或受于拙目[77]。彼琼敷与玉藻，若中原之有菽。同橐籥之罔穷，与天地乎并育[78]。虽纷蔼于此世，嗟不盈于予掬。患挈瓶之屡空，病昌言之难属[79]。故踸踔于短韵，放庸音以足曲。恒遗恨以终篇，岂怀盈而自足[80]？惧蒙尘于叩缶，顾取笑乎鸣玉[81]。

若夫应感之会，通塞之纪，来不可遏，去不可止[82]。藏若景灭，行犹响起。方天机之骏利，夫何纷而不理[83]？思风发于胸臆，言泉流于唇齿。纷葳蕤以馺遝，唯毫素之所拟[84]。文徽徽以溢目，音泠泠而盈耳[85]。及其六情底滞，志往神留[86]，兀若枯木，豁若涸流。揽营魂以探赜，顿精爽而自求[87]。理翳翳而愈伏，思乙乙其若抽[88]。是故或竭情而多悔，或率意而寡尤[89]。虽兹物之在我，非余力之所戮。故时抚空怀而自惋，吾未识夫开塞之所由也[90]。

伊兹文之为用，固众理之所因。恢万里而无阂，通亿载而为津[91]。俯贻则于来叶，仰观象乎古人。济文武于将坠，宣风声于不泯[92]。涂无远而不弥，理无微而不纶[93]。配霑润于云雨，象变化乎鬼神[94]。被金石而德广，流管弦而日新[95]。

【毛泽东评点】

陆机、陆云，都是晋代的文学家。陆机的《文赋》是很有名的，具有朴素的唯物观点，可惜太冗长了些。

——余湛邦：《鲜花一束》，载《缅怀毛泽东》下册，中央文献出版社 1993 年版，第 473 页。

一切较长的文电，均应开门见山，首先提出要点，即于开端处，先用极简要文句说明全文的目的或结论（现在新闻学上称为"导语"，亦即中国古人所谓"立片言以居要，乃一篇之警策"），唤起阅者注意，使阅者脑子里先得一个总概念，不得不继续看下去。

——《中共中央关于纠正电报、报告、指示、决定等文字缺点的指示》，《毛泽东新闻工作文选》第 167 页，新华出版社 1983 年版。

【注释】

（1）窃，私下，私自，多用作谦词。得，得到。用心，创作用心所在，指创作构思或创作意图。

（2）放言，发言，即写作。良，的确。

（3）妍蚩（chī 吃），美丑。《文选》刘良注："妍，美；蚩，恶也。"

（4）属（zhǔ 主）文，撰写文章。《文选》李善注："属，缀也。"

（5）恒，常常。物，所要描写的客观物象。逮，及，指表达。

（6）非知之艰二句，语出《尚书·说命中》："非知之艰，行之惟艰。"

（7）先士，先辈作者。盛藻，华美的辞藻，指有成就的作品。由，根源。

（8）殆，大概。曲，委婉细致。

（9）操斧伐柯，《诗经·豳风·伐柯》："伐柯伐柯，其则不远。"则，法。此处指取鉴前人，研究写作的规律。

（10）伫，久立。中区，即区中，指宇宙之中。玄览，深刻地观察。颐，犹言陶冶。情志，性情和志趣。典坟，指《五典》和《三坟》。《五典》，指少昊、颛顼、高辛、唐尧、虞舜五帝之书。《三坟》，指伏羲、神农、黄帝三皇之书。此处泛指古籍。

（11）遵，循。四时，春夏秋冬。叹逝，感叹时间的消逝。瞻，观察。思纷，思绪纷繁。劲秋，风力强劲的秋天。

（12）懔懔，同"凛凛"，危惧之态。眇眇，同"渺渺"，渺茫，此指高远。怀霜，临云，喻心态高洁。心态高洁则文品高洁。世德，先代的业绩。骏烈，盛大的功业。陆机祖逊、父抗，均为吴名臣，其集中有《祖德赋》《述先赋》。清芬，清美芬芳，指美好的名声。

（13）游，游览。林府，指文章如林木，富如府库。嘉，赞美。丽藻，华丽的词藻。彬彬，文质相伴。《论语·雍也》："文质彬彬，然后君子。"孔安国注："彬彬，文质见半之貌。"

（14）慨，慨然，感叹。投篇，把手上的作品丢开。援笔，执笔。《韩诗外传》卷二："叔敖治楚三年，而楚国霸。楚史援笔而书之于策。"宣，阐发。

（15）其始，指作文开始构思。收视反听，不听不视，有视而不见，听而不闻之意。耽，入迷，耽思，深思。傍讯，广泛地探求。傍，同"旁"。

（16）精骛（wù务），精神驰骋，指想象丰富。八极，八方极远处。万仞，喻极高之处。仞，古以七尺（八尺）为一仞。

（17）其致也，文思来的时候。曈昽，日初升由暗而明的样子。《说文·日部》："曈，曈昽，日欲明也。"昭晰，清楚，明显。互进，互相涌进。

（18）倾，倾泻。群言，即群书。沥液，指精华。漱，含。六艺，指《易》《诗》《书》《礼》《乐》《春秋》。芳润，芳芬而润泽的液汁。

（19）浮，浮游。安流，平安自在地流动。潜浸，深处浸洗。

（20）沈辞，深沉的文辞。怫悦，忧愁，不痛快。浮藻联翩，指文思如涌，源源而来。联翩，《文选》李周翰注："联翩，鸟飞貌。"又李善注："联翩，将坠貌。"翰鸟，高飞的鸟。缨，同"婴"，缠绕。缴（zhuó苗），箭上的丝绳。缨缴，中箭。曾云，即层云，高处的云。

（21）收，收取。阙文，《论语·卫灵公》，子曰："吾犹及史之阙文也。"此指古书存疑之处。遗韵，即遗文。阙文，指散体。遗文，指韵体。

（22）谢，抛开。朝华，早晨开的花，此指古人已用之意与辞。已披，已开过。夕秀，晚上开的花，此指古人未用之意与辞。振，开放。

（23）观古今于须臾二句，言文章构思之时，博采古今四海，包括万有。须臾，片刻，短时间。

（24）选义，选择所要表述的内容。按部、就班，指按先后层次加以布局。考辞，考究文句的应用。景，光景。叩，敲。

（25）枝。枝干，指文章的主要部分。振，摇动。叶，枝干以外的部分。沿，讨，探。李善注引孔安国《尚书》传曰："顺流而下曰沿。源，水本也。"

（26）虎变，虎皮的花纹斑烂多彩。《易·革》："象曰：大人虎变，其文炳也。"拢，驯服。见，同"现"。澜，涣散。虎、龙指文章的根本。兽和鸟指文章的枝叶。妥帖，文辞妥当。易施，易于施展。岨峿（jù yǔ 巨宇），互相抵触。

（27）罄（qìng 庆），尽。澄心，指专心致志。眇，尽。为言，即写作。笼，笼罩。形，指形象。挫，同"刭"，挫折，收拾役使之意。

（28）燥吻，焦燥的嘴唇。流离，指文词流畅。濡（rú 如）翰，饱蘸墨汁的笔。

（29）理，事理，指构思。扶质，树立根本。文，文辞。垂条，垂挂在树上的枝条。繁，指树上的花和果。信，真正。

（30）方，正当。觚（gǔ 骨），古代写字用的木板。操觚，写文章。率尔，轻率，不假思索。《论语·先进》："子路率尔而对。"何晏集解："率尔，先三人对。"邈然，杳远的样子。

（31）伊，发语词。兹事，指创作。钦，钦佩。课，追索。虚无，抽象的。责，求。有，实在的。寂寞，寂静。

（32）函，同"含"，包有。绵邈，辽远之状。尺素，一尺大的篇幅。素，古人书写用的绫绢。滂沛，浩大。言，文句。恢，扩大。按，考查，研究。

（33）播，发。芳蕤（ruí），芬芳的花草。蕤，《说文》："草木花垂貌。"馥馥，香气。森森，茂盛的样子。粲，光明华美。猋（biāo 彪），同"飙"，疾风。郁，浓郁。翰林，文坛。

（34）体，指文体。万殊，万种的不同。物，物象。量，统一衡量的标准。挥霍，言变化之快。形，事物的形象。状，陈述。

（35）程，量。效，尽，发挥。伎，技巧。意，心意，指内容。司，掌握。契，证券。司契，掌握要领。为匠，指安排。李善注："众辞俱凑，若程才效伎，取舍由意，类司契为匠。"

（36）在，察。有，具体的。无，抽象的。僶俛（mǐn miǎn 泯免），勉力。《诗经·邶风·谷风》："何有何亡，黾勉求之。"当，妥当。不让，大胆而言。《论语·卫灵公》："当仁不让于师。"遁"同"遁"。员，同"圆"。方、圆，规矩。期，期望。

（37）夸目者，好炫耀词藻的人。尚奢，崇尚。惬（qiè 箧）心者，注重文章内容恰合心思的人。言，主张。穷，尽。无隘，即咐隘，相当于简约。论，讲究。唯旷，畅达。

（38）缘，根据。绮（qǐ 企），美丽。绮靡，美丽细致。体，表现。浏亮，清楚和明确。李善注："诗以言志，故曰缘情；赋以陈事，故曰体物。绮靡，精妙之言；浏亮，清明之称。"碑，文体的一种，刻石以记功之文。披，发表。相质，与质相称。缠绵，在感情上纠缠不已。凄怆，悲切。诔（lěi 儡），悼念死者之文。

（39）铭，文体的一种，多刻于器物之上记述事实和功德。约，文章应简约。箴（zhēn 针），文体的一种，用以讥刺得失。顿挫，停顿转折。

（40）颂，文体的一种，用于歌功颂德。优游，从容宽裕，此指丰富。彬蔚，文采华茂。论，文体的一种，用以评论是非。朗畅，清朗畅通。

（41）奏，文体的一种，向君主陈述事情之文。平彻，平正透彻。闲雅，同"娴雅"，此指文辞文雅得体。说，文体的一体，属于辩论的文体。炜晔，光明，灿烂。谲，诳，欺诈骗人，此指变化多端。

（42）禁邪。禁止邪恶的内容。制放，控制而不使放纵。辞达，文词能完美地表达内容。语出《论语·卫灵公》："子曰：'辞达而已矣。'"理举，即内容站得住脚。

（43）物，指客观事物。体，指文体。会意，立意。遣言，遣词造句。暨（jì 既），及。迭代，互相更迭替代。五色，青、黄、赤、白、黑。宣，明。

（44）逝止，消逝留下。无常，没有一定的常规。崎锜（qí 奇），不安之状。便，稳。达变，掌握变化的规律。识次，认识变化的次序关系。

（45）失机，失次。指打破规律。谬，弄错。玄，黑色。袠（zhì 至）叙，次序。袠，通"秩"。李善注："言音韵失宜，类绣之玄黄谬叙。"涊涊（tiǎn niǎn 舔碾），污浊。

（46）仰逼，后文的文意与前面的文意抵触。条，科条。俯侵，前面的文意侵犯后文的文意。比，合。理比，理顺。义妨，文意不妥。

（47）离，去掉。考，考核。殿最，古代考核政绩或军功，上等的称最，下等的称殿。锱（zī 兹），古代重量单位，一两的四分之一。铢（zhū 朱），一两的二十四分之一。锱铢，比喻细小。定，决定。毫芒，毫毛的尖端，比喻细小。

（48）苟，如果。铨衡，衡量。裁，裁掉。绳，准绳，木匠所用的墨线。

（49）文繁，文词繁多。理富，道理丰富。意，文意。不指适，不切合所要表现的事物。指，同"旨"，文章的本旨。适（dí 迪），当。

（50）极，极点。致，尽。益，增加。片言，一句或几句话。居要，居于显要的地方。警策，使马惊动的鞭策，指文章的纲要。李善注："以文喻驰。言因警策而弥骏，以喻文资片言而益明也。"

（51）众辞，指警策以外的辞句。有条，有条有理。兹，指警策之句。效绩，显示出好的成效。

（52）亮，同"谅"，确实。累寡，缺点毛病少。取足，得到满足。不易，不改变。

（53）藻思，文章的辞藻和文思。绮合，像丝织品那样匀称。绮，有文彩的丝织品。清丽，清新华丽。千眠，光色鲜明的样子。李善注引《说文》曰："谓文藻思如绮会。千眠，光色盛貌。"

（54）炳，光耀。缛（rù 入），繁多的彩饰。缛绣，色彩丰富的锦绣。悽，动人。拟，考虑，构思。曩（nǎng），从前。曩篇，从前的优秀作品。

（55）杼（zhù 住）轴，旧式织布机上管经线和纬线的两个部件。杼管纬，轴管经。此处指文章的组织构思。怵，恐怕。愆（qiān 千），违背。捐，抛弃。

（56）苕（tiáo 条），一种草。发，显露出来。颖，禾穗的尖端。竖，显示出来。绝致，绝妙的好文辞。形，形影。逐，追逐。系，系留。李善注引《鹖冠子》曰："影之随形，响之应声。"

（57）块，孤独的样子。常音，平常的音调，指一般的文句。纬，经纬，指配合。牢落，孤寂。意，指作者主观上的想法。徘徊，犹疑不定。掭（dì 地），抛弃。

（58）韫（yùn 孕），蕴藏，包含。媚，美好。榛（zhēn 贞），落叶乔木。楛（hù 户），类似荆类的植物。榛楛，指庸音。

（59）缀（zhuì 坠），组合。《下里》与《白雪》，均是公元前3世纪楚国的歌。《下里》是较低级的音乐。《白雪》是较高级的音乐。济，有利。伟，奇伟。见宋玉《对楚王问》）。

（60）托言，寄托言辞，指写成文章。短韵，小文。穷迹，指较少的写作素材。孤兴，简单的感想。李善注："言文小而事寡，故曰穷迹；迹穷而无偶，故曰孤兴。"

（61）俯，向下，指下文。寂寞，孤单冷清。无友，指下文没有与之相配的文词。仰，向上，指上文。寥廓，高远空旷。莫承，没有相配的佳句。李善注："言事寡而无偶，俯求之，则寂寞而无友，仰应之，则寥廓而无所承。"

（62）偏弦，乐器的旁侧弦，指单独的一弦。独张，仅此一旁弦独弹。清唱，清脆的声响。靡，无。李善注："言累句以成文，犹众绹之成曲。今短韵孤起，譬偏弦之独张。绹之独张，含清唱而无用。韵之孤起蕴丽则而莫承也。"

（63）寄辞，寄托文词。瘁（cuì 翠）音，憔悴之音，比喻恶词。靡，美好。

（64）妍，美好的辞句。成体，组成文章。累，连累。良质，良好的内容。瑕，玉上的斑点，比喻缺点。

（65）象，类，似。下管，歌舞时在堂下吹奏的管乐。偏疾，偏于过快。应，相呼应。不和，不谐和。

（66）遗理，不顾内容，抛弃了文章的义理内容。存异，保存奇异的文词。寻虚，搜寻虚浮不实的文词。逐微，追求非本质的细节。

（67）言，文词。寡情，没有或缺少真实的感情。鲜爱，缺少爱憎感情。浮漂，虚浮不实。么（yāo 腰），细小。徽，琴上的标志。悲，指感人。

（68）奔放，指文章的情思放纵。嘈囋，同“嘈杂”，杂乱之声。妖冶，带有淫荡之美。悦目，借姿色的美比喻音乐的美。偶俗，迎合世俗的需要。曲下，曲调低下。

（69）寤，同“悟”，认识。《防露》、桑间，均为亡国的乐曲。《防露》为曲名。桑间，地名，那里多产情歌，故也指乐曲。雅，雅正。《礼记·乐记》：“桑间濮上之音，亡国之音也。”

（70）清虚，指文章朴素清淡。婉约，婉转含蓄。除烦，去掉嘈杂偶俗的。去滥，去掉淫滥妖冶的。

（71）阙，同“缺”。大羹，不加五味的肉汁。遗味，余味。朱弦，古代乐器上系着的红色丝弦，此指古代质朴的乐调。汜，散。这两句化用《礼记·乐记》：“清庙之瑟，朱弦而疏越，一唱而三叹，有遗音者矣；大飨之礼，尚玄酒而俎腥鱼，大羹不和，有遗味者矣。”清散则不繁密，古乐之质朴似之。

（72）丰约，繁简。俯仰，上下之间的关系。俯仰之形，指文章结构。因，根据。宜，客观事宜。适变，适应变化。微，妙。

（73）言拙，言辞笨拙。喻巧，文词比喻的意义很巧妙。理朴，道理简朴。辞轻，文辞轻飘。袭，因袭。故，典故。弥，更。沿，同“沿”。李善注引《礼记》曰：“明王以相沿。”郑玄曰：“沿，犹因述也。”

（74）赴节，一作“趁节”，按照一定的音节。投，扬起，挥舞。应弦，应合着音乐的变化。遣，发出。

（75）轮扁，人名。轮，车轮匠。扁，车轮匠之名。轮扁运斤，事见《庄子·天道》。

（76）普，所有，普遍。辞条，写文章运用文辞的规律。文律，写文章的规律。良，的确。膺（yīng 英），胸。服膺，牢记在心中。

（77）练，熟悉。尤，过失。前修，前代有德行的人。淑，善，美。濬，浚。巧心，精妙灵巧之匠心。吙，同“嗤”，讥笑。拙目，眼力平庸之人。

（78）琼敷，美玉和花朵。敷，花。玉藻，美丽的辞藻。琼敷和玉藻，指瑰丽的文章。中原，原野之中。菽，豆类的总称。《诗经·小雅·小宛》："中原有菽，庶民采之。"橐籥（tuō yuè 驮月），本为古代冶炼铁时用以鼓风的工具，此处指天地。李善注引《老子》："天地之间，其犹橐籥乎？虚而不屈，动而愈出。按：橐，冶铁者用以吹火使炎炽。"

（79）挈（qiè 妾），繁多。掬，一满把。《诗经·小雅·采绿》："终朝采绿，不盈一掬。"纷蔼，提。挈瓶，吸水，借指文思枯竭。昌言，适当的文辞。

（80）躔踔（chān chuō 磏戳），一只脚行走时的情况，此指写作的吃力。庸音，平庸的文词。足曲，凑足为一篇文章。遗恨，感到不足。怀盈，怀着满足之心。

（81）蒙尘，器物上蒙上了尘土。叩缶，敲打能发声的瓦器。缶，瓦器，只能发出粗劣的声音，秦人常叩缶以自愉。李斯《谏逐客书》："夫击瓮叩缶……真秦之声也。"顾，反而。鸣玉，指美玉发出悦耳的声音。

（82）应感，交感相应。会、纪，均指际会。通塞，通畅和阻滞。遏，阻拦。

（83）景，同"影"。天机，本指神秘的天意，此指灵感。骏利，流利通畅。纷，纷杂。理，治理。

（84）思，文思。风发，如风那样迅速地发出来。言，文词。葳（wēi 威）蕤，繁盛的样子。馺遝（sà tà 飒踏），盛多的样子。毫，指笔。素，指纸。拟，撰写。

（85）文，文采。徽徽，华美的样子。溢目，充满于眼前。泠泠（líng 铃），形容音韵的清脆。

（86）六情，喜、怒、哀、乐、好、恶。底滞，停滞。志往，心志已往。神留，神志滞留。

（87）兀（wù 务），呆呆不动。豁（huò 获），空空洞洞。涸（hé 禾），干枯。揽，收、持。营魂，魂魄、精神。探赜（zé 责），探求深奥的道理。语本《易·系辞上》："探赜索引，钩深致远。"精爽，人的神智，即心神。

（88）理，道理，即文章的内容。翳翳（yì 义），阴暗不明。思，文

思。しし，即"轧轧"，难以表达。李善注："しし，难出之狀。"抽，抽取出来。

（89）竭情，耗尽才情。寡尤，很少过错。

（90）兹物，指所写文章。戮（lù路），并力。抚，安抚。空怀，空虚的情怀。自惋，自怨自惜。开塞，开指天机骏利，塞指六情底滞。

（91）伊，发语词。为用，作用，功用。众理，万物之理。阕（hé禾），界限。

（92）贻，同"遗"，留给。则，法则。来叶，后世。象，模范。济，挽救。文武，指周文王和周武王的道统。《论语·子张》："文武之道，未坠于地，在人。"宣，宣扬，传播。风声，风教。《书·毕命》："彰善瘅恶，树之风声。"泯，灭亡。

（93）涂，路途。弥、纶，缠裹，有经纬包笼之意。《易·系辞上》："《易》与天地准，故能弥纶天地之道。"

（94）配霑润于云雨二句，李周翰注："文德可以养人，故配霑润于云雨，出幽入微，故象变化乎鬼神。"配，同。霑，通"沾"，浸湿。

（95）被，同"披"，刻写。金石，钟鼎和石碣。古代统治阶级常用刻铭和刻石来记功德。流，注入，配上。管弦，乐器，指音乐。

【赏析】

陆机的《文赋》是中国文学批评史上第一篇完整而系统的文学理论作品。

《文赋》最早见于《文选》卷十七"论文"。李善注引臧荣绪《晋书》称："年二十而吴灭，退临旧里，与弟云勤学，积十一年，誉流京华，声溢四表。被征为太子洗马，与弟云俱入洛。司徒张华，素重其名，旧相识以文。华呈天才绮练，当时独绝，新声妙句，系踪张蔡。机妙解情理，心识文全，故作《文赋》。"不言《文赋》为二十岁所作。但后来便有"陆机二十作《文赋》"（杜甫《醉时歌》）之说，这是不确切的。陆云《与兄平原书》之九称："《文赋》甚有辞，绮多。"又称："《感逝赋》愈前。"又称："兄顿作尔多文，而新奇乃尔，真令人怖。"所谓"兄顿作尔多文"，

"顿"是"顿时",即一时,可见《文赋》与《感逝赋》是同一时期稍前的作品。《感逝赋》即《伤逝赋》,其序称"余年方四十",是四十岁作,那么,《文赋》当是四十岁或近四十岁时作。

《文赋》虽用赋的形式,但能比较细致地分析文学创作的过程,提出了文学理论上许多重要的问题。《文赋》前有序,说:"每自属文,尤见其情。"可见《文赋》中所说的,皆作者的深切体会、甘苦之言,表现了一个作家又是文论家的理论特色。讲到探讨作文的用心,称"恒患意不称物,文不逮意"。提出"物—意—文"的关系问题。"物"即作者所感受到的外界事物;"意"即作者凭着感觉所形成的文思;"辞"即作者用来表达文思的文辞。"意不称物"有两种情况:一种是外界事物复杂,作者把它看得简单,作者之意就不能恰好表达客观事物的复杂性;另一种是作者了解到外界事物非常复杂,但不能把它提到理论高度来概括。而"文不逮意",则是作者在用文辞表达外界事物时,不能把情与志结合的情表达出来。

《文赋》又谈到"物—意—辞—体"的关系:"体有万殊,物无一量,纷纭挥霍,形难为状,辞程才以效伎,意司契而为匠。""体"指文体,也指风格,文体与风格有多种多样的变化,所以说"万殊";"物"指事物,"量"指分限,事物变化复杂,所以"无一量";"辞"指文辞,运用文辞来达意要靠才能和技巧,有了才能和技巧,达意传情才能生动有力,这就是"辞程才以效伎";"意"指文思,"契"指切合物象,"匠"指创作者,作者的文思,要靠意匠经营来创立,要切合所反映的物象,这就是"意司契而为匠"。

《文赋》主要是讲创作,先讲创作前的准备。陆机认为,进行文学创作必须观察万物、钻研古籍和怀抱高洁的志趣。观察万物,可以熟悉反映对象,丰富知识;钻研古籍,可以吸收间接经验,学先士之盛藻,得才士之用心,以提高自己的写作技巧;至于怀抱高洁的志趣,即所谓怀霜之心,临云之志,在创作过程中也发挥着巨大的作用。有了这三方面的准备,在进入创作过程后,还必须到现实生活中去体验:"遵四时以叹逝,瞻万物而思纷;悲落叶于劲秋,喜柔条于芳春。"文以情生,情因物感,都是创作过程的起点。

接着讲构思，构思就要运用艺术想象："精骛八极，心游万仞"；"浮天渊以安流，濯下泉而潜浸"；"观古今于须臾，抚四海于一瞬"。艺术想象驰骋于穷高极远的空间，突破上下古今的限制，然后使得"情曈昽而弥鲜，物昭晰而互进"，感情更加强烈，物象更加清晰。

进入写作过程后，要考虑命意谋篇。就命意说，"抱景者咸叩，怀响者毕弹"，外物具有光耀的，具有音韵的，一定加以叩击和弹奏，使它尽量发挥出光彩和音韵，使我们在辞意中表达出来。做到文和物相称。再讲谋篇："理扶质以立干，文垂条而结繁。"即以意为主，以文传意。在谋篇时又有种种变化："或因枝以振叶，或沿波而讨源；或本隐以至显，或求易而得难"；"虽离方而遯员，期穷形而尽相"。有的由枝到叶，即由大到小；有的顺流探源，即由末到本；有的由隐到显，即先难后易；有的求易得难，即先易后难。这些安排，要看具体情况。"或妥帖而易施，或岨峿而不安。"安排得当，在表情达意上显得妥帖而容易；安排不当，就显得不安而不合。

讲了命意谋篇，再讲"体—物—辞—意"，即回到"意不称物，文不逮意"上来。提到"体"，作者讲了四种风格和十种文体。四种风格是："夸目者尚奢，惬心者贵当，言穷者无隘，论达者唯旷。"这里提出的"尚奢"，相当于带夸张的壮丽；"贵当"，相当于切理厌言的严密；"无隘"即附隘，相当于简约；"唯旷"，相当于畅达。这比《典论·论文》中讲的风格又进了一步，分为四体了。接下来讲文体：

诗缘情而绮靡，赋体物而浏亮，碑披文以相质，诔缠绵而悽怆，铭博约而温润，箴顿挫而清壮，颂优游以彬蔚，论精微而朗畅，奏平彻以闲雅，说炜晔而谲诳。

这里讲了十种文体，对每种文体都讲了内容和形式的特点，或意与辞的特点，如诗的内容重在缘情，形式或文辞讲究文采和细密。赋的内容重在体物，形式或文辞要求清明。碑在内容上求有质，在文辞上求有文。诔以抒情写哀，凄怆表哀，缠绵兼指文情。铭要事博文约，文辞温婉润泽。箴用来讥刺得失，故抒情有抑扬顿挫，风格清壮。颂是歌颂，所以内容从容不迫，文辞富丽堂皇。论是议论，要求剖析精微，文辞明朗畅达。奏是奏章，要求说得平正通达，文辞安雅。说是劝说，要令人信服，文辞富有文采。这样讲文体，比曹丕《典论·论文》中"奏议宜雅，书论宜理，铭诔尚实，诗赋欲丽"讲的"四科八体"，就细致多了。

接着，作者又讲作文的利害关键：（一）注意镕裁而使辞意双美："文繁理富"；（二）通过警句而突出主旨："立片言而居要，乃一篇之警策"；（三）避免雷同而力求独创："或藻思绮合"，"乃暗合于曩篇"；（四）保留精美的辞句，避免文章的平庸："离众绝致"。此外，还要防止五种文病：（一）篇幅短小，不足成文；（二）美丑混合，文不谐调；（三）重词轻情，流于空泛；（四）迎合时好，格调不高；（五）清空疏缓，缺少真味。

最后谈到感兴的问题，即所谓"应感之会，通塞之纪"。他形象地描绘了感兴开塞的不同情状，来时如风发泉涌，去时似枯木涸流，而说不出所以如此的原因。他提出的这个创作的灵感来不来的问题，有待于后人作深入探讨。

总之，《文赋》是从东汉末年以来诗赋等文学创作的实践出发，继承了曹丕《典论·论文》的文学论，突破了儒家"诗言志"的理论，发展了曹丕的文论，开启了刘勰《文心雕龙》的文学论，成为晋代最杰出的文学创作理论。

《文赋》是毛泽东仔细读过的一篇文学论文。上面我们引录了毛泽东1958年9月在安徽同张治中谈话时谈的关于《文赋》的话。《文赋》首段论述文学创作的动因时说："遵四时以叹逝，瞻万物而思纷；悲落叶于劲秋，喜柔条于芳春。心懔懔以怀霜，志眇眇而临云……慨投篇而援笔，聊宣之乎斯文。"这说明陆机把玄览感物作为文学创作的重要触发点。从这个意义讲，毛泽东认为它具有"朴素的唯物观点"，是完全正确的。至于《文赋》篇幅，"可惜太冗长了些"，这也是共识。此外，毛泽东在1951年2月审定《中共中央关于纠正电报、报告、指示、决定等文字缺点的指示》增加的几段文字中，有一段就援引了《文赋》中"立片言以居要，乃一篇之警策"的话，这便是用《文赋》的理论来解决实际工作中的问题了。

还有一件事，与《文赋》有关，值得一提。1959 年 12 月 27 日，《光明文报》"文学遗产"专栏第 293 期里发表晏震亚的《如何评价〈文赋〉》一文，作者对陆机《文赋》的理论价值和在文学批评史上的进步意义，作了较充分的肯定。该文是同《光明日报》"文学遗产"专栏在 278 期上的一篇题为《关于〈文赋〉一些问题的商榷》的争鸣文章。那篇文章说："《文赋》讲的主要是结构修辞的创作方法，甚至于是汉赋的铺陈方法。"因此，陆机是"六朝形式主义文学的开先人"。而晏震亚的这篇文章则认为，"这个结论仍然站不住脚"。《文赋》所涉及的内容范围中，"尤其"包括了"文学与现实的关系；文学的社会作用问题；作家的个性与作品的风格问题；继承与革新的问题，等等"。毛泽东读后，将此文批示给一些同志阅读，并说这是"一篇好文章"（逢先知：《毛泽东读报章杂志》，《毛泽东的读书生活》第 244—245 页，生活·读书·新知三联书店 1989 年版）。（毕桂发）

左 思

左思（约250—约305）。字太冲，齐国临淄（今山东淄博东北临淄北）人。西晋文学家。家世业儒学，泰始八年（272）前后，因其妹左棻被选入宫，举家迁居洛阳，任秘书郎。元康年间，左思参与当时文人集团"二十四友"之游。后齐王同召为记室督。他辞疾不就。太安二年（303），河间王颙部将张方纵横洛阳，左思移居冀州，数年后病逝。

左思作品旧传有集五卷，今仅存赋两篇、诗十四首。《三都赋》和《咏史》诗是其代表作。左思的《三都赋》（《蜀都赋》《吴都赋》《魏都赋》）是积十年之功写成的大赋。赋成，当时文坛享有盛誉的文士为之作注评，风行一时，时人竞相传抄，"洛阳为之纸贵"。

《三都赋》体制宏大，事类广博，在一定程度上反映了三国时期的社会面貌，蕴含着西晋末年朝野关心瞩目的进军东吴、统一全国的内容，反响强烈。此赋的写作手法及风格虽与班固的《两都赋》及张衡的《二京赋》相似，但它的思想主题却不是传统的"劝百讽一"。因此，《三都赋》在后期大赋中具有重要地位。其诗语言纯朴，所作《咏史》诗八首，托古讽今，对门阀制度表示不满，笔力雄健，情调高亢，《诗品》列为上品，称之为"左思风力"，和"建安风骨"一脉相承，代表西晋诗歌最高成就。原有集，已散佚，后人辑有《左太冲集》。又见于严可均所辑《全上古三代秦汉三国六朝文》和逯钦立所辑《先秦两汉魏晋南北朝诗》。

【原文】

吴都赋

东吴王孙辗然而咍[1]，曰：夫上圆景宿[2]，辨于天文者也；下料物土，析于地理者也。古先帝代，曾览八纮之洪绪⁽³⁾，一六合而光宅⁽⁴⁾。翔集遐宇，鸟策篆素⁽⁵⁾，玉牒石记⁽⁶⁾，乌闻梁岷有陟方之馆⁽⁷⁾，行宫之基欤⁽⁸⁾！而吾子言蜀都之富⁽⁹⁾，禺同之有，玮其区域。美其林薮，矜巴汉之阻，则以为袭险之右；徇蹲鸱之沃，则以为世济阳九⁽¹⁰⁾。龌龊而筭，顾亦曲士之所叹也。旁魄而论都，抑非大人之壮观也⁽¹¹⁾。何则？土壤不足以摄生，山川不足以周卫⁽¹²⁾。公孙国之而破，诸葛家之而灭⁽¹³⁾。兹乃丧乱之丘墟，颠覆之轨辙，安可已俪王公而著风烈也⁽¹⁴⁾。斟其碛砾而不窥玉渊者，未知骊龙之所蟠也；习其弊邑而不观上邦者，未知英雄之所躔也⁽¹⁵⁾。子独未闻大吴之巨丽乎！

且有吴之开国也，造自太伯⁽¹⁶⁾，宣于延陵。盖端委之所彰⁽¹⁷⁾，高节之所兴。建至德已删洪业⁽¹⁸⁾，世无得而显称。由克让以立风俗，轻脱蹝于千乘⁽¹⁹⁾。若率土而论都，则非列国之所觖望也⁽²⁰⁾。故其经略，上当星纪⁽²¹⁾。拓土画疆，卓荦兼并⁽²²⁾。包括干越，跨蹑蛮荆⁽²³⁾。婺女寄其曜，翼轸寓其精⁽²⁴⁾。指衡岳已镇野，目龙川而带垧⁽²⁵⁾。

尔其山泽，则嵬嶷峣巘，㠂溟郁嵂⁽²⁶⁾。溃湡泮汗，滇洍淼漫⁽²⁷⁾。或涌川而开渎⁽²⁸⁾，或吞江而纳汉。魂魂魖魖，澎澎汧汧⁽²⁹⁾。砶硈乎数州之间，灌注乎天下之半⁽³⁰⁾。百川派别，归海而会，控清引浊，混涛并濑。溃薄沸腾⁽³¹⁾，寂寥长迈。濞焉汹汹，隐焉磕磕⁽³²⁾。出乎大荒之中，行乎东极之外，经扶桑之中林，包汤谷之滂沛⁽³³⁾。潮波汨起，迥复万里。歊雾漨浡，云蒸昏昧⁽³⁴⁾。泓澄濟瀄滐，洌溶沆瀁⁽³⁵⁾，莫测其深，莫究其广。澶湉漠而无涯，总有流而为长。瓌异之所义育，鳞甲之所集往⁽³⁶⁾。

于是乎长鲸吞航，修鲵吐浪⁽³⁷⁾。跃龙腾蛇，鲛鼊琵琶⁽³⁸⁾，王鲔鲦鲐⁽³⁹⁾，鲫龟鳣鮏⁽⁴⁰⁾，乌贼拥剑⁽⁴¹⁾，鼅鼊鲭鳄⁽⁴²⁾，涵泳其中⁽⁴³⁾。茸鳞镂甲，诡类舛错⁽⁴⁴⁾。泝洄顺流，唅嘬沈浮⁽⁴⁵⁾。鸟则鹍鸡鶄鸦⁽⁴⁶⁾，鹳鹔鹭鸿⁽⁴⁷⁾，鸂鶒避风⁽⁴⁸⁾，候雁造江⁽⁴⁹⁾，鸂鶒鶦鸂⁽⁵⁰⁾，鹴鹤鹜鸧⁽⁵¹⁾，鹳鸥鹕鸬⁽⁵²⁾，氾滥乎其上。湛淡羽仪⁽⁵³⁾，随波参差，理翮整翰⁽⁵⁴⁾，容与自玩，彫啄蔓藻⁽⁵⁵⁾，刷鹻漪澜⁽⁵⁶⁾。鱼鸟聱耴⁽⁵⁷⁾，万物蠢生。芒芒黓黓⁽⁵⁸⁾，慌罔奄欻⁽⁵⁹⁾，神化翕忽⁽⁶⁰⁾，函幽育明⁽⁶¹⁾。穷性极形，盈虚自然。蚌蛤珠胎，与月亏全⁽⁶²⁾。巨鳌赑屃⁽⁶³⁾，首冠灵山。大鹏缤翻，翼若垂天⁽⁶⁴⁾。振荡汪流，雷抃重渊⁽⁶⁵⁾，

殷动宇宙，胡可胜原。

岛屿绵邈，洲渚冯隆[66]。旷瞻迢递，迥眺冥蒙[67]。珍怪丽，奇隙充。径路绝，风云通[68]。洪桃屈盘，丹桂灌丛，琼枝抗茎而敷药，珊瑚幽茂而玲珑[69]。增冈重阻，列真之宇[70]。玉堂对霤[71]，石室相距[72]。蔼蔼翠幄，嫋嫋素女[73]。江斐于是往来，海童于是宴语[74]。斯实神妙之响象，嗟难得而覼缕[75]。

尔乃地势坱圠，卉木旸蔓[76]。遭薮为圃，值林为苑。异荂蓲蘛，夏晔冬蒨[77]。方志所辨，中州所羡。

草则藿蒳豆蔻[78]，薑汇非一[79]。江蓠之属[80]，海苔之类[81]。纶组紫绛[82]，食葛香茅[83]。石帆水松[84]，东风扶留[85]。布濩皋泽[86]，蝉联陵丘。夤缘山狱之岊[87]，幂历江海之流。杋白蒂，衔朱蕤[88]。郁兮䓗茂，晔兮菲菲[89]。光色炫晃，芬馥肸蚃[90]。职贡纳其包匦[91]，《离骚》咏其宿莽。

木则枫柙櫲樟，栟榈枸桹[92]。緜杬杶栌，文穰桢橿[93]。平仲桾櫏，松梓古度[94]。楠榴之木，相思之树[95]。宗生高冈，族茂幽阜。擢本千寻，垂荫万亩。攒柯挐茎，重葩殗叶[96]。轮囷虬蟠，㙟堁鳞接[97]。容色杂糅，绸缪缛绣[98]。宵露霮䨴，旭日晻時[99]。与风飖飏，颲浏飕飗[100]。鸣条律畼[101]，飞音响亮。盖象琴筑并奏[102]，笙竽俱唱。其上则猨父哀吟，犷子长啸[103]。狖鼯猓然，腾趠飞超[104]。争接县垂，竞游远枝。惊透沸乱，牢落翚散[105]。其下则有枭羊麡狼，猰貐貙象[106]。乌菟之族，犀兕之党[107]。钩牙锯齿，自成锋颖。精若燿星，声若震霆。名载于山经，形镂于夏鼎[108]。其竹则筼筜箖箊，桂箭射筒[109]。柚梧有篁，篻簩有丛[110]。苞筍抽节，往往萦结。绿叶翠茎，冒霜停雪。橚矗森萃[111]，蓊茸萧瑟。檀栾蝉蜎[112]，玉润碧鲜。梢云无以逾，嶰谷弗能连[113]。鸑鷟食其实，鹓鸰扰其间[114]。其果则丹橘余甘，荔枝之林。槟榔无柯，椰叶无阴。龙眼橄榄，棎榴御霜[115]。结根比景之阴[116]，列挺衡山之阳。素华斐，丹秀芳。临青壁，系紫房。鹧鸪南翥而中留[117]，孔雀綷羽以翱翔。山雞归飞而来栖，翡翠列巢以重行[118]。

其琛赂则琨瑶之阜，铜锴之垠[119]。火齐之宝[120]，骇鸡之珍。赪丹明玑，金华银朴[121]。紫贝流黄[122]，缥碧素玉。隐赈崴裹，杂插幽屏[123]。精曜潜颖，硌陙山谷⁽¹²⁴⁾。碕岸为之不枯，林木为之润黩。隋侯于是鄙其夜光，宋王于是陋其结绿⁽¹²⁵⁾。其荒陬谲诡⁽¹²⁶⁾，则有龙穴内蒸，云雨所储⁽¹²⁷⁾。陵鲤若兽，浮石若桴⁽¹²⁸⁾。双则比目，片则王余⁽¹²⁹⁾。穷陆饮木⁽¹³⁰⁾，极沈水居。泉室潜织而卷绡，渊客慷慨而泣珠⁽¹³¹⁾。开北户以向日，齐南冥以幽都⁽¹³²⁾。

其四野则畛畷无数⁽¹³³⁾，膏腴兼倍。原隰殊品，窊隆异等⁽¹³⁴⁾。象耕鸟耘⁽¹³⁵⁾，此之自与。稌秀菰穗，于是乎在⁽¹³⁶⁾。煮海为盐，采山铸钱。国税再熟之稻，乡贡八蚕之緜⁽¹³⁷⁾。

徒观其郊隧之内奥，都邑之纲纪，霸王之所根柢⁽¹³⁸⁾，开国之所基趾。郛郭周匝⁽¹³⁹⁾，重城结隅。通门二八，水道陆衢⁽¹⁴⁰⁾。所以经始，用累千祀。宪紫宫以营室，廓广庭之漫漫。寒暑隔阂于邃宇，虹蜺回带于云馆，所以跨跱焕炳万里也。造姑苏之高台⁽¹⁴¹⁾，临四远而特建。带朝夕之浚池，佩长洲之茂苑。窥东山之府，则瑰宝溢目。觑海陵之仓，则红粟流衍⁽¹⁴²⁾。起寝庙于武昌，作离宫于建业⁽¹⁴³⁾。阐阖闾之所营，采天差之遗法⁽¹⁴⁴⁾。抗神龙之华殿⁽¹⁴⁵⁾，施荣楯而捷猎。崇临海之崔巍，饰赤乌之韡晔⁽¹⁴⁶⁾。东西膠葛，南北峥嵘⁽¹⁴⁷⁾。房栊对櫎⁽¹⁴⁸⁾，连阁相经。闿闼谲诡⁽¹⁴⁹⁾，异出其名。左称弯碕，右号临硎⁽¹⁵⁰⁾。彤㻌镂椊，青琐丹楹⁽¹⁵¹⁾。图以云气，画以仙灵。虽兹宅之夸丽，曾未足以少宁。思比屋于倾宫，毕结瑶而搆琼。高闱有闶，洞门方轨⁽¹⁵²⁾。朱阙双立，驰道如砥⁽¹⁵³⁾。树以青槐，亘以绿水。玄荫耽耽，清流亹亹⁽¹⁵⁴⁾。列寺七里，侠栋阳路⁽¹⁵⁵⁾。屯营栉比，廨署棊布⁽¹⁵⁶⁾。横塘查下⁽¹⁵⁷⁾，邑屋隆夸。长干延属，飞甍舛互⁽¹⁵⁸⁾。

其居则高门鼎贵，魁岸豪杰⁽¹⁵⁹⁾。虞魏之昆，顾陆之裔⁽¹⁶⁰⁾。岐嶷继体，老成奕世⁽¹⁶¹⁾。跃马叠迹，朱轮累辙。陈兵而归，兰锜内设⁽¹⁶²⁾。冠盖云荫，闾阎阗噎⁽¹⁶³⁾。

其邻则有任侠之靡，轻訬之客⁽¹⁶⁴⁾。缔交翩翩，傧从弈弈。出蹑珠履，动以千百。里谗巷饮，飞觞举白⁽¹⁶⁵⁾。翘关扛鼎⁽¹⁶⁶⁾，拼射壶博。鄱阳暴谑，中酒而作⁽¹⁶⁷⁾。

于是乐只衎而欢无匮⁽¹⁶⁸⁾，都辇殷而西奥来暨。水陆浮行，方舟结驷，唱櫂转毂，昧旦永日⁽¹⁶⁹⁾。

开市朝而并纳，横阛阓而流溢⁽¹⁷⁰⁾，混品物而同廛，并都鄙而为一。

士女伫眙，商贾骈坒[171]。紵衣絺服，杂沓傱萃[172]。轻舆按辔以经隧，楼船举颿而过肆[173]。果布辐凑而常然，致远流离与珂珬[174]。缫贿纷纭[175]，器用万端。金镒磊砢，珠琲阑干[176]。桃笙象簟[177]，韬于筒中。蕉葛升越[178]，弱于罗纨。儸譶哶謬[179]，交贸相竞。渲哗喤呷，芬葩荫映[180]。挥袖风飘，而红尘昼昏，流汗霡霂，而中逵泥泞[181]。富中之甿[182]，货殖之选。乘时射利[183]，财富巨万。竞其区宇，则并疆兼巷。矜其宴居，则珠服玉馔[184]。趫材悍壮[185]，此焉比庐。捷若庆忌，勇若专诸[186]。危冠而出，竦剑而趋。扈带鲛函，扶揄属镂[187]。藏鍦于人，去戚自闾[188]。家有鹤膝，户有犀渠[189]。军容蓄用[190]，器械兼储。吴钩越棘，纯钩湛卢[191]。戎车盈于石城[192]，戈船掩乎江湖。

露往霜来，日月其除[193]。草木节解，鸟兽腯肤[194]。观鹰隼[195]，诫征夫。坐组甲，建祀姑[196]。命官帅而拥铎，将校猎乎具区[197]。乌浒狼㐬，夫南西屠。儋耳黑齿之酋，金邻象郡之渠[198]。驫駥飍矞，靸霅警捷[199]，先驱前涂。俞骑骋路，指南司方[200]。出车槛槛，被练锵锵。吴王乃巾玉辂，轺骕骦[201]。旂鱼须，常重光[202]。摄乌号，佩干将[203]。羽旄扬蕤，雄戟耀芒。贝胄象弭，织文鸟章[204]。六军袀服，四骐龙骧[205]。峭格周施，罿罻普张[206]。

罼罕琐结，罠蹏连纲[207]。阹以九疑，御以沅湘[208]。辎轩蓼扰，彀骑炜煌[209]。袒裼徒搏，拔距投石之部[210]。猿臂骈胁，狂趭犷猤[211]。鹰瞵鹗视，趁趩翋㻂[212]。若离若合者，相与腾跃乎莽罠之野[213]。干卤殳铤，旸夷勃卢之旅[214]。长殺短兵[215]，直发驰骋。儇佻坌竝，衔枚无声[216]。悠悠旆旌者[217]，相与聊浪乎昧莫之垌。钲鼓疊山[218]，火烈熛林。飞爓浮烟，载霞载阴。菈擸雷硠[219]，崩峦驰岑，鸟不择木，兽不择音。虣甝虪，颓麋麖[220]。蓦六駮，追飞生[221]。弹鸾鵕，射猱挺[222]。白雉落，黑鸩零[223]。陵绝嶛嶕[224]，聿越巉险。跐逾竹柏，獑猢杞柟[225]。封狶蔻，神螭掩[226]。刚镞润，霜刃染。于是弭节顿辔，齐镳驻跸[227]。徘徊倘佯，寓目幽蔚。览将帅之拳勇，与士卒之抑扬。羽族以觜距为刀鈹，毛辟以齿角为矛铗，皆体著而应卒[228]，所以挂扢而为创痏[229]。冲踤而断筋骨，莫不衄锐挫芒。拉捭摧藏，虽有石林之岝崿，请攘臂而靡之[230]。虽有雄虺之九首，将抗足而跐之[231]。颠覆巢居，剖破窟宅。仰攀鵕鸡，俯就豻獏[232]。刲剞熊罴之室⁽²³³⁾，剿掠虎豹之落。猩猩啼而就禽，狒狒笑而被格⁽²³⁴⁾。屠巴蛇，出象骼⁽²³⁵⁾，斩鹏翼，掩广泽。轻禽狡兽，周章夷犹⁽²³⁶⁾。狼跋乎纮中，忘其所以睒睗⁽²³⁷⁾，失其所以去就。魂褫气慑而自踢跌者⁽²³⁸⁾，应絃饮羽。形僨景僵者⁽²³⁹⁾，累积而增益。杂袭错缪，倾薮薄，倒岬岫⁽²⁴⁰⁾。岩穴无豜豵，翳荟无麏麚⁽²⁴¹⁾。思假道于丰隆⁽²⁴²⁾，披重霄而高狩。笼鸟兔于日月⁽²⁴³⁾，穷飞走之栖宿。

嶰涧闅，冈岵童⁽²⁴⁴⁾。罾罘满⁽²⁴⁵⁾，效获众。迴靶乎行邪睨⁽²⁴⁶⁾，观鱼乎三江。汎舟航于彭蠡，浑万艘而既同⁽²⁴⁷⁾。

弘舸连舳，巨槛接舻⁽²⁴⁸⁾。飞云盖海，制非常模。叠华楼而岛屿，时髣髴于方壶⁽²⁴⁹⁾，比鹢首而有裕，迈余皇于往初⁽²⁵⁰⁾。张组纬，构流苏，开轩幌，镜水区⁽²⁵¹⁾。槁工楫师，选自闽禺。习御长风，狎玩灵胥⁽²⁵²⁾。责千里于寸阴，聊先期而须臾。櫂讴唱，箫籁鸣⁽²⁵³⁾。洪流响，渚禽惊。弋磻放，稽鵁鶄⁽²⁵⁴⁾。虞机发，留鶬鶊⁽²⁵⁵⁾。钩铒纵横，网罟接绪。术兼詹公，巧倾任父⁽²⁵⁶⁾。筌鲲鳢，鲡鳄鲨⁽²⁵⁷⁾。罩两鲋，罛鳙鰕⁽²⁵⁸⁾。乘鼁鼋鼍，同罴共罗⁽²⁵⁹⁾。沈虎潜鹿，罣毣僆束⁽²⁶⁰⁾。徽鲸辈中于群犗，攙抢暴出而相属⁽²⁶¹⁾。虽复临河而钓鲤，无异射鲋于井谷⁽²⁶²⁾。结轻舟而竞逐，迎潮水而振缗⁽²⁶³⁾。想萍实之复形，访灵夔于鲛人⁽²⁶⁴⁾。精卫衔石而遇缴，文鳐夜飞而触纶⁽²⁶⁵⁾。北方亡其羽翼，西海失其游鳞。雕题之士，镂身之卒⁽²⁶⁶⁾。比饰虬龙，蛟螭与对⁽²⁶⁷⁾。简其华质，则凯费锦⁽²⁶⁸⁾。缋料其虓勇，则鷻悍狼戾⁽²⁶⁹⁾。相与昧潜险，搜瓌奇⁽²⁷⁰⁾。摸蟃蜦，扪猵蠵⁽²⁷¹⁾，剖巨蚌于回渊，濯明月于涟漪⁽²⁷²⁾。毕天下之至异，讫无索而不臻。谿壑为之一罄，川渎为之中贫。哂澹台之见谋，聊袭海而徇珍⁽²⁷³⁾。载汉女于后舟，追晋贾而同坐⁽²⁷⁴⁾。泛乘流以石硌宕，翼飀风之飓飔⁽²⁷⁵⁾。直冲涛而上濑，常沛沛以悠悠⁽²⁷⁶⁾。汔可休而凯归，揖天吴与阳侯⁽²⁷⁷⁾。

指包山而为期，集洞庭而淹留⁽²⁷⁸⁾。数军实于桂林之苑，饗戎旅乎落星之楼⁽²⁷⁹⁾。置酒若淮泗⁽²⁸⁰⁾，积肴若山丘。飞轻轩而酌绿酃⁽²⁸¹⁾，方双辔而赋珍羞。饮烽起，醼鼓震⁽²⁸²⁾。士遗倦，众怀欣。幸乎馆娃之宫，张女乐而娱群臣⁽²⁸³⁾。罗金石与丝竹，若钧天之下陈⁽²⁸⁴⁾。登东歌，操南音⁽²⁸⁵⁾。胤阳阿，咏韎任⁽²⁸⁶⁾。荆艳楚舞，吴愉越吟⁽²⁸⁷⁾。翕习容裔，靡靡愔愔⁽²⁸⁸⁾。

若此者，与夫唱和之隆响[289]，动钟鼓之铿耾[290]。有殷坻颓于前[291]，曲度虽胜，皆与谣俗汁协[292]，律吕相应。其奏乐也，则木石润色。其吐哀也，则凄风暴兴。或超延露而驾辩[293]，或逾绿水而采菱[294]。军马弭髦而仰秣[295]，渊鱼竦鳞而上升[296]。酣湑半，八音并。欢情留，良辰征。鲁阳挥戈而高麾[297]，迴曜灵于太清。将转西日而再中，齐既往之精诚。

昔者夏后氏朝群至于兹土[298]，而执玉帛者以万国。盖先王之所高会，而四方之所轨则。春秋之际，要盟之主，阖闾信其威[299]，夫差穷其武[300]。内果伍员之谋[301]，外骋孙子之奇[302]。胜强楚于柏举[303]，栖劲越于会稽[304]。阙沟乎商鲁[305]，争长于黄池[306]。徒以江河崄陂，物产殷充，绕霤未足以言其固[307]，郑白未足语其丰。士有陷坚之锐[308]，俗有节概之风。睢眦则挺剑[309]，喑呜则弯弓。拥之者龙腾，据之者虎视。麾城若振槁[310]，搴旗若顾指。虽带甲一朝，而元功远致。虽累叶百叠[311]，而富强相继。乐湑衍其方域[312]，列仙集其土地。桂父练形而易色[313]，赤须蝉蜕而附丽。中夏比焉，毕世而罕见，丹青图其珍玮，贵其宝利也。舜禹游焉[314]，没齿而忘归。精灵留其山阿，玩其奇丽也。剖判庶士，商推万俗[315]。国有郁鞅而显敞[316]，邦有湫阨而蹙蹋。伊兹都之函弘[317]，倾神州而韫椟。仰南斗以斟酌[318]，兼二仪之优渥。

繇此而揆之，西蜀之于东吴，大小之相绝也，亦犹棘林萤耀[319]，而与夫捋枚烛也。否泰之相背也[320]，亦犹帝之悬解，而与桎梏疏属也。庸可共世而论巨细，同年而议丰确乎[321]？暨其幽邃独逮，寥廓闲奥。耳目之所不该，足趾之所不蹈。倜傥之极异[322]，诡诡之殊事。藏理于终古[323]，而未瘳于前觉也。若吾子之所传，孟浪之遗言[324]，略举其梗概，而未得其要妙也。

【毛泽东评点】

去去思君深，思君君不来。愁杀芳年友，悲叹有余哀。衡阳雁声彻，湘滨春溜回。感物念所欢，踯躅南城隈。城隈草萋萋，涔泪侵双题。采采余孤景，日落衡云西。方期沉灒游，零落匪所思。……

——中共中央文献研究室编：《毛泽东诗词集·拘易昌陶》，中央文献出版社 1996 年版，第 155—156 页。

【注释】

（1）东吴，春秋时的吴国，三国时的孙吴，因其地处东方，故称。王孙，古代贵族子弟的通称。辴（chǎn 产），然，笑的样子。语出《庄子·达生》："桓公辴然而笑。"咍（hāi 嗨），嗤笑，讥笑。《楚辞·九章·惜诵》："行不群以颠越兮，又众兆之所咍。"

（2）景宿（xiù 秀），列星。天文，日月星辰等天体在宇宙间分布运行等现象。古人把风、云、雨、露、霜、雪等地文现象也列入天文范围。《易·贲》："观乎天文，以察时变。"地理，土地、山川等自然环境形势。《易·系辞上》："仰以观于天文，俯以察于地理。"孔颖达疏："地有山川原隰，各有条理，故称理也。"

（3）八纮（hóng 宏），八方极远之地。《淮南子·墬形训》："九州之外，乃有八殥，……八殥之外，而有八纮，亦方千里。"殥（yǎn 演），远。

（4）一六合而光宅，并有天下为一家。六合，上下四方。光宅天下，广有天下。《书·尧典序》："昔在帝尧，聪明文思，光宅天下。"曾运乾正读："光，犹广也。宅而有之也。"

（5）鸟策，鸟篆书于简册。《文选》李善注："鸟策，鸟书于策也。"张铣注："鸟，谓鸟迹书也。策，竹简也。"篆素，写篆书于素帛。

（6）玉牒，古代帝王封禅、郊祭的玉简文书。《史记·孝武本纪》："封泰山下东方，如郊祠太一之礼。封广丈二尺，高九尺，其下则有玉牒书，书秘。"石记，刻在石头上的传记。《文选》刘良注："石记，刻石书传记也。"

（7）乌，安，何。梁岷，指今四川一带，三国时为蜀地。梁，梁州，三国魏景元四年（263）置，治所在沔阳县（今陕西勉县东旧州铺），一度为蜀汉据有。岷，指岷山郡。即今四川成都地区。陟方之馆，天子巡狩的馆舍。陟方，巡狩，天子外出巡视。《书·舜典》："舜生三十徵庸，三十在位。五十载，陟方乃死。"孔传："方，道也。舜即位五十年，升道南方巡守，死于苍梧之野而葬焉。"

（8）行宫，古代京城以外供帝王出行时居住的宫殿。

（9）吾子，指西蜀公子。蜀都，三国时蜀汉都成都（今四川成都）。

禺，区域。《管子·侈靡》："王者上事，霸者生功，言重本，是谓十禺。"注："禺，犹区也。"玮，美。林薮，山林水泽之间。比喻聚集的处所。

（10）矜巴汉之阻，夸巴山、汉水的险要。矜，夸耀。徇，夸物示人。蹲鸱（chī吃），大芋。因状如蹲伏的鸱，故称。《史记·货殖列传》："吾闻汶山之下，沃野，下有蹲鸱，至死不饥。"张守节正义："蹲鸱，芋也。"阳九，古代术数家的学说。其说有二，其一云：以四千六百一十七岁为一元，初入元一百零六岁，内有旱灾九年，谓之"阳九"。《汉书·律历志上》："《易》九厄曰：初入元，百六，阳九；次三百七十四，阴九；次四百八十，阳九；次七百二十，阴七；次七百二十，阳七；次六百，阴五；次六百，阳五；次四百八十，阴三；次四百八十，阳三。凡四千六百一十七岁，与一元终。经岁四千五百六十，灾岁五十七。"

（11）龌龊（wò chuò沃绰），器量局促，狭小。《文选·张衡〈西京赋〉》："独俭啬以龌龊，忘蟋蟀之谓何。"薛综注引《汉书》注曰："龌龊，小节也。"箅，通"算"。曲士，乡曲之士。比喻孤陋寡闻的人。《庄子·秋水》："曲士不可以语于道者，束于教也。"陆德明释文引司马彪曰："曲士，乡曲之士也。"旁魄，亦作"旁薄""旁礴"。广大，雄伟。《荀子·性恶》："齐给便敏而无类，杂能旁魄而无用。"王先谦集解引郝懿行曰："旁魄，即旁薄，皆谓大也。"大人，指在高位者，如王公贵族。《易·轻》："九二：见龙在田，利见大人。"

（12）摄生，养生，保养身体。《老子》："吾闻善摄生者，陆行不遇兕虎，入军不被兵甲。"周卫，防卫。《文选》吕向注："周卫，谓防卫也。"

（13）公孙国之而破一句，公孙述，字子阳，茂陵人，汉哀帝时为清水长，王莽天凤中自立为蜀王，都成都。建武初，自立为天子，号成家，建元龙兴。后被光武帝刘秀部将吴广攻灭，尽灭公孙氏。诸葛家之而灭，汉末诸葛亮辅佐刘备，建立蜀汉政权，都成都。亮死后，被蜀将邓艾袭灭，亮子、孙皆战死。

（14）丘墟，亦作"丘虚"。废墟，荒地。《管子·八观》："众散而不收，则国为丘墟。"俪，则"丽"，附着，依附。《文选》刘逵注："丽，著也。"风烈，风教德业。汉司马相如《子虚赋》："[齐王]问楚地之有无者，愿闻大国之风烈，先生之余论也。"

（15）翫，"玩"的异体字。碛砾（qì lì弃历），亦作"碛历"。浅水中的沙石，沙石浅滩。司马迁《史记·司马相如列传》："陵三巖之危，下碛历之坻。"张守节正义："碛历，浅水中沙石也。"玉渊，出美玉的深渊。骊龙，黑龙。《尸子》卷下："玉渊之中，骊龙蟠焉，领下有珠。"上邦，上国。东吴公子自指吴国政权。廛（chán蝉），居处。王念孙《读书杂志余偏·文选》："廛，居也……李注《月赋》引书昭《汉书》注曰：'廛，处也；处亦居也。'"

（16）太伯，一作"泰伯"，周代吴国的始祖。周太王长子。太王欲立幼子季历，他与弟仲雍同避江南，改从当地风俗，断发文身，成为当地君长。

（17）延陵，指季札。延陵，春秋吴邑名。公子季札封地，故址在今江苏常州市。季札让国后即避居于此，后因以指季札。端委，古代礼服。《左传·昭公元年》："吾与子弁冕端委，以治民临诸侯。"杜预注："端委，礼衣。"孔颖达疏引服虔曰："礼衣端正无杀，故曰端；文德之衣尚褒长，故曰委。"

（18）刱，同"创"。开创，始建。《战国策·秦策三》："大夫种为越王垦草刱邑。"

（19）克让，亦作"克攘"。能谦让。《书·尧典》："允恭克让。"孔传："克，能。"孔颖达疏："善能忍让。"轻脱，轻佻。语本《左传·僖公三十三年》："轻则寡谋，无礼则脱。"杜预注："脱，易也。"蹝（xǐ洗），亦作"蹤"。草鞋。《孟子·尽心上》："舜视弃天下，犹弃敝蹝也。"赵岐注："蹝，草履也。"千乘，可出千辆战国的国家，指诸侯国。

（20）觖（jué决）望，不满，怨望。《史记·荆燕世家》："今营陵侯泽，诸列，为大将军，独此尚觖望。"

（21）经略，筹划，治理。《左传·昭公七年》："天子经略，诸侯正封，古之制也。"杜预注："经营天下，略有四海，故曰经略。"星纪，星次名。十二星次之一，在十二支中为丑，在二十八宿中为斗宿和牛宿。《左传·襄公二十八年》："岁在星纪，而淫于玄枵。"杜预注："岁，岁星也，星纪在丑，斗牛之次，玄枵在子，虚危之次。"《尔雅·释天》："星纪，斗牵也。"注："牵牛斗者，日月五星之所终始，故谓之星纪。"牵牛为吴分野。

（22）卓荦（luò 洛），卓越超群。《后汉书·班固传》："卓荦乎方州，美溢乎要荒。"李贤注："卓荦，殊绝也。"

（23）干越，春秋时吴国和越国。干，亦作"邗"，本为国名，后被吴所灭，故用以称吴。《庄子·刻意》："夫有干越之剑者，柙而藏之，不敢用也，宝之至也。"陆德明释文："司马云：'干，吴也。'"荆蛮，古代中原人对楚、越或南人的称呼。《左传·昭公二十六年》："兹不榖震荡播越，窜在荆蛮，未有攸底。"《史记·吴太伯世家》："太王欲立季历以昌，于是太伯、仲雍二人奔荆蛮，断发文身，示不可用。"

（24）婺（wù 务）女，星宿名，即女宿。又名须女、务女。二十八宿之一，玄武七宿之第三宿，有星四颗。《史记·月令》："〔孟夏之月〕日在毕、昏翼中，旦婺女中。"《史记·天官书》："婺女，其北织女。"《文选》李善注引《汉书》："越地，婺女之分野。"翼轸，二十八宿中的翼宿和轸宿。古为楚之分野。《史记·天官书》："翼轸，荆州。"婺女，越分野；翼轸，楚分野。非吴分野，故言寄曜寓精。

（25）指衡兵以镇野二句，《文选》李善注："《周礼》曰：'正南曰荆州，其镇衡山。'《汉书》：'南海之有龙川县。'《南越志》：'县北有龙穴山。舜时有五色龙，乘云出入此穴。'《尔雅》曰：'林外谓之垌。'"

（26）山泽，山林与川泽。《易·说卦》："天地定位，山泽通气。"巍嶷（wēi ní 危泥），高大雄伟之状。嶤屼（yáo wù 尧务），山高险之状。嵹（yǐng 影）冥，晦暗不明之状。郁（fú 伏），亦作"郁弟"。山势高险之状。一说形容山气暗昧。吕延济注："并山高险之貌也。"刘良注："嵹冥郁，山气暗味之状。"

（27）潰渱（hóng 红）、泮汗，《文选》吕向注："并水流广大貌。"滇湎（miàn 面）森漫，刘逵注："滇湎森漫，山水阔远无崖之状。"

（28）或涌川而开渎（dú 独），《文选》刘逵注："钱塘县，武林水出龙川，故曰涌川；九江经庐山而东，故曰开渎。《禹贡》曰：'三江既入，震泽底定'，故曰吞江；汉水东为沧浪，南入于江，故曰纳汉。"渎，大川。《尔雅·释水》："江淮河济为四渎，四渎者，发原注海者也。"

（29）魁魁巍巍（kuí kuí lěi lěi 傀磊），山石聚积之状。《文选》张铣注："皆山石貌。"滮滮（biāo 标），水流之状。泙泙（hàn 旱），水迅速流动之状。《文选》刘逵注："水流行声势也。"

（30）嶔崟（qīn yín 钦银），《文选》刘逵注："嶔崟，山深险连绵之状。天下之半"。刘逵注："荆扬交广，数州之间，土地阔远，故曰天下之半。"

（31）派，《字说》："水别流为派。"濑（lài 赖），从沙石流过的急水。《楚辞·九歌·湘君》："石濑兮浅浅。"洪兴祖补注："石濑，水激石间则怒成湍。"濆（pēn 喷）薄，亦作"濆礴"。冲激，激荡。

（32）濞（pì 譬），大浪暴发的声音。磕磕（kē 科），水石相激声。《楚辞·九章·悲回风》："惮涌湍之磕兮，听波声之汹汹。"

（33）大荒，荒远的地方。《山海径·大荒东经》："东海之外，大荒之中，有山名曰大荒，日月所出。"《文选》刘逵注："大荒，谓海外也。"东极，东方极远之处，东方边际。《山海径·海外东经》："帝命竖亥步，自东极至于西极，五亿十万九千八百步。"扶桑，神话中的树名。汤谷，即"旸谷"。古代传说日出之处。《山海经·大荒东经》："汤谷上有扶桑，十日所浴，在黑齿北。"郭璞注："扶桑，木也。"滂沛，水流广大众多之状。

（34）汩（gǔ 骨），水急流之状。歊（xiāo 消）雾，升腾的雾气。刘逵注："歊雾，水雾之气似云蒸，昏暗不明也。"滂渤（péng 朋）浡，亦作"滂渤"，繁盛之状。刘良注："滂渤，烦郁之状。"

（35）泓（hóng 洪），水深。郭璞《江赋》："极泓量而海远。"澄，水清澈不流动。瀹濭（yūn wān 晕弯），水回旋之状。澒（gǒng 汞）溶，水深广之状。汉刘向《九叹·远游》："譬彼蛟龙，乘云浮兮；泛淫溶，纷若雾兮。"沆瀁（háng yàng 杭样），汪洋，水深广之状。

（36）澶湉（chán tián 蝉田），水缓流之状，一说水深广之状。李善注："澶湉，安流貌。"李周翰注："水深广貌。"瓌（guī 圭）异，瓌，同"瑰"。指珍奇之物。晋王嘉《拾遗记·前汉上》："昔始皇为冢，敛天下瓌异。"鳞甲，有鳞和甲壳的动物的统称，指鱼龟之美。

（37）鲸，鲸鱼。鲵（ní 倪），雌鲸。《左传·宣公十二年》："古者明王伐不敬，取其鲸鲵而封之，以为大戮。"孔颖达疏引裴渊《广州记》："鲸鲵长百尺，雄曰鲸，雌曰鲵。"

（38）鲛（jiāo 交），即"鲨鱼"。《说文·鱼部》："鲛，海鱼也，皮可饰刀。"段玉裁注："今所谓沙鱼，所谓鲨鱼皮也。"鲻（zī 资），鱼名。体延长，稍侧扁。银灰色，具暗色纵纹。头部平扁。《本草纲目·鳞部三》："鲻鱼缁黑，故名。粤人讹为子鱼。"琵琶，鱼名。刘逵注："琵琶鱼，无鳞，其形似琵琶，东海有之。"

（39）王鲔（wěi 委），鱼名。鲟、鳇的古称。《周礼·天官·䱷人》："春献王鲔。"郑玄注："王鲔，鲔之大者。"鯸鲐（hóu tái 喉台），鱼名。即河豚。

（40）鮣（yìn 印），鱼名。亦称印头鱼。鮣体延长，亚圆筒形，黑褐色，有两条白色纵纹。头平扁。头顶有一椭圆形吸盘，常吸附于大鱼身上或船底而移徙远方。我国沿海有产。鳍錯（fān cuò 番错），鳍鱼。刘逵注："有横骨在鼻前，如斤斧状。东人谓斧斤之斤为鳍，故谓之鳍錯。鱼二十余种，此其尤异者。此鱼所击，无不中断也。有出入，鳍子朝出求食，暮还入母腹中，皆出临海。"

（41）乌贼，亦作"乌鲗"。鱼名。身体椭圆而扁平。体内有囊状物能分泌黑色液体，遇到危险时放出，以掩护逃避。俗称墨鱼。拥剑，一种两螯大小不一的蟹。因其大螯利如剑，极称。晋崔豹《古今注·鱼虫》："蟛蜞，小蟹……其一有螯而大者名拥剑。"

（42）鼀鼊（hóu pì 侯辟），《文选》刘逵注："鼀鼊，龟属也。其形如笠，四足缦胡无指，其甲有黑珠，文彩如瑇瑁，可以饰物，肉如龟肉，肥美可食。"鲭（qīng 清），鱼类的一科。身体呈梭形而侧扁，背青腹白，头尖口大，鳞圆而细小，体侧上部有深蓝色波状条纹。生活在海中。鲐鱼即属于鲭科。刘逵注："鲭鱼，出交趾、合浦诸郡。"鳄，亦作"鱷"。鳄鱼。

（43）涵泳，潜游。

（44）葺（qì 弃）鳞，重叠鱼鳞。葺，重叠，累积。镂甲，雕有花纹似的甲壳。诡类，奇特变异的种类。舛（chuǎn 喘）错，交错，错杂。《文选》

张铣注：“言海物皆如茸饰其鳞，雕镂其甲。诡怪异类，互相舛错也。”

（45）沂洄，亦作“沂回”“溯洄”。逆流而上。《诗经·秦风·蒹葭》：“沂洄从之，道阻且长。”《文选》李周翰注：“沂，逆流上也。言水物或逆上，或顺流。”唵喟（yǎn yáng 掩阳），鱼在水中群出吸气之状。

（46）鹍（kūn 昆）鸡，亦作“鹍鸡”。鸟名。似鹤。《楚辞·九辩》：“鴈鹍廱而南游兮，鹍鸡鹁鸠之通远。”洪兴祖补注：“鹍鸡似鹤，黄白色。”鸀鳿（zhǔ yù 主玉），水鸟名，似鸭而大。《史记·司马相如列传》：“鸲轳鸀鳿。”张守节正义：“鸀鳿，烛玉二音。郭云：‘似鸭而大，长颈赤目，紫绀色。辟水毒，生子在深谷涧中。若时有雨，鸣。雌者生子，善斗。江东呼为烛玉。’”

（47）鵁，即鵁鶄。雁的一科。颈长，羽绿。《淮南子·原道训》：“驰骋夷道，钓射鵁鶄乐乎？”高诱注：“鵁鶄，鸟名也。长颈绿身，其形似雁。”鹄（hú 胡），通称天鹅。似雁而大，颈长，飞翔甚高，羽毛洁白。亦有黄、红的。《庄子·天运》：“夫鹄不日浴而白。”鹭，鸟类的一种，有白鹭、苍鹭等品种。鸿，大雁。《易·渐》：“鸿渐于干。”李鼎祚集解引虞翻曰：“鸿，大雁也。”

（48）鹓鶋（yuán jū 援居），海鸟名。刘逵注：“鹓鶋，鸟也，似凤。《左传》曰：‘海鸟鹓鶋，止鲁车门外三日。臧文仲使国人祭之，不知其鸟，以为神也。’”

（49）候雁，雁属候鸟，每年春分后始飞往北方，秋分后飞往南方，往来有定时，故称雁鸟为候雁。

（50）鸂鶒（xī chì 溪斥），水鸟名。形大于鸳鸯，而多紫色，好并游。俗称紫鸳鸯。鸀鶌（yōng qú 庸渠），亦作“鸀渠”。水鸟名。似鸭而鸡足，毛呈灰色，俗名水鸡。

（51）鶄（qīng 清）鹤，水鸟名。产于我国南方。刘逵注：“鶄鹤，出南海、桂阳诸郡。”鹙鸧（qiū cāng 秋仓），亦作“鹙鸧”，即秃鹰。《楚辞·大招》：“鹍鸿群晨，杂鹙只。”王逸注：“鹙鸧，鹰也。”

（52）鹳（guàn 冠），水鸟名。鹳科各种类的总称。形似鹤，嘴长而直，翼大尾短，脚长而赤，捕鱼虾为食。《诗经·豳风·东山》：“鹳鸣于坯，妇叹于室。"毛苌传："鹳好水，长鸣而喜也。"郑玄笺："鹳，水鸟也。将阴雨则鸣。"鸥，水鸟名。头大，嘴扁平，趾间有蹼，翼长而尖，羽毛多灰白色，生活在海洋及内陆河川，以鱼虫和昆虫为食。鹝（yì义），水鸟名。形似鹭而大，羽色苍白，善高飞。《左传·僖公十六年》："六鹝退飞，过宋都，风也。"鸬（lú卢），亦作"鶟"。鸬鹚。俗叫鱼鹰，水老鸭。羽毛黑色，有绿色光泽，颔下有小喉囊，嘴长，上嘴尖端有钩，善潜水捕食鱼类。

（53）湛淡，迅疾之状。羽仪，翼翅。

（54）翮（hé禾），鸟羽的茎，指鸟的翅膀。翰，长而硬的鸟羽。

（55）彫啄，即叼啄，鸟食之状。蔓藻，海藻之类。

（56）漪澜，水波。李善注引《尔雅》曰："大波为澜。"

（57）聱耴（yáo ní 尧尼），众声杂作。李善注："聱耴，众声也。"

（58）黖黖（xì戏）暗昧不明之状。李善注："黖黖，不明貌。"

（59）慌罔，模糊不清。刘良注："慌罔，不明貌。"奄欻（xū须），刘逵注："去来不定之意。"

（60）翕（xī西），忽，迅疾之状。

（61）函幽育明，刘逵注："皆谓珠玉光耀之状也。"

（62）蚌蛤珠胎二句，刘逵注引《吕氏春秋》曰："月望则蚌蛤实，月晦则蚌蛤虚。"

（63）巨鼇，巨大的鱼。赑屃（bì xì 币细），亦作"屃赑"。用力之态。《文选·张衡〈西京赋〉》："巨灵赑屃。"薛综注："赑屃，作力之貌也。"

（64）大鹏缤翻二句，《庄子·逍遥游》："北冥有鱼，其名为鲲。……化而为鸟，其名为鹏。……怒而飞，其翼若垂天之云。……鹏之徙于南冥也，水击三千里，抟扶摇而上者九万里。"

（65）汪流，水深之状。抃（biàn卞），拍手。《说文》："抃，拊手也。"

（66）绵邈，遥远。冯（píng凭）隆，高大之状。刘逵注："冯隆，高貌。"

（67）旷瞻迢递二句，旷瞻迢递，指岛屿。迥眺冥蒙，指洲渚。冥蒙，深远之状。

（68）珍怪丽四句，珍怪之物，丽于岛屿之中，人路断绝，奇怪之徒唯风云能交通。

（69）洪桃屈盘四句，洪桃，巨大的桃树。李周翰注："洪，大也。大桃树盘屈三千里。"丹桂，桂树的一种。晋嵇含《南方草木状》卷中："桂有三种，叶如柏叶，皮赤者为丹桂。"琼枝，传说中的玉树。《楚辞·离骚》："溘吾比春宫也，折琼枝以继佩。"洪兴祖补注："琼，玉之美者。《传》曰：南方有鸟，其名为凤；天为生树，名曰琼枝。高百二十仞，大三十围，以琳琅为实。"珊瑚，由珊瑚中分泌的石灰质骨骼聚结而成的东西，状如树枝，多为红色，也有白色或黑色的。鲜明美观，可做装饰品。

（70）列真，各位真人。真人，道家称存养本性或修真得道的人，亦泛称"成仙"的人。《淮南子·本经训》："莫死不生，莫虚莫盈，是谓真人。"

（71）玉堂，神仙的居处。霤（liū 溜），本指屋檐水，借代屋宇、房屋。《楚辞·大招》："南房小坛，观绝霤只。"王逸注："霤，屋宇也。"

（72）石室，指传说中的神仙洞府。《真君传》："赤松子者，神农时雨师也……数往昆仑山中，常止西王母石室中，随风雨上下。"刘逵注："玉堂、石室，仙人居也。"

（73）蔼蔼，繁盛之状。翠幄，碧绿色篷帐。《汉书·礼乐志》："照紫幄，珠熉黄。"颜师古注："紫帐，飨神之帐也。帐上四下而覆曰幄。"嫋嫋，美好之态。素女，传说中的古代神女。与黄帝同时，或言其善于弦歌。《史记·孝武本纪》："秦帝使素女鼓五十弦瑟，悲，帝禁不止，故破其瑟为二十五弦。"

（74）江斐，亦作"江妃"。传说中的神女。《列仙传·江妃二女》："江妃有二女者，不知何所人也，出游于江汉之湄，逢郑交甫，见而悦之，不知其神人也。"海童，传说中的海中神童。刘逵注："海童，海神童也。"李善注引《神异经》："西海有神童，乘白马，出则天下大水。"

（75）响象，声音容貌。吕延济注："音响形象。"覶（luó 罗）缕，委曲详尽而有条理，多指语言。李周翰注："覶缕，次序也。言难得其次第也。"

（76）坱圠（yǎng yà 养亚），亦作"坱轧"。漫无边际之状。贾谊

《鹏鸟赋》："大钧播物兮，坱圠无垠。"卉，百草总名。髟（ǎo袄）蔓，草木盛长之状。《广雅》："髟，长也。"

（77）荂（fū敷），草木开的花。《尔雅·释草》："华，荂也。"郭璞注："今江东人呼华为荂。"菡蓲（fū yù夫玉），花开茂盛之状。李善注："言阳气菡煦，生万物也。"晔（yè夜），华美，盛美。《文选·宋玉〈神女赋〉序》："须史之间，美貌横生，晔兮如华，温乎如莹。"李善注："晔，盛貌。"蒨（qiàn欠），茂盛。

（78）藿，藿香。多年生草本植物。茎和叶有香味，可入药，又可作香料用。刘逵注引汉杨孚《异物志》："藿香，交阯有之。"蒳（nà纳），植物名。刘逵注引《异物志》："蒳，草树也，叶如栟栌桐而小，三月采其叶，细破，阴干之，味近苦而有甘。"豆蔻，又名草果、多年生草本植物、高丈许，秋结实、种子可入药，产岭南。

（79）薑，姜，多年生草本植物，根茎肥大，有辣味，是常用的调味品，亦可入药。汇，类。

（80）江蓠，亦作"江离"，又名"蘼芜"，香草名。《楚辞·离骚》："扈江离与辟芷兮，纫秋兰以为佩。"王逸注："江离、芷，皆香草名。"

（81）海苔，海中的苔类植物。刘逵注："海苔，生海水中。正青，状如乱发，干之亦盐藏，有汁，名曰濡苔。"

（82）纶（guān官）组紫绛，吕延济注："纶、组、紫、绛四者，北海中草。"

（83）食葛，可供食用的葛根，蔓生，与山葛同，根特别大，美于芋。香茅，多年生草本植物，叶扁平，长而宽，圆椎花序，茎和叶可提取香茅油，是做香水的原料。

（84）石帆，珊瑚虫的一种。呈树枝形，骨骼为角质，骨骼中之红色节片可作装饰品，着生于海底岩礁间。水松，藻类植物，可入药。刘良注："水松，药草。生水中，出南海交阯。"

（85）东风，菜名。扶留，植物名。藤属。叶可用与槟榔并食。实如桑椹而长，名蒟，可为酱。

（86）布濩（hù户），遍布，布散。《史记·司马相如列传》："鲜枝黄砾，蒋芋青蘋，布濩闳泽，延曼太原。"蝉联，绵延不断，连续相承。

（87）夤（yín 吟）缘，攀援，攀附。峊（jié 节），山曲。《文选》作"岊"。幂历，分布覆盖之状。

（88）扤（wù 误），摇。白蒂（dì 地），白色的草木根。蒂，花与瓜果与枝茎相连的部分。朱蕤，红花。

（89）睿（yuì 锐）茂，草木繁盛之状。晔，花。菲菲，花美之状。

（90）芬馥，色盛香散之状。肸（xī 希）蚃，分布，散布，引申为盛貌。《汉书·司马相如列传》："众香发越，肸蚃布写。"颜师古注："肸蚃，盛作也。"

（91）职贡，古代称藩属或外国对于朝廷按时的贡纳。《左传·襄公二十九年》："鲁之于晋也，职贡不乏，玩好时至。"包匦，裹束而置于匣中。一说包裹缠结。《书·禹贡》："包匦菁茅。"孔颖达疏引郑玄曰："匦犹缠结也……重之，故既包裹而又缠结也。"宿莽，经冬不死的草。《楚辞·离骚》："朝搴阰之木兰兮，夕揽洲之宿莽。"王逸注："草冬生不死者，楚人名曰宿莽。"

（92）枫柙，枫香树和柙树，皆香木名。橖樟，同"豫章"。大木名。栟（pīng 乒）榈，木名，即棕榈。枸桹（gǒu láng 狗狼），木名。刘逵注引《异物志》："枸桹，树也。直而高，其用与栟榈同。栟榈，出武陵；枸桹，出广州。"一本作"枸榔"。

（93）綵，木棉树，高大，果实如酒杯，皮薄，中有如丝绵物，色白。我国广州一带产。杭，大木名，其皮厚，味近苦涩。剥干之，正赤。煎后以藏众果，使不腐烂。杶（chūn 春），木名。即"櫄"。《书·禹贡》："杶干栝柏。"栌，木名。张衡《南都赋》："枫柙栌枥，帝女之桑。"文，木名。材密緻无理，色黑，如水牛角。㯕，木名。树皮中有如白米屑之物，干捣之，可作饼，似面粉。交趾产。桢，木名，即女贞。檀，木名，质地坚致，古时用作车材。

（94）平仲，银杏的别名。刘逵注引刘成曰："平仲之木，实白如银。"明方以智《通雅·植物三》："平仲，银杏也。"裙，果木名。古代柿子原始栽培种。实长而小，形如瓠，可食，亦可入药。松梓，松树和樟树。古度，即无花果。《齐氏要术·五谷果蓏菜茹非中国物产者》引晋刘欣期《交州记》：“古度树不花而实，实从皮中出，大如安石榴，色赤，可食。”石声汉注：“古度就是无花果。”橿（jiāng，疆）木名。

（95）枏榴，植物名，楠木的瘿瘤，俗称楠木疙瘩。刘逵注：“南榴，木之盘结者，其盘节文尤好，可以作器。”枏，“楠”的异体字。相思，树名，又名红豆树。刘逵注：“相思，大树也。材理坚，邪斫之，则文，可作器，其实如珊瑚，历年不变。东冶有之。”

（96）攒（cuán 巑），聚集，集中。挐（rú 如，又读 nú 奴），纷乱。葩（pā 趴），花。掩，通“掩”。

（97）轮囷，盘屈之状。《文选·邹阳〈狱中上书自明〉》：“蟠木根柢，轮囷离奇。”李善注引张晏曰：“轮囷离奇，委屈盘折也。”虬蟠，指如龙蛇之盘屈相纠。堨㠼（qì zhí 弃直），枝柯重叠之状。李善注：“堨㠼，枝叶相重叠貌。”

（98）杂糅，不同事物混糅合在一起。绸缪，花稠密之状。缛绣，指草木花光似绣文。

（99）湛霩（dàn duì 淡对），露垂之状。晻暿（àn bèi 暗贝），吕向注：“昏暗貌。”

（100）飉飏，即摇扬。飏，“扬”的异体字。飗浏，风声。飕飀（sōu liú 搜留），风声。

（101）鸣条律畅（chàng 畅），李善注：“律，谓籁也。殷仲文所谓幽律是也。言草木枝叶与风摇荡作声，如律吕之畅。”畅，通“畅”。

（102）筑，《说文》曰：“筑，似筝，五弦之乐也。”竽，《世本》曰：“随作竽。”郑玄《周礼》注曰：“三十六簧也。”

（103）猨父，老猿公。汉赵晔《吴越春秋·勾践阴谋外传》：“越有处女出于南林，国人称善……越王乃使使聘之，问以剑戟之术。处女将北见于王，道逢一翁，自称为袁公，问于处女：‘吾闻之善剑，愿一见之。’女曰：‘妾不敢有所隐，唯公试之。’于是袁公即杖箖箊竹，竹枝上颉桥，未堕地，女即捷来，袁公则飞上树，变为白猿。”此指猿，灵长类动物，有猩猩、长臂猿等种类。猨，通“猿”。狲（hūn 昏）子，兽名。猿的一种。刘逵注："狌子，猿类，猿身人面。见人啸。"

（104）狖（yòu 又），长尾猿。刘逵注引《异物志》："狖，猿类，露鼻，尾长四五尺。居树上，雨则以尾塞鼻。"鼯（wú 吾），兽名。亦称"大飞鼠"。前后肢之间有宽而多毛的飞膜，借以滑翔。狖（gǒu 狗）然，亦作"猓然"，兽名，即长尾猿。刘逵注："猓然，猿狖之类，居树，色青赤有文，日南、九真有之。"趠（chāo 超），同"踔"，腾跃。

（105）透，扬雄《方言》："透，惊也。"翚（huī 挥）散，飞散。

（106）臬羊，刘逵注引《尔雅》："臬羊，一名罻罻。如人，而长唇黑，身有毛及踵，见人则笑，左手操管。《海南经》所云也。"麐（qí 齐）狼，羚羊。刘逵注引《异物志》云："麐狼，大如麠，角前向，有枝下出，反向上，长者四五尺，广州有之，常居平地，不得入山林。"猰㺄（yà yǔ 亚雨），古代传说中的一种食人凶兽。㤩，虎的一种。

（107）乌菟，虎，江淮间谓虎为於菟。犀，犀牛。

（108）山经，《山海经》的简称。亦泛指记录山脉的舆地之书。刑镂于夏鼎，刘逵注引《左传》曰："昔夏之方有涵也，运方图物，贡金九牧，铸鼎象物，而为之备，使人知神奸。故人入山泽林薮，不逢不若，魑魅魍魉，莫能逢之。故曰刑镂于夏鼎。"

（109）篔筜（yún dāng 云当），大名竹。篍葰（lín yú 林鱼），竹名。叶大而薄。见前"猨父"注。桂箭，桂竹和箭竹。刘逵注："桂竹，生于始兴小桂县，大者围二尺，长四五丈。"箭竹，细小而劲实，可以为箭。通竿无节，江东诸郡皆有之。射筒竹，细小通长，长丈余，亦无节，可以为射筒。

（110）柚梧，竹名。出交趾、九真。篁，竹的泛称。篥，竹名，大如戟槿，实中劲强，交趾人锐以为矛，甚利。笋（láo 劳），竹名。有毒，为觚刺死，中之必死。

（111）橚矗（sù chù 宿畜），竹木长直之状。蓊茸，茂盛之状。

（112）檀栾、娟婵，竹妍雅之状。吕向注："檀栾、婵娟，皆美貌。"

（113）梢云，高云。刘良注："言虽云梢云之高亦不能逾也。"一说是山名，产竹。崦谷，昆仑北谷。

（114）鹥鸑（yuè zhuó 岳浊），凤的别称。《国语·周语上》："周之兴也，鹥鸑鸣于岐山"。鹓鶵（yuān chú 冤除），亦作"宛雏"，传说中与鸾凤同类的鸟。《庄子·秋水》："夫鹓鶵发于南海而飞于北海，非梧桐不息，非练实不实，非醴泉不饮。"

（115）㮇（chán 禅）榴，皆果木名。刘逵注引薛莹《荆扬异物志》："㮇，㮇子树也。生山中，实似梨，冬熟，味酸。丹阳诸郡皆有之。榴，榴子树也。出山中，实亦如梨，核坚，味酸美，交趾献之。"

（116）比景，李善注引《汉书音义》如淳曰："比景，日中于头上，景在己下，故名之曰比景。……一作北景，云汉武时，日南郡置北景县，言在日之南，向北看日，故名。"景，通"影"。

（117）翥（zhù 铸），飞举。《楚辞·远游》："鸾鸟轩翥而翔飞。"綷（cuì 粹），五色杂合。

（118）翡翠，鸟名。

（119）琛，宝。赂，货。琨瑶，皆美玉。锴，金属名。

（120）火齐，刘逵注引《异物志》："火齐如云母，垂沓而不可开，色黄赤似金，出日南。"骇鸡之珍，李善注引《孝经·援神契》曰："神灵滋液，则犀骇鸡。宋衷曰：'角有光，鸡见而见骇惊也。'"

（121）頳（chēng 撑），赤色。丹，丹砂。玑，珠类。金华、光彩。银朴，银在石中未冶炼。

（122）紫贝，紫色贝。也称文贝、砑螺。流黄，玉名。《淮南子·本经训》："甘露下，竹实满，流黄出而朱草生。"高诱注："流黄，玉也。"

（123）隐赈，众多，富饶。隐，通"殷"。刘逵注："隐，盛也。赈，富也。"葳襄（wěi huái 委淮），不平之状。李善注引《埤苍》曰："葳，不平也。又重累貌。"幽屏，生处。

（124）潜颖，潜深而有光颖。㩆㙂（chè duò 撤剁），采摘而坠落。刘逵注："言其如㩆擿而㙂落山谷者。"

（125）随侯鄙其夜光二句。夜光，宝珠名，即夜明珠，传说中随侯所得的宝珠。《史记·鲁仲连邹阳列传》："故无因至前，虽出随侯之珠，月光之璧，犹结怨而不见德。"结绿，美玉名。《战国策·秦策三》："臣闻周有砥厄，宋有结绿，梁有悬黎，楚有和璞。此四宝者，工之所失也，而为天下名器。"

（126）陬（zōu邹），四隅，角度。谲（jué决）诡，怪异，变化多端。

（127）龙穴内蒸二句，刘逵注："湘东新平县有龙穴，穴中墨土，天旱，人便共以水，沾穴，则暴雨应之，常以此请雨也。"

（128）陆鲤若兽，刘逵注："陆鲤，有四足，状如獭，鳞甲似鲤，居土穴中，极好食蚁。《楚辞》曰：'陵鱼曷止。'王逸注：'陵鱼，陆鲤也。'"浮石，鱼名，体虚轻浮，在海中，南海产之。桴，舟。

（129）比目，比目鱼。王余，鱼名。刘逵注："王余鱼，其身半也。俗云：越王鲙鱼未尽，因以残半弃水中，为鱼，遂无其一面，故曰王余也。"

（130）穷陆饮木，刘逵注："朱崖海中有渚，东西五百里，南北千里，无水泉，有大木，斩之，以盆瓮盛其汁而饮之。"水居，鲛人水底居。

（131）泣珠，俗传鲛人从水中出，曾寄寓人家，积日卖绡。绡者，竹孚俞也。鲛人临去，从主人索器，泣而出珠满盘，以与主人。

（132）开北户以向日，刘逵注："日南人北户，犹曰北人南户也。"幽都，李善注引《尚书》曰："宅朔方，曰幽都。谓日既在北，则南冥与幽都同。"

（133）畛畷（zhěn zhuó诊茁），地广道多。畛，田间的小路。畷，两陌间的小道。

（134）原隰，广平和低湿之地。窊（wā蛙）隆，地形洼下和隆起。引申为高低起伏。

（135）象耕鸟耘，李善注引《越绝书》："舜死苍梧，象为之耕；禹葬会稽，鸟为之耘。"后用以形容民俗古朴，有尧舜时代遗风。

（136）穛（zhuō捉），早熟的稻麦等谷物。菰（gū孤），菰米，一名"雕胡米"，可以做饭。于是乎在，于是在。刘逵注引《左传》曰："生人之道，于是乎在。"

（137）八蚕，一年八熟的蚕。李善注引《交州记》曰："一岁八蚕茧出日南也。"

（138）霸王之根柢，吴国与周朝并世称王，自泰伯至阖闾，共二十五世。夫差强大，被推为诸侯盟主，故云。柢，《尔雅》："柢，本也。"

（139）郭郭周匝，据《越绝书》记载，吴都外城周长六十八里六十步，大城周长四十七里二百一十步。郭（fú孚）郭，外城。

（140）通门二八二句，《越绝书》载，吴都有八个水门，八个陆门，每门都有两个城楼，车船可以并入。

（141）姑苏，吴国台名。据《越绝书》记载，吴王夫差起姑胥之台，五年乃成，高见三百里。姑胥即姑苏。

（142）带朝夕之潗池六句，李善注引《汉书》曰："枚乘上书曰：'夫汉诸侯方输错出，其珍怪不如东山之府，转粟西向，不如海陵之仓，修治上林，圈守禽兽，不如长洲之苑，游曲台，临上路，不如朝夕之池。'"靦（lì丽，又读xǐ徙），《苍颉篇》："靦，索视之貌。"

（143）起寝庙于武昌二句，刘逵注引《吴志》曰："前吴都武昌，在豫章；后都建业，在丹阳。孙权自会稽徙治丹阳、建业，人皆不乐从，故为歌曰：'宁饮建业水，不向武昌居。'言离宫者，非旧都也。"

（144）阖闾固之所营二句，刘逵注引《越绝书》曰："昔越王勾践欲伐吴，大夫种对以九术，于是作荣楯，婴以白璧，镂以黄金，状类龙蛇，以献吴王夫差。夫差大悦。子胥谏曰：'王勿受也。'王不听，遂受之，以饰殿也。阖闾造吴城郭宫室，其子夫差嗣，增崇侈靡。孙权移都建业，皆学之，故曰阖闾固之所营，采夫差之异法，而施荣楯也。"

（145）神龙，建业正殿名。

（146）临海、赤乌，皆建业吴大帝所太初宫殿名。韡晔（wěi yè伟夜），光明，美盛之状。

（147）膠葛，空旷深远之状。峥嵘，幽深之状。

（148）栊，窗上櫳木。櫎（huǎng谎），帷屏之类。

（149）阘茸（tà榻）谲诡，李周翰注："言门户谲诡而奇异也。"阘茸，门户。

（150）弯碕（qí其）、临砎（kēng坑），吴宫门户名。吴后主起昭明宫于太初之东，开弯碕、临砎二门。弯碕，宫东门；临砎，宫西门。

（151）彤樂，雕刻彩绘的屋梁。樂（栾），屋梁。桼（jié节），斗

236

拱。青琐，户的两边，以青画为琐文。楹，柱。

（152）闱，宫中小门。阆（kàng 亢），高门。《说文》："阆阆，高门也。"方轨，车辆并行。《战国策·齐策一》："车不得方轨，马不得并行。"

（153）阙，古代宫殿、祠庙和陵墓前的高建筑物，通常左右各一，建成高台，台上起楼观。以二阙之间有空缺，故名阙或双阙。驰道，李善注引《汉书音义》应劭曰："驰道，天子之道。毛诗曰：'周道如砥'，言其平直也。"

（154）耽耽，树荫下垂之状。亹亹（wěi 伟），行进之状。《楚辞·九辩》："时亹亹，而过中兮。"

（155）列寺七里二句，吴自宫门南出范路，府寺相属，侠道七里。寺，李善注引应劭《风俗通》曰："今尚书御史谒者所止皆曰寺。侠栋，栋相侠也。……阳路，路阳也。"

（156）栉比，像梳齿那样密密地排列着。"廨"，通解。官署，旧时官吏办公处的通称。署，医巫居所。綦，通"棋"。

（157）横塘，间巷名。三国吴大帝时于建业（今南京）南淮水（今秦淮河）南岸修筑横塘堤。为百姓聚居之庄。查下，间巷名。张铣注："横塘查下，间巷名。"

（158）长干，古建业里巷名。故址在今江苏南京市南。刘逵注："建业南五里，有山岗，其间平地，吏民杂居。东长干中有大长干小长干，皆相连。大长干在越城东，小长干在越城西。地有长短，故号大小长干。"飞甍（hǒng 哄）舛互，吕向注："言栋宇相交互也。"飞甍，屋檐，借指高楼。

（159）鼎贵，始贵，新贵。魁岸，大度。

（160）虞魏之昆，顾陆之裔，刘逵注："虞，虞文秀。魏，魏周。顾，顾荣。陆，陆逊。隆吴之旧也。昆裔，皆后世也。"

（161）岐嶷，刘逵注："岐嶷，谓有识知也。"《诗经·大雅·生民》："克岐克嶷，以就口食。"毛传："岐，知意也；嶷，识也。"老成，年老有德。亦指年高有德的人。《书·盘庚上》："汝无老成人，无弱孤有幼。"奕世，传世。

（162）兰锜，兵器架。兰，通"阑"。张铣注："兰锜，兵架也。陈列于甲策之门。若今戟门。"

（163）间阎阗嘘，人物遍满之状。间阎，里巷的门。借指里巷。阗（tián 田）咽，充满。

（164）靡，美。扬雄《法言》曰："聂政、荆轲，任使之靡。"轻訬（chǎo 吵）之客，轻捷的人。李周翰注："谓轻捷的人。"

（165）飞觞举白，行觞如飞，频频举杯。觞，酒杯。白，罚酒用的酒杯。

（166）翘关扛鼎，形容壮力之劲，能招门开。《史记·项羽本纪》："籍（项羽）长八尺余，力能扛鼎。"翘，通"招"。拼射壶博，手搏为拼。射，射箭。壶，投壶。博，博弈。壶博，皆为古代游戏。

（167）鄱阳之暴二句，刘逵注："鄱阳人俗性暴急。"鄱阳，地名。即今鄱阳县，在江西省东北部。

（168）衎（kàn 看），乐，和乐。《诗经·小雅·南有嘉鱼》："嘉宾或燕以衎。"饫（yù 育），古代统治者家宴的名称。《诗经·小雅·常棣》："饮酒之饫。"毛传："饫，私也，不脱屦升堂谓之饫。"匮，乏。

（169）唱榷转毂，指远方人唱歌划船，乘车转毂，以向吴都。昧旦，清晨，破晓。《诗经·郑风·女曰鸡鸣》："女曰鸡鸣，士曰昧旦。"

（170）阛阓（huán huì 环会），阛，市区的墙；阓，市区的门。故通称市区为"阛阓"。亦指代店铺。

（171）伫眙（zhù yí 柱沂），站立凝望，停步观看。《楚辞·九章·思美人》："擥涕而竚眙。"竚，通"伫"。骈坒（bì 币），并列相连。

（172）纻（zhù 住），苎麻做的衣服。绤（chī 痴），细葛布。《诗经·周南·葛覃》："为绨为绤。"毛传："精曰绨，粗曰绤。"傱（sǒng 耸），前进之状。

（173）隧，向市路。颿（fān 帆），同"帆"。船帆。刘逵注："颿，船帐也。"

（174）果布辐凑而常然二句，刘逵注引《地理志》曰："越多犀多玳瑁珠玑铜银果布之凑。黄支国多异物，入海市明珠流离。果，橘柚之属；希，笺纻之属。近海多宝物。凑，会处也。珧，老鹏化西海为珧。已裁割若马勒者谓之珂。珹者，珂之本璞也。日南郡出珂珹。"

（175）緤（jié 杰），古代南方少数民族称财货为"緤"。刘逵注："緤，蛮夷货名也。《扶南传》曰：'緤，货；布帛曰赌。'"

（176）镒，旧制二十两或黄金二十四两为镒。磊砢，众多之状。琲，贯，珠十贯为一琲。阑干，纵横。

（177）桃笙，桃枝竹编的竹席。刘逵注："桃笙，桃枝簟也，吴人谓簟为笙。"象簟，折象牙以为席。簟（dàn 淡），供坐卧用的竹席。《诗经·小雅·斯干》："下莞上簟，乃安斯寝。"

（178）蕉葛，细葛布。升越，超越细葛布。

（179）傪喜（sè zhī 色支），众多之状。棻豩（hǎo nǎo 好恼），李善注："众相交错之貌。"

（180）喤呷（huáng xiā 皇虾），众声。吕向注："喧哗喤呷，皆声。"芬葩，摆放货物使覆盖。

（181）霢霂（mài mù 脉木），小雨。此是挥汗成雨之意。中逵，道路交错之处，九通路口。《诗经·周南·兔罝》："肃肃兔罝，施于中逵。"孔颖达疏："九达谓之逵。郭璞云：'四道交出，复有旁道者。'"

（182）富中，刘逵注引《越绝书》曰："富中，大唐（塘）中也。勾践治以为田，肥饶，故谓之富中。"甿（méng 萌），古指农村居民。《周礼·地官·遂人》："凡治野，以下剂致甿，以田里安甿。"

（183）射利，谋取财利。

（184）珠服，珠襦之类，以珠饰之。玉馔，玉食，言其富有。

（185）趫（qiáo 乔），矫健。

（186）庆忌，吴王僚之子，古代勇士。李善注引《吕氏春秋》曰："吴王欲杀王子庆忌，谓要离曰：'吾常以马逐之江上，而不能及，射之，矢左右满抱，而不能中。'高诱曰：'庆忌，吴王僚之子也，走追奔兽，接及飞鸟。'"专诸，春秋时吴国堂邑（今江苏六合北）人。吴公子光（阖闾）欲杀吴王僚自立，伍子胥把他推荐给光。吴王僚十二年（前515），光设宴请僚，专诸藏匕首在鱼腹中进献，刺杀僚，自己也当场被杀。

（187）鲛函，鲛鱼甲，可做铠甲。属镂，亦作"属卢""属娄"。剑名。《左传·哀公十一年》："王闻之，使赐之属镂以死。"杜预注："属镂，剑名。"

（188）鍦（shī，又读 shé 蛇），即铊。矛。《方言》第九："矛，吴、扬、江、淮、南楚、五湖之间谓之鍦。"戳（dùn 盾）即"楯"。同"盾"。盾牌。《左传·定公六年》："（乐祁）献杨楯六十于简子。"闾（lú 驴），里巷的大门。

（189）鹤膝，矛。矛骹如鹤戏，上大下小，故称。犀渠，楯。即"盾"。犀牛皮制成，故称。

（190）军容，指军队和军人的礼仪法度、风纪阵威和武器装备。刘逵注："军容，军之容表，言矛剑等也。"

（191）吴鉤，亦称"吴钩"。钩，兵器，形似剑而曲。春秋吴人善铸钩，故称。后亦泛指兵器。越棘，古代越国制造的戟。棘，通"戟"。兵器名。纯钩、湛卢，皆古宝剑名。汉袁康《越绝书·越绝外传》："欧冶乃因天子精神，悉其技巧，造为大刑三，小刑二：一曰湛卢，二曰纯钩，三曰胜邪，四曰鱼肠，五曰巨阙。"

（192）石城，石头城，在建业西。故今南京亦称石头城。戈船，船下有戈的船，传伍子胥船有戈。

（193）日月其除，日月流逝。谓光阴不待人。《诗经·唐风·蟋蟀》："蟋蟀在堂，岁聿其莫。今我不乐，日月其除。"

（194）草木节解，霜降之后，生气既衰，草木枝叶，皆节理解落。腯（tú 图），肥壮。《左传·桓公六年》："吾牲牷肥腯。"孔颖达疏引服虔曰："牛羊曰肥，豕曰腯。"

（195）鹰隼（sǔn 笋），鹰和隼，皆鸟名。隼，鸟纲、隼科各种类的通称。

（196）组甲，甲衣。用丝绳带连缀皮革或金属的甲片。《管子·五行》："天子出令，命左右司马衍组甲厉兵，合什为伍，以修于四境之内。"尹知章注："组甲，谓以组贯甲也。"一说，组甲为漆甲成组文。祀姑，古代旗帜名。刘逵注："祀姑，幡名，麾旗之属也。"

（197）铎，古代乐器。形如铙、钲而有舌，是大铃的一种。《周礼·夏官·大司马》：“群司马振铎，车徒皆作。”具区，泽名，即太湖。《尔雅·释地》：“吴越之间有具区。”

（198）乌浒，古代南方少数民族名。《后汉书·南蛮传·乌浒》：“其西有噉人国……今乌浒人是也。”李善注引《南州异物志》：“乌浒……在今广州之南，交州之北。”狼䐠（guāng 光），亦作“狼䐠”。古代南方部族名。刘逵注：“《异物志》曰：狼人夜爨金，知其良不。”夫南、西屠、儋耳、金邻，皆古代南方少数民名。刘逵注引《异物志》曰：“夫南特有才巧，不与众夷同。西屠以草染齿，染白作黑。儋耳人镂其耳匡。”夫南，即扶南，中南半岛古国，位今柬埔寨。西屠，古部族名。儋（dān 单）耳，古代南方国名。又名离耳。汉元鼎六年内属，称儋耳郡。在今海南岛儋州市。金邻，刘逵注引《异物志》：“夫南之外，有金邻国，去夫可二千余里。土地出银，人众多，好猎大象，生得，其死，则取其牙。”象郡，古郡名，其地在今广西境。

（199）猋骙飍矞（biāo yuè xiū yù 彪月休玉），李善注：“众马走貌。”靸雪（tā zhà 他炸），李善注：“走疾貌。”

（200）俞骑聘路，俞儿是古代登山之神，长足善走。《管子·小问》：“臣闻登之神有俞儿者，长尺而人物具焉。霸王之君兴，而登山神见。且走马前疾，道也；祛衣，示前有水也；右祛，示从右方涉也。”指南，指南车。

（201）玉辂，以玉饰车。轺（yáo 尧），古代轻小便捷的马车。《汉书·平帝纪》：“亲迎立轺并马。”颜师古注引服虔曰：“立轺，立乘小车也。”骕骦，良马名。《左传·定公三年》：“唐成公如楚，有两骕骦马。”

（202）旟，“旗”的异体字。旗帜。鱼须，刘良注：“鱼须，鱼的髭鬚，以为旗竿。”常重，刘逵注：“日月为常。重光，谓日月画于旟上也。”

（203）摄，特。乌号，弓名。《淮南子·原道训》：“射者扞乌号之弓，弯棊卫之箭。”高诱注：“乌号，桑柘，其材坚劲，乌峙其上，及其将飞，枝必桡下，劲能复巢，乌随之，乌不敢飞，号呼其上。伐其枝以为弓，一曰乌号之弓也。”干将，古名剑名。

（204）贝胄，兜鍪，以贝饰之。一种头盔。象弭，弓末，以象牙饰之。鸟章，染丝织鸟画为文章，置于旌旗上。

（205）袀（jūn 均）服，服装一色。骐，马名。龙骧，亦作"龙襄"。昂头腾跃之状。《汉书·叙传下》："云起龙襄，化为侯王，割有齐楚，跨制淮梁。"颜师古注："襄，举。"

（206）峭格周施，张网周遍。罿（tóng 童，又读 chōng 冲），捕鸟网。《诗经·王风·兔爰》："雉离于罿。"罻（wèi 尉，又读 yù 郁），小网。《礼记·王制》："鸠化为鹰，然后设罻罗。"

（207）罼（bì 毕），古时田猎用的长柄网。罕（hǎn 喊），捕鸟用的长柄小网。罠（mín 民），捕兽网。蹏，"蹄"的异体字。

（208）阹（qū 区），猎者利用天然地势围猎禽兽。九嶷，山名。沅、湘，水名。皆在今湖南境。

（209）輶（yóu 犹）轩，轻车。蓼（liáo 燎）拢，纷乱之状。李周翰注："蓼拢，乱貌。"彀骑（gòu jì 够季），持弓弩的骑兵。

（210）袒裼（tǎn xī 坦希），脱去上衣，露出内衣。《诗经·郑风·大叔于田》："袒裼暴虎，献于公所。"拔距，亦作"拔拒"，比腕力，一说跳跃，古代的一种练武活动。《汉书·甘延寿传》："少以良家子善骑射为羽林，投石拔距绝于等伦，尝超逾羽林亭楼，由是迁为郎。"颜师古注："应劭曰：'投石，以石投入也。……'拔距者，有人连坐相把据地，距以为坚而能拔取之，皆言其有手掔之力。"

（211）趫（qiáo 乔），行动轻捷，善于缘木升高。《说文》："趫，善缘木之士也。"狅猤（guǎng jì 广季），勇壮之态。

（212）趑趈腡腂（cān tán là tà 参潭腊榻），李善注："相随驱逐众多貌。"

（213）莽罞（làng 浪），广大之状。

（214）干卤，皆楯。殳（shū 书），古代撞击用的兵器。竹制，长一丈二尺，头八棱而尖。《诗经·卫风·伯兮》："伯也执殳，为王前驱。"鋋（chán 蝉，又读 yán 延），小矛。《史记·匈奴列传》："其长兵则弓矢，短兵则刀。"裴骃集解引韦昭曰："鋋形似矛，铁柄。"旸（yáng 羊）夷，铠甲名。勃卢，矛名。刘逵注引《越绝书》曰：越王身披旸夷之甲，扶勃卢之矛。"

（215）殳，（yì 役），小矛。

（216）儇佻，迅疾之状。坌（fèn 奋）并，纷至沓来。並，"并"的异体字。衔枚，横衔枚于口中，以防喧哗或叫喊。枚，形如筷子，两端有带，可系于颈上。

（217）悠悠旆旌，旗帜飘动之状。语出《诗经·小雅·车攻》："萧萧马鸣，悠悠旆旌。"聊浪，放旷之状。昧莫，广大之状。

（218）钲，《说文》："钲，铙也。"疊，《文选》作"疊（迭）"字。熛，火焰。

（219）菈攞（lā liè 拉猎），崩弛之声。雷砊，山崩声。形容声音巨大。吕延济注："雷砊，山崩声。"

（220）魈（hán 含），兽名。《尔雅·释兽》："魈，白虎。憅（bào 暴），猛兽"。李周翰注："暴虎，虎也。"䑏（shū 叔），《尔雅·释兽》："䑏，黑虎。"綒（sǒng 耸），绊两前足。麋（mí 迷），麋鹿。麖（jīng 京），大麋鹿。

（221）六駮（bó 博），兽名。《尔雅，释畜》："駮，如马，倨牙，食虎豹。"飞生，鼯鼠的别名。

（222）鸾（luán 峦），鸾鸟。传说中的神鸟，瑞鸟。《山海经·西山经》："（女床之山）有鸟焉，其状如翟而五采文，名曰鸾鸟，见则天下安宁。"鹒（jīng 京），羌鹒，鸟名。刘逵注引师旷曰："南方有鸟曰羌鹒，黄头赤目，五色备也。"猱（náo 挠），猿类，身体敏捷，善攀缘。（tíng 亭），兽名，猿类。

（223）鸩（zhèn 阵），鸟名。刘逵注："鸩鸟，一名云白。黑色，长颈赤喙，食蝮蛇，体有毒，古人谓之鸩毒。江东诸大山中皆有之。"

（224）嵺嶕（liáo jiāo 撩焦），高耸之状。吕向注："嵺嶕，高貌。"聿越，豹走之状。

（225）跐逾，超越，远跳。犷联猭，兽类奔走。李善注："《埤苍》曰：'犷联猭'，逃也。"

（226）封豨，大猪。豨，同"豨"，猪。菰（xuì 学），猪叫声。螭（chì 吃），古代传说中的无角的龙。

（227）弭（mǐ米）节，驻节，停车。节，车行的节度。弭，止。驻跸（bì毕），帝王出行，途中停留暂住。

（228）羽族，指鸟类。觜（zuǐ嘴）距，嘴与距。鸡争斗时，以此进攻对方。铍（pī披），两刃小刀。毛碎，指兽类。铗（jiā夹），剑。《楚辞·九章·涉江》："带长铗之陆离兮。"体著，著体而生。

（229）扢（gǔ古），摩擦。《汉书·礼东志》："扢嘉坛，椒兰芳。"颜师古注："谓摩拭其坛，加以椒兰之芳。"创痏（wěi伟），创伤。殴人皮破血为"痏"。泛指殴伤、创伤。《急就篇》卷四："疻痏保辜谑呼号。"颜师古注："殴人皮肤肿起曰疻，殴伤曰痏。"

（230）衄（nǜ女），损伤。李善注："衄，折伤，拉，折伤。捭（bǎi百），两手横向对外而击"。刘逵注："捭，两手击绝也。"石林，由水流石灰岩的垂直裂缝溶蚀而造成的一种地貌。多形成优美的景观。如云南路南的石林。崪崿（zuò è坐恶），亦作"岞崿"。山深险之状。《文选·嵇康〈琴赋〉》："互岭巉岩，岞崿岖嵯。"李善注："皆山石崖崄峻之势。"靡，碎。

（231）雄虺（huī灰）九首，语出《楚辞·天问》："雄虺九首。"雄虺，古代传说中的大毒蛇。趾，蹴。

（232）鵔鸃（jùn yí俊仪），古籍中的鸟名。《汉书·司马相如传上》："翡翠，射鵔鸃。"颜师古注："鵔鸃，鷩鸟也，似山鸡而小，冠背毛黄，腹下赤，项绿色，其尾毛红赤，光采鲜明。"豺，禽兽名。体似狼而小，体色通常棕红，性凶猛，喜群居。貘（mò莫），禽兽名，体形略似犀，但较矮小，尾极短，鼻端无角，向前突出很长，能自由伸缩。

（233）刉剖（jǐ几），抢劫，劫夺。李善注："剖，亦刉也。"刉，同"劫"。

（234）猩猩啼而就禽二句，刘逵注引《山海经》曰："猩猩，豕身人面。《异物志》曰：'出交趾，封溪有猩猩，夜闻其声有小儿啼也。寓寓，枭羊也。……枭羊善食人，大口，其初得人，喜而笑，却唇上覆额，移时而后食之。人因为筒，贯于臂上。待执人，人却抽手从筒中出，凿其唇于额，而得禽之。'"猩猩，动物名。寓寓（fēi菲），即狒狒，动物名。

（235）屠巴蛇二句，典出《山海经·海内南经》："巴蛇食象，三岁而出其骨。"巴蛇，古代传说中的大蛇。骼，骨。

（236）周章，惊恐，惶遽。夷犹，犹豫。刘良注："周章夷犹，恐惧不知所止也。"

（237）狼跋，比喻艰难窘迫。《诗经·豳风·狼跋》："狼跋其胡，载疐其尾。"毛传："跋，躐；疐，跲也。老狼有胡，进则躐其胡，退则跲其尾，进退有难，然而不失其猛。"纮（hóng 洪），网。睒眎（shǎn shì 闪市），疾视。

（238）褫（chǐ 齿），夺。踢，跌。跋（bó 博），伏地。刘逵注："踢，跋，皆顿伏也。"

（239）饮羽，饮，隐没。羽，箭尾上的羽毛。射箭深入没羽，形容发箭力量极强。偾（fèn 奋），仆倒。

（240）薮，湖泽的通称，也专指少水的泽地。薄，草木茂密。《说文·艸部》："薮，林薄也。"刘逵注："不入之丛也。"岬（jiá 甲），两山之间。岫（xiù 袖），有穴的山。

（241）豜豵（jiān zōng 肩宗），三岁的大猪称豜，一岁的猪称豵。《诗经·豳风·七月》："献豜于公。"毛传："豕，一岁曰豵，三岁曰豜。"麛（xū 须），小鹿，一说小兽的通称。

（242）丰隆，古代神话中的云神；一说雷神。《楚辞·离骚》："吾令丰隆乘云兮，求宓妃之所在。"王逸注："丰隆，云师，一曰雷师。"

（243）乌兔，神话传说日中有三足乌，月中有玉兔，故以"乌兔"指代"日月"。

（244）嶰（xiè 械），两山间的涧谷。李善注引《尔雅》曰："小山别大山曰嶰，山夹水曰涧。"闉（qù 去），亦作"阒"，空。冈岵童，刘逵注引《尔雅》曰："山多草木曰岵。冈，山脊也。童，无草木也。若童无角。"

（245）罾罘（zēng fú 增浮），罾，用竿支架的渔网。罘，捕兽的网。

（246）靶，辔革。睨，斜视。

（247）航，船别名。彭蠡，泽名，即鄱阳湖，在今江西东北部。艘，船总名。

（248）弘舸连舳二句，刘逵注引扬雄《方言》："江湖凡大船曰舸。舳，船前也；舻，船后也。船上下四方施板者曰艎也。"

（249）岛峙，指像方壶、蓬莱二山，上有宫阙。方壶，传说中的神山名，一名方丈。《列子·汤问》："渤海之东，不知几亿万里，有大壑焉……其中有五山焉：一曰岱舆，二曰员峤，三曰方壶，四曰瀛洲，五曰蓬莱。"殷敬顺释文："一曰方丈。"

（250）鹢（yì益）首，古代船头上画着鹢鸟的像，故称船首为鹢首，浮吹以娱。余皇，春秋吴国船名。《左传·昭公十七年》："子鱼先死，楚师继之，大败吴师，获其乘船余皇。"杜预注："余皇，舟名。"

（251）流苏，下垂的穗子，用五彩羽毛或丝线制成，古时用作车船、帐幕等的装饰品。轩幌，门帘或窗帷。吕向注："轩，门也；幌，帐也。"水区，河中。开轩幌，光辉如镜照川。

（252）篙工，船工。篙，通"篙"。檝师，船工。闽禺，指越国，其地为闽中郡。禺，番禺，今属广东省。长风，远风。灵胥，伍子灵胥。指水仙。李善注引《越绝书》曰："子胥死，王使捐于大江口，乃发愤驰腾，气若奔马，乃归于大海。盖子胥，水仙也。渡河的人，为保平安，皆敬祠伍子胥之灵，只有舟檝之师，独能狎玩之。"

（253）櫂（zhào兆），摇桨行船时所唱的歌。籥，三孔籥。

（254）弋，缴射。磻（bō波），缴矢所用的石块。鹪鹏，亦作"焦明""鹪明"，鸟名。《广雅·释鸟》："鹪明，凤凰属也。"

（255）虞，古代掌管山林川泽的官员。《书·尧典》："咨益，汝作朕虞。"孔传："虞，掌山泽之官。"机，弩牙。鸡鹢（jiāo qīng交青），水鸟名，似凫。

（256）詹公，詹何。《淮南子·说山训》："詹公之钓，千岁之鲤不能避。"詹何，又称詹子，战国时哲学家、垂钓能手。相传他"引盈车之鱼于百仞之渊、汨流之中纶不绝，鈎不伸，竿不挠"。事见《列子·汤问》。后用作善钓之典。任父，任公子。古代传说中善捕鱼的人，亦称任公、任父。《庄子·外物》："任公子为大钩巨缁，五十犗以为饵，蹲乎会稽，投竿东海，旦旦而钓，期年不得鱼。已而大鱼食之，牵巨钩，錎没而下，鹜扬而奋鬐，白波若山，海水震荡，声侔鬼神，惮赫千里。任公子得若鱼，离而腊之，白濒河以东，苍梧以北，莫不厌若鱼者。"成玄英疏："任，国名。任国之公子。”

（257）筌，捕鱼竹器，鱼笱一类。《庄子·外物》：“荃者所以在鱼，得鱼而忘筌。”鲠鳐（gèng mèng，亘孟），亦作“鲕鳐”。鱼名。古又称鲔、鳣。鲟类鱼。鲤（lǐ 礼），同“鳢”。乌鳢鱼。鲿（cháng 尝），黄鲿鱼。《太平御览》卷九三七引《毛诗》：“鱼丽于罶，鲿鲨。”

（258）鲆（jiè 介），即比目鱼。鳙（hào 号）鰕，一种特大的虾。鰕，同“虾”。

（259）鲎（hòu 后），鱼名，又名中国鲎、东方鲎，节肢动物肢口纲，鲎科。刘逵注：“鲎，形如惠文冠，青黑色，十二足，似蟹，足悉在腹下，长五六寸。雌常负雄行，渔者取之，必得其双，故曰乘鲎。南海、朱崖、合浦诸郡皆有之。”鼋（yuán 元），动物名。亦称“绿团鱼”，俗称“癞头鼋。”背甲近圆形，散生小疣，暗绿色，腹面白色。前肢外缘和蹼均呈白色。生活于河中。鼍（tuó 驼），动物名，即“扬子鳄”。罛（gū 孤），大的渔网。《诗经·卫风·硕人》：“施罛濊濊。”

（260）虎，虎鱼。刘逵注：“虎鱼，头身似虎，或云变而成虎。”鹿，鹿头鱼，有角似鹿。鸷（zhí 直），亦作“絷”。拴缚马足的绳索，绊子。《庄子·马蹄》：“连之以羁絷，编之以皂栈。”舽（lóng 龙），兼有。裾（jūn 君）七束，困窘束缚，同“窘”，困窘。

（261）徽（huī 辉）鲸、攙抢，刘逵注：“徽鲸，鱼之有力者也。鱼大者莫若鲸也，故曰徽鲸也。攙抢，星也。《淮南子》曰：鲸鱼死而彗星出。”犗（jiè 介），阉割过的牛，犍牛。

（262）井谷射鲋，从井口射取小鱼。《易·井》：“井谷射鲋，瓮敝漏。”高亨注：“井谷犹井口也。山口出水谓之谷，故井口谓之井谷。鲋，小鱼名。瓮，汲水瓶。敝，破也。爻辞言：从井以弓矢射井中的小鲋鱼，不能中鱼，反而穿其瓮，瓮以破漏矣。此比喻人行事所用之手段不适合客观条件，以致失败。”后用为典实。

（263）缗（mín 民），钓丝。《诗经·召南·何彼襛矣》：“其钓维何？维丝伊缗。”

（264）萍实，传说中的甘美水果。汉刘向《说苑·辨物》：“楚昭王渡江，有物大如斗，直触王舟，止于舟中。昭王大怪之，使聘问孔子。孔子曰：'此名萍实，令剖而食之，惟霸者能获之，此吉祥也。'"后遂以"萍实"称甘美的水果。灵夔，传说中的奇兽。刘逵注引《山海经》曰："东海中有兽，如牛苍身，无角，一足，入水则风，其声如雷，以其皮冒鼓，闻五百里，名曰夔。"鲛人，亦作"蛟人"，传说中的水中人鱼。

（265）精卫，古代神话中的鸟名。《山海经·北山经》："发鸠之山，其上多柘木。有鸟焉，其状如乌，文首，白喙，赤足，名曰精卫，其鸣自詨。是炎帝之少女，名曰女娃。女娃游于东海，溺而不返，故为精卫。常衔西山之木石，以堙于东海。"缴（zhuó 酌），系在箭上的生丝绳，射鸟用。文鳐，传说中的鱼名。《山海经·西山经》："又西百八十里，曰泰器之山。观水出焉，西流注于流沙。是多文鳐鱼，状如鲤鱼，鱼身而鸟翼，苍文而白首，赤喙，常行西海，游于东海，以夜飞。"纶（lún 伦），较粗的丝线，常指钓鱼。

（266）雕题之士二句，刘良注："言夷人雕额镂身为文，与虬龙之饰相似，故云此饰又可与虬龙偶对也。"雕题之士，指古代南方雕额文身之部族的人。雕题是在额上刺花纹。镂身，在身体上刺画有色的花纹或图案。

（267）虬（qiú 求），古代传说中的一种无角的龙。蛟（jiāo 交），古代传说中的动物，民间相传以为能发洪水。螭（chī 痴），古代传说中的一种动物，蛟龙之属。《说文·虫部》："螭，若龙而黄。"

（268）豰（yì 异）费，依稀，仿佛。吕延济注："豰费，犹依稀也。"一说，锦文貌。李善注："豰费，锦衣貌。"锦缋，色彩艳丽的织锦。

（269）虓（xiāo 嚣），虎叫。《诗经·大雅·常武》："阚如虓虎。"狼戾，凶狠。

（270）昧，冒。瓌（guī 龟）奇，奇异，珍奇。瓌，"瑰"的异体字。

（271）蝳蝐，同"瑇（玳）瑁"，海中动物，形似龟，背面角质板光滑，有褐色和淡黄色相间的花纹。扪（mén 门），扶持，抚摸。觜蠵（zī xī 资希），星座名。觜宿的早期名称。《礼记·月令》："仲秋之月，日在角，昏牵牛中，旦觜中。"《史记·天官书》："小三星隅置，曰觜觿，为虎首，主葆旅事。"

（272）剖巨蚌于回渊二句，刘逵注："巨蚌，育明珠者。《列仙传》曰：'高后时，会稽朱仲献三寸四寸珠，此非回渊巨蚌，不出之也。'"回渊，水。明月，明珠。《楚辞·九章·涉江》："被明月兮珮宝璐。"王逸注："言已背被明月之珠。"涟漪，水面上波纹，微波。

（273）澹（tán 谈）台，复姓。此指澹台灭明，字子羽，武城人，孔子的门徒。刘逵注引《搜神记》曰："澹台子羽斋璧渡河，风波忽起，两龙夹舟。子羽奋剑斩龙，波乃止。登岸，投璧于河。河伯三归之，子羽毁璧而去。"袭海，入海。徇，求。

（274）汉女，传说中的汉水女神。《文选·扬雄〈羽猎赋〉》："汉女水潜，怪物暗冥，不可殚形。"李善注引应劭曰："汉女，郑交甫所逢二女也。"晋贾，贾大夫贾充女贾午，窥见父属吏韩寿美姿容，悦之，两人私通。贾午窃异香与寿，贾充闻香察知其事，充遂嫁女于寿。事见《晋书·贾充传》。同尘，谓如灰尘之混杂异物，指混一、统一。语本《老子》："和其光，同其尘，湛兮似或存。"魏源本义："以尘之至杂而无所不同，则于万物无所异矣。"

（275）泪（yǔ 雨），迅急之状。《离骚》："泪余若将不及兮，恐年岁之不吾与。"砑砳，舟击水之状。飔（sī 思）风，疾风。飗飗（liú 刘），风声。

（276）濑，水大波。沛沛、悠悠，船行之状。

（277）汽（qì 迄），接近，差不多。《诗经·大雅·民劳》："民亦劳止，汽可小康。"凯归，乐归，凯旋。天吴，水神名。《山海经·海外东经》："朝阳之谷，神曰天吴，是为水伯。"又《大荒东经》："有神人，八首人面，虎身十尾，名曰天吴。"阳侯，古代传说中的波涛之神。《战国策·韩策二》："塞漏舟而轻阳侯之波，则舟覆矣。"鲍彪注："说阳侯多矣。今按《四八目》，伏羲六佐，一曰'阳侯'，为江海，盖因此为波神欤！"

（278）包山、洞庭，太湖的别名。刘逵注引王逸曰："太湖在秣陵东，湖中有包山，山中有如石室，俗谓洞庭。"

（279）桂林苑、落星楼，在今江苏南京市东北临江的落星山上。刘逵注："吴有桂林苑、落星楼，楼在建业东北十里。"

（280）淮泗，淮河和泗水。

（281）绿醽（líng 陵），酒名。李善注引《湘州记》曰："湘州临水县有醽湖，取水为酒，名曰醽酒。"醽湖在今湖南衡阳市东二十里。

（282）醮（jiào 较）鼓，古时军中会饮结束时的鼓声。吕向注："言击鼓示尽。"

（283）馆娃宫，古代宫殿名，春秋时吴王夫差为西施所建。在今江苏省苏州市西南灵岩山上，灵岩寺即其旧址。女乐，歌舞伎。《楚辞·招魂》："肴羞未通，女乐罗些。"

（284）钧天，"钧天广乐"的略语，指天上的音乐。刘勰《文心雕龙·乐府》："钧天九奏，既其上帝。"《史记·赵世家》："赵简子疾，五日不知人……居二日半，简子寤。语大夫曰：'我之帝所甚乐，与百神游于钧天，广乐九奏万舞，不类三代之乐，其声动人心。'"钧天，天的中央。

（285）登东歌二句，刘逵注引《晏子春秋》曰："桀作东歌。南音，徵引也，南国之音也。《左氏传》曰：'钟仪在晋，使与之琴，操南音。商、角、徵、羽各有引。钟仪楚人，思在楚，故操南音。'"

（286）胤（yìn 印），继。阳阿，古乐曲名。宋玉《对楚王问》："客有歌于郢中者，其始曰《下里》《巴人》，国中属而和者数千人；其为《阳阿》《薤露》，国中属而和者数百人……"靺（mèi 妹）任，古代东方和南方少数民族的音乐。刘逵注引《周礼》曰："《靺》，东夷之乐，《任》，南夷之乐。"

（287）荆艳，楚歌。吴愉，吴歌。

（288）翕习容裔二句，刘逵注："翕习容裔，音乐之状。靡靡悁悁，言乐容与闲丽也。"

（289）唱和（hè 贺），歌唱时此唱彼和。语出《诗经·郑风·萚兮》："叔兮伯兮，倡予和女。"陆德明释文："本又作'唱'。"

（290）铿耾，大声。

（291）坻颓，亦作"坻隤"，山崩之声。汉扬雄《解嘲》："功若泰山，响若坻隤。"

（292）汁协，和谐，协调。《方言》第三："自关而东曰协，关西曰汁。"汉张衡《西京赋》："自我高祖之始入也，五纬相汁，以旅于东井。"

（293）《延露》，亦作"延路"。古俚曲名。《淮南子·人间训》："夫歌《采菱》，发《阳阿》，鄙人听之，不若《延路》《阳局》。"高诱注：
"《延路》《阳局》，鄙歌曲也。"《驾辩》，古乐曲名。《楚辞·大招》："伏
戏《驾辩》，楚《劳商》只。"王逸注："《驾辩》《劳商》，皆曲名也。"

（294）《绿水》，古舞曲名。一名《渌水》。《淮南子·俶真训》："足
蹀《阳阿》之舞，手会《绿水》之趋。"高诱注："《绿水》，舞曲也，一
曰古诗也。"《采菱》，乐府清商曲名。又称《采菱歌》《采菱曲》。

（295）军马弭髦而仰秣，面对着饲料的马都伏下鬃毛不吃。形容乐
声美妙，连马也停食倾听。《荀子·劝学》："伯牙鼓琴，六马仰秣。"弭
（mǐ 米），顺服。秣（mò 末），喂马的饲料。

（296）渊鱼竦鳞而上升，典出《列子·汤问》："匏巴鼓琴而鸟舞鱼
跃。"张湛注："匏巴，古善鼓琴人也。"

（297）鲁阳挥戈，典出《淮南子·览冥训》："鲁阳公与韩构难，战
酣，日暮，援戈而为之，日为之反三舍。"刘逵注："此言酣饮与音乐，盖
是其中半并会之际，欢情之所以留连，良辰之所以觉也。故追述鲁阳回日
之意，而将转西日于中盛之时，以适己之盛观也。"鲁阳，鲁阳公。战国
时楚鲁阳邑公。曜灵，太阳。《楚辞·天问》："角宿末日，曜灵安藏？"
王逸注："曜灵，日也。"太清，天空。《楚辞·九叹·远游》："譬若王侨
之乘云兮，载赤霄而凌太清。"

（298）夏后氏，指禹受舜禅而建立的夏王朝。《史记·夏本纪》："禹
于是遂即天子位，南面朝天下，国号曰夏后，姓姒氏。"玉帛，圭璋和束
帛。古代祭祀、会盟、朝聘等均用之。《左传·哀公七年》："禹合诸侯于
涂山，执玉帛者万国。"

（299）阖闾，春秋末年吴国君，名光。公元前514—前496年在位。
他曾灭亡徐国，攻破楚国。信，伸。

（300）夫差，春秋末年吴国君，阖闾之子。公元前495—前473年在
位。他曾打败越国，大败齐兵，后在黄池和诸侯会盟，与晋争霸。

（301）伍员，字子胥，春秋时吴国大夫。他曾帮助阖闾刺杀吴王僚，
夺取王位，攻破楚国。后又劝夫差拒绝越国求和停止伐齐。

（302）孙子，名武，齐国人，春秋时军事家。他曾被阖闾任为将，

率军攻破楚国。著有《孙子兵法》。

（303）柏举，古地名。春秋楚地。公元前506年，楚围蔡，吴救之，大败楚师于此。故址在今湖北麻城市境。

（304）会（kuài 快）稽，山名，在今浙江省绍兴市东南。越王勾践被夫差打败后，曾于此栖身，以图恢复。

（305）阙沟于商鲁，指夫差为争霸中原，在江淮间开凿的一条古运河。其故道自今江苏省扬州市南引长江水北过高邮市西，从东北入射阳湖，又西北至淮安市北入淮河。阙，通"掘"。

（306）黄池，春秋时地名。在今河南封丘西南。《左传·哀公十三年》："夏，公会单平公、晋定公、吴王夫差于黄池。"

（307）绕雷（liū 溜），古地名。在今陕西省。以地势险要著称。后常以代险固之地。《汉书·王莽传中》："绕雷之固，南当荆楚。"颜师古注："谓之绕雷者，言四面塞院，其道屈曲，谿谷之水，回绕而雷也。"郑白，二渠名。刘逵注："意者谓吴江湖之阻，洞庭之崄，土地之沃，物产之丰，虽关中所谓绕雷之固，郑白之丰，未足为言也。凡天下言丰者，皆多称关中，故引焉。"

（308）陷坚，攻打、攻入坚固的阵地。节概，志节气概。

（309）睚眦（yá zì 崖自），瞪眼睛，怒目而视。引申为小怨小忿。《史记·范雎蔡泽列传》："一饭一德必偿，睚眦之怨必报。"喑呜（yìn wù 印物），小怒。李周翰注："喑呜，含怒未发。言如此小怒，则拔剑弯弓，言勇狭也。"弯弓，挽弓，拉弓。

（310）麾城，指挥攻城。振槁，振动树木使叶脱落。搴旗，拔取敌方旗帜。顾指，以目示意而指使之，比喻轻而易举。刘逵注："顾指，喻疾且易也。"

（311）累叶，累世。叶，世。

（312）乐湑，幸福美好。衎（kàn 看），出。吕延济注："湑，美也；衎，出也。言乐湑之事皆出此方城之中。"

（313）桂父，古代传说中的仙人。汉刘向《列仙传·桂父》："桂父者，象林人也，色黑而时白时黄时赤，南海人见而尊事之，常服桂及葵。"

赤须，即赤须子，传说中的神仙名。汉刘向《列仙传·赤须子》："赤须子，丰人也。丰中传世见之，云秦穆公时主鱼吏也。数道丰界灾害水旱，十不失一……好食松实、天门冬、石脂。齿落更生，发堕再出。服霞绝后，遂去吴山下十余年，莫知所之。"蝉蜕，李善注："言此人等仙，如蝉之脱壳。"附丽，附着，依附。丽，附。赤须子本非吴人，故说附丽。

（314）舜禹游焉四句，舜南巡，死葬苍梧九嶷山。禹将老死，命群臣葬之会稽之山。没齿，终身。《论语·宪问》："夺伯氏骈邑三百，饭疏食，没齿无怨言。"刘逵注："言圣帝明王，存亡而淹留于是者，贵其奇丽也。"

（315）商攉，商计，斟酌。攉，"榷"的异体字。

（316）郁鞅，亦作"郁决"。鞅，"决"的假借字。广大之状。湫阨，同"湫隘"，低下狭小。《左传·昭公之年》："初，景公欲更晏子之宅，曰：'子之宅近市，湫隘嚣尘，不可以居，请更诸爽垲者。'"杜预注："湫，下；隘，小。"踏蹋，局促，不舒展。汉王逸《九思·悯上》："踏蹋兮寒局数，独处兮志不申，年齿尽兮命迫促。"

（317）函弘，宽大。倾神州，神州指代中国，中国地势西高东低，吴在东南，地低，故说倾神州。韫椟，藏在柜子里。珍藏，收藏之意。《论语·子罕》："有美玉于斯，韫匵而藏诸？求善价而沽诸？"何宴集解引马融曰："韫，藏也；匵，匮也，谓藏诸匮中。"

（318）南斗，星名。即斗宿，有星六颗，在北斗星之南，形似斗，故称。刘逵注引《天官星占》曰："南可斗主爵禄，其宿六星。《〈春秋说〉题辞》曰：'南斗为吴。'"二仪，指天地。优渥，雨水充足。语本《诗经·小雅·信南山》："益之以霢霂，既优既渥。"

（319）棘林，棘树之林。棘，木名，即酸枣树，落叶灌木或乔木，枝上有刺。萤耀，萤光。耀，借作"燿"。枒木，传说中的大树。刘逵注引《山海经》："枒木长千里。"龙烛，烛龙神所衔之烛。刘逵注引《山海经》曰："钟山之神，名曰烛龙，视为昼，暝为夜。"

（320）否（pǐ 匹）泰，否、泰，《周易》中的两个卦名，泰谓"天地交而万物通"，否谓"天地不交而万物不通"。后常合用指世道盛衰和人事通塞。悬解，解除束缚。刘逵注引《庄子》曰："老子死，秦失吊之，三号而出。弟子曰：'非子之交耶？'曰：'然。''然吊若是，可乎？'曰：'始也，吾以其人也，而今非也。适为，夫子时也；适去，夫子顺也。安时而处顺，忧乐不能入也。古者谓帝之悬解。'《庄子》曰：'有系谓之悬，无谓之解。'郭璞曰：'悬绝曰解。'"桎梏（zhì gù 质固），脚镣手铐，古代用来拘系罪人手脚的刑具。疏属，山名。《山海经·海内西经》："贰负之臣曰危，危与贰负杀窫窳。帝乃梏之疏属之山，桎其右足，反缚两手与发，系之山上木。"刘逵注曰："帝，天也。人生禀命于天，受拘俗之性，忧虞终身不解，此乃至终执缚，为天所系。天安时处顺，忧乐不能入，此自然放肆，为天所解也。天在上者，故曰帝之悬解，性之永放者也；桎梏疏属，形之永拘者也。相背之甚，故以相况焉。"

（321）丰确，厚薄。确，薄。

（322）佹傀、谲诡，刘逵曰："佹傀、谲诡，皆谓非常诡异之事。"

（323）终古，永古。前觉，先觉，觉悟早于常人的人。《孟子·万章上》："天之生此民也，使先知觉后知，使先觉觉后觉也。"

（324）孟浪，疏阔而不精要，荒诞而无边际。《庄子·齐物论》："夫子以为孟浪之言，而我以为妙道之行也。"要妙，亦作"要眇"。精深微妙。《老子》："不贵其师，不爱其资，虽智大迷，是谓要妙。"

【赏析】

《三都赋》是左思的名作。《晋书》本传载："复欲赋三都……遂构思十年，门庭藩溷，皆著纸笔，遇得一句，即便疏之……及赋成，时人未之重。思自以其作不谢班、张，恐以人度言，安定皇甫谧有高誉，思造而示之。谧称善，为其赋序，张载为注《魏都》，刘逵为注《吴》《蜀》……陈留卫瓘又为思赋作略解……自是之后，盛重于时。文多不载。司马张华见而叹曰：'班、张之流也，使读之者，尽而有余，久而更新。'于是豪贵之家，竞相传写，洛阳为之纸贵。"这说明《三都赋》确是左思的力作，在当时影响很大。

《三都赋》，《文选》分别题为：《蜀都赋》《吴都赋》《魏都赋》。其写法，正如《文选》吕向注所说："太冲假立蜀公子，吴王孙相夸以奢丽，以魏先生引法度折之。"《吴都赋》是在《蜀都赋》中西蜀公子自夸蜀都（今四川成都）奢丽之后，东吴王孙不以为然，遂言"大吴之巨丽"。吴都，《文选》刘逵注曰："吴都者，苏州是也。后汉末，孙权乃都于建业，亦称吴。"所以吴都是兼指苏州、建业（今江苏南京）。因为当时东吴还未被晋灭掉，故兼写二城，兼用战国时吴国和三国东吴两国史事。

文章首先总述吴都的历史沿革和地理形势："且有吴之开国也，造自太伯，宣于延陵。盖端委之所彰，高节之所兴。建至德以创洪业，世无得而显称。由克让已以立风俗，轻脱蹦于千乘。若率土而论都，则非列国之所觊望也。故其经略上当星纪，拓土画疆，卓荦兼并。包括干越，跨蹑蛮荆……"山势雄伟，"硉数州之间"，水势森漫，"间注乎天下之半"，地理形势十分险要。

其次写东吴物产丰富。于是"长鲸吞航，修鲵吐浪……"，先写鱼；"鹍鸡鹦鹖，鹳鹄鹭鸿……"，次写鸟；"岛屿绵邈，洲渚冯隆……"，再写岛，又夹带写及岛上物产与神话；"藿蒳豆蔻，薑汇非一……"，次写草；"枫柙橡樟，栟榈枸桹……"，再写树；"其上则猨父哀吟，㺒子长啸……"，"其下则有枭羊麝狼，猭猣㹳象……"，又连带写及林中植物；"筼筜篬笯，挂箭射筒……"，次写竹；"丹桔余甘，荔枝林……"，次写果；"琨瑶之阜，铜锴之垠，火齐之宝，骇鸡之珍……"，最后写宝玉，真是珠光宝气，五光十色，又夹以神话传说。文章就是这样从诸多方面写出东吴的物产之丰，句式多变，文字生动。

再次写城廓雄伟，都市繁华。作者从外至内，进行多侧面的描写：先写"其荒陬谲诡"，则有"龙穴内蒸，云雨所储……"；再写"其四野"，则"畛畷无数，膏腴兼倍……"；次写都市建设，则浓墨重彩："都邑之纲纪，霸王之所根柢，开国之所基趾。郛郭周匝，重城结隅。通门二八，水道陆衢。所以经始，用累千祀。"姑苏高台，长林茂苑，赤乌殿，神龙殿，鳞次栉比，"驰道如砥，树以青槐"，"列寺七里"，"廨署棋布"。次写其居，则"高门鼎贵，魁岸豪杰。虞魏之昆，顾陆之裔"；次写其邻，"则有任侠之靡，轻訬之客"，力能扛鼎之徒，拚射壶博之辈，不乏其人；最后写市容，"水浮陆行，方舟结驷。唱棹转毂，昧旦永日"。"缲贿纷纭，器用万端"，"吴钩越棘，纯钧湛卢"，应有尽有。再次，写田猎之盛。田猎被封建王公贵族视之为盛事，作者因此作为重点铺写。文章先写陆地田猎。深秋季节："吴王乃巾玉辂，韬骖骦，旃鱼须，常重光，摄乌号，佩干将。羽旄扬蕤，雄戟耀芒"，规模极其盛大；"干卤，殳铤，旸夷勃卢之旅"，"长殳短兵"，"衔枚无声"，队伍极其雄壮；"蓦六骏，追飞生，弹鸾鹧，射飞狿，白雉落，黑鸩零"，场面极其激烈；"巆涧阒，冈岵童。罾罜满，效获众"，猎物极其丰盛。写水上射猎，也很出色。"弘舸连舳，巨槛接舻，飞云盖海，制非常模"，规范宏大；"櫂讴唱，箫籁鸣。洪流响，渚禽惊"，气势雄伟；"䇞鉅鳍，鲕鲑鲅。罩两鳂，羃鳙鰕"，种类繁多。再夹写精卫填海，文鳐夜飞，"载汉女于后舟，追晋贾而回尘"的传说与逸事，写来兴味盎然。最后写饮宴。饮宴也是都市贵族气象的重要表现。桂林苑、落星楼酒若淮泗，肴若山丘，"荆艳楚舞，吴愉越吟"，绿水、采菱之曲，金石丝竹之声，六马仰秣，游鱼出听。作者用笔不多，却写得极其精彩。文章结末，强调吴自开国以来的辉煌历史，阖闾之威，夫差之霸，伍员之谋，孙子之奇，柏举之战，黄池之会，以及舜禹游而不返，死葬吴土，说明吴国山川的奇丽，乃是"累叶百叠""富强相继"之都，不是蜀都可以比并的，归结为蜀公子所言蜀都奢丽，乃"孟浪之遗言，略举其梗概，而未得其要妙"。

总之，《吴都赋》规模宏大，内容丰富，语言华丽，气势雄伟，堪称佳作，不愧为赋史上的名篇。

毛泽东在年轻求学时就熟读了这篇赋，并在他1915年5月写的《挽易昌陶》诗中写道："方期沅澧游，零落匪所思。""沅澧"一词比较罕见，即出于本篇写吴都的水势之大："泓澄奫潫，澒溶沆瀁，莫测其深，莫究其广。"可见毛泽东对此赋非常欣赏。（毕桂发）

木 华

木华，字玄虚，广川（今河北枣强东）人，西晋文学家。曾为太傅府主簿。擅长辞赋，今存《海赋》一篇，被梁代萧统《文选》选录，而得以流传。描写大海的情态，瑰伟壮丽，有名于当时。李善《文选注》引傅亮《文章志》称赞说："广川木玄虚为《海赋》，文甚隽丽，足继前良。"

【原文】

海 赋

昔在帝妫臣唐之代⁽¹⁾，天纲浡潏，为洞为瘵⁽²⁾。洪涛澜汗⁽³⁾，万里无际；长波濬涾，迤涎八裔⁽⁴⁾。于是乎禹也⁽⁵⁾，乃铲临崖之阜陆，决陂潢而相波泄⁽⁶⁾；启龙门之岧嶷，垦陵峦而崭凿⁽⁷⁾。群山既略，百川潜渫；泱漭澹泞，腾波赴势⁽⁸⁾。江河既导，万穴俱流；㩲拔五岳，竭涸九州⁽⁹⁾。沥滴渗淫，荟蔚云雾⁽¹⁰⁾；涓流泆瀼，莫不来注⁽¹¹⁾。於廓灵海，长为委输⁽¹²⁾。其为广也，其为怪也，宜其为大也⁽¹³⁾。

尔其为状也，则乃浟湙潋滟，浮天无岸⁽¹⁴⁾，㳿瀎沆瀁，渺㳽淡漫⁽¹⁵⁾。波如连山，乍合乍散；嘘噏百川，洗涤淮汉⁽¹⁶⁾；襄陵广舄，瀇㳽浩汗⁽¹⁷⁾。

若乃大明㩜辔于金枢之穴，翔阳逸骇于扶桑之津⁽¹⁸⁾；㳠沙岩石，荡岛滨⁽¹⁹⁾。于是鼓怒，溢浪扬浮；更相触搏⁽²⁰⁾，飞沫起涛。

状如天轮，胶戾而激转；又似地轴，挺拔而争回⁽²¹⁾。岑岭飞腾而反覆，五岳鼓舞而相磓⁽²²⁾。渨㵽沦而滀漯，郁沏迭而隆颓⁽²³⁾；㠠盘涴激而成窟，㲼濞溔而为魁⁽²⁴⁾；汩㶁柏而迤飏，磊匌匒而相陇⁽²⁵⁾。惊浪雷奔，骇水迸集；开合解会，瀼瀼湿湿；葩华踧沑，顼泞濈溼⁽²⁶⁾。

若乃霾曀潜销，莫振莫竦；轻尘不飞，纤萝不动⁽²⁷⁾。犹尚呀呷，余波独涌；澎濞滭漂，碨磊山垄⁽²⁸⁾。

尔其枝岐潭沦，渤荡成汜；乖蛮隔夷，回互万里⁽²⁹⁾。若乃偏荒速告，王命急宣；飞骏鼓楫，泛海凌山⁽³⁰⁾。于是候劲风，揭百尺，维长绡，挂帆席；望涛远决，冏然鸟逝⁽³¹⁾。鹢如惊凫之失侣，倏如六龙之所掣；一越三千，不终朝而济所届⁽³²⁾。

若其负秅临深，虚誓愆祈⁽³³⁾，则有海童邀路，马衔当蹊；天吴乍见而仿佛，蝄像暂晓而闪尸⁽³⁴⁾；群妖遘迕，眇瞹冶夷；决帆摧橦，戕风起恶⁽³⁵⁾。廓如灵变，惚怳幽暮；气似天霄，瑗溃云布；霮昱绝电，百色妖露：呵嗽掩郁，曈昽无度⁽³⁶⁾。飞涝相磢，激执相沏；崩云屑雨，浤浤汩汩⁽³⁷⁾；跳踔湛渀，沸溃渝溢；灌濆澒渭，荡云沃日⁽³⁸⁾。

于是舟人渔子，徂南极东。或屑没于鼋鼍之穴，或挂胃于岑嵒之峰⁽³⁹⁾，或掣掣泄泄于裸人之国，或泛泛悠悠于黑齿之邦；或乃萍流而浮转，或因归风以自反⁽⁴⁰⁾。徒识观怪之多骇，乃不悟所历之近远。

尔其为大也，则南溢朱崖，北洒天墟⁽⁴¹⁾；东演析木，西薄青徐；经途瀴溟⁽⁴²⁾，万万有余。吐云霓，含龙鱼，隐鲲鳞，潜灵居⁽⁴³⁾；岂徒积太颠之宝贝，与随侯之明珠⁽⁴⁴⁾？将世之所收者常闻，所未名者若无；且希世之所闻，恶审其名？故可仿像其色，瑗飘其形⁽⁴⁵⁾。

尔其水府之内，极深之庭，则有崇岛巨鳌，岠峍孤亭⁽⁴⁶⁾。擘洪波，指太清，竭磐石，栖百灵，顾凯风而南逝，广莫至而北征⁽⁴⁷⁾。其垠则有天琛水怪，鲛人之室，瑕石诡晖，鳞甲异质⁽⁴⁸⁾。

若乃云锦散文于沙汭之际，绫罗被光于螺蚌之节，繁采扬华，万色隐鲜⁽⁴⁹⁾。阳冰不冶，阴火潜然；熺炭重燔，吹炯九泉；朱燉绿烟，腰眇蝉蜎⁽⁵⁰⁾。鱼则横海之鲸，突扤孤游；戛岩嶅，偃高涛；茹鳞甲，吞龙舟；噏波则洪涟踧蹜，吹涝则百川倒流⁽⁵¹⁾。或乃蹭蹬穷波，陆死盐田；巨鳞插云，鬐鬣刺天；颅骨成岳，流膏为渊⁽⁵²⁾。

若乃岩坻之隈，沙石之嵌；毛翼产㲉，剖卵成禽；凫雏离褷，鹤子淋渗⁽⁵³⁾。群飞侣浴，戏广浮深；翔雾连轩，洩洩淫淫；翻动成雷，扰翰为林；更相叫啸，诡色殊音⁽⁵⁴⁾。

若乃三光既清，天地融朗，不泛阳侯，乘蹻绝往⁽⁵⁵⁾；覩安期于蓬莱，见乔山之帝像⁽⁵⁶⁾。群仙缥眇，餐玉清涯⁽⁵⁷⁾。履阜乡之留舄⁽⁵⁸⁾，被羽翮之襂纚⁽⁵⁹⁾。翔天沼，戏穷溟。甄有形于无欲，永悠悠以长生⁽⁶⁰⁾。

且其为器也，包乾之奥，括坤之区⁽⁶¹⁾；惟神是宅，亦祇是庐⁽⁶²⁾。何奇不有？何怪不有？芒芒积流，含形内虚⁽⁶³⁾；旷哉坎德，卑以自居⁽⁶⁴⁾；弘往纳来，以宗以都⁽⁶⁵⁾；品物类生，何有何无⁽⁶⁶⁾？

【毛泽东评点】

罗章龙晚年回忆说：1917年春，两人同游南岳衡山，登上祝融峰，回来后，毛泽东曾给他写过一封文风如《海赋》的信。信中谈到古今名人志士笔下的南岳，特别提到韩愈宿南岳庙的事，还附有游南岳的一首诗作。毛泽东1958年为自己的词《沁园春·长沙》所作的注释中也提到此事，说："当时有一篇诗，都忘记了，只记得两句：自信人生二百年，会当水击三千里。"（《毛泽东诗词集》，第9页，中央文献出版社1996年版）

——董学文：《毛泽东和中国文学》，春风文艺出版社1994年版，
第242—243页。

1959年9月底，中国发现大庆油田，甩掉了外国学者一向散布的"中国贫油论"的帽子。1960年在十分艰难困苦的条件下，调集大量人力，对大庆油田进行开发，从而迈开了我国独立自主、自力更生发展石油工业的步伐。这期间，毛泽东兴之所致（至），要读《海赋》。当时石油战线的负责人之一唐克托人找到北京大学中文系，邀请学者把《海赋》翻译成白话。这个任务落到古典文学教研室的倪其心教授身上。倪很快把它译解出来，据说，唐克随后把译文呈给了毛泽东参阅（董学文注：这个细节，是我在求教过程中，由北大中文系费振刚教授于1992年间提供的，在此致谢。）……1964年春节座谈会上，他又一次提到《海赋》。

——董学文：《毛泽东和中国文学》，春风文艺出版社1994年版，
第26页。

【注释】

（1）帝妫（guī归），即舜帝。相传舜在未为帝时居住在妫水边，故以妫为氏。臣，做臣子。唐，尧的国号。舜曾做尧的臣子，故称尧的时代为"帝妫臣唐之代"。

（2）天纲，天的纲纪，此处指洪水。涥滴（yù 玉），大水汹涌的样子。凋，半伤。瘵（zhài 债），病害。李善注引桓谭《新论》曰："夏禹之时，鸿水涥滴。"

（3）澜汙，水势浩大的样子。

（4）渣滟（tà duò 沓惰），水波重叠的样子。迤涎（yǐ yàn 以厌），绵延相连的样子。八裔，八方。裔，边远的地方。

（5）禹，姒姓，名文命，亦称大禹。鲧之子。禹为夏后氏部落领袖，奉舜命治理洪水。

（6）铲，削平。临崖，临岸，指峙立于河道中间。阜陆，土山。决，疏通，排除。陂（bēi 碑），池塘湖泊。潢，积水池。泼（fā 发），灌溉。

（7）启，打开，凿通。龙门，山名，在今陕西韩城市与山西河津市间，分跨黄河两岸，形如门关。相传大禹凿山以治河。峳额（zhuò è 坐恶），山势高低不齐的样子。垦，开辟。陵峦，大小山岭。斩，通"錾"，开凿。

（8）略，治理。潜渫（xiè 谢），指水沿着河道流去。渫，同"泄"。李善注引《周书》曰："禹渫七十川，大利天下。"《说文》："渫，除去也。"泱溿，广大的样子。澹泞（dàn zhù 淡住），明净，清深。

（9）掎（jǐ 几）拔，挺起，引出。五岳，泰山、华山、衡山、恒山和嵩山合称五岳。竭涸，干涸。

（10）沥滴，水往下滴。渗淫，同"浸淫"，渗出来的水。荟蔚，云雾弥漫的样子。《诗经·曹风·侯人》："荟兮蔚兮，南山朝阳隮。"

（11）泱瀼（yǎng ráng 氧攘），水流的样子，一说停蓄之状。注，流入大海。

（12）於（wū 乌），表赞叹。廓，广大。灵海，神奇的大海。委，水流的聚合之处。输，聚。《广雅·释诂三》："输，聚也。"

（13）怪，奇异。宜，语气助词。

（14）浟溁（yóu yì 由义），水流动的样子。漱（liàn 炼）滟，水波荡漾的样子。浮天，流到天边与天相接。浮，《说文》："浮，汎也。"

（15）沖瀜（chōng róng 冲融）、沆瀁（hàng yǎng 巷养），均是水波深广的样子。渺、淡（tàn 炭）漫，均是广大无边的样子。

（16）噏嚊（xī 吸），吐纳。嚊，同"吸"。淮汉，淮水和汉水。淮汉之水浑浊，入海后变清，故称"洗涤"。

（17）襄陵，大水漫上山陵。襄，升至高处。《书·尧典》："荡荡怀山襄陵。"孔传："襄，上也。"广舄（xì 细），扩展海滩。舄，通"斥"，盐碱地，此处指海滩。《书·禹贡》："厥土白坟，海滨广斥。"李善注："《史记》曰：'斥'为'舄'，古今字也。"滵濭（jiāo gě 交葛），水势广大的样子。浩汗，同"浩瀚"，水势广大辽远之状。

（18）大明，指月亮。擟（pōu 剖）缡，揽缰绳。金枢之穴，指西方月落下的地方。翔阳，指太阳。逸骇，形容太阳升起很快。逸，奔跑。骇，马受惊。扶桑，神木名，日出之处。《山海经·海外东经》："汤谷上有扶桑，十日所浴，在黑齿北。"郭璞注："扶桑，木也。"

（19）影（piāo 漂），飘卷。岩（què 却），风或水击打石头的声音，此处作敲打讲。荡飚（yù 玉），猛烈地摇荡冲击。

（20）鼓怒，暴涌发怒。溢浪，涌起波浪。扬浮，扬起高高的浪头。触搏，撞击。

（21）天轮，想象中天的车轮。李善注引《吕氏春秋》曰："天地如车轮，终则复始。"胶戾，回环旋转的样子。地轴，传说中大地的轴。回，旋转。李善注引《河图括地象》曰："地下有四柱，广十万里，有三千六百轴。"

（22）岑岭，山岭，形容波浪的形状。磓（duī 堆），撞击。

（23）潤（wèi 胃），乱的样子。渍（pēn 喷）沦，水势纠合之状。滀漯（chù tà 触沓），聚集的样子。郁，很多。沴迭，水流很快的样子。隆颊，高低不平的样子。

（24）盘壶（wū 乌），盘旋。窟，旋涡。峭滩（qiào tān 俏摊），巨浪。潫（jié 杰），同"杰"，突出。魁，水边小丘。

（25）闪（shǎn 闪），水流很快的样子。泊柏，小波浪。迆（yǐ 乙）扬，斜起的样子。磊，高大。訇訇（dá gě 答革），重叠的样子。隳（huī

灰），撞击。

（26）逬集，奔散和聚集，形容浪头忽开忽合。解会，同"开合"意义。解，分散。瀼瀼湿湿，波浪开合的样子。葩华，浪花分散的样子。踧沑（cù nù 促怒），合拢聚集的样子。颏泞（dǐng nìng 顶佞），水沸腾状。漮潪（nì 逆），水沸声。

（27）霾曀（mái yì 埋义）潜销，风息云散。霾，风吹着尘土。曀，天色阴沉而多风。潜，隐藏。销，通"消"。萝，女萝，藤类植物。

（28）呀呷（xiā xiā 瞎瞎），吞吐的样子。澎濞，波涛冲击声。《文选·王褒〈洞箫赋〉》："澎濞慷慨，一何壮士！"李善注："澎濞，波浪相激之声。"溯瀤（yù huái 玉怀），高峻的样子。碨（wěi 伟）磊，不平的样子。

（29）岐，同"歧"。枝、岐，均指支流。潭瀹（yuè 月），水波动荡的样子。渤荡，冲刷。汜（sì 四），由主流分岔流出后又流回主流之水。乖，分隔，隔离。蛮，对南方少数民族的泛称。夷，对东部少数民族的泛称。回互，回环交错。

（30）王命，皇帝的命令。宣，传达。骏，《尔雅》："骏速也。"鼓栧，荡桨。凌，跨越。

（31）揭，举，竖起。百尺，船上的桅杆。维，连接。绡（shāo 梢），通"梢"，舵尾，此处指船舵。帆席，席制的船帆。决，通"诀"，告别。冏（jiǒng 窘）然，鸟飞的样子。

（32）鹬（yù 玉），飞得很快的样子。凫，野鸭。倏，迅速。六龙，传说日神乘坐六龙驾的车。掣，拉，牵引。届，到达。

（33）负秽，身负罪恶。秽，邪恶的行为。临深，指面对大海。愆（qiān 千）祈，进行有罪的祈祷。愆，罪过，过失。

（34）海童，传说中的海中视野海童。邀，半路拦截。《文选·左思〈吴都赋〉》李善注引《神异经》曰："西海有神童，乘白马，出则天下大水。"马衔，传说中的海中怪物。蹊，路。李善注引陆绥《海图赋》："马衔其状，马首一角而龙形。"天吴，水神名。《山海经·海外东经》："朝阳之谷，神曰天吴为水伯。"又《大荒东经》："有神人，八首人面，虎身十足，名曰天吴。"蛧像，即"罔象"，一种吃人的水怪。暂，忽然。晓，过。闪尸，暂时出现的样子。

（35）遘迕（gòu wǔ 够午），遭遇。眇瞜（yáo 遥），看。冶夷，妖媚的样子。决，弄断。橦（chuáng 床），竿、柱，此处指桅杆。戕（qiāng 枪）风，暴风。起恶，制造灾祸。

（36）廓，空阔、广大。灵变，神灵的变化。惚恍（huāng 慌），恍惚，模糊不清。霄，高空云气。暧瞆（ài fèi 爱费），昏暗的样子。霵昱（shū yù 书玉），飞快的样子。霵，同"倏"。妖露，怪异的景象显露出来。呵㰍（xù 绪）掩郁，昏暗不明的样子。曤睒（huò shǎn 或闪），电光闪烁不定。李善注引《说文》曰："曤，大视也。又曰：睒，暂视也。"

（37）涝，大浪。礌（chuǎng 闯），冲撞。汹，波浪冲击。浤浤（hóng 宏）汩汩（gǔ 古），浪涛发出的声响。

（38）跐踔（chān chuō 馋戳），同"跮踔"，跳跃。湛溔（zhàn yào 站要），波浪翻腾的样子。沸溃，波浪前涌后退的样子。渝溢，泛滥。濯（huò 或）汇（huì 会）濩（huò 或）渭，众波的声音。荡，洗涤。沃，浇。

（39）徂（cú 殂），往。屑没，破碎沉没。鼋（yuán 元），鳖。鼍（tuó 驮），鳄鱼的一种，俗称"猪婆龙"。罥（juǎn 卷），牵挂。岑嵓（áo 敖），指海中的小山。

（40）挈挈泄泄（yì 义），任风飘荡的样子。泛泛悠悠，随水漂流的样子。裸人国、黑齿邦，均是传说中的海外异国，此处指荒远之地。《吕氏春秋·贵因》："禹之裸国，裸入衣出。"《山海经·大荒东经》："黑齿国在其北，为人黑齿，食稻啖蛇，一赤一青，在其旁。"萍流，像浮萍一样漂流。反，同"返"。

（41）淊（liàn 恋），浸渍。朱崖，即"珠崖"，郡名，汉置。治瞫都，即今海南海口市。此处指极南之地。墟，同"虚"，星宿名，二十八宿之一，北方玄武七宿之第四宿，虚宿又名"北陆"，是齐国的分野，而齐国在北方，故以"墟"指极北之地。

（42）演，长流。析木，星宿名，尾宿的别称，二十八宿之一。析木又是十二星次之一，与二十八宿相配为尾、箕两宿，古称"析木之津"，其标志是银河。演析木，即流入天上的"析木之津"，也就是流入银河。青徐，青州与徐州，在今山东、江苏一带。青徐在东海之演，故曰"西薄"。经，径，道路。澳溟，水深远迷蒙的样子。

（43）龙鱼，即"陵鱼"。《山海经·海外西经》："龙鱼陵居在其北，状如狸。一曰鰕，即有神圣乘此以游九野。"又《海内北经》："陵鱼人面，手足，鱼身，在海中。"鲲，大鱼名。《庄子·逍遥游》："北冥有鱼，其名为鲲。"鳞，泛指鱼类。灵居，神仙的住所。

（44）太颠之宝贝，李善注引《琴操》：殷纣王将周文王囚禁的麦里，并准备择日杀死他。文王部下太颠等人得到水中的大贝，献给了纣王，纣王便放了文王。随侯之明珠，传说春秋时随侯见一条大蛇受伤，用药给之治伤，后蛇从江中衔来一颗明月珠报答随侯，世人称为随侯珠。事见《韩非子·和氏》《淮南子·览冥训》。

（45）希世，世上稀有。恶，同乌，怎么。审，弄明白。嬹戯（xì戏），依稀，不明。李善注："仿佛、嬹戯，不审之貌。"张铣注："仿佛，嬹戯，不明貌。"

（46）崇岛巨鳌，《列子·汤问》载：勃海东有深谷名归墟，其水上有五座神山，为神仙所居，常上下浮动。上帝命海神派十五头巨鳌背负其山，使五神山在海中耸立不动。鳌，传说中的海上大鳖。嵽嵲（diē niè 迭聂），高峻的样子。

（47）擘（bó薄），分开。太清，天空。竭，承载。百灵，众仙。凯风，南风。广莫，广莫风，北风。李善注引《吕氏春秋》曰："南方曰凯风；北方曰广莫风。"

（48）垠（yín银），尽头。天琛，天然珍宝。琛，珍宝。鲛人，神话中的人鱼，居海底，善织布，泣泪成珠。见晋张华《博物志》卷九。瑕，带红色的小玉。诡晖，光彩奇异。鳞甲，指水族。

（49）文，花纹。沙汭（ruì瑞），沙岸。汭，水涯。被，覆盖。隐鲜，失去了光彩。

（50）阳冰，向阳之冰。冶，消融。阴火，海中生物所发之光。然，同"燃"。熺（xī希）炭，炽热的炭火。熺，火旺，重燔（fán烦），重燃。

吹炯，照亮。吹，燃。炯，光。燄（yàn 验），同"焰"。腰（yǎo 咬）眇蝉蜎（xuān 宣），烟焰飞腾状。

（51）突扤（wù 误），同"突兀"，高耸的样子。戛（jiā 英），刮平，削平。偃，卧。茹，吃。龙舟，大舟。噏（xī 西），同"吸"。洪涟，大浪。涟，同"澜"。蹴蹜（cù sù 促宿），聚集之状。

（52）蹭蹬，失势之状。鬐鬣（qí liè 其列），鱼身上的鳍。膏，油。

（53）坻（chí 迟），岸。隈，山水弯曲之处。嵚（qīn 钦），沙石高峻，此处指高峻的山。毛翼，指鸟类。鷇（kòu 扣），待哺的幼鸟。《尔雅》曰："生哺。"郭璞曰："鸟子须母食也。"离褷（shī 尸）、淋渗，都是羽毛初生的样子。张铣注："离褷、淋渗，毛羽初生貌。"

（54）轩，高飞的样子。洩洩淫淫，飞翔之状。扰翰，竖起羽毛。扰，乱。翰，长而硬的羽毛。更相，互相交替。

（55）三光，日、月、星。融朗，明朗。阳侯，古代传说中的波涛之神。蹻（jué 觉），草鞋，这里指方士穿的能腾空驭气的草鞋。乘蹻绝往，指方士穿草鞋渡海寻仙。曹植《升天行》之一："乘蹻追术士，远之蓬莱山。"

（56）觌（dí 敌），相见。安期，传说中的古仙人。乔山，即"桥山"，在今陕西黄陵县，传说黄帝葬于此。李善注引《史记》曰："武帝祭黄帝冢桥山。上曰：'吾闻皇帝不死，今有冢，何也？'或对曰：'黄帝已仙上天，群臣葬其衣冠也。'"

（57）餐玉，古代相传椎玉为屑，服食可延寿，是道家求长生之法。涯，水边。

（58）履，穿。阜乡之舄，《列仙传》载：安期先生是琅琊阜乡人，卖药东海边，时人皆言千岁翁。秦始皇东游，与之相见，共语三日三夜。始皇赐金璧，他置于阜乡亭上而去，留一双赤玉舄作为报答。舄，鞋。事见《列仙传》。

（59）被，同"披"。羽翮（hé 合），羽毛。翮，羽毛中间的硬管。传说仙人以羽翮为衣服。穆缅（shēn shǐ 深史），羽毛下垂的样子。

（60）天沼、穷溟，均指天池，神话中的海名。沼，水池。甄，表面。《庄子·逍遥游》："南冥者，天池也。"又曰："穷发之北，有冥海者，天池也。"

（61）乾，天。奥，幽深之处。坤，地。区，区域。《易·说卦》："乾为天……坤为地。"

（62）宅、庐，居住。祇（qí 奇），地神。

（63）芒芒，同"茫茫"。积流，指大海。形，形体，指有形的万物。内虚，胸怀博大。

（64）旷，广大。坎德，水德。坎，八卦之一，代表水。《易·说卦》："坎为水。"又《谦》："谦谦君子，卑以自牧也。"坎德，指水就下的性质。因以喻君子谦卑的美德。

（65）弘，光大，广大。往，指外灌的海水。宗，归往。都，聚集。

（66）品物，万物，众物。类，众多。何有何无，无所不有。

【赏析】

《海赋》见于《昭明文选》卷十二"江海"类，李善注引傅亮《文章志》曰："广州木玄虚，为《海赋》，文甚隽丽，足继前良。"这个评价，实为溢美之辞。木华的《海赋》是写江海的赋作中最负盛名的作品，与东晋郭璞的《江赋》齐名，而成就又在《江赋》之上。可谓孤篇名世，在中国文学史上也是一种奇观。

全文共分五段。

第一自然段为第一段，铺写大禹治水，万川归海，赞美大海的广阔和神奇。文章开端，相传舜在做尧臣子的时代，天下洪水泛滥，波涛滚滚，无边无际，大水为患，百姓苦不堪言。于是舜命禹铲土平岭，开沟导河。经过多年的辛勤劳动，"江河既导，万穴俱流"，出现了"於廓灵海，长为委输"，于是大海形成了，它成了众水所归之处。至此才拈出一个"海"字，步入正题。然后总括一句："其为广也，其为怪也，宜其为大也。"承上启下，提纲挈领地带出下文。

第二段包括第二、三、四三个自然段，铺写大海之"广"。第二自然段，先总体概写其一般状貌。"尔其为状也"以下四句，写水波荡漾，深广无边。"波如连山，乍合乍散"，状写得当，得海波之神。以下四句写大海吞吐和力量：吐纳百川，洗涤河汉，漫上高山，冲洗海滩，浩浩荡荡，无边无岸。这是大海的概观。第三自然段，铺写狂风恶浪时大海的汹涌暴怒。"若乃大明"二句，写月没日升时风特别大，大海发怒，涌起波浪，高大的浪头，你击我撞，宛如天旋地转，着实惊心动魄。你看，水势起伏汹涌，浪涛滚滚。更有激流漩涡，巨浪滔天。细浪腾起，大海扬波，忽聚忽散，忽开忽合。一路写来，气势非凡，惊心动魄。第四自然段，写大海无风平静时余波独涌的状貌。待到风停下来，"轻尘不飞，纤萝不动"，大海还水波吞吐，海浪涌动，波涛互击，澎澎有声。

第三段包括第五、六、七三个自然段，叙写大海之"怪"。第五自然段，先写航行之利。大海的支流，回环交错，阻隔中原与边远之地的联系。作者设想边远地区如有急事报告朝廷，或者有王命向下传递，那就可以凭借海路了。海行亦十分便捷，只要竖起桅杆，挂起风帆，就像野鸭惊飞，像六龙神东海划过一道闪电，三千里海路，也是朝发夕至的事。第六自然段，又写如果遇上恶劣的天气，大海风暴骤起，吹断帆樯，天昏地暗，波冲浪击，好像海妖纷纷作祟：海童阻截，马衔当道，天吴在身边忽出忽没，罔像在眼前忽隐忽现，众妖纷纷逼近，妖媚的目光一闪一闪，巨浪奔腾，暴雨倾盆，巨响轰鸣，天日不见。这种海上恶劣的天气，往往给人们带来众多海难。第七自然段，写"渔人舟子，徂来极东"，有的葬身在海鳌、鳄鱼的巢穴，有的挂在岛礁上的山尖，有的飘飘荡荡被吹入裸人之国，有的忽忽悠悠漂到黑齿之邦，有的像浮萍随水流转，有的被顺风偶尔吹还，只见识了无数触目惊心的怪异景象，不明白所经历的路途到底有多远。排比句的运用，恰切地状写了人们在海上的不同遭遇，衬托了大海的神威。

第四段包括第八、九、十、十一、十二共五个自然段，铺写大海之"大"。海之大，从其南北东西四至之广阔可知，经过的途程，万万里有余，给人以一个远大的概念。加之鱼龙变化，神仙潜隐，太颠之宝，随侯之珠，怪怪奇奇，不一而足，大海深处，则有"崇岛巨鳌，崒峛孤亭"。有神山五座，下分洪涛，上刺青冥，更有神仙洞府，鲛人居室，美石赤玉，光怪陆离，鳞甲动物，千态百姿。放眼海滩，层层细沙撒下一片云锦，颗颗珠贝铺上一幅绣缎；海的尽头，阳冰经年不化，海面之上，阴火隐隐烧燃；更有大海中鲸鱼遨游，白波若山，食鲨吞舟，吸水则狂澜退缩，呼气则江河倒流。失势之时，困死盐田，巨大的鳞片插入云霄，高耸的背鳍刺破青天，颅骨堆成山岳，油脂汇成深潭，写得是何等神威！最后作者眼光又收回近海，在那临水的崖岸，在那沙石海湾，小鸭细毛茸茸，雏鹤嫩羽纤纤，成群飞舞，结伴沐浴，浮游海面，翱翔蓝天。当日月星辰一派亮丽，上下天光一片湛蓝，还可到蓬莱探访安期先生，至仙都瞻仰黄帝容颜。景色又是何等秀丽，令人神往！

末段为第五段，赞美大海的博大胸怀和谦卑的品格。写海的器量，包容天地，囊括宇宙，它是仙人的洞府，神灵的渊薮。什么怪异的事物不藏？什么神奇的东西没有？说到大海的品德，虚怀若谷，藏纳万物，辽阔无边，又谦卑自处，汇聚众水，无奇不有！热烈地赞美大海包容天地、容纳众水、繁育万物的博大胸怀及其虚怀若谷、谦卑自处的伟大品格，揭出作赋宗旨。

《海赋》气势磅礴，景象阔大，结构宏伟。作者想象丰富奇特，对大海不同形态的描绘真实而生动，又大量使用神话传说材料，增加了文章的神奇色彩，反复运用渲染、夸张、比喻等表现手法，使全文呈现出一种奇谲瑰丽的风格特征。虽然沿用大赋铺张扬厉的传统手法，但剪裁得当，并不一味铺排，故并不显得板滞呆重。语汇极为丰富，尽管不免好用奇字僻词之弊，但仍给人以新鲜生动之感。

毛泽东年轻时就喜欢《海赋》，并深受其影响。据罗章龙回忆，1917年春，毛泽东和他同游南岳衡山，回来后，毛泽东曾给他写过一封文风如《海赋》的信。毛泽东1958年为自己的词《沁园春·长沙》作注时证实了这件事，说："当时有一篇诗，都忘记了，只记得两句：自信人生二百年，会当水击三千里。"1960年，我国要开发大庆油田，毛泽东兴之所至，要读《海赋》。当时石油战线的负责人之一唐克托人请北京大学中文系倪其心教授把《海赋》译解出来，呈给毛泽东参阅。之后，1964年的春节座谈会上，毛泽东又一次提到《海赋》。这些事实，说明毛泽东直至晚年都喜读《海赋》，他对《海赋》可谓一往情深了。（毕桂发　孙瑾）

张　协

张协（？—307），字景阳，安平（今河北安平）人。西晋文学家。曾任公府掾、秘书郎、华阳令等职。永宁元年（301），为征北将军司马颖部从事中郎，后迁中书侍郎，转河间内史。惠帝末年，天下纷乱，他辞官隐居，以吟咏自娱。永嘉初，复征为黄门侍郎，托病不就，后逝于家。

张协与兄载弟亢，均是西晋有名的文人，时称"三张"。他的诗艺术成就较高，尤擅长五言，作品"文体华静"，无雕琢之累，善于对景物作形象描绘。其代表作是《杂诗》十首，内容广泛，造语清新，音韵铿锵，不乏名句。又善为辞赋，《七命》是他的代表作，也是两晋代表作品。原有集，已散佚，明人张溥辑有《张景阳集》。

【原文】

七　命

冲漠公子含华隐曜[1]。嘉遁龙盘[2]，翫世高蹈[3]。游心于浩然[4]，翫志乎众妙[5]。绝景乎大荒之遐阻[6]，吞响乎幽山之穷奥[7]。于是徇华大夫闻而造焉[8]。乃敕云辂[9]，骖飞黄[10]，越奔沙，辗流霜。凌扶摇之风[11]，蹑坚冰之津。旌拂霄垠，轨出苍垠[12]。天清冷而无霞，野旷朗而无尘。临重岫而揽辔，顾石室而回轮[13]，遂适冲漠之所居。其居也[14]，峥嵘幽蔼，萧瑟虚玄[15]。溟海浑濩涌其后，嶰谷岫嶭张其前[16]。寻竹竦茎荫其壑，百籁群鸣聒其山[17]。冲风发而迴日，飞砾起而丽天[18]。于是登绝巇，逆长风[19]，陈辩惑之辞，命公子于岩中，曰："盖闻圣人不卷道而背时，智士不遗身而匿迹[20]，生毕妖华名于玉牒[21]，没则勒洪伐于金册。今公子违世陆沈[22]，避地独窜，有生之欢灭[23]，资父之义废。愁洽百年[24]，苦溢千岁，何异促鳞之游汀泞[25]，短羽之栖翳荟？今将荣子以天人之大宝[26]，悦子以纵性之至娱。穷地而游，中天而居[27]。倾四海之欢，殚九州之腴，钻屈觳之瓠[28]，解疏属之拘，子欲之乎？"公子曰："大夫不遗，来萃荒外[29]，虽在不敏，敬听嘉话[30]。"

大夫曰："寒山之桐，出自太冥[31]。含黄钟以吐干，据苍岑而孤生[32]。既乃琼嶕嶒崚，金岸峋嵽[33]，左当风谷，右临云霓，上无陵虚之巢，下无跖实之蹊[34]。摇则峻挺，茗邈苕峣[35]。晞三春之溢露，遡九秋之鸣飚[36]，雾雪写其根，霏霜封其条[37]，木既繁而后绿，草未素而先凋。于是构云梯，陟峥嵘[38]，剪蕤宾之阳柯[39]，剖大吕之阴茎。营匠斲其朴[40]，伶伦均其声，器举乐奏，促调高张，音朗号钟，韵清绕梁[41]。追逸响于八风，采奇律于归昌[42]，启中黄之少宫，发蓐收之变商[43]。若乃龙火西颓[44]，暄气初收，飞霜迎节，高风送秋。羁旅怀古之徒，流宕百罹之畴[45]，抚促柱则酸鼻，挥危弦则涕流[46]。若乃追清哇，赴严节[47]，奏绿水，吐白雪[48]，激楚迴，流风结[49]。悲蓂荚之朝落，悼望舒之夕缺[50]，荧燧为之摒摽，霜老为之鸣咽[51]。王子拂缨而倾耳，六马嘘天而仰秣[52]，此盖音曲之至妙，子岂能从我而听之乎？"公子曰："余病，未能也。"

大夫曰："兰宫秘宇，雕堂绮栊，云屏烂汗，琼壁青葱，应门八袭，旋台九重[53]。表以百常之阙，圜以万雉之墉[54]。尔乃峣榭迎风，秀出中天[55]，翠观岑青，彤阁霞连，长翼临云，飞陛陵山[56]。望玉绳而结极，承倒景而开轩[57]。颓素炳焕，枌栱嵯峨[58]，阴虬负檐，阳马承阿[59]。错以瑶英，镂以金华。方疏含秀，圆井吐葩[60]。重殿叠起，交绮对棂[61]。幽堂昼密，明室夜朗。焦螟飞而生风[62]，尺蠖动而成响。若乃目厌常玩，体倦帷幄[63]，携公子而双游，时娱观于林麓。登翠阜，临丹谷，华草锦繁，飞采星烛，阳叶春青，阴条秋绿，华实代新，承意恣观，仰折神蘦，俯采朝兰[64]。遡惠风于蕙薄，眷椒涂于瑶坛[65]。尔乃浮三翼，戏中沚，潜鳃骇，惊翰起，沈丝结，飞缯理[66]，挂归翮于赤霄之表，出华鳞于紫渊之里[67]。然后纵棹随风，弭楫乘波，吹孤竹。柎云和，川客唱淮南之曲，榜人奏采菱之歌[68]，歌曰：'乘凫舟兮为水嬉，临芳洲兮拔灵芝。'[69]乐以忘戚，游以卒时，穷夜为日，毕岁为期，此盖宴居之浩丽，子岂能从我而处之乎？"

公子曰：“余病，未能也。”

大夫曰：“若乃白商素节，月既授衣[70]，天寒地闭，风厉霜飞，矛条夕劲，密叶晨稀，将因气以效杀[71]，临金郊而讲师。尔乃列轻武[72]，整戎刚，建云髦，启雄芒[73]，驾红阳之飞燕[74]，骖唐公之骕骦，屯羽队于外林[75]，纵轻翼于中荒。尔乃张脩罠[76]，布飞罗，陵黄岑，挂青峦，画长豁以为限，带流谿以为关。既乃内无疏蹊，外无漏迹，叩钲数校[77]，举麾旌获，彀金机[78]，驰鸣镝，剪刚豪，落劲翮。车骑竞骛[79]，骈武齐辙，翕忽挥霍[80]，云迴风烈，举戈林竦，挥锋电灭，仰倾云巢，俯殚地穴。乃有圆文之犴，班题之獥，鼓鬣风生，怒目电瞛，口皻霜刃，足拨飞锋，甂林蹶石，扣拔幽丛[81]。于是飞黄奋锐[82]，贲石逞技，蹙封狶[83]，扌费冯豕，拉虥虪[84]，挫獬豼，勾爪摧，锯齿摆[85]，澜漫狼藉，倾榛倒壑，殒胔挂山[86]，僵踣掩泽，薮为毛林[87]，隰为丹薄。于是撤围顿网，卷旌收鸢[88]，虞人数兽[89]，林衡计鲜，论最犒勤[90]，息马韬弦。肴驷联镳[91]，酒驾方轩，千钟电釂[92]，万燧星繁，陵阜霑流膏，谿谷厌芳烟，欢极乐殚[93]，迴节而旋。此亦田游之壮观，子岂能从我而为之乎？”公子曰：“余病，未能也。”

大夫曰：“楚之阳剑，欧治所营[94]，邪谿之铤[95]，赤山之精，销踰羊头[96]，鏷钺锻成。乃鍊乃铄[97]，万辟千灌，丰隆奋椎[98]，飞廉扇炭，神器化成[99]，阳文阴缦。既乃流绮星连，浮彩艳发，光如散电，质如耀雪[100]，霜锷水凝[101]，冰刃露洁，形冠豪曹[102]，名珍巨阙，指郑则三军白首[103]，麾晋则千里流血。岂徒水截蛟鸿，陆洒奔驷，断浮翮以为工[104]，绝重甲而称利云尔而已哉？若其灵宝，则舒辟无方[105]，奇锋异模，形震薛烛，光骇风胡[106]，价兼三乡[107]，声贵二都，或驰名倾秦[108]，或夜飞去吴。是以功冠万载，威曜无穷，挥之者无前，拥之者身雄，可以从服九国[109]，横制八戎，爪牙景附[110]，函夏之风。此盖希世之神兵[111]，子岂能从我而服之乎？”公子曰：“余病，未能也。”

大夫曰：“天骥之骏[112]，逸态超越，秉气灵渊[113]，受精皎月，眸瞷黑照[114]，玄采绀发，沫如挥红[115]，汗如振血，秦青不能识其众尺[116]，方堙不能睹其若灭。尔乃巾云轩[117]，践朝雾，越春衢，整秋御，蚪踊螭腾⁽¹¹⁸⁾，麟超龙骛，望山载奔，视林载赴，气盛怒发，星飞电骇，志凌九州，势越四海，景不及形，尘不逮起，浮箭未移⁽¹¹⁹⁾，再践千里。尔乃逾天垠，越地隔，过汗漫之所不游⁽¹²⁰⁾，蹑章亥之所未迹，阳乌为之顿羽⁽¹²¹⁾，夸父为之投策。斯盖天下之隽乘，子岂能从我而御之乎？"公子曰："余病，未能也。"

大夫曰："大梁之黍⁽¹²²⁾，琼山之禾，唐稷播其根，农帝尝其华。尔乃六禽殊珍⁽¹²³⁾，四膳异肴，穷海之错⁽¹²⁴⁾，极陆之毛，伊公爨鼎⁽¹²⁵⁾，庖子挥刀，味重九沸⁽¹²⁶⁾，和兼匀药，晨凫露鹄⁽¹²⁷⁾，霜鹐黄雀，圆案星乱，方丈华错⁽¹²⁸⁾，封熊之蹯⁽¹²⁹⁾，翰音之跖，鹔鹴猩脣⁽¹³⁰⁾，髦残象白，灵渊之龟，莱黄之鲐⁽¹³¹⁾，丹穴之鹦⁽¹³²⁾，玄豹之胎，焯以秋橙⁽¹³³⁾，酤以春梅，接以商王之箸⁽¹³⁴⁾，承以帝辛之杯，范公之鳞⁽¹³⁵⁾，出自九溪，赪尾丹鳃⁽¹³⁶⁾，紫翼青鬐。尔乃命支离⁽¹³⁷⁾，飞霜锷，红肌绮散，素肤雪落。娄子之豪⁽¹³⁸⁾，不能厕其细；秋蝉之翼，不足拟其薄。繁肴既阕⁽¹³⁹⁾，亦有寒羞，商山之果⁽¹⁴⁰⁾，汉泉之楱。析龙眼之房，剖椰子之壳。芳旨万选，承音代奏。乃有荆南乌程⁽¹⁴¹⁾，豫北竹叶，浮蚁星沸⁽¹⁴²⁾，飞华萍接，玄石尝其味，仪氏进其法，倾罍一朝⁽¹⁴⁴⁾，可以流湎千日，单醪投川⁽¹⁴⁵⁾，可使三军告捷。斯人神之所歆羡⁽¹⁴⁶⁾，观听之所炜晔也。子能彊起而御之乎？"公子曰："耽口爽之馔⁽¹⁴⁷⁾，甘腊毒之味，服腐肠之药，御亡国之器，虽子大夫之所荣，故亦吾人之所畏。余病，未能也。"

大夫曰："盖有晋之融皇风也⁽¹⁴⁸⁾，金华启征，大人有作，既明代照，配天光宅。其基德也，隆于姬公之处岐⁽¹⁴⁹⁾；其垂仁也，富乎有殷之在亳。南箕之风，不能畅其化；离毕之云，无以丰其宅⁽¹⁵⁰⁾。皇道炳焕，帝载缉熙⁽¹⁵¹⁾；道气以乐，宣德以诗。教清乎云官之世⁽¹⁵²⁾，治穆于鸟纪之时。王猷四塞⁽¹⁵³⁾，函夏谧静，丹冥投烽⁽¹⁵⁴⁾，青徼释警，却马于粪车之辕⁽¹⁵⁵⁾，铭德于昆吾之鼎。群氓反素⁽¹⁵⁶⁾，时文载郁，耕父推畔⁽¹⁵⁷⁾，鱼竖让陆，樵夫耻危冠之佩⁽¹⁵⁸⁾，舆台笑短后之服。六合时邕⁽¹⁵⁹⁾，巍巍荡荡，玄韶巷歌⁽¹⁶⁰⁾，黄发击壤，解羲皇之绳⁽¹⁶¹⁾，错陶唐之象。若乃华裔之夷⁽¹⁶²⁾，流荒之貊，语不传于辖轩⁽¹⁶³⁾，地不被于正朔，莫不骏奔稽颡⁽¹⁶⁴⁾，委质重译，于时昆蚑感惠⁽¹⁶⁵⁾，无思不扰，苑戏九尾之禽⁽¹⁶⁶⁾，囿栖三足之乌，鸣凤在林，夥于黄帝之园，有龙游渊，盈于孔甲之沼。万物烟煴⁽¹⁶⁸⁾，天地交泰，义怀靡内⁽¹⁶⁹⁾，化感无外，林无被褐⁽¹⁷⁰⁾，山无韦带，皆象于百工，兆发于灵蔡⁽¹⁷¹⁾。搢绅济济⁽¹⁷²⁾，轩冕蔼蔼。功与造化争流⁽¹⁷³⁾，德与二仪比大。"言未终，公子蹶然而兴，曰："鄙夫固陋，守此狂狷⁽¹⁷⁴⁾。盖理有毁之，而争宝之讼解⁽¹⁷⁵⁾；言有怒之，而齐王之疾瘳⁽¹⁷⁶⁾。向子诱我以聋耳之乐，栖我以蒟蒻之屋⁽¹⁷⁷⁾，田游驰荡，利刃骏足，既老氏之攸戒，非吾人之所欲，故靡得应子。至闻皇风载韪⁽¹⁷⁸⁾，时圣道涫，举实为秋⁽¹⁷⁹⁾，摘藻为春，下有可封之人，上有大哉之君。余虽不敏，请寻后尘。"

【毛泽东评点】

此篇（按：指《七发》）早已印发，可以一读。这是骚体流裔，而又有所创发。骚体是有民主色彩的，属于浪漫主义流派，对腐朽的统治者投以批判的匕首。屈原高据上游。宋玉、景差、贾谊、枚乘略逊一筹。然亦甚有可喜之处。……后来"七"体繁兴，没有一篇好的。《昭明文选》所收曹植《七启》，张协《七命》，作招隐之词，跟屈、宋、贾、枚唱反调，索然无味了。

——《骚体有民主色彩，属浪漫主义流派》，《毛泽东文艺论集》，
中央文献出版社 2002 年版，第 201—203 页。

【注释】

（1）冲漠公子，张协在文章中假托的隐士。冲漠，虚寂恬静。含华隐曜，比喻有才华隐而不露。含华，含苞未放。汉张衡《南都赋》："藻茆菱芡，芙蓉含华。"隐曜，亦作"隐耀"，含而不露。范晔《后汉书·郑玄传》："南山四皓东园公、夏黄公，潜光隐曜，世嘉其高，皆悉称公。"

（2）嘉遯，亦作"嘉遁"，旧时谓合乎正道的退隐，合乎时宜的隐遁。《易·遯》："嘉遯贞吉，以正志也。"龙盘，如龙盘卧之状，比喻豪杰之士的隐伏待时。

（3）翫世，以轻蔑嬉戏的态度处世。翫，戏弄。《左传·昭公二十年》："失火烈，民望而畏之，故鲜死焉；水懦弱，民狎而翫之，则多死焉。"高蹈，远行。《左传·哀公二十一年》：齐人责稽首，因歌之曰：'鲁人之皋，数年不觉，使我高蹈。'"杜预注："高蹈，犹远行也。"孔颖达注："高蹈，高举足而蹈地，故言犹远行也。"

（4）游心，潜心，留心。《庄子·骈拇》："骈于辩者，累瓦结绳窜句，游心于坚白同异之间，而敝跬誉无用之言非乎？而杨墨是已。"浩然，指浩然之气，即一种正大刚直的精神和气节。语出《孟子·公孙丑上》："吾善养吾浩然之气。敢问何谓浩然之气？曰：难言也。其为气也，至大至刚，以直养而无害，则塞于天地之间。"

（5）觊志，专心致志。众妙，一切深奥玄妙的道理。《老子》："玄之又玄，众妙之门。"

（6）绝景，即"绝影"，绝迹，指隐居离开人世间。大荒之山，指辽阔的原野和边远的地方。语出《山海经·大荒西经》："大荒之中有山，名曰大荒之山，日月所入，……是谓大荒之野。"

（7）吞响，不说话。幽山，深远的山。《诗经·小雅·斯干》："秩秩斯干，幽幽南山。"毛传："幽幽，深远也。"穷奥，幽深隐蔽之处。

（8）徇华大夫，作者假托的一位人物，是一位追求荣华富贵之徒。徇，一作"殉"，《文选》李善注："殉，营也。华，浮华。"造，访，求。

（9）敕，命令。云辂，有云状纹饰的车子。刘良注："辂，车也。"

（10）飞黄，传说中的神马名。又名乘黄。语出《淮南子·览冥训》："青龙进驾，飞黄伏皂。"高诱注："飞黄，乘黄也。出西方，状如狐，背上有角，寿千岁。"

（11）扶摇之风，飙风，盘旋而上的暴风。《庄子·逍遥游》："鹏之徙于南冥也，水击三千里，抟扶摇而上者九万里。"成玄英疏："扶摇，旋风也。"

（12）霄垠、苍垠，云端，天外。《淮南子·俶真训》："萌兆牙蘖，未有形埒垠堮。"许慎注："垠堮，端崖也。"

（13）临重岫而揽辔二句，《文选》李善注引仲长统《昌言》："闻上古之隐士，或伏重岫之内，窟穷皋之底。"岫，山洞，有洞穴的山。《尔雅·释山》："山有穴为岫。"郭璞注："谓岩穴。"石室，岩洞。汉赵晔

《吴越春秋·勾践入臣外传》："吴王知范蠡不可得为臣，谓曰：'子既不移其志，吾复置子于石室之中。'"

（14）适，之，往。

（15）峥嵘，《广雅》曰："峥嵘，深冥也。"虚玄，空虚幽远。《说文》："玄，幽远也。"

（16）溟海，神话传说中的海名。《列子·汤问》："终北之北有溟海者，天池也。"《文选》李善注引《十洲记》："东王所居处，山处有员海，员海水色正黑，谓之溟海。"浑，《说文》："流声也。"濩，《说文》："雷，下貌也。"嶂谷，昆仑山北谷名。《汉书·律历志上》："取竹之嶂谷。"嶂嘞（láo cáo 牢曹），山谷陡峭幽深之状。

（17）寻竹，大竹。《山海经·大荒北经》："有岳之山，寻竹生焉。"郭璞注："寻，大竹名。"地籁，风吹大地的孔穴发出的声响。《庄子·齐物论》："地籁则众窍是已，人籁则比竹是已。"成玄英疏："地籁则穴窍之徒，人籁则箫管之类。"

（18）冲风，暴风，猛烈的风。《楚辞·九歌·河伯》："与女游兮河，冲风起兮横波。"飞砾，飞沙走石。《东京赋》："飞砾雨散。"丽，一作"洌"，洒。

（19）绝巘，极高的山峰。遡（sù 肃）长风，面对远风。遡，向着，面对。《诗经·大雅·公刘》："夹其皇涧，遡其过涧。"毛传："遡，向也。"长风，远风。战国楚宋玉《高唐赋》："长风至而波起兮，若丽山之孤亩。"辩惑，辩疑解惑。辩，通"辨"。《文选》张铣注："求华大夫陈分辨疑惑之辞。"

（20）卷道而背时，收藏起道而违背时势。卷，收藏。背时，违背时势，不合时宜。应玚《释宾》曰："圣人不违时而遁迹，贺者不背俗而遗功。"

（21）玉牒，本指古代帝王封禅、郊祭的玉简文书，此泛指典册、史迹。洪伐，大功。汉陈琳《韦端碑》："撰勒洪伐，式昭德音。"金册，古代称记载国史的史册。《文选》李周翰注："玉牒、金册，并国史也……谓生死必须垂名记功于史册，以示天下，传于后代也。"

（22）违世，即避世，逃避尘世，逃避乱世。避地，避世隐居。《论语·宪问》："子曰：'贤者辟世，其次辟地，其次辟色，其次辟言。'"刘宝楠《正义》："辟，皇本作避。《说文》：'避，回也。'《苍颉篇》：'避，去也。'"陆沈，亦作"陆沉"，陆地无水而沉没，比喻隐居。《庄子·则阳》："方且与世违而心不屑与之俱，是陆沈者也。"

（23）有生，有生命者。《列子·杨朱》："有生之最灵者，人也。"资父，赡养和侍奉父亲。语本《孝经·士》："资于事父以事母而爱同，资于事父以事君而敬同。"

（24）百年，时间长。千岁，时代久远。语出《古诗十九首》："生年不满百，常怀千岁忧。"

（25）汀（dīng 定）泞，泛指池沼等浅水。翳荟，草木茂盛，可以障蔽。《文选·张华〈鹪鹩赋〉》："翳荟蒙茏，是焉游集。"李周翰注："翳荟蒙茏，蒿草密貌。"

（26）天人之大宝，天之大宝指大功德，人之大宝指帝位。语出《易·系辞上》："天地之大德曰生。"又《易·系辞下》："圣人之大宝曰位。"纵性之至娱，语出《列子·杨朱》："纵性而游，不逆万物所好。"纵性，任性。

（27）中天，高空中，当空。《列子·周穆王》："王执化人之祛，腾而上者，中天乃止。"

（28）縠，一作"彀"，比喻无用的东西。《韩非子·外储说左上》："齐有处士田仲者，宋人屈縠见之，曰：'縠闻先生之义，不恃人而食，今縠巨瓠，坚如石，厚而无窍，献之。'仲曰：'夫瓠所贵者，谓其可以盛也；今厚而无窍，则不可剖以盛物，而坚如石，则不可而斟，吾无以瓠为也。'曰：'然，縠将弃之。'今田仲不恃人而食，亦无益人之国，亦坚瓠之类也。"疏属，一作"疏属"，山名。《山海经·海内西经》："贰负之臣曰危，危与贰负杀窫窳。帝乃梏之疏属之山，桎其右足，反缚两手与发，系之山上木。"

（29）萃，集。

（30）不敏，不才，谦词。《论语·颜渊》："回虽不敏，请事斯语矣。"嘉话，好话，有教益的话。

（31）寒山，传说中的北方常寒之山。《楚辞·大招》："魂乎无比！

北有寒山，逴龙赩只。"王逸注："言北方有常寒之山，阴不见日，名曰逴龙。"太冥，指北方。《文选》李善注："北方极阴，故曰太冥。"

（32）含黄钟以吐干，黄钟是乐律十二律中的第一律。《礼记·月令》："〔季夏之月〕其日戊巳，其帝黄帝，其神后土，其中俣，其音宫，律中黄钟之宫。"孔颖达疏："黄钟宫最长，为声调之始；十二宫之主。"据苍岑而孤生，语出《书·禹贡》："羽畎夏翟，峄阳孤桐。"孔传："峄山之阳，特生桐，中琴瑟。"意谓峄山南坡所生的特异梧桐，古代以为是制琴的上好材料。

（33）琼嶻，玉山。嶒峻（céng líng 层凌），不平之状。《晋书·张协传》作"层陵"。崥峗（pí tí 皮提），山势渐趋平缓。

（34）凌虚，升到空中。跖实，践地。蹊，小路。《文选》李善注："《淮南子》曰：'鸟排虚而飞，兽蹍实而走。'"高诱注："实，地也。《广雅》曰：蹍，履也。跖与蹍同。"

（35）摇刖，一作"摇刵"，危险之状。苕邈，高远之状。苕（tiáo 条）峣，高耸之状。

（36）晞，干。三春，春季的三个月。汉班固《终南山赋》："三春之季，孟夏之初。"意谓春夏之际，单指春季的第三个月。遡，向着，面对。九秋，秋季的九十天。鸣飙，在风中鸣响。《文选》张铣注："飙，风也。谓桐木之叶，春露既干，向秋鸣风。"

（37）雰（fēn 氛）雪，落雪迷茫之状。雰，雾气。写，通"泻"。霏霜，飞霜。霏，飞散。

（38）峥嵘，高峻之状。

（39）蕤宾，古乐十二律中之第七律。律分阴阳，奇数六为阳律，名曰六律；偶数为阴律，名曰六吕。合称律吕。蕤宾属阳律。《周礼·春宫·大司乐》："乃奏蕤宾，歌幽钟，舞大夏，以祭山川。"《礼记·月令》："〔仲夏之月〕其音微，律中蕤宾。"郑玄注："蕤宾者就钟之所生，三分益一，律长六寸八十一分寸之二六，仲夏气至，则蕤宾之律应。"柯，树木的枝茎。大吕，古代乐律名。古乐十二律中，阴阳各六，六律皆称吕，其四为大吕。《周礼·春官·大司乐》："乃奏黄钟，歌大吕，舞云门，以祀天神。"

（40）营匠，古代匠人。《文选》张铣注："营匠，匠人也。"斲，斫。伶伦，传说为黄帝时的乐官，古以为乐律的创立者。《吕氏春秋·古乐》："昔黄帝令伶伦作为律。"

（41）号钟，古瑟名。《淮南子·防修务》："鼓琴者期于鸣廉、脩营，而不期于滥胁、号钟。"高诱注："号钟，高声，非耳所及耳。"绕梁，即余音绕梁，唱完之后遗留下的音响，环绕屋梁。形容歌声优美，耐人寻味，给人留下了难忘的印象。语本《列子·汤问》："韩娥东之齐，匮食，过东门，鬻歌假食，既去而余音绕梁，三日不绝。"

（42）八风，指八音。《左传·襄公二十九年》："五声和，八风平。"王引之《经义述闻·春秋左传中》："古者八音谓之八风。"归昌，指凤凰和鸣。汉刘向《说苑·辨物》："［凤］晨鸣曰发明……集鸣曰归昌。"

（43）中黄，指黄帝。《文选》吕延济注："中黄，黄帝也。"《云笈七籤》卷三："黄帝以道治世一百二十年，于鼎湖山白日升天，上登太极宫，号曰中黄真人。"少宫，七弦古琴的第六弦。此指乐调名。蓐（rè热）收，古代传说中的西方神名，司秋。《礼记·月令》："［孟秋之月］日在翼，昏在星中，旦毕中。其日庚辛，其帝少皞，其神蓐收。"郑玄注："蓐收，少皞氏之子，曰该，为金官。"变商，指少商。七弦古琴的第七弦。《通典·乐四》引汉桓谭《新论》："五弦第一弦为宫，其次商、角、徵、羽，文王、武王各加一弦，以为少宫、少商。"

（44）龙火，指东方七宿中的心宿。东方七宿称苍龙，心宿有星三颗，其主星又称为鹑火、大火，故称。《文选》李善注：《汉书》曰：'东宫苍龙房心，心为火，故曰龙火也。'"颓，落下。

（45）羁旅怀土之徒，寄居异乡，怀恋故土的人。怀土，安于所处之地，意谓安土重迁。语出《论语·里仁》："君子怀德，小人怀土。"朱熹集注："怀土，谓溺其所处之安。"流宕，远游。百罹，种种不幸的遭遇。《诗经·王风·兔爰》："我生之后，逢此百罹，尚寐无吡。"毛传："罹，忧。"

（46）抚促柱则酸鼻二句，侯瑾《筝赋》曰："急弦促柱，变调改曲。"促柱，急弦，支弦的柱移近则絃紧，故称。汉马融《长笛赋》："若絙瑟促柱，号钟高调。"危弦，急弦。

（47）追清哇，张衡《舞赋》："含清哇而吟咏，若离鹍鸣姑邪。"《苍颉篇》："哇，讴也。"严节，急节。

（48）绿水，古舞曲名。一名"渌水"。《淮南子·俶真训》："足蹀《阳阿》之舞，手会《绿水》之趋。"高诱注："《绿水》，舞曲也，一曰古诗也。"白雪，古琴曲名。传为春秋晋师旷所作。战国楚宋玉《讽赋》："中有鸣琴焉，臣援而鼓之，为《幽兰》《白雪》之曲。"

（49）激楚回二句，《文选》李善注："《上林赋》曰：'激楚结风。'文颖曰：'激，冲急风也。结风，回风，亦急风也。楚地风气既自漂疾，然歌乐者，犹复依激结之急风为节也。'"

（50）莫荚，古代传说中的一种瑞草。它每月初一至十五，每日结一荚；从十六至月终，每日落一荚。故从荚数多少，可以知道是何日。一名历荚。《竹书纪年》卷上："有草夹阶而生，月朔始生一荚，月半而生十五荚；十六日以后，日落一荚，及晦而尽；月小，一荚焦而不落。名曰莫荚，一曰历荚。"望舒，神话中为月驾车的神。《楚辞·离骚》："前望舒使先驱兮，后飞廉使奔属。"王逸注："望舒，月御也。"此借指月亮。

（51）茕釐（qióng lí 穷厘），寡妇。《文选》李善注引杜预曰："寡妇为釐。"擗摽，《诗经·邶风·柏舟》："寤擗有摽。"毛苌传："擗，拊心貌。"嫠，寡妇。

（52）王子，即王子乔，传说中的仙人。汉刘向《列仙传·王子乔》："王子乔者，周灵王太子晋也。好吹笙作凤凰鸣。游伊洛间，道士浮丘公接上嵩高山。三十余年后，求之于山上，见柏梁曰：'告我家，七月七日待我于缑氏山巅。'望之不可到。举手谢时人，数日而去。"六马仰秣，面对着饲料的马都仰起头来不吃，形容乐声美妙，连马也停食倾听。语出《荀子·劝学》："昔者瓠巴鼓瑟而沈鱼出听，伯牙鼓琴而六马仰秣。"秣，喂马的饲料。

（53）兰宫，芳香高雅的宫室。梳，《说文》："梳，房屋之疏也。"云屏，有云形彩绘的屏风，或用云母装饰的屏风。烂汗，光辉灿烂之状。琼壁，玉壁。王褒《甘泉赋》："耀照形之玉壁。"应门，古代王宫的正门。《诗经·大雅·緜》："乃立应门，应门将将。"毛苌传："王之正门曰应门。"《礼记·明堂位》："九采之国，应门之外，北面东上。"孔颖达疏引李巡曰："宫中南向大门，应门也。应是当也。以当朝正门，故谓之应门。"八袭，八重。璇台，亦作"璿台""璠台"。饰以美玉的高台。本为夏天子台名。《竹书纪年》卷上："帝启，元年癸亥……大飨诸侯于璇台。"九重，九层，九道。《楚辞·天问》："圜则九重，孰营度之？"《韩诗外传》卷八："齐景公使人于楚，楚王与之上九重之台。"

（54）表，标。百常，一千六百尺。八尺为寻，倍寻为常。极言其高。亦借指极高的楼台。《文选·张衡〈西京赋〉》："通天𬭚以竦峙，径百常而茎擢。"薛综注："倍寻曰常。"阙，城楼。万雉，极言城墙周围之广。雉，古代计算城墙面积的单位。长三丈，高一丈为一雉。汉班固《西都赋》："建金城而万雉，呀周池而成渊。"墉，城墙。《诗经·大雅·皇矣》："以伐崇墉。"毛苌传："墉，城也。"

（55）峣，高。榭（xiè 屑），在台上盖的高屋。中天，高空之中。《列子·周穆王》："王执化人之祛，腾而上者，中天乃止。"

（56）翠观，绿色的台榭。彤阁，雕刻涂饰的楼阁。飞陛，通向高处的阶道。汉王延寿《鲁灵光殿赋》："飞陛揭孽，缘云上征。"《文选》刘良注："飞陛，阶道也。言高于鸟飞而陵上于山。"

（57）玉绳，星名，常泛指群星。《文选·张衡〈西京赋〉》："上飞闼而仰眺，正睹瑶光与玉绳。"李善注引《春秋元命苞》："玉衡北两星为玉绳。"倒景，亦作"倒影"。指天上最高处，日月之光反由下上照，而于其处下视日月，其影皆倒，故称天上最高的地方为"倒影"。《文选·扬雄〈甘泉赋〉》："历倒景而绝飞梁兮，浮蠛蠓而撇天。"李善注引张揖曰："《陵阳子明经》曰：'倒景去地四千里，其影皆倒。'"轩，窗。

（58）赪（chēng 撑），赤色。炳焕，光明显耀。棼（fén 坟），重屋的梁。《文选·左思〈魏都赋〉》："棼橑复结，栾栌叠施。"李善注："《说文》：'棼，复屋栋也。'棼与棼，古字通。"

（59）阴虬（qiú 求），有角的龙。古人以为龙为阴物，故称。《文选》李善注："虬，龙也。"吕向注："虬龙，阴物。"阳马，房屋四角承担的长桁条。其顶端刻有马形，故称。吕向注："马为阳物，谓刻作其象负荷担梁之势，承接木石之曲。"

（60）方疏含秀二句，汉王延寿《鲁灵光殿赋》："尔乃悬栋结阿，天窗绮疏。圆渊方井，反植荷蕖，发秀吐荣，菡萏披敷。"疏，刻镂。秀，华。菡，花。

（61）交绮，窗。《文选·张衡〈西京赋〉》："工巧之瑰玮，交绮豁以疏寮。"王念孙曰："交绮，即窗也。"（见《读书杂志·文选》）楗，一作"幌"，以帛布蒙窗令明。

（62）焦螟，《文选》李善注："《晏子春秋》：景公问于晏子曰：'天下有极细乎？'对曰：'东海有虫，名曰焦螟，巢于蚊睫，飞乳而去，而蚊不觉。'"尺蠖，尺蠖蛾的幼虫，体柔软细长，屈伸而行。《易·系辞下》："尺蠖之屈，以求信也；龙蛇之蛰，以存身也。"

（63）常玩，指声色。《文选》李善注："《列子》曰：'声色不可常玩也。'帷幄，室内悬挂的帐幕、帷幔。"

（64）蒻（xiāo 晓），《文选》李善注："《本草经》曰：白芷。"

（65）椒涂，用椒泥涂饰的道路。取芳香之意。《文选·曹植〈洛神赋〉》："践椒涂之郁烈，步衡薄而流芳。"吕尚注："椒涂，以椒泥饰道也。"蘅薄，杜蘅和薄荷，皆香草名。

（66）尔乃浮三翼六句，三翼，古代船分为大翼、中翼、小翼，合称三翼。《文选》李善注引《越绝书·伍子胥水战兵法内经》："大翼一艘，长十丈；中翼一艘，长九丈六尺，小翼一艘，长九丈。"沚（zhǐ 止），水中的小洲。《诗经·秦风·蒹葭》："宛在水中沚。"鳃，鱼鳃，指鱼。翰，《文选》李善注引郑玄《诗笺》曰："翰，鸟中豪俊者。"矰（zēng 曾），一种以丝绳系住便于弋射飞鸟的短箭。《周礼·夏官·司弓矢》："矰矢、茀矢，用诸弋射。"

（67）归翮（hé 合），鸿雁之类的鸟。赤霄，极高的天空。《淮南子·人间训》："背负青天，膺摩赤霄。"紫渊，深渊。《文选》吕向注："紫渊谓其深色然也。"

（68）然后纵棹随风六句，棹（zhào 兆），摇船的用具。此指船。弭（mǐ 米），止。楫（jí 及），划船用的短桨。孤竹，古代的一种管乐器。

因用孤竹制成，故名。晋葛洪《抱朴子·博喻》："大夏孤竹，不能莫吹而吐新声。"云和，山名。川客，习水的人。《淮南》《采菱》，《文选》刘良注："《淮南》《采菱》，并曲名。"榜人，船夫，舟子。《文选·司马相如〈子虚赋〉》："榜人歌，声流唱，水虫骇，波鸿沸。"郭璞注引张揖曰："榜，船也。"

（69）凫（fú 伏）舟，鸭形的船。《文选》李善注："郭璞曰：'舟为凫形制，今吴之青雀舫，此其遗象也。'"芳洲，芳草丛生的小洲。《楚辞·九歌·湘君》："采芳洲兮杜若，将以遗兮下女。"灵芝，传说中的瑞草、仙草。《文选·张衡〈西京赋〉》："浸石菌于重崖，濯灵芝以朱柯。"薛综注："石菌、灵芝，皆海中所有神草名，仙之所食者。"

（70）白商，指秋天。《周礼》："西方白。"《礼记》："孟秋之月，其音商。"素节，亦指秋天。授衣，古代九月制备冬衣，称授衣。《诗经·豳风·七月》："七月流火，九月授衣。"毛苌传："九月霜始降，妇功成，可以授冬衣矣。"

（71）将因气而效杀二句，《文选》李善注："《礼记》：'季冬之月，天子乃教于田猎。'刘向《尚书五行说》曰：'金，西方。万物既成，杀气之始也。故立秋出军行师。西方为金，故曰金郊也。'"

（72）轻武、戎刚，《文选》李善注："轻武戎刚，四车名也。"

（73）云髦，云旆竿上施毛。髦，古通"旄"。雄芒，雄戟之锋芒。

（74）红阳飞燕、唐公骊骝，《文选》张铣注："红阳、唐公，人名，并有良马，名飞燕、骊骝。"

（75）羽队，背着弓箭的队伍。羽，指箭。《文选》李善注："士负羽而为队也。"

（76）罠（mín 民），兔网。《文雅》："罠，兔罟也。"

（77）钲，古代乐器。形似钟而狭长，有长柄可执，口向上以物击之而鸣。亦用于行军、田猎。举麾旌获，《文选》李善注："《周礼》曰：'服不氏射则赞张侯，以旌居乏而待获。'郑玄曰：'待获射者，举旌获也。'"

（78）彀（gòu 够），张满弓弩。《列子·汤问》："彀弓而兽伏鸟下。"金机，金属制的弩牙。鸣镝，响箭。《汉书·匈奴传上》："冒顿乃作鸣镝。"

（79）骛（wù务），《说文》："骛，乱驰也。"骈，并。武，迹。

（80）翕（xī希）忽，犹倏忽，急速之状。《文选·左思〈吴都赋〉》："神化翕忽，函幽育明。"刘逵注："翕忽，疾貌。"

（81）乃有圆文之豜八句，豜（yìn），亦作"豜"。一岁小猪，此指小兽。豵（zōng宗），猪生三子。亦泛指兽类。《文选》李善注："毛苌《诗》传曰：'豕一岁曰豜。'又郑玄曰'豕生三子曰。'然此豜、豵，指诸兽，不专论也。"瞕（cóng从），目生光。骶（wù务），以鼻摇动。清胡克家《文选考异》："骶当骶，各本皆误，详善音五忽切，此字从兀明甚。《集韵·十一没》：'骶，兽以鼻摇动。'最可证。"

（82）飞黄，指古代勇士飞廉和中黄伯。《文选》李周翰注："飞，飞廉；黄，中黄。"贲石，古代勇士孟贲和石蕃的并称。《文选》李善注："《说苑》曰：'勇士孟贲，水行不避蛟龙，陆行不避虎狼。'《吴越春秋》曰：'大夫使王孙圣占梦，圣曰：占之不吉。王怒，使力士石蕃以铁椎椎杀圣。'张华《博物志》曰：'石蕃，卫臣也，背负千二百斗沙。'"

（83）封豨（xī希），大猪。《方言》："南楚人谓猪为豨。"攒，一作"偾"，僵。冯，大。

（84）魋麟（hán shū含叔），魋，《尔雅·释兽》："魋，白虎。"麟，《尔雅·释兽》："麟，黑虎。"獬豸，一作"獬廌"，《文选》李善注引张揖《汉书》注曰："獬廌，似虎而一角也。"

（85）摆，一作"捭"，《说文》："捭，两手击也。"

（86）骴（zì自），《文选》李善注引郑玄《周礼》注曰："四足死者曰骴。"踣（bó箔），向前扑倒。

（87）薮（sǒu叟），湖沼的通称，也专指少水的泽地。隰（xí席），低下的湿地。薄，《广雅》曰："草丛生曰薄。"

（88）鸢（yuān冤），老鹰。

（89）虞人，古掌山泽苑囿之官。《周礼·夏官·大司马》："虞人莱所田之野为表。"贾公彦疏："虞人者，若田在泽，泽虞；若田在山，山虞。"林衡，古官名。《周礼》地官之属，掌保护巡守林木。《周礼·地官·林衡》："掌巡林麓之禁令，而平其守，以时计林麓而赏罚之。"鲜，指新杀的野兽。

（90）最，《文选》李善注引张晏《汉书》注："最，功第一也。"犒，慰劳。韬，藏。

（91）镳，《说文》："镳，马衔也。"

（92）醵，《说文》："醵，饮酒尽也。"燧，古代取火器。《淮南子·本经训》："钻燧取火。"

（93）殚（dān 丹），尽。节，《文选》李善注引郑玄《周礼》注曰："节，信也。行者所执之信也。"

（94）欧冶，欧冶子，春秋时冶工，应越王聘，铸湛庐、巨阙、胜邪、鱼阳、纯钧（一作"纯钩"）五剑。后又与干将为楚王铸龙渊、泰阿、工布（一作"工市"）三剑。事见《吴越春秋·阖闾内传》《越绝书》十一《记宝剑》。

（95）邪谿之铤二句，《越绝书》曰："越王勾践有宝剑五，闻于天下。客有能相剑者，名曰薛烛，王召而问之，对曰：'当造此剑之时，赤堇之山破而出锡，若耶之溪涸而出铜。'"邪谿，若耶溪，在今浙江绍兴市南，源出若耶山，北入鉴湖。铤，许慎《淮南子》注曰："铤，铜铁璞也。……精，谓其中尤善者。"

（96）销逾羊头二句，《淮南子·修务训》："苗山之铤，羊头之销。虽水断龙舟，陆刬兕甲，莫之服带。"高诱注："苗山、楚山，利金所出。羊头之销，白羊子刀，虽有利用而无所称托，故无人服带也。"销，生铁。鍱（xiè 屑），铤，一作"镤"，未经冶炼的铜铁。锻成，《文选》李善注引谢承《后汉书》曰：孝章皇帝赐诸尚书剑，手自署姓名："尚书陈宠，济南锻成。"锻，椎。

（97）铄，销熔。辟，叠之。灌，铸之。

（98）丰隆，古代神话中的雷神。后多用作雷的代称。《楚辞·离骚》："吾令丰隆乘云兮，求宓妃之所在。"飞廉，风神，一说能致风的神禽名。《楚辞·离骚》："前望舒使先驱兮，后飞廉使奔属。"王逸注："飞廉，风伯也。"《文选》李善注引《越绝书》："薛烛曰：'当造此剑之时，雨师洒扫，雷公击橐，蛟龙捧炉，天地装炭。'"

（99）神器化成二句，《文选》李善注引《吴越春秋》曰："干将者，吴人。造剑二枚，一曰干将，二曰莫耶。莫耶者，干将之妻名也。干将曰：'吾师之作冶也，金铁之类不销，夫妻俱入冶炉之中。'莫耶曰：'先师新烁身以成物，妾何难也。'于是干将夫妻断发揃爪，投之炉中，使童女三百，鼓橐装炭，金铁乃濡，遂以成剑。阳曰干将，阴曰莫耶，而作漫理。干将匿其阳，出其阴，而献之阖闾。阖闾甚重之。"

（100）耀雪，曹丕《大墙上蒿行》："我带长宝剑，光白如积雪。"

（101）锷，刀刃。

（102）豪曹，古剑名。汉袁康《越绝书·外传记宝剑》："王使取豪曹，薛烛对曰：'豪曹，非宝剑也。'"后借指利剑。晋葛洪《抱朴子·博喻》："青萍，豪曹，剑锋之精绝也。"巨阙，古代名剑。汉袁康《越绝书·外传记宝剑》："巨阙初成之时，吾坐于露坛之上，宫人有四驾白鹿而过者，车奔鹿惊，吾引剑而指之，曰驾上飞扬，不知其绝也。穿铜釜，绝铁锧，胥中决如粢米，故称巨阙。"

（103）指郑则三军白首二句，汉袁康《越绝书·外传记宝剑》曰："楚王作铁剑三枚。晋郑闻而求之，不得，兴师围楚之城，三年不解。于是楚引太阿之剑，登城而麾之，三军破败，士卒迷惑，流血千里。晋郑之军，头皆白也。"

（104）浮翾，鸿雁。

（105）舒，《说文》："舒，申也。"方，常。模，法。

（106）风胡，亦称"风湖子""风壶"。人名。春秋时楚人，精于识剑、铸剑。汉袁康《越绝书·外传记宝剑》："于是乃令风胡子之吴，见欧冶子、干将，使人作铁剑。"

（107）价兼三乡二句，《越绝书·外传记宝剑》曰："勾践示薛烛纯钧曰：'客有买之者，有市之乡二，骏马千匹，千户之都二，可乎？'薛烛曰：'虽倾城量金，珠玉满河，犹不得此一物，况有市之乡二，骏马千匹，千户之都二，何足言哉！'"

（108）或驰名倾秦二句，《越绝书·外传记宝剑》曰："阖闾无道，湛卢之剑，去之入水。行凑楚，楚王卧而设湛卢之剑也。秦王闻而求之，不得，兴师击楚，曰：'与我湛卢之剑，还师去汝。'楚王不与。"

（109）从服九国，汉贾谊《过秦论》："秦人开关延敌，九国之师，逡巡而不敢进。"横制八戎，《文选》李善注："《史记》赵良曰：'五羖大夫相秦，施德诸侯，而八戎来服。'"戎，对古代北方少数民族的称呼。

（110）爪牙景附二句，《文选》李善注："毛诗曰：'祈父，予王之爪牙。'崔琰《大将军夫人冠氏诔》曰：'英雄景附。'扬雄《河东赋》曰：'函夏之大汉。'《家语》：孔子曰：'舜之为君，四海承风。'"

（111）神兵，神奇的兵器。

（112）天骥，天马。

（113）禀气灵渊，《文选》李善注："《遁甲开山图》曰：'陇西神马山有渊池，龙马所生。'"受精皎月，《文选》李善注引《春秋考异邮》曰："地生月精为马，月数十二，故马十二月而生。"

（114）眸，目中瞳人。瞷（jiàn 建），窥视。绀（gàn 淦），天青色，一种深青带红的颜色。

（115）沬（huì 会）如挥红，即沬血，以血洗脸。沬，洗面。汗如振血，即汗血。汗出如血。《史记·大宛列传》："[大宛]多善马，马汗血，其先天马种也。"

（116）秦青，古代善相马者秦牙、管青的并称。方埋，九方埋，亦古代善相马者。《文选》李善注引《吕氏春秋》曰："古者善相马者，管青相唇吻，秦牙相前，皆天下良士也。若赵之王良，秦之伯乐、九方埋，尤尽其妙矣。"

（117）巾，郑玄《周礼》注："巾，犹衣也。"云轩，云车。传说中仙人的车驾。《文选》李善注引《淮南子》："冯夷、大丙之御也，乘云车，入云霓，游微雾。"秋御，即秋驾，亦称法驾。皇帝的车马。

（118）虬（qiú 求），"虯"的异体字。古代传说中的一种龙。屈原《离骚》："驷玉虬以乘鹥兮，溘埃风余上征。"王逸注："有角曰龙，无角曰虬。"蛹，当作"踊"。螭（chī 痴），古代传说中的一种动物，蛟龙之属。《说文·虫部》："螭，若龙而黄。"麟，麒麟。古代传说中的一种动物。其状如鹿，独角，全身生鳞甲，尾像牛。多用作吉祥的象征，亦简称"麟"。翥（zhù柱），飞举。《楚辞·远游》："雌蜺便娟以增挠兮，鸾鸟轩翥而翔飞。"

（119）浮箭，漏壶上指示时刻的箭头。《后汉书·律历志下》："孔壶为漏，浮箭为刻。"《文选》李周翰注："浮箭谓水漏刻日时节者。"

（120）汗漫，渺茫不可知。《淮南子·道应训》："吾与汗漫期于九垓之外。"高诱注："汗漫，不可知之也。"后附会为仙人的名字。章亥，大章和竖亥。古代传说中善走的人。《文选》李善注引《淮南子》曰："禹乃使大章步自东极，至于西极，二亿三万三千五百里七十步；使竖亥步自北极，至于南极，二亿三万三千五百里。"

（121）阳乌，神话传说中在太阳里的三足乌。《文选》李善注："《春秋元命苞》曰：'阳成于三，故日中有三足乌。乌者，阳精。'"夸父，古代神话人物。夸父自不量力，欲追日影，逐之于隅谷之际。渴欲得饮，赴饮河渭。河渭不足，将走北饮大泽。未至。道渴而死，弃其杖，化为邓林。见《列子·汤问》《山海经·海外北经》。

（122）大梁之黍，未详。琼山之禾，传说中昆仑山上的大木禾。《文远》李善注："琼山禾，即昆仑之山木禾。《山海经》曰：'昆仑山上有木禾，长五寻，大五围。'"唐稷，即后稷，古代周族的始祖。传说他曾在尧舜时代做农官，种植百谷。农帝，即神农民。传说中我国农业和医药的发明者，他曾尝百草，教人治病。

（123）六禽，六种供膳的禽类。《周礼·天官·庖人》："掌供六畜、六兽、六禽。"郑玄注引郑司农曰："六禽，雁、鹑、鷃、雉、鸠、鸽。"郑玄则云："六禽，于禽献及六挚，宜为羔、豚、犊、麛、雁，凡鸟兽未孕曰禽。"四膳，古代四季的食物。李善注引《礼记》："孟春食麦与羊，孟夏食菽与鸡，孟秋食麻与犬，孟冬食黍与彘。"

（124）穷海之错，《书·禹贡》："厥贡盐絺，海物惟错。"孔传："错杂非一种。"后因称各种海味为海错。极陆之毛，《谷梁传》曰："凡地之所生，谓之毛。"

（125）伊公，伊尹，商初大臣。原为有莘氏女的陪嫁之臣，后佐汤任国政。爨（cuàn窜），烧火煮饭。《孟子·滕文公上》："许子以釜甑爨，以铁耕乎？"鼎，古代炊器。圆形，三足两耳，也有方形四足的。庖子，厨子。李善注："庖子，庖丁也。"庖丁，古代名厨师，善解牛，事见《庄子·养生主》。

（126）味重九沸二句，《文选》李善注引《吕氏春秋》："伊尹说汤曰：'凡味之本，水最为始，五味三和，九沸九变，为火之纪。'高诱曰：'纪，节也。味待火而后成，故曰火为之节也。'文颖《上林赋》注曰：'勺药，五味之和。'"

（127）凫（fú 扶），泛指野鸭。鹄（hú 胡），鹅。鴭（duò 剁，又读 zhuā 抓），鴭鸠，亦名突厥雀，俗称沙鸡。《尔雅·释鸟》："鴭鸠，寇雉。"郭璞注："鴭大如鸽，似雌雉，鼠脚无后指，歧尾。为鸟憨急群飞，生北方沙漠地。"

（128）方丈，一丈见方。《墨子·辞过》："美食方丈，目不能遍视，口不能遍勤也。"

（129）封熊之蹯，大熊之掌。蹯（fán 凡），足掌。《左传·文公元年》："王请食熊蹯而死。"翰音，古代称祭祀用的鸡。《礼记·曲礼下》："鸡曰翰音。"孔颖达疏："翰，长也。鸡肥则其鸣声长也。"跖（zhí 直），人和少数动物（猴、熊等）站立时着地的部分。即足跟、脚掌。《吕氏春秋·用众》："善学者若齐王之食鸡也，必食其跖数千而后足。"高诱注："跖，鸡足踵。"

（130）鷾，燕子。猩，猩猩。髦，通"牦"。牦牛。象，大象。《文选》李善注引《吕氏春秋》："伊尹说汤曰，肉之美者，隽鷾之髀。……《说文》曰：'髀，股外也。'……肉之美者，猩猩之唇，髦象之约。高诱曰：'髦，髦牛也，在西方；象，象兽也，在南方。取其远方物之美也。髦象之肉美，贵异味也。残、白，盖煮肉之异名也。'"

（131）莱黄之鲐，《文选》李善注引《盐铁论》曰："江湖之鱼，莱黄之鲐，不可胜也。"莱黄，其地在今山东黄县东南。鲐，《说文》："鲐，海鱼也。"

（132）丹穴之鹨（líu 溜），传说中的丹穴山上的鹨鸟。《文选》李善注引《山海经》曰："丹穴之山有鸟焉，其状如鹤，五采，名曰凤。"《说文》曰："鸀鸟，大鹖雏。"玄豹之胎，黑豹的胎盘，为珍贵的肴馔。《韩非子·喻老》："象箸玉杯，必不盛菽藿，则必旄象豹胎。"

（133）焯（chǎn 产），煮。酟（zhān 沾），《尔雅》曰："沾，溢也。酟与沾同也。"

（134）商王、帝辛，皆指纣。《史纪·殷本纪》曰："帝乙崩，子辛立，是为帝辛，天下谓之纣。玉箸，玉石筷子。

（135）范公之鳞二句，范公，范蠡，字少伯，春秋末年楚国宛（今河南南阳）人，越大夫。曾佐勾践灭吴，后游齐国，改名鸱夷子皮。到陶（今山东定陶西北），改名陶朱公，以经商致富。《文选》李善注引陶朱公《养鱼经》曰："威王聘朱公，问之曰：'公家累亿金，何术乎？'朱公曰：'夫为生之法五，水畜第一。所谓水畜者，鱼池也，以六亩地为池，池中有九洲。即求怀子鲤鱼，以二月上旬庚日内池中。养鲤者，鲤不相食，易长而又贵也。'"

（136）赪（chēng 称），即"赪"。亦作"赤"，红。《仪礼·士丧礼》："幎目用缁，方尺二寸，经里。"郑玄注："经，赤也。"《诗经·周南·汝坟》："鲂鱼赪尾，王室如毁。"

（137）支离，支离益。《庄子》的寓言人物。朱泙漫从之学屠龙。《庄子·列御寇》："朱泙漫学屠龙于支离益，单千金之家，三年技成而无所其巧。"

（138）娄子，离娄，古代传说中的人名。《孟子·离娄上》："离娄之明。"赵岐注："离娄者，古之明目者，盖以为黄帝之时人也。黄帝亡其玄珠，使离朱索之。离朱即离娄也。能视于百步之外，见秋毫之末。"

（139）阕（què 确），止息，完，尽。《诗经·小雅·节南山》："君子如届，俾民心阕。"毛苌传："届，极；阕，息。"

（140）商山，山名。在今陕西商州市东。地势险阻，景色幽胜。秦末汉初东园公、绮里季等四皓曾在此隐居。汉皋，山名。在今湖北襄阳西北。相传周郑交甫于汉皋台下遇二女，二女解佩相赠。榛（còu 凑），果名。《汉书·司马相如传上》："黄甘橙榛。"颜师古注引张揖曰："榛，小橘也。"

（141）乌程，竹叶，古美酒名。乌程，古名酒产地。有二说：一说在豫章康乐县（今江西万载县）乌程乡，一说在湖州乌程县（今浙江湖州）。

亦指美酒。《文选》刘良注："乌程，竹叶，酒名。"

（142）浮蚁，酒面浮沫。萍，同"萍"。

（143）玄石，传说中知酒味的人，姓刘。相传曾于中山酤得千日酒，一醉千日始醒。见晋张华《博物志》卷五。仪氏，仪狄。传说为夏禹时善酿酒者。《战国策·魏策二》："昔者帝女令仪狄作酒而美，进之禹，禹饮而甘之，遂疏仪狄，绝旨酒，曰：'后世必有酒亡其国者。'"

（144）罍（léi 雷），古代器名。青铜制或陶制。圆形或方形。小口、广肩、深腹、圆足有盖，肩部有两环耳，腹下并有一鼻可系。用以盛酒和水。盛行于商、周时。《诗经·周南·卷耳》："我姑酌彼金罍。"《尔雅·释器》郭璞注："罍形似壶，大者受一斛。"流湎，《文选》李善注：薛君《韩诗章句》曰："齐颜色，均众寡，谓之流；闭门不出客，缅。"

（145）单醪投川二句，单醪，樽酒。单，通"箪"。《吕氏春秋·察微》："凡战必悉熟配备。"汉高诱注："古之良将，人遗之单醪，轮之于川，与士卒从下流饮之，示不以独赏其味也。"李善注引《黄石公记》："昔良将之用兵也，人有馈一箪之醪，投河，令众迎流而饮之。夫一箪之醪，不味一河，而三军思为致死者，以滋味及之也。"醪（láo 劳），本指汁滓混合的酒，即酒酿，引申为浊酒。

（146）歆，《说文》："歆，神食气也。"炜晔，盛。

（147）口爽，口舌失去辨味的能力。《老子》："五色令人目盲，五音令人耳聋，五味令人口爽。"王弼注："爽，差失也。失口之用，故谓之爽。"腊毒之味，李善注引《国语》曰："单襄公谓鲁成公曰：'高位寔疾颠，厚味寔腊毒。'贾逵曰：'颠，陨也。腊，久也。言味厚者，其毒欠。'"腐肠之药，古人指美味佳肴。亡国之器，指象箸、玉杯之类的器皿，古代作为骄奢亡国的象征。《吕氏春秋·贵直》："亡国之器陈于廷，所以为戒。"高诱注："戒惧灭亡。"《文选》李善注："亡国之器，象箸玉杯。"

（148）有晋，晋朝。融，朗。皇风，皇帝的教化。金华，李善注引杜预《左氏传》注曰："晋为金德，故曰金华。"大人，指在高位的人，如王公贵族。《易·乾》："九二：见龙在田，利见大人。"继明，持续不断的光明，借指皇帝即位。《周易》曰："明两作离，大人以继明照于四方。"

配天，与天相比并。《书·君奭》："故殷礼陟配天，多历年所。"蔡沈集传："故殷先王终以德配天，而享国长久也。"光宅，广有。《书·尧典序》："昔在帝尧，聪明文思，光宅天下。"曾运乾正读："光，犹广也。宅，宅而有之也。"

（149）基德，基业。隆，盛。姬公，指周文王姬昌。岐，岐山，在今陕西岐山县东北。周族祖先古公亶父率部来此，后姬昌由此兴盛起来。垂仁，施仁爱。殷，汤，商朝的建立者。亳（bó 勃），商成汤所都。《孟子·滕文公下》："汤居亳，与葛为邻。"其地有五说，一说即今郑州市二里岗。

（150）南箕之风四句，李善注引《春秋纬》："月失其行，离于箕者风，离于毕者雨。"南箕，星名，即箕宿。共四星，二星为踵，二星为舌。踵窄舌宽。春夏之间见于南方，故称。古人观星象附会人事，认为箕星主口舌。典出《诗经·小雅·巷伯》："哆兮侈兮，成是南箕。"离毕，月亮附于毕星，是将下雨的象征。毕，二十八宿之一。典出《诗经·小雅·渐渐之石》："月离于毕，俾滂沱矣。"毛苌传："毕，噣也，月离阴星则雨。"

（151）缉熙，光明，光辉。典出《诗经·大雅·文王》："穆穆文王，于辑熙敬止。"毛苌传："缉熙，光明也。"

（152）云官，相传黄帝受命有云瑞，故以云纪事，以云为官。鸟纪，传说少皞氏以鸟为纪，以鸟名官。李善注引《左氏传》曰："郯子来朝，公与之宴。昭子问焉，曰：'少皞鸟名，何故也？'郯子曰：'昔者黄帝氏以云纪，故为云师而云名。我高祖少皞挚之立也，凤鸟适至，故以鸟纪，为鸟师而鸟名焉。'"

（153）王猷四塞，语出《诗经·大雅·常武》："王猷允塞。"猷，同"猷"，道术。函夏，指包括诸夏，指全国。谧（mì 秘），宁。

（154）丹冥，指南方遥远之处。《文选》李善注："丹，南方朱冥也。"张铣注："南方远处，谓蜀也。"青徼，东方的边塞。《文选》李善注："青徼，东方也……张揖《汉书注》曰：'徼，塞也。'"

（155）却马，《老子》曰："天下有道，却走马以粪。"王弼注："天下有道，修于内而已，故却走马以粪田。"昆吾之鼎，用昆吾山石炼铁作剑。昆吾，山名。《山海经·中山经》："又西二百里曰昆吾之山，其上多赤铜。"郭璞注："此山出名铜，色赤如火，以之作刃，却玉如割泥也。"

（156）反素，即返朴，返尚朴素。时文，当代的文明。《文选》吕向注："时文，谓礼乐也。"载郁，记载其多文采之状。语出《论语·八佾》："周监于二代，郁郁乎文哉！"

（157）耕夫推畔，李善注引《文子》曰："黄帝之化天下，田者让畔。"畔，田界。《左传·襄公二十五年》："行无越思，如农之有畔。"鱼竖让陆，《文选》李善注引《淮南子》曰："黄帝化天下，渔者不争坻。"

（158）危冠，古时的高冠。《庄子·盗跖》："使子路去其危冠，解其长剑，而受教于子。"陆德明《经典释文》："李云：危，高也。"舆台，古代十等人中两个低微等级的名称。舆为第六等，台为第十等。泛指操贱役者，奴仆。《文选》李周翰注："舆台，贱人。"短后之服，后幅较短的上衣，便于活动，多为武士之衣。语出《庄子·说剑》："吾王所剑士，皆蓬头、突鬓、垂冠，曼胡之缨，短后之衣，嗔目而语难。"郭象注："短后之衣，为便于事也。"

（159）六合，天地四方。时邕，亦作"时雍"，和熙。《书·尧典》："百姓昭明，协和万邦，黎民于变时雍。"孔传："时，是；雍，和也。"巍巍荡荡，语出《论语·泰伯》："大哉，尧之为君也。巍巍乎，唯天为大，唯尧则之。荡荡乎，民无能名焉。"朱熹集注："巍巍，高大之貌；荡荡，广远之称也。"后用"巍巍荡荡"形容道德崇高，恩泽博大。

（160）玄龆（tiáo 条），未成年男子下垂的黑发。龆，同"髫"，古时未成年男子下垂的头发。巷歌，在里巷中歌唱，表示欢悦。《礼记·曲礼上》："里有殡，不巷歌。"击壤，古代的一种游戏。《艺文类聚》卷十一引晋皇甫谧《帝王世纪》："［帝尧之世］天下大和，百姓无事，有五十老人击壤而歌于道。"后因以"击壤"为颂太平盛世的典故。

（161）羲皇，伏羲氏，神话中人类的始祖。结绳，上古无文字，结绳以记事。《易·系辞下》："上古结绳而治，后世圣人易之以书契。"孔颖达疏："结绳者，郑康成注云：'事大大结其绳，事小小结其绳。'义或然也。"陶唐，陶唐氏，名放勋，史称唐尧。传说中父系氏族社会后期部落联盟首领。象刑，相传上古无肉刑，仅用与众不同的服饰加之犯人以示辱，谓之象刑。《书·益稷》："皋陶方祗厥叙，方施象刑，惟明。"

（162）夷，我国古代对东方各族的泛称。夏至周有"九夷"之称。郭璞《尔雅注》："九夷在东。"貊（mò莫），我国古代北方民族名。

（163）輶（yóu由）轩，古代使臣的代称。《文选》李善注引《风俗通》："秦周常以八月輶轩使采异代方言，藏之秘府。"正朔，指帝王颁布的历法。

（164）稽颡（sǎng嗓），古代一种跪拜礼。屈膝下拜，以额触地，居丧答拜宾客时行之。表示极度的悲痛和感谢。《仪礼·士丧礼》："吊者致命，主人哭拜，稽颡成踊。"颡，额头。委质，亦作"委挚""委贽"。放下礼物。古代卑幼见尊长，不敢行宾主授受之礼，把礼物放在地上，然后退出。《礼记·曲礼下》："卿羔，大夫雁，士雉，庶人之贽匹，童子委挚而退。"孔颖达疏："童子见先生或朋友，既未成年，不敢与主人相授受拜伉之仪，但奠委其挚于地而自退辟之。"重译，辗转翻译。《尚书大传》卷四："成王之时，越裳重译来朝，曰道路攸远，山川阻深，恐使之不通，故重三译而朝也。"

（165）昆蚑，昆虫。蚑，爬行。《文选》李善注引《说文》曰："蚑，行也。凡生之类，行皆蚑也。"无思不扰，语出《诗经·大雅·文王有声》："无思不服，皇王烝哉！"扰，《文选》李善注引应劭《汉书注》曰："扰，驯也。"

（166）九尾之禽，《文选》李善注引《春秋元命苞》曰："天命文王以九尾狐。"三足之乌，三足乌。古代传说中的神鸟，祥瑞之鸟。《东观汉纪·章帝纪》："三足乌集沛国，白鹿、白兔、九尾狐见。"

（167）鸣凤在林二句，《文选》李善注引《礼瑞命记》曰："黄帝服黄服，戴黄冠，斋于宫，凤乃蔽日而来，止帝圉，食于实，栖帝梧桐，终不去。"黄帝，古帝名。传说是中华民族的共同祖先。姓公孙，居轩辕之丘，故号轩辕氏。孔甲，《文选》李善注引《左氏传》："蔡墨曰：'有夏孔甲，扰于有帝。帝赐之乘龙，河汉各二，各有雌雄也。'"杜预注："孔甲，少康之后，九世之君也。"

（168）万物，统指宇宙间的一切事物。《易·乾》："大哉乾元，万物资始。"烟煴（yīn yūn 因晕），亦作"氤氲""絪缊"。古代指阴阳二元交会和合之状。《白虎通·嫁娶》引《易》："天地氤氲，万物化纯。"天地交泰，《易·泰》："天地交，泰。"王弼注："泰者，物大通之时也。"后以"交泰"指天地之气和祥，万物通泰。

（169）无内，无穷小，与"无外"相对。无外，无穷大，无所不包。《淮南子·精神训》："天外之外至大也；无内之内至贵也。"高诱注："言天无有垠外而能为之外，喻极大也。无内言其小。小，小无内而能为之内，道当微妙，故曰至贵也。"

（170）被褐（hè 贺），披粗制短衣。褐，兽毛或粗麻制成的短衣。韦带，古代平民或未仕者所系的无饰的皮带。《汉书·贾山传》："布衣韦带之士，修身于内，成名于外。"颜师古注："言贫贱之人也。韦带，以单韦为带，无饰也。"

（171）灵蔡，卜卦用的大龟。蔡，本大龟所出产地名，后指大龟。《文选》吕延济注："灵，灵龟也。蔡，谓龟出蔡地。"

（172）搢（jìn 晋）绅，亦作"缙绅"，旧时高级官吏的装束，此用作官宦的代称。《晋书·舆服志》："所谓搢绅之士者，搢笏而垂绅带也。"轩冕，古时卿大夫的车服。《汉书·律历志下》："始垂衣裳，有轩冕之服。"颜师古注："轩，轩车也；冕，冕服也。"此指官位爵禄或贵显之人。

（173）造化，创造化育。《淮南子·精神训》："伟哉造化者，其以我为此拘拘也。"二仪，指天地。

（174）狂狷，激进与拘谨保守。典出《论语·子路》："不得中行而与之，必也狂狷乎？狂者进取，狷者有所不为也。"朱熹集解："包（咸）曰：狂者进取于善道，狷者守节无为。"

（175）争宝之讼，《文选》李善注引《淮南子》庄子后解曰："庚市子，圣人无欲者也。人有争财相斗者，庚市子毁玉于其间，而斗者止。"

（176）齐王之疾瘥，《文选》李善注引《吕氏春秋》曰："齐湣王病瘠，往宋迎文挚。文挚视王疾，谓太子曰：'王病得怒当愈，愈则杀挚如何？'太子曰：'当与母共请于王，必不杀子矣！'挚狂，不解屦，登床履衣，问王之疾。王怒，叱而起，病即瘳，将生烹文挚。太子与后请不得，遂烹文挚。"

（177）蔀（bù布）家之屋，草蓆盖顶之屋。泛指贫家幽暗简陋之屋。《文选》李善注引《周易》曰："丰其屋，蔀其家。"覆暖障光之物也，既丰其物，又覆其家，屋厚家覆，闇之甚也。

（178）题（wěi尾），指好的或正确的（言行）。《左传·隐公十一年》："犯五不题而以伐人，其丧师也，不亦宜乎？"杜预注："题，是也。"滈，"淳"的异体字，一作"醇"，纯粹。

（179）举实为秋，喻举用人才。《文选》张铣注："举用贤能亦如秋时万物成实也。"摛（chī吃）藻，铺陈辞藻，意谓施展文才。汉班固《答宾戏》："虽驰辩如涛波，摛藻如春华，犹无益于殿最也。"

【赏析】

　　张协的赋今存六篇，多系残篇，仅《七命》较完整。《七命》在梁萧统《昭明文选》"七"体中，列在枚乘《七发》、曹植《七启》之后。"七"体为西汉辞赋家枚乘所首创，是一种内容多为讽劝之意，形式采用主客问答的文体。

　　"七命"，本是周代官爵的第七级，赐国侯伯。《周礼·春官·大宗伯》："以九仪之命，正邦国之位。一命受职，再命受服，三命受位，四命受器，五命赐则，六命赐官，七命赐国。"郑玄注："王之卿六命，出封加一等者。郑司农云：'出就侯伯之国。'"贾公彦疏曰："此后郑、先郑所云，皆据典命而言。以其王之卿六命，出封加一等即七命，是侯伯之国者也。"后借指封疆大吏。

　　所以，就本文题目而言，是希望冲漠公子这位隐士能出来做官。作品采用隐士冲漠（冲虚恬漠）公子和徇华（徇，营。华，浮华。徇，一作"殉"）大夫对话的形式。冲漠公子隐居大荒穷隩，游心世外，徇华大夫"闻而造焉"。于是主客展开了一场问答。徇华大夫先以"音朗号钟，韵清绕梁"，令公子倾耳，六马仰秣的"音曲之至妙"来劝解，冲漠公子曰："余病，未能也。"徇华大夫以"兰宫秘宇，彤堂绮栊"，令人"乐以忘戚，游以卒时"的"宴居之豪丽"来规劝时，冲漠公子曰："余病，未能也。"徇华大夫以"薮为毛林，隰为丹薄"，"千钟电醽，万燧星繁"的"田游之壮观"相规劝时，冲漠公子曰："余病，未能也。"徇华大夫以"从服九国，横制八戎"的干将、莫邪等"希世之神兵"规劝时，冲漠公子曰："余病，未能也。"徇华大夫以"气盛怒发，星飞电骇"，"志凌九州，势越四海"的"天下之隽乘"相规劝时，冲漠公子还是那句话："余病，未能也。"当殉华公子以燕髀、猩唇、髦残、象白、熊蹯、豹胎等佳肴，乌程、竹叶等美酒规劝时，冲漠公子没有简单作答，而是讲了一番道理："耽口爽之馔，甘腊毒之味，服腐肠之药，御亡国之器"，这些虽是士大夫"之所荣"，实是隐士们"之所畏"，故他的回答仍然是："余病，未能也。"

此赋的最后一段，徇华大夫向冲漠公子陈说晋朝"继明代照，配天光宅"，"皇道炳焕，帝载缊熙"时，"言未终，公子蹶然而兴"，他首先作自我批评："鄙夫固陋，守此狂狷"；接着歌颂晋朝"皇风载韪，时圣道淳"；最后表示："余虽不敏，敢寻后尘"，冲漠公子欣然表示不再遁世。这便是此赋的题旨所在。据《晋书·张协传》，此赋作于永嘉年间，作者屏居草泽之时。也可能是因为写了这篇赋的缘故，后来果被征为黄门侍郎，但他又托病未就。这样看来，他可能对当时的统治者有所不满，出于自身原因，也许是言不由衷地把西晋末年社会动荡、政治黑暗的混乱局面，写成"皇风载韪，时圣道淳"的陶唐之世，这就背离了枚乘开创的向统治者进行批判的题旨，变成了"招隐之词"，便"索然无味"了。所以，毛泽东认为它不是好作品，这主要是从思想内容方面来说的，但就本篇艺术价值来看，描写生动形象，语言华丽，仍不失为一篇可读之作。（毕桂发）

南北朝赋

谢惠连

谢惠连（397—433），陈郡阳夏（今河南太康）人，南朝宋文学家。十岁能文，颇善诗赋，深得族兄谢灵运的赏识。行为轻薄不检，居父丧期间还为其男宠写诗，大为时论所非，因此长期不得仕进。后来依靠尚书仆射殷景仁的辩护，才在宋文帝元嘉七年（430）做了彭城王刘义康的法曹行参军，世称"谢法曹"。与宋山水诗人谢灵运、谢朓是同族，后人合称"三谢"。

其诗作存留不多，部分篇章表现其政治上的不得志，对当时现实隐含不满，《秋怀》《捣衣》是其代表作。辞赋作品，以《雪赋》较为有名，是六朝抒情咏物小赋的代表作。原有集，已散佚。明人张溥辑有《谢法曹集》。

【原文】

雪　赋

岁将暮，时既昏[1]。寒风积，愁云繁[2]。梁王不悦[3]，游于兔园[4]。置旨酒[5]，命宾友；召邹生[6]，延枚叟[7]；相如末至[8]，居客之右[9]。俄而微霰零[10]，密雪下。王乃歌《北风》于卫诗[11]，咏《南山》于周雅[12]。授简于司马大夫[13]，曰："抽子秘思，骋子妍辞，侔色揣称[14]，为寡人赋之。"

相如于是避席而起[15]，逡巡而揖[16]，曰："臣闻雪宫建于东国[17]，雪山峙于西域[18]。岐昌发咏于'来思'[19]，姬满申歌于《黄竹》[20]。《曹风》以麻衣比色[21]，楚谣以《幽兰》俪曲[22]。盈尺则呈瑞于丰年，袤丈则表沴于阴德[23]。雪之时义远矣哉[24]，请言其始。

"若乃玄律穷[25]，严气升[26]，焦溪涸[27]，汤谷凝[28]，火井灭[29]，温泉冰，沸潭无涌[30]，炎风不兴。北户墐扉[31]，裸壤垂缯[32]。于是河海生云，朔漠飞沙，连氛累霭，掩日韬霞[33]；霰淅沥而先集，雪纷糅而遂多[34]。其为状也，散漫交错，氛氲萧索[35]；蔼蔼浮浮，灑灑弈弈[36]；联翩飞洒[37]，徘徊委积。始缘甍而冒栋[38]，终开帘而入隙；初便娟于墀庑[39]，末萦盈于帷席[40]。既因方而为珪[41]，亦遇圆而成璧。眄隰则万顷同缟[42]，瞻山则千岩俱白。于是台如重璧[43]，逵似连璐[44]；庭列瑶阶，林挺琼树。皓鹤夺鲜[45]，白鹇失素[46]；纨袖惭冶，玉颜掩娬[47]。

"若乃积素未亏[48]，白日朝鲜，烂兮若烛龙，衔耀照昆山[49]；尔其流滴垂冰[50]，缘霤承隅[51]，灿兮若冯夷，剖蚌列明珠[52]。至夫缤纷繁骛之貌[53]，皓旰曒絜之仪[54]，回散萦积之势，飞聚凝曜之奇，固展转而无穷，嗟难得而备知。

"若乃申娱玩之无已，夜幽静而多怀，风触楹而转响[55]，月承幌而通晖[56]。酌湘吴之醇酎[57]，御狐貉之兼衣[58]；对庭鹍之双舞[59]，瞻云雁之孤飞。践霜雪之交积，怜枝叶之相违。驰遥思于千里，愿接手而同归[60]。"

邹阳闻之，懑然心服[61]："有怀妍唱，敬接末曲[62]。"于是乃作而赋积雪之歌。歌曰："携佳人兮披重幄[63]，援绮衾兮坐芳缛[64]；燎薰炉兮炳明烛[65]，酌桂酒兮扬清曲[66]。"又续而为白雪之歌。歌曰："曲既扬兮酒既陈，朱颜酡兮思自亲[67]，愿低帷以昵枕[68]，念解珮而褫绅[69]。怨年岁之易暮，伤后会之无因。君宁见阶上之白雪，岂鲜耀于阳春[70]？"

歌卒，王乃寻绎吟玩[71]，抚览扼腕[72]，顾谓枚叔，起而为乱[73]。乱曰："白羽虽白，质以轻兮[74]；白玉虽白，空守贞兮；未若兹雪，因时兴灭。玄阴凝不昧其洁[75]，太阳曜不固其节[76]。节岂我名？洁岂我贞？凭云升降，从风飘零。值物赋象[77]，任地班形[78]。素因遇立[79]，污随染成，纵心皓然[80]，何虑何营[81]？"

【毛泽东评点】

在毛泽东生前，卧室里有两本用大字排印的江淹的《恨赋》《别赋》，谢庄的《月赋》，谢惠连的《雪赋》以及庾信的《枯树赋》，封面上都有红铅笔画的大圈。这是他晚年嘱咐印刷的，病重时经常读，有时还背诵。

——陈晋主编：《毛泽东读书笔记分析》，广东人民出版社1996年版，第1234页。

【注释】

（1）岁将暮，岁暮，岁末，一年将终时。时将昏，天将晚，傍晚。昏，冥。

（2）积，积聚。愁云，色彩惨淡，易于引发愁思的阴云。汉班婕妤《捣素赋》："伫风轩而结睇，对愁云之浮沉。"

（3）梁王，指梁孝王刘武，汉文帝次子，封于梁（今河南开封市）。喜养客，好辞赋。广招文学之士：枚乘、邹阳、司马相如都曾居其门下。

（4）兔园，梁孝王所筑范圃名，后称梁园、梁苑。在今河南开封市东南，一说在今河南商丘市东。

（5）旨酒，美酒。《诗经·小雅·鹿鸣》："我有旨酒，以燕乐嘉宾之心。"

（6）邹生，指邹阳，汉文学家，曾为梁孝王门客。古代称年轻的读书人为"生"。

（7）枚叟，指枚乘，汉辞赋家。字叔，淮阴（今江苏淮阴）人。初为吴王刘濞郎中，劝其勿反，不听，去为梁王客。

（8）相如，司马相如，西汉辞赋家。字长卿，蜀郡成都（今四川成都）人。景帝时任武骑常侍，病免，赴梁，从枚乘等游。

（9）右，座次中的上位。古人以右为尊。

（10）俄，一会儿，不久。霰（xiàn现），小雪珠。零，落下。

（11）歌《北风》于卫诗，《诗经·邶风·北风》："北风其凉，雨雪其雱。"春秋时邶地属卫国，所以古人多以邶诗为卫诗。

（12）咏《南山》于周雅，《诗歌·小雅·信南山》篇，其中有"上天同云，雨雪雱雱"的句子。二句是说梁王歌咏起《诗经》中咏雪的诗句。

（13）简，古代用以写字的木片。李善注："尔雅曰：'谓之毕也。'郭璞曰：'今简札也。'"司马大夫，指司马相如。大夫，对有技艺的人的敬称。

（14）抽，抽出，此是运用、发挥之意。秘思，奇思，妙想。骋，尽量施展。妍（yán 严），美丽。侔（móu 谋），相等。色，指雪色。揣，估量。称（chèn 衬），恰到好处。

（15）避席，古人席地而坐，离地起立，以示敬意。

（16）逡巡，退让，恭顺之态。

（17）雪宫，战国时齐国行宫名，故址在今山东淄博市临淄区东北。《孟子·梁惠王下》："齐宣王见孟子于雪宫。"

（18）峙（zhì 志），耸立。西域，汉代开始，对玉门关以西地区统称西域。《汉书·西域传》："天山冬夏有雪。"

（19）岐，地名，在今陕西岐山县东北。昌，姬昌，即周文王。"来思"，代指《诗经·小雅·采薇》，其中有"昔我往矣，杨柳依依；今我来思，雨雪霏霏"的句子，故用"来思"指代《采薇》。

（20）姬满，即周穆王。申歌，重复歌唱，指继文王而咏雪。《黄竹》，诗篇名。据《穆天子传》载，周穆王游黄台之丘，天大寒，北风卷雪，因作《黄竹》诗三章以哀民。

（21）《曹风》，《诗经·曹风·蜉蝣》："蜉蝣掘阅，麻衣如雪。"郑玄注："麻衣，深衣。诸侯之朝，朝服；朝夕，则深衣也。"又《礼记·深衣》："古者深衣，盖有制度，以应规矩，绳权衡。"郑玄注："名曰深衣者，谓连衣裳而纯之以采也。"

（22）楚谣，楚辞。《幽兰》，宋玉《讽赋》中说，他行至一家，主人之女给他一张琴，他同时弹奏了《幽兰》和《白雪》两首歌曲。俪，指同时弹奏。曲，指《白雪》。

（23）袤（mào 茂）丈，指雪深一丈。古人认为雪太大是阴盛阳衰之兆。沴（lì 厉），传说中的灾气。阴德，即阴气。雪属阴，故称。

（24）时义，按时令推出的道理。

（25）玄律穷，秋天尽。玄，农历九月。《尔雅·释天》："九月为玄。"律，金属管或竹管做成的侯气的仪器。

（26）严气，肃杀之气，寒气。

（27）焦溪，溪水名，据《水经注》载，焦泉发源于天门山之左，南流成溪。

（28）汤谷，谷名，据《荆州记》载，南阳郡城北有紫山，东有一水，冬夏常温，名汤谷。凝，冰冻。

（29）火井，天然气井。李善注引《博物志》曰："临邛火井，诸葛亮往视后，火转盛，以盆贮水，煮之，得盐。后人以火投井，火即灭，至今不燃。"

（30）沸潭，据《水经注》载，曲阿季子庙前井及潭常沸，故叫沸井、沸潭。炎风，李善注："在南海外，常有火风，夏日则蒸，杀其过鸟也。"

（31）墐（jìn 近），用泥封。扉，门扇。语出《诗经·豳风·七月》："塞向墐户。"

（32）裸壤，据《东夷志》载，古有裸人国，在倭园东四千余里，人常年不穿衣服。垂缯（zēng 曾），指穿衣服。缯，丝织品的总称。

（33）氛，气。霭，李善注引《文字集略》曰："霭，云状。"又曰："霭，亦霭也。"揜，遮盖。韬，遮蔽，藏。

（34）纷糅，纷乱之状。

（35）氛氲，繁多的样子。

（36）霭霭，盛多之状。浮浮，飘洒之状。《诗经·小雅·角弓》有"雨雪瀌瀌""雨雪浮浮"之句。瀌瀌（biāo 标），盛多的样子。弈弈，上下翻飞之状。

（37）联翩，连绵不断。

（38）缘，裹上。甍（méng 萌），屋脊。冒，蒙覆。

（39）便（pián 骈）娟，轻盈飞舞之状。墀（chí 迟），台阶。庑（wǔ 午），大屋子。

（40）萦盈，回旋飞动之状。李善注："便娟、萦盈，雪迴委之貌。"帷席，帷幔和坐席。

（41）珪（guī 归），一种玉器，上尖下方。

（42）隰（xí 习），低洼阴湿之地。缟（gǎo 稿），白绢。

（43）重璧，圆形厚玉。

（44）逵，四通八达的大路。《尔雅·释宫》："九达谓之逵。"连璐，连缀的美玉。璐，美玉。

（45）皓鹤，白鹤。皓，白。夺，被夺去，失去。

（46）白鹇（xián 闲），鸟名，似山鸡而色白。

（47）纨袖，白绢做的衣袖。冶，艳丽。婥（hì 户），娇美。

（48）积素，积雪。未亏，未融化。

（49）烛龙，神话中的怪物，人面兽身，在西北极幽暗苦寒之处，衔烛以照黑暗。（见《山海经·大荒西经》）《楚辞·天问》："日安不到，烛龙何照？"王逸注："言天西北，有幽冥无日之国，有龙衔烛而照之。"昆山，传说中的玉山。《尚书·胤征》："火炎昆冈，玉石俱焚。"

（50）尔其，至于。

（51）缘霤（liù 六），顺着屋檐。承隅，流到墙角。

（52）冯（píng 凭）夷，传说中的水神名，即河伯。《抱朴子·释鬼篇》："冯夷，华阴人，以八月上庚日渡河，溺死。天帝署为河伯。"剖蚌列明珠，蚌能生珠，人们剖而取之。

（53）繁骛（wù 务），繁盛之状。

（54）皓旰（hàn 旱），白亮之状。暾絜，通"皎洁"，洁白明亮。仪，容貌。

（55）风触楹（yíng 营），风吹屋柱。楹，柱子。

（56）月承幌（huǎng 谎），月光射到帷帐上。通晖，照得通明。晖，光辉。

（57）湘吴，《文选》李善注引《吴录》："湘川零陵县水以作酒有名，吴兴乌程县若下酒有名。"醇酎（zhòu 咒），美酒。

（58）御，服。狐貉（hé 合），狐狸和貉，皆兽名，皮可制衣。兼衣，两件以上衣服。

（59）鹍（kūn 昆），即鹍鸡，鸟名，似鹤，黄白色。（见宋玉《九

辩》洪兴祖补注）

（60）接手，携手。《诗经·邶风·北风》："北风其喈，雨雪其霏。惠而好我，携手同归。"这里暗用此典。

（61）懑（mèn 闷）然，烦闷之态。《说文》："懑，烦也。"《苍颉篇》："懑，闷也。"

（62）末曲，对自己歌曲的谦称。指下面的《积雪之歌》和《白雪之歌》。

（63）携佳人，典出汉武帝《秋风辞》："携佳人兮不能忘。"披，掀开。重幄（wò 握），多垂帷幕。幄，帐幕。

（64）援，拉开。绮衾，有花纹图案的被子。绵，通"褥"，褥子。

（65）燎，烧。薰炉，熏香味的炉子。薰，通"熏"。炳，点燃。

（66）桂酒，用桂花浸泡的酒。《楚辞·九歌·东皇太一》："奠桂酒兮椒浆。"王逸注："桂酒，切桂置酒中也。"清曲，清妙之曲。

（67）酡（tuó 驼），因喝酒而脸红。《楚辞·招魂》："美人既醉，朱颜酡些。"王逸注："酡，著也，面著赤色也。"

（68）昵枕，和枕头亲近，指睡觉。

（69）褫（chǐ 尺），脱，解开。绅，束在腰间的大带子。

（70）宁，岂，难道。阳春，温暖的春天。

（71）寻绎，寻思体会。

（72）抚览，观赏。扼腕，以手握腕，情绪激动之态。

（73）乱，辞赋篇末总结全篇要旨的段落，始见于屈原作品。《楚辞·离骚》王逸注："乱，理也，所以发现辞旨，总撮其要也。"李善注："乱者，理也，总理一赋之终也。"

（74）白羽，白色的羽毛。质，本性。以，通"已"，太。《孟子·告子上》："白羽之白也，犹白雪之白也欤？白雪之白也，犹白玉之白也欤？"刘熙曰："孟子以为白羽之白，性轻；白雪之性消，白玉之性坚，虽俱白，其性不同。"

（75）玄阴，指冬月。凝，冰冻。昧，使不明。

（76）曜，照耀。不固其节，不固守其节操。指雪经太阳照射即融化。李周翰注："不随玄阴而昧者，质正也；日既耀而不守节者，知退也。"

（77）值，遇上。赋象，形成形象。

（78）任，因。班形，显示形态。言雪因地形而铺盖大地。

（79）"素因"二句，雪遇净则白，遇秽则污。

（80）纵心，随心所欲。皓然，显明、光明之态。《大戴礼记·文王官人》："质鱼皓然固已安，伪色缦然乱以烦。"

（81）营，谋求。湾安丘《严平颂》："无营无欲，澹尔渊清。"

【赏析】

《雪赋》见于《昭明文选》卷十三"物色"类，李善注引《宋书》曰："谢惠连……为《雪赋》，以高丽见奇。"这篇赋沿用了汉赋中假设主客的形式，从酝酿降雪到雪霁天晴，展现了素净而奇丽的雪景，颇得好评。东汉以后，大赋开始衰微，抒情咏物的小赋逐渐兴起。谢惠连的这篇《雪赋》和稍晚出的谢庄的《月赋》并称为六朝这一类小赋的代表作。

《雪赋》是以自然界的雪为描写对象的咏物抒情小赋，清新婉丽，颇为精工。

《雪赋》全文可分为四段。

第一自然段为第一段，写梁孝王兔园游宴，命司马相如赋雪。梁王，即西汉孝王刘武，汉文帝次子。善养客，好辞赋，广招文学之士，枚乘、邹阳、司马相如都曾居其门下，形成一个辞赋文学集团。此段假设主客陈说事物，叙述梁王雪天游兔园，置酒召宾友，使司马相如为赋的情形。在这里，梁王是主，司马相如、邹阳、枚乘为客，引出作赋的设辞、描绘雪这一大自然的奇观。

第二段包括第二、三、四、五四个自然段，由相如"避席而起，逡巡而揖"，应命作赋转入题正文。又可分为雪前、雪中、雪后及赏雪等几个层次。第三自然段为第一层，作者举出一些有关雪的典故，如"雪宫""雪山"，《诗经·小雅·采薇》和《诗经·曹风·蜉蝣》等咏雪诗，以及楚谣中的《白雪》曲，以赞叹的口气说："雪之时义远矣哉！"说明下雪的意义极其深远。第四自然段为第二层，正面描写雪前氛围及下雪景观。首先，描述下雪前的氛围："玄律穷，严气升，焦溪涸，汤谷凝，火井灭，温泉冰，沸潭无涌，炎风不兴。"到了冬天，天气严寒，便是下雪的季节，文中所举焦溪、汤谷、火井、温泉、沸潭、炎风六例，顾名思义，都是温度挺高的，到了下雪的季节，温度都降了下来。为了保暖，人们把北向的窗户都塞了起来，连裸人国的人们，也垂缯御寒，寒气袭人，不雪何为？降雪开始了："于是河海生云，朔漠飞沙，连雾累霭，掩日韬霞；霰淅沥而先集，雪粉糅而遂多。"先下的是小雪珠，密集的大雪片也就随之而来了。接着描写下雪的景观。这是全篇最精彩的段落。作者笔下的雪景："其为状也，散漫交错，氛氲萧索；蔼蔼浮浮，瀌瀌奕奕；联翩飞洒，徘徊委积。"下雪过程是："始缘甍而冒栋，终开帘而入隙。初便娟于墀庑，末萦盈于帷席。"大雪过后，是"万顷同缟"，"千岩俱白"，一片银装世界，使得"台如重璧，逵似连璐；庭列瑶阶，林挺琼树，皓鹤夺鲜，白鹇失素；纨袖惭冶，玉颜掩姱"。作者一连用八个排句来写雪后景观，前四句从正面着笔，后四句从反而衬托，把雪景写得十分动人。

第五自然段是第三层，描绘太阳出来的雪景、赏雪及其引起的感想。赏雪的情况和方式多种多样，各不相同：有时在幽静的冬夜，有时明月高照，有时寒风凛冽。当然，穿着狐狢之兼衣，饮着湘、吴的美酒，最为惬意，自然会"怜枝叶之相违，驰遥思于千里"了。

第三段即第六自然段，写邹阳作歌，抒发年岁易暮，及时行乐的感情。此段叙写邹阳作《积雪之歌》与《白雪之歌》，使第一段中的"召邹生，延枚叟"有了着落，不仅前后呼应，而且呈现出错落变化。

末段为第四段，写枚乘续"乱"，总结雪的特点，并借以表达作者的人生态度。白羽之白、白玉之白，都不如白雪之白。白雪之白不是一成不变，而是"因时兴灭"。诗人道出雪的本质："玄阴凝不昧其洁，太阳曜不固其节。"它不过是"凭云升降，从风飘零。值物赋象，任地班形"。一切随大自然的规律而变化，遇着素洁的东西就变得纯净，遇着肮脏的东西就变得污浊，它并没有什么用心，对万物一视同仁。诗人歌颂雪的因时应世的品格，实际抒发自己的处世态度，那就是："纵心皓然，何虑何营？"使人读了此赋，除了欣赏绚丽多姿的雪景之外，顿有一种飘逸清新的感觉，思想上得到净化。毋庸讳言，这是当时盛行的老庄虚无恬淡的哲学思想的反映。

　　此赋在结构安排上值得注意的是，文中对雪景的描写并不是简单地在一个平面上展开，而是把写景、抒情、说理分别归于司马相如、邹阳、枚乘。这种以写景为主，兼及抒情和议论的行文方式，与当时的诗歌作法完全一致。这反映了不同的文学体裁的互相渗透和影响。

　　毛泽东晚年曾嘱印过《雪赋》等几篇六朝名赋的大字本，把它放在自己的卧室里，封面上有他用红铅笔画的大圈。在他病重时，还经过阅读、吟诵，说明他十分喜爱这些作品。（毕桂发）

谢 庄

谢庄（421—466），字希逸，陈郡阳夏（今河南太康）人，南朝宋辞赋家、诗人。早慧，七岁能文，通《论语》。年轻时文名即远播北魏。宋元帝元嘉末年，任太子中庶子。刘劭弑立，谢庄和刘骏密通音信。刘骏讨平刘劭，即皇帝位，授谢庄为侍中，后拜吏部尚书。宋明帝泰始元年（465），授散骑常侍、金紫光禄大夫，世称"谢光禄"。卒谥宪子。

谢庄工于散文，而诗赋更佳。他有意地把短赋向诗的方向改造，给人以独特清新的感受。他的《赤鹦鹉赋》《月赋》《舞马赋》，都为当时所重。《月赋》是南朝咏物写景小赋的代表作。《宋书》本传说他有诗文四百多篇行世。原有集，已散佚。明张溥辑有《谢光禄集》。

【原文】

月 赋

陈王初丧应刘[1]，端忧多暇[2]。绿苔生阁，芳尘凝榭[3]。悄焉疚怀[4]，不怡中夜[5]。乃清兰路[6]，肃桂苑[7]；腾吹寒山[8]，弭盖秋阪[9]。临浚壑而怨遥[10]，登崇岫而伤远[11]。于时斜汉左界[12]，北陆南躔[13]，白露暧空[14]，素月流天[15]。沉吟齐章[16]，殷勤陈篇[17]。抽毫进牍[18]，以命仲宣[19]。

仲宣跪而称曰："臣东鄙幽介[20]，长自丘樊[21]。昧道懵学[22]，孤奉明恩[23]。

臣闻沉潜既义[24]，高明既经[25]，日以阳德[26]，月以阴灵[27]。擅扶光于东沼[28]，嗣若英于西冥[29]。引玄兔于帝台[30]，集素娥于后庭[31]。脁朓警阙[32]，朒魄示冲[33]。顺辰通烛[34]，从星泽风[35]。增华台室[36]，扬采轩宫[37]。委照而吴业昌[38]，沦精而汉道融[39]。

若夫气霁地表⁽⁴⁰⁾，云敛天末⁽⁴¹⁾，洞庭始波，木叶微脱⁽⁴²⁾。菊散芳于山椒⁽⁴³⁾，雁流哀于江濑⁽⁴⁴⁾。升清质之悠悠⁽⁴⁵⁾，降澄辉之蔼蔼⁽⁴⁶⁾。列宿掩缛⁽⁴⁷⁾，长河韬映⁽⁴⁸⁾；柔祇雪凝⁽⁴⁹⁾，圆灵水镜⁽⁵⁰⁾；连观霜缟⁽⁵¹⁾，周除冰净⁽⁵²⁾。君王乃厌晨欢，乐宵宴；收妙舞，弛清县⁽⁵³⁾，去烛房，即月殿⁽⁵⁴⁾；芳酒登⁽⁵⁵⁾，鸣琴荐⁽⁵⁶⁾。

"若乃凉夜自凄⁽⁵⁷⁾，风篁成韵⁽⁵⁸⁾。亲懿莫从⁽⁵⁹⁾，羁孤递进⁽⁶⁰⁾。聆皋禽之夕闻⁽⁶¹⁾，听朔管之秋引⁽⁶²⁾。于是弦桐练响⁽⁶³⁾，音容选和⁽⁶⁴⁾。徘徊《房露》⁽⁶⁵⁾，惆怅《阳阿》⁽⁶⁶⁾。声林虚籁⁽⁶⁷⁾，沦池灭波⁽⁶⁸⁾。情纡轸其何托⁽⁶⁹⁾，愬皓月而长歌⁽⁷⁰⁾。

歌曰："美人迈兮音尘阙⁽⁷¹⁾，隔千里兮共明月⁽⁷²⁾。临风叹兮将焉歇⁽⁷³⁾？川路长兮不可越⁽⁷⁴⁾。"歌响未终，余景就毕⁽⁷⁵⁾。满堂变容，回遑如失⁽⁷⁶⁾。

又称歌曰："月既没兮露欲晞⁽⁷⁷⁾，岁方晏兮无与归⁽⁷⁸⁾。佳期可以还⁽⁷⁹⁾？微霜沾人衣⁽⁸⁰⁾。"

陈王曰："善。"乃命执事⁽⁸¹⁾献寿羞璧⁽⁸²⁾。敬佩玉音⁽⁸³⁾，复之无斁⁽⁸⁴⁾。"

【毛泽东评点】

60 年代，在山东视察工作时，他（毛泽东）同舒同讨论先秦齐国的历史和曹植封东阿王、陈王的事情，为了证明他的观点，便随口背起谢庄的《月赋》："陈王初丧应刘，端忧多暇。绿苔生阁，芳尘凝榭。悄焉疚怀，不怡中夜。乃清兰路，肃桂苑；腾吹寒山，弭盖秋阪……"。接着评价说："自古以来赋月亮的，就是谢庄的这一篇最著名。"

——陈晋：《毛泽东与文艺传统》第 378 页，中央文献出版社 1992 年版。

【注释】

（1）陈王，指曹植，他曾受封为陈王。应刘，指应场（yáng 阳）、刘桢，"建安七子"之二位，都是曹植的文友。李善注："假设陈王应刘，以起赋端也。"

（2）端忧，闲居忧闷。《文选》李周翰注："端然忧愁，以多闲暇。"

（3）榭（xiè 谢），建筑在高土台上的木房子。《书·泰誓上》："惟宫室台榭。"孔传："土高曰台，有木曰榭。"

（4）悄焉，悄然，忧愁的样子。疚怀，即伤心，内心难过。疚，久病。《释名·释疾病》："疚，久也，久在体中也。"

（5）不怡，不愉快。中夜，半夜。《书·同命》："怵惕惟厉，中夜以兴，思免厥愆。"孔传："言常悚惧惟危，夜半以起。"

（6）乃，通"乃"，于是。清兰路，打扫有兰草的路径。

（7）肃桂苑，清扫长有桂树的范围。

（8）腾吹，奏起音乐。腾，升起。吹，管乐。

（9）弭盖，停车，停留。盖，车盖，车上遮阳御雨的帷布。阪，山坡。

（10）浚壑，深谷。

（11）崇岫（xiù 秀），高峰。岫，峰峦，有洞穴的山岩。

（12）斜汉，天河，银河。左界，在天空东方划出了一条界线。左，指东方。

（13）北陆，星宿名，即虚宿，也叫玄枵，二十八宿之一，位在北方。躔（chán 蝉），日月星辰的运行。《礼记·月令》："季秋之月，昏，虚中。"虚宿在秋末向南移动，位于天空最高处，北陆南缠指时值秋节。

（14）暧，遮蔽，朦胧不明的样子。

（15）素月，明月。流，流泻，指照射。

（16）沉吟，沉思吟味。齐章，指《诗经·齐风·东方之日》中第二章开头有"东方之月兮"的句子。

（17）殷勤，反复念诵。陈篇，指《诗经·陈风·月出》中三章分别以"月出皎兮""月出皓兮""月出照兮"的诗句吟诵月亮。

（18）毫，笔。牍（dú 独），古时写字的木片。

（19）仲宣，王粲的字，东汉末年文学家。吕延济注："假言仲宣以序情。"（见六臣注《文选》）

（20）鄙，边远的地方。王粲是山阳高平（今山东邹县）人，位于魏国东方，故自称东鄙。幽介，谦词，指出身微贱。介，通"芥"，此作谦词，藐小，微贱之意。

（21）丘樊，山林。樊，篱笆。《诗经·小雅·青蝇》："营营青蝇，止于樊。"毛传："樊，篱也。"

（22）昧道，暗昧于道，不明事理。懵（míng 萌）学，不学无术。懵，不明。《说文》："懵，目不明也。"

（23）孤，同"辜"。奉，承受。明恩，明主（陈王）的恩命。

（24）沉潜，指地。既义，指地已经形成。

（25）高明，指天。经，纲常。《书·洪范》："沈潜刚克，高明柔克。"孔安国注："沈潜谓地，高明谓天。"孔颖达疏："地之德深沉而柔弱矣，而有刚出金石之物也"。又《左传·昭公二十五年》："夫礼，天之经也，地之义也。"

（26）以，为。阳德，指太阳有阳的德性。

（27）阴灵，指月亮属阴的德性。

（28）擅，同"禅"，传位，禅让。《荀子·正论》："尧帝擅让。"杨惊注："擅与禅同。"扶，指扶桑，神话中的日出处。光，即指日光。东沼，指汤（yáng 阳）谷。《山海经·海外东经》："汤谷上有扶桑，十日所浴，在黑齿北。"郭璞注："扶桑，木也。"

（29）嗣，继承。若英，若木的英华。若，指若木，神话中大树名，传说中日落之处。西冥，指昧谷，日入之处。《书·尧典》："分命和仲，宅西，曰昧谷。"孔传："昧，冥也。日入于谷而天下冥，故曰昧谷。"

（30）玄兔，黑兔。神话中说月中有兔，常以兔作月亮的代称。帝台，天庭。

（31）素娥，指嫦娥。《文选》李周翰注："嫦娥窃药奔月，月色白，故云素娥。"后庭，天帝的宫庭。

（32）朒（nǔ 女），月初的缺月，上弦月。朓（tiāo 挑），农历月末的缺月，下弦月。阙，同"缺"，过失。这句说月亮以上弦下弦的缺月景象警戒人君不要自满，防止德行的缺失。

（33）朏（fěi 匪），初生的月亮。魄，圆月。冲，谦虚。这句以新月的微光启示人君谦虚自省。

（34）顺辰，顺着子、丑、寅等十二时辰的次序。通，通行。烛，照耀。

（35）从星泽风，古人认为月亮在运行中与某些星宿相遇，就要刮风下雨。泽，雨，下雨。《尚书·洪范》："月之从星，则以风雨。"孔安国《尚书传》曰："月经于箕则多风，离于毕则多雨。"

（36）增华，增添光华。台室，指三台，星座名，古代常用以比喻三公。

（37）扬采，发扬光采。轩宫，指轩辕星座，为后宫之象。

（38）委，投，托。照，光照。吴业，指三国时东吴的帝业。传说吴主孙策的母亲梦月入怀而生孙策，后孙策开创了东吴的基业。事见《吴录》。亦见干宝《搜神记》卷十："孙坚夫人吴氏，孕而梦月入怀，已而生策。"

（39）沦，下落。精，光华。融，明。传说汉元帝皇后的母亲梦月入怀而生王政君，后来政君作了皇后。事见《汉书·孝景王皇后传》："初李亲任政君在身，梦月入其怀。"

（40）气霁（jì计）地表，指雨过天晴。霁，雨雪停止，天朗气清。

（41）云敛天末，乌云收敛在天边。

（42）微，逐渐。这两句出自《楚辞·九歌》"洞庭波兮木叶下"之句。

（43）山椒，山顶。椒，王逸《楚辞》注曰："土高四堕曰椒。"《汉书·孝武李夫人》："释予马于山椒兮，奋修夜之不扬。"

（44）流，散布。江濑，江滩。《说文》："濑，水流沙上边。"

（45）清质，指月亮清朗的形体。悠悠，缓慢的样子。李善注引《楚辞》曰："白日出兮攸攸。"

（46）澄辉，清澈的光辉。蔼蔼，月光柔和的样子。司马相如《长门赋》："望中庭之蔼蔼兮，若季秋之降霜。"

（47）列宿（xiù秀），指群星。缛（rù入），繁丽，此指星光。

（48）长河，指银河。韬，隐藏。映，光影。

（49）柔祇（qí奇），地的别称。古人认为地道阴柔，古称地为柔祇。

（50）圆灵，指天。古人认为天圆地方，故称天为圆灵。水镜，如水光照耀。

（51）连观（guàn贯），相连的楼观。观，宫廷中高大华丽的楼台。徐干《七喻》："连观飞榭。"缟（gǎo稿），白色。

（52）周，环绕。除，台阶。

（53）弛，废去，放下。清县，清妙的音乐。县，通"悬"，悬着的乐器。

（54）去，离开。即，走向。月殿，有月光的殿堂。

（55）登，进，送上。

（56）荐，献，指弹奏。

（57）自，始。凄，凄切。

（58）篁，竹林。成韵，发出有韵律的声音。

（59）亲懿，即懿亲，至亲。《左传·僖公二十四年》："如是则兄弟虽有小忿，不废懿亲。"莫从，不在身边。

（60）羁孤，旅居异乡的孤独旅客游子。递进，一个接一个地来。

（61）聆，听。皋禽，指鹤。因《诗经·小雅·鹤鸣》中有"鹤鸣于九皋"的句子，故称。闻，指鹤的叫声。

（62）朔管，即羌笛，北方少数民族的乐器。秋引，指凄婉的离声乐曲。引，乐曲体裁之一。

（63）弦桐，指琴。琴弦为丝，琴体为桐木所制，故称。练响，指调弦。练，通"拣"，选择。

（64）音容，指乐曲的风格。和，指柔和的乐曲。

（65）《房露》，古乐曲名。房，通"防"。陆机《文赋》："寤《防露》与《桑间》，又虽悲而不雅。"

（66）《阳阿》，古乐曲名。见宋玉《对楚王问》。

（67）声林，因风吹而发声的树林。虚籁，空寂无声。郭象《庄子》注："烈风作则众窍实，及其止则众窍虚。"

（68）沧池，因风吹而泛起波纹的池水。灭波，波浪平息。李善注："此言风将息也，声林而籁管虚，沧池而大波灭。"

（69）纡轸（yú zhěn 迂枕），委屈隐痛。《楚辞·九章·惜诵》："背膺牉以交痛兮，心郁结而纡轸。"王逸注："纡，曲也；轸，隐也。"

（70）愬（sù 诉），向着。

（71）美人，美好的人，指所怀念的人。迈，离去，远行。音尘阒，指音信断绝。《楚辞·九章·悲回风》："惟佳人之永都兮，更统世而自贶。"

（72）这句是说，虽相隔千里，却共赏一轮明月。李善注引《淮南子》曰："道德之论，譬如日月，驰骛千里，不能改其处也。"

（73）临，面对。焉歇，哪能停息。

（74）这句是说，水远路长，不能超越。

（75）余景，残月的亮光。景，指月光。就毕，即将结束。

（76）回遑，心中惆然。

（77）欲晞（xī希），将干。

（78）方，将要。晏，晚，指岁暮。无与归，没有知心人一同归去。

（79）佳期，美好的时光。李善注引《楚辞》曰："与佳人期兮夕张。"

（80）霑，通"沾"，打湿。曹丕《善哉行》："溪谷多悲风，霜露霑人衣。"

（81）执事，办事人员，即左右侍奉的人。

（82）献寿，敬酒。羞，进献。璧，平而圆、中有孔的玉。

（83）佩，佩带，此指记下。玉音，形容言辞美好如玉，对人言辞的敬称。曹植《七启》："将敬涤耳，以听玉音。"

（84）复之，反复吟诵它。斁（yì义），厌，厌弃。《诗经·周南·葛覃》："为絺为绤，服之无斁。"毛传："斁，厌也。"

【赏析】

《月赋》载于《文选》卷十三"物色"类，以写景状物见长，是一篇咏物抒怀的小赋。作者虚构了古代两位文学家曹植和王粲月夜游吟的故事，作为全篇的结构框架，使叙事和抒情巧妙融合无间，这正是本篇结构的奇特之处。作者之所以这样运思，固然表露了后代赋家对前辈的文采风流的歆慕之情，但更主要的，这些虚构的人物和故事起着贯穿和结构全文的作用。

全文可分为三段，从"陈王初丧应刘"至"以命仲宣"为第一段，假托陈王丧友伤怀，出游解忧，命王粲赋月，交代了写《月赋》的原因。文章开端，作者叙述陈王曹植因死去两个好朋友应场、刘桢而感到忧伤，于是在"素月流天"之夜，吟咏起古人咏月的诗篇，并令王粲提笔作赋，叙事简洁，条理清晰。从"仲宣跪而称曰"至"微霜霑人衣"为第二段，是文章的主体部分，写王粲献《月赋》赋月。《月赋》是我国文学史上第一篇专门写月亮的赋作，在此前的诗赋作品中，或局部，或全体，或片段，或通篇，描摹月夜、月色、月景的篇什已不罕见，要想出奇制胜，后来居上，并非易事。但作者勇于创新，他采用新的视角和手法，在状写月光时，遗貌取神，不拘泥于描写月的形状、月光、色彩，而着力于侧面描写、景物的烘托和氛围的渲染。一开始王粲就盛赞明月从来是照耀王宫的："引玄兔于帝台，集素娥于后庭。……增华台室，扬彩轩宫。"认为这是天经地义的。"若夫天霁地表，云敛天末，洞庭始波，木叶微脱。菊散芳于山椒，雁流哀于江濑"六句，写晴朗的地表，澄澈的天际，洞庭的微波，秋叶的零落，流雁的哀鸣，似乎远离月的主题，实则为月亮升空起了铺垫、衬托作用。月亮升起之后，晶莹皎洁的月光，能使"列宿掩缛，长河韬映"，能使君王"厌晨欢，乐宵宴；收妙舞，弛清县；去烛房，即月殿；芳酒登，鸣琴荐"。在凄清的月夜中，"聆皋禽之夕闻，听朔管之秋引"，很容易引起伤感的情绪。因感慨无所寄托，只得"愬皓月而长歌"："美人迈兮音尘阙，隔千里兮共明月。临风叹兮将焉歇？川路长兮不可越。""月既没兮露欲晞，岁方晏兮无与归。佳期可以还？微霜霑人衣。"歌诗共两首，一首歌咏明月，一首歌咏落月，感叹岁月流逝，再致怨遥伤远之意，情思绵绵，韵味隽永。"陈王曰"至篇末为第三段，写陈王赞赏《月赋》，赏赐王粲。照应开头，结构精巧而完整。

《月赋》是谢庄的代表作，是魏晋南北朝著名的咏物抒情小赋。此赋与谢惠连的《雪赋》相类，又各具特色。二者的不同是：首先，《雪赋》以写景为主，景胜于情；《月赋》则以抒情为主，情胜于景。《月赋》对月亮本身的描写远比《雪赋》对雪的描写少，而且所写之景都是为了配合抒情，情与景的融合更为紧密和谐。其次，《雪赋》的情调主要是欢乐旷达，《月赋》的情调则主要是凄凉忧伤。复次，《月赋》最后以伤别念远作结，不同于《雪赋》的借物说理，谈玄的色彩消失了。此外，景物描写不着痕迹，例如从"升轻质之悠悠"到"周除冰净"一连八句无一"月"字，却无一字不是写月，确实比较高明。清人许梿在《六朝文絜》中评《月赋》

说："无一字说月，却无一字非月，清空澈骨，穆然可怀。"所指出的正是这一特点。

毛泽东对谢庄的《月赋》评价很高："自古以来赋月亮的，就是谢庄的这一篇最著名。"这就肯定了《月赋》的思想与艺术成就以及它在我国文学史上的地位。毛泽东这样评价古人作品是很少见的，但也不为过誉，这种看法为学术界所认可。毛泽东在20世纪60年代视察山东同当时的山东省省委书记舒同谈到曹植封陈王、东阿王时，连带而及《月赋》，作出上述论断之前，他还吟诵开头一段，说明他对《月赋》十分熟稔。

此外，在毛泽东生前，卧室里有两本用大字排印的江淹的《恨赋》《别赋》和谢庄的《月赋》等，封面上都有红铅笔画的大圈，说明他直到晚年病重时还喜欢诵读这些佳作。（毕桂发）

江 淹

　　江淹（444—505），字文通，济阳考城（今河南兰考东）人，南朝齐梁文学家。祖父和父亲都在南朝宋任县令。13 岁丧父。家境贫寒，曾采薪养母。20 岁左右教宋始安王刘子真读"五经"，并一度在新安王刘子鸾幕下任职。泰始二年（466），江淹转建平王刘景素幕，任主簿、参军等职。元徽二年（474），受刘景素谋叛之累，被贬为建安吴兴（今福建浦城）县令。宋顺帝升明元年（477），齐高帝萧道成执政，江淹被召回，任为尚书驾部郎、骠骑参军事，他为萧道成出谋划策并起草文书。萧道成代宋自立，他被任为骠骑豫章王记室带东武令，迁中书侍郎。齐武帝永明间，任庐陵内史、尚书左丞、国子博士等职。少帝萧昭业即位，任御史中丞。明帝萧鸾时，任宣城太守、秘书监等职。梁武帝萧衍代齐后，官至金紫光禄大夫，封醴陵伯。

　　江淹年少即以文章显名，晚年高官厚禄，脱离生活，所作诗文不如前期，时云"江郎才尽"。其诗古奥遒劲，意趣深远，在齐梁诸家中尤为突出。其诗的另一个特征是拟古。意在通过拟作，显示各家的特色。所作辞赋多属抒情小赋，既受《楚辞》的影响，又从鲍照等人的作品中吸取了艺术技巧。他最擅长写人的心理活动，其中最有名的是《恨赋》和《别赋》。所作文多数应用文字，基本上属于骈体。原有集，已散佚。后人辑有《江文通集》。注本有明胡之骥《江文通集汇注》，中华书局 1984 年有排印本。

【原文】

恨 赋

　　试望平原[(1)]，蔓草萦骨[(2)]，拱木敛魂[(3)]。人生到此，天道宁论[(4)]！于是仆本恨人[(5)]，心惊不已，直念古者，伏恨而死[(6)]。

至如秦帝按剑⁽⁷⁾，诸侯西驰，削平天下，同文共规⁽⁸⁾。华山为城，紫渊为池⁽⁹⁾。雄图既溢⁽¹⁰⁾，武力未毕。方架鼋鼍以为梁⁽¹¹⁾，巡海右以送日⁽¹²⁾。一旦魂断⁽¹³⁾，官车晚出⁽¹⁴⁾。

若乃赵王既虏⁽¹⁵⁾，迁于房陵⁽¹⁶⁾。薄暮心动⁽¹⁷⁾，昧旦神兴⁽¹⁸⁾。别艳姬与美女，丧金舆及玉乘⁽¹⁹⁾。置酒欲饮，悲来填膺⁽²⁰⁾。千秋万岁⁽²¹⁾，为怨难胜⁽²²⁾。

至如李君降北⁽²³⁾，名辱身冤，拔剑击柱，吊影惭魂⁽²⁴⁾。情往上郡⁽²⁵⁾，心留雁门⁽²⁶⁾。裂帛系书⁽²⁷⁾，誓还汉恩⁽²⁸⁾。朝露溘至⁽²⁹⁾，握手何言⁽³⁰⁾。

若夫明妃去时⁽³¹⁾，仰天太息。紫台稍远⁽³²⁾，关山无极⁽³³⁾。摇风忽起⁽³⁴⁾，白日西匿。陇雁少飞⁽³⁵⁾，代云寡色⁽³⁶⁾。望君王兮何期⁽³⁷⁾，终芜绝兮异域⁽³⁸⁾。

至乃敬通见抵⁽³⁹⁾，罢归田里⁽⁴⁰⁾。闭关却扫⁽⁴¹⁾，塞门不仕⁽⁴²⁾。左对孺人⁽⁴³⁾，顾弄稚子⁽⁴⁴⁾。脱略公卿⁽⁴⁵⁾，跌宕文史⁽⁴⁶⁾。齎志没地⁽⁴⁷⁾，长怀无已。

及夫中散下狱⁽⁴⁸⁾，神气激扬⁽⁴⁹⁾。浊醪夕引⁽⁵⁰⁾，素琴晨张⁽⁵¹⁾。秋日萧索⁽⁵²⁾，浮云无光。郁青霞之奇意⁽⁵³⁾，入修夜之不旸⁽⁵⁴⁾。

或有孤臣危涕⁽⁵⁵⁾，孽子坠心⁽⁵⁶⁾。迁客海上⁽⁵⁷⁾，流戍陇阴⁽⁵⁸⁾。此人但闻悲风汩起⁽⁵⁹⁾，血下沾衿⁽⁶⁰⁾。亦复含酸茹叹⁽⁶¹⁾，销落湮沉⁽⁶²⁾。

若乃骑叠迹⁽⁶³⁾，车屯轨⁽⁶⁴⁾；黄尘帀地⁽⁶⁵⁾，歌吹四起⁽⁶⁶⁾。无不烟断火绝⁽⁶⁷⁾，闭骨泉里⁽⁶⁸⁾。

已矣哉！春草暮兮秋风惊⁽⁶⁹⁾，秋风罢兮春草生。绮罗毕兮池馆尽⁽⁷⁰⁾，琴瑟灭兮丘垄平⁽⁷¹⁾。自古皆有死⁽⁷²⁾，莫不饮恨而吞声⁽⁷³⁾。

【毛泽东评点】

在毛泽东生前，卧室里有两本用大字排印的江淹的《恨赋》《别赋》，谢庄的《月赋》，谢惠连的《雪赋》，以及庾信的《枯树赋》，封面上都有红铅笔画的大圈。这是他晚年嘱咐印制的，病重时经常读，有时还背诵。

——陈晋主编：《毛泽东读书笔记分析》，广东人民出版社1996年版，第1234页。

《昭明文选》卷十六还收了江淹另一篇有名的《恨赋》。1975年夏，毛泽东让芦荻为他读这篇赋。当读到"至如秦王按剑，诸侯西驰。削平天下，同文共规；华山为城，紫渊为池。雄图既溢，武力未毕……"时，为解释其中的"溢"字，毛泽东又将《西厢记》中有"溢"字的原文背了出来。

—— 陈晋主编：《毛泽东读书笔记分析》，广东人民出版社1996年版，第1236—1237页。

毛泽东曾手书过《恨赋》中如下词句："若夫明妃去时，仰天太息。紫台稍远，关山无极。摇风忽起，白日西匿。陇鴈少飞，代云寡色。望君王兮何期，终荒绝兮异域。"

—— 中央档案馆整理：《毛泽东手书选集》第9卷（古诗词）（上），北京出版社1996年版，第78页。

【注释】

（1）试，假若。

（2）蔓草萦骨，蔓生的荒草缠绕着尸骨。《诗经·郑风·野有蔓草》二章均用"野有蔓草"开端。

（3）拱木，两臂合围般粗的树。《左传·僖公三十二年》："中寿，尔墓之木拱矣！"后人因称墓旁之树为"拱木"。此处是借指坟墓。敛魂，收魂。古乐府《蒿里》："蒿里谁家地，聚敛魂魄无贤愚。"

（4）到此，到这个地步。天道，犹"天命"。宁论，岂可论断。

（5）仆，自称的谦词。恨人，失意抱恨的人。

（6）直，特地。伏恨，含恨，抱恨。

（7）秦帝，指秦始皇嬴政。按剑，形容动怒发威。《说苑》曰："秦始皇帝太后不谨，幸郎嫪毐。茅焦上谏，始皇按剑而坐。"

（8）西驰，指各国诸侯纷纷向西驰入秦国朝拜。同文共规，统一文字和车轨。规，通"轨"，车两轮之间的距离。语出《礼记·中庸》："今天下车同轨，书同文。"车轨、文字相同，形容天下统一。

（9）紫渊，水名。司马相如《上林赋》："丹水更其南，紫渊径其北。"郭璞注引文颖曰："河南谷罗县有紫泽，在县北，于长安为在北也。"池，护城河。贾谊《过秦论》："然后践华为城，因河为泽，据亿丈之城，临不测之溪以为固。"

（10）雄图，雄伟的计划。溢，满。

（11）鼋（yuán元），鳖。鼍（tuó驼），鳄鱼的一种，即扬子鳄。梁，桥。李善注引《纪年》："周穆王三十七年征伐，大起九师，东至于九江，叱鼋鼍以为梁。"

（12）巡，巡视。海右，大海西边的地方。地理上以西为右。

（13）魂断，死去。

（14）宫车晚出，皇帝的车子出来晚了，指皇帝死去。古时对皇帝去世讳言"死"。《史记·范雎蔡泽列传》："宫车一日晏驾。"李善注引韦昭曰："凡初崩为晏驾者，臣子之心，犹谓宫车当驾而晚出。"

（15）赵王，指战国末期赵国君主，名迁，前228年被秦所俘。

（16）迁，流放。房陵，古县名，秦时置，在今湖北省房县。《史记·赵世家》注引《淮南子》："赵王迁，流房陵，思故乡，作山木之呕，闻者莫不陨涕。"

（17）薄暮，傍晚。

（18）昧旦，黎明、拂晓。神兴，指内心有所感触。

（19）艳姬，美女。金舆、玉乘（shèng剩），均指帝王乘坐的华丽车子。

（20）填，满。膺，胸。

（21）千秋万岁，婉言帝王之死。《史记·梁孝王世家褚少孙论》："上与梁王宴饮，尝从容曰：'千秋万岁后传于王。'王辞谢。"

（22）胜（shēng生），尽。

（23）李君，指西汉李陵，字少卿，名将李广之孙，武帝时为骑都尉。天汉二年（约公元前99年）帅步兵三千人出居延，至浚稽山，与匈奴军相遇，战败，弓矢并尽，遂降。北，指匈奴。

（24）吊影，形影相吊，形容孤独。吊，慰问。曹植《上责躬诗表》："形影相吊，五情愧赧。"惭魂，心灵上感到惭愧。

（25）上郡，古郡名。今陕西省榆林、内蒙古乌审旗一带。

（26）鴈门，古郡名，今山西省河曲以北至内蒙古黄海旗以南。鴈，雁的异体字。

（27）裂帛系书，裁绢帛写信系于雁足。《汉书·苏武传》："常惠教汉使者谓单于，言天子射上林中，得雁，足有帛书，苏武等在某泽中。"

（28）誓还汉恩，立誓报答汉朝对自己的恩遇。李陵《答苏武书》曰："欲如前书之言，报恩于国主耳。"

（29）朝露，早晨的露水，比喻短暂的人生。溘（kè客），忽然，突然。至，极，尽。

（30）握手，以手握腕，表示情绪激动。

（31）明妃，即王昭君，汉元帝宫女，本名嫱，字昭君，南郡秭归（今湖北秭归）人。晋人避司马昭之讳，改称明君，又称明妃。据《汉书》载，竟宁元年（前33），匈奴呼韩邪单于入朝和亲，她自遣嫁匈奴为阏氏。

（32）紫台，犹"紫宫"，帝王所居的地方。稍，渐。

（33）关山，关隘山岭。《木兰诗》："万里赴戎机，关山度若飞。"无极，没有尽头。

（34）摇风，盘旋而上的暴风。西匿，指太阳落山。潘岳《寡妇赋》："日杳杳而西匿。"

（35）陇，古地区名，今甘肃一带。

（36）代，即"代北"，古地区名，今山西省代县以北地区。寡色，颜色灰暗。

（37）望君王，盼望见到君王。何期，什么时候，即遥遥无期。

（38）芜绝，指死亡。芜，田地荒废，野草丛生。异域，异国他乡。李陵《答苏武书》："生为别世之人，死为异域之鬼。"

（39）敬通，东汉时冯衍的字。冯衍更始二年被封为立汉将军，后降刘秀，仅被任命为曲阳令等小官，因与外戚交往免官而归。后上书自辩，终不见用，潦倒而死。曾作《显志赋》抒发"久栖迟于小官，不得舒其所怀"的失意之情。见抵，被排斥。

（40）罢归田里，免官或辞职归回故乡。李善注引《汉书》曰："时多上书告便宜，辄下萧望之问状，下者或罢归田里。"

（41）闭关却扫，闭门谢客。却扫，不复扫径迎客。汉应劭《风俗通·十反·蜀郡太守刘胜》："蜀郡太守颍川刘胜季陵，去官在家，闭门却扫。"

（42）塞门，闭门。《文选》李善注引《吴志》曰："张昭称疾不朝，孙权恨之，土塞其门。"不仕，不做官。

（43）孺人，妇人的通称。《礼记·曲礼下》："天子之妃曰后，诸侯曰夫人，大夫曰孺人，士曰妇人，庶人曰妻。"

（44）顾弄，一作"右顾"，回头抚摸。顾，回首，回视。稚子，幼儿，小孩。《史记·屈原贾生列传》："怀王稚子子兰劝王行，'奈何绝秦欢？'怀王卒行。"

（45）脱略，轻慢，不以为意。公卿，高官。

（46）跌宕，放纵不拘。

（47）齎（jī 奇）志没地，心怀大志却未遂而死。齎，通"赍"，怀着，抱着。

（48）中散，指三国时魏名士嵇康，嵇康，字叔夜，谯郡铚（今江苏宿迁西南）人，三国魏文学家、思想家、音乐家。为"竹林七贤"之一。曾拜中散大夫，故称。

（49）激扬，激奋昂扬。

（50）浊醪（láo 劳），浊酒。引，取。醪，汁渣混合的酒。嵇康《与山巨源绝交书》："浊酒一杯，弹琴一曲。"

（51）张，乐器上弦，指弹奏。

（52）秋日萧索，指嵇康秋天被杀。

（53）郁，郁结，蕴积。青霞，言志向之高。奇意，犹"奇志"。李善注："青霞、奇意，言志高也。"

（54）修夜，长夜。旸（yáng 阳），日出。《说文·日部》："旸，日出也。"

（55）孤臣，朝中孤立无助的臣子。

（56）孽子，庶子，媵妾所生的孩子。《孟子·尽心上》："独孤臣孽子，其操心也危，其虑患也深。"危涕、坠心，即危心、坠涕。李善注："然心当云'危'，涕当云'坠'，江氏爱奇，故互文以见义。"危，忧惧。

（57）迁客，被流放而客居他乡。海上，指荒凉偏僻的地方。《汉书·苏武传》："乃徙武北海上无人处，使牧羝。"北海，指今俄罗斯贝加尔湖。

（58）流戍，被流放戍守边疆。陇阴，陇山以北，泛指边疆。陇山在今陕西陇县西北及陕甘边界一带。

（59）汩（yù 玉），快，迅疾。

（60）血，血泪。衿，衣襟。

（61）茹，吃，含。《广雅》："茹，食也。"

（62）销落，散落，衰落。湮（yān 烟）沉，指死亡。湮，埋没。

（63）骑叠迹，马队的足迹互相重叠。言骑士之多。左思《吴都赋》："跃马叠迹。"

（64）车屯轨，车辙相互重叠。屯，陈列。轨，车辙。李善注引《楚辞》曰："屯余车其千乘。"王逸曰："屯，陈也。"

（65）帀（zā 匝）地，遍地。帀，周，环绕，旋转一周。《淮南子·析道训》："钧旋毂转，周而复帀。"

（66）歌吹，歌声和鼓吹声，此指军歌和军乐声。

（67）烟断火绝，比喻人死去。李善注引王充《论衡》曰："人之死也，犹火之灭。火灭而耀不照，人死而智不慧。"

（68）闭骨，犹"埋骨"。泉里，地下。

（69）暮，晚，将尽。惊，震去，刮起。此上二句言四季更替不止，时光不停流逝。

（70）绮罗，绸缎。池馆，楼台水池。

（71）琴瑟，两种乐器名，指音乐。丘陇，坟墓。以上二句言繁华已尽，衰败继来。李善注引《琴道》曰："雍门周曰：'高台既已倾，曲池又已平。坟墓生荆棘，狐兔穴其中。'"

（72）自古皆有死，语出《论语·颜渊》："自古皆有死，民无信不立。"

（73）饮恨而吞声，忍恨舍悲，不敢表露。饮恨，抱恨含冤。吞声，不出声，不说话。

【赏析】

江淹的《恨赋》和《别赋》均见之于《昭明文选》卷十六"哀伤"类。《恨赋》题下李善注曰："意谓古人不称其情，皆饮恨而死也。"可见作者是有感而作。南朝前后，政权更迭频繁，局势动荡多变，下层知识分子地位沉浮莫测。有感于此，作者写了《恨赋》。《恨赋》写的是人生短促，志不获骋的感慨。首段以"直念古者，伏恨而死"开端，总体抒发对古人含恨而死的感慨。下分七段，历叙天子（秦始皇）以晏驾为恨，诸侯（赵王迁）以丧国被俘为恨，名将（李陵）以陷虏为恨，美人（王昭君）以远嫁为恨，才士（冯衍）以废弃为恨，高人（嵇康）以冤杀为恨，困顿者（苏武）以埋怨为恨，征战者以埋骨为恨，其中写冯衍的怀才不遇和昭君远嫁匈奴，尤为哀惋动人。如"至乃敬通见抵，罢归田里。闭关却扫，塞门不仕。左对孺人，顾弄稚子。脱略公卿，跌宕文史。赍志没地，长怀不已"，显然寄托着自己的身世之感，最能激起失意文人的共鸣，因而在后世文人中颇见传诵。末段抒发时光流逝、繁荣易尽，人人莫不饮恨而死的感慨作收，总结全文，照应开头。此赋首尾呼应，结构完整，内容繁杂而又条理分明，自始至终不离"恨"字精髓。辞藻华茂，通畅明丽，体格渐卑，流利清爽。于此可以看到赋由咏物向抒情转化的轨迹。

《恨赋》与《别赋》都是抒情小赋，属同一类型的作品，都以擅长描写人们的心理活动著称，故从内容到形式都比较接近。但二者又各具特色，颇有不同：在选材上《恨赋》抒写离恨主要着眼于历史上的名人，多以具体的人物作为一类人的代表，而《别赋》描摹别情则主要着眼于类型；在句式上，《恨赋》以四言句式为主，语势偏急，而《别赋》则以六言句居多，语气舒缓；在每一段的文意上，《恨赋》多反承，故落差较大，跌宕多姿，而《别赋》多顺接，情意绵远；在段与段的关系上，《恨赋》写八种人的离恨两两对照，而《别赋》则写七种人的别情各不相同；在风格上，虽同为慷慨悲凉之作，《恨赋》以跌宕淋漓见长，而《别赋》则以柔婉缠绵著称。明许梿《六朝文絜》评价说："《恨》《别》二赋，乃文通创格。《别赋》立格与《恨赋》同，前以激昂胜，此以柔婉胜。"同一机杼，写来却各有面目，各具特色，确是千古高手。

毛泽东喜读江淹的赋，这种喜好至晚年弥笃。在他晚年，他还把两本用大字排印的江淹的《恨赋》《别赋》及其他几篇名赋，放在自己的卧室里，以备随时取观，有时还背诵。对于《恨赋》他也十分熟知，1975年夏，毛泽东让芦荻为他读这篇赋，当读到"至如秦帝按剑……雄图既溢，武力未毕……"时，为解释其中的"溢"字，毛泽东又将《西厢记》中有"溢"字的一段原文背了出来。此外，《毛泽东手书选集》第九卷（古诗词）（上）第78页还收录了毛泽东手书《恨赋》中描写"昭君出塞"的一段文字的墨迹："若夫明妃去时，仰天太息。紫台稍远，关山无极。摇落忽起，白日西匿。陇雁少飞，代云寡色。望君王兮何期，终荒绝兮异域。"这幅墨宝是毛泽东凭记忆书写，还是参看原文书写，我们已不得而知，也无从查考，但从此亦证明毛泽东对江淹《恨赋》喜好和熟悉，是不难想见的。（毕桂发　刘磊）

【原文】

别　赋

黯然销魂者[1]，唯别而已矣[2]！况秦吴兮绝国[3]，复燕宋兮千里[4]。或春苔兮始生[5]，乍秋风兮暂起。是以行子肠断[6]，百感凄恻[7]。风萧萧而异响[8]，云漫漫而奇色[9]。舟凝滞于水滨[10]，车逶迟于山侧[11]。櫂容与而讵前[12]？马寒鸣而不息[13]。掩金觞而谁御[14]？横玉柱而沾轼[15]。

居人愁卧[16]，怳若有亡[17]。日下壁而沉彩[18]，月上轩而飞光[19]。见红兰之受露[20]，望青楸之离霜[21]。巡曾楹而空掩[22]，抚锦幕而虚凉[23]。知离梦之踯躅[24]，意别魂之飞扬[25]。

故别虽一绪[26]，事乃万族[27]。至若龙马银鞍[28]，朱轩绣轴[29]，帐饮东都[30]，送客金谷[31]。琴羽张兮箫鼓陈[32]，燕赵歌兮伤美人[33]。珠与玉兮艳暮秋[34]，罗与绮兮娇上春。惊驷马之仰秣[35]，耸渊鱼之赤鳞[36]。造分手而衔涕[37]，感寂漠而伤神[38]。

乃有剑客惭恩[39]，少年报士[40]，韩国赵厕[41]，吴宫燕市[42]，割慈忍爱，离邦去里[43]。沥泣共诀[44]，抆血相视[45]。驱征马而不顾[46]，见行尘之时起[47]。方衔感于一剑[48]，非买价于泉里。金石震而色变[49]，骨肉悲而心死[50]。

或乃边郡未和⁽⁵⁷⁾，负羽从军⁽⁵⁸⁾。辽水无极⁽⁵³⁾，鴈山参云⁽⁵⁴⁾。闺中风暖⁽⁵⁵⁾，陌上草熏⁽⁵⁶⁾。日出天而耀景⁽⁵⁷⁾，露下地而腾文⁽⁵⁸⁾。镜朱尘之照烂⁽⁵⁹⁾，袭青气之烟煴⁽⁶⁰⁾。攀桃李兮不忍别⁽⁶¹⁾，送爱子兮霑罗裙。

至如一赴绝国⁽⁶²⁾，讵相见期！视乔木兮故里⁽⁶³⁾，决北梁兮永辞⁽⁶⁴⁾。左右兮魂动⁽⁶⁵⁾，亲宾兮泪滋。可班荆兮赠恨⁽⁶⁶⁾，惟樽酒兮叙悲⁽⁶⁷⁾。值秋鴈兮飞日，当白露兮下时。怨复怨兮远山曲⁽⁶⁸⁾，去复去兮长河湄⁽⁶⁹⁾。

又若君居淄右⁽⁷⁰⁾，妾家河阳⁽⁷¹⁾。同琼珮之晨照⁽⁷²⁾，共金炉之夕香⁽⁷³⁾。君结绶兮千里⁽⁷⁴⁾，惜瑶草之徒芳⁽⁷⁵⁾。惭幽闺之琴瑟⁽⁷⁶⁾，晦高台之流黄⁽⁷⁷⁾。春宫此青苔色⁽⁷⁸⁾，秋帐含兹明月光。夏簟清兮昼不暮⁽⁷⁹⁾，冬釭凝兮夜何长⁽⁸⁰⁾！织锦曲兮泣已尽⁽⁸¹⁾，迴文诗兮影独伤。

倘有华阴上士⁽⁸²⁾，服食还山⁽⁸³⁾；术既妙而犹学，道已寂而未传⁽⁸⁴⁾；守丹灶而不顾⁽⁸⁵⁾，炼金鼎而方坚⁽⁸⁶⁾。驾鹤上汉⁽⁸⁷⁾，骖鸾腾天⁽⁸⁸⁾；暂游万里，少别千年⁽⁸⁹⁾。惟世间兮重别，谢主人兮依然⁽⁹⁰⁾。

下有芍药之诗⁽⁹¹⁾，佳人之歌⁽⁹²⁾；桑中卫女⁽⁹³⁾，上宫陈娥。春草碧色，春水渌波⁽⁹⁴⁾；送君南浦⁽⁹⁵⁾，伤如之何！至乃秋露如珠，秋月如珪⁽⁹⁶⁾；明月白露⁽⁹⁷⁾，光阴往来。与子之别⁽⁹⁸⁾，思心徘徊。

是以别方不定⁽⁹⁹⁾，别理千名；有别必怨，有怨必盈⁽¹⁰⁰⁾。使人意夺神骇，心折骨惊。虽渊云之墨妙⁽¹⁰¹⁾，严乐之笔精⁽¹⁰²⁾；金闺之诸彦⁽¹⁰³⁾，兰台之群英⁽¹⁰⁴⁾；赋有凌云之称⁽¹⁰⁵⁾，辩有雕龙之声⁽¹⁰⁶⁾。谁能摹暂离之状⁽¹⁰⁷⁾，写永诀之情者乎！

【毛泽东评点】

在毛泽东生前，卧室里有两本用大字排印的江淹的《恨赋》《别赋》，谢庄的《月赋》，谢惠连的《雪赋》，以及庾信的《枯树赋》，封面上都有红铅笔画的大圈。这是他晚年嘱咐印制的，病重时经常读，有时还背诵。

——陈晋主编：《毛泽东读书笔记分析》，广东人民出版社1996年版，第1234页。

1939年7月9日，在延安陕北公学作题为《三个法宝》的讲演中，毛泽东颇为欣赏地谈到：南朝梁代的文学家江淹，作了很多好文章，有篇叫《别赋》，里面有很好的话，但尽是伤感流泪的话。最为人们所熟记的有"春草碧色，春水渌波；送君南浦，伤如之何"，多么伤心流泪，文笔很好。我们今天不需要这样写，改一下，作为："春草碧色，春水渌波；送君延安，快如之何。"……《别赋》开头两句，"黯然销魂者，唯别而已矣"，也是很有名的。毛泽东在其他场合也引用过。

——陈晋主编：《毛泽东读书笔记分析》，广东人民出版社1996年版，第1235页。

毛泽东曾手书过《别赋》中如下词句：春草碧色，春水渌波，送君南浦，伤如之何！

——中央档案馆整理：《毛泽东手书选集》第9卷（古诗词）（上），北京出版社1996年版，第77页。

【注释】

（1）黯然，颜色暗黑，没有光彩之态。用来形容人的情绪低落，心情沮丧。黯，《说文》："黯，深，黑也。"销魂，犹言丧魂。《文选》李善注："言黯然魂将离散者，唯别而然也。夫人魂以守形，魂散则形毙，今别而散，明恨深也。"

（2）"唯别"二句，再也没有比别离更能使人凄惨伤心、丧神失魂的了。唯，独。

（3）秦、吴，古国名，秦地在今陕西一带，吴地在今江、浙一带，一在西北，一在东南，相隔辽远。绝国，绝远之国。绝，远。

（4）燕宋，古国名，燕在今河北一带。宋在今河南东部一带，相距也很遥远。相隔愈远，相见愈难，离愁也必愈深，故举远别离来说。

（5）"或春苔"两句是说，每当时节变换，格外使人伤感，尤其是春、秋两季。

（6）行子，出外旅行的人。肠断，古时候传说，蜀地的猴子被人捉去，母猴啼哭连日，终于倒地而死，人把它解剖开一看，肠子都一寸一寸地断裂了。所以后来用"肠断"形容极度悲伤。鲍照《东门行》："野风吹秋水，行子心肠断。"

（7）百感，许多感想，种种心事。凄恻，悲伤。

（8）萧萧，风声，含有萧瑟凄凉的意味。

（9）漫漫，无边无际的样子。奇色、异乡，是从游子的感觉上写。由于行子心怀离愁，于是感到风也异响，云也变色了。

（10）凝滞，滞留，静止不动。《楚辞·九章·涉江》："船容与而不进兮，淹回水而凝滞。"

（11）逶迟，行进缓慢。《文选》吕向注："少留貌。"

（12）櫂（zhào 照），通"棹"，桨。容与，从容闲舒的样子，这里引申为荡漾不进的意思。讵，岂。

（13）寒鸣，凄惨的叫声。不息，不停。

（14）掩，覆。觞（shāng 商），酒杯。御，进。

（15）玉柱，指琴、瑟、筝一类的乐器，弦下有柱，柱有玉的，所以叫玉柱。霑轼，指泪流沾轼。霑，通"沾"。轼，车前横木。

（16）居人，与"行子"相对，指留住在家里的人。鲍照《东门行》："居人掩闺卧。"

（17）怳（huǎng 谎），恍惚，失意之态。亡，失。这句是说，恍惚若有所失。

（18）"日下"句，意思是说，墙上的太阳光线移了过去，光彩消失了。

（19）轩，楼板，槛板。这句是说，月亮升上楼头，散发着光辉。

（20）红兰，李周翰说："兰至秋，色红也。"（见六臣注《文选》）

（21）楸，落叶乔木，干高叶大，夏天开花，古人多种植于道旁。曹植《名都篇》："走马长楸间。"离，同"罹"，遭受。

（22）曾楹，高的柱子，指高大的房屋。曾，通"层"，"重叠"。楹，房前柱子，又作计算房屋的量词，一列房屋为一楹。揜，通"掩"，掩门。掩，掩门涕泣。

（23）锦，有彩色花纹的丝织品。幕，帷帐。

（24）踯躅（zhí zhú 直竹），徘徊不进的样子。此句意思是，知道行人别后，梦里也停足不忍前行。

（25）意，料知，猜想。这句说，猜想起来，离别后的神魂也是茫无所归。《文选》刘良注："离梦踯躅不进，别魂飞扬不安。"

（26）一绪，同一种情绪，同一件事，指离别。

（27）族，种类。万族，有种种不同的情况。

（28）龙马，骏马。《周礼·夏官·庾人》："马八尺以上为龙。"银鞍，银饰的马鞍。

（29）轩，车的通称。朱轩，古代贵族所坐的轿车，漆上朱色，表示华贵。《尚书大传》曰："未命为士，不得朱轩。"郑玄注："轩，舆也。"士以朱饰之。轩，车通称也。绣轴，车轴上加上彩饰。

（30）帐饮，在郊外搭设帐篷设宴饯别。东都，东都门，长安城门名。《汉书·疏广传》载，疏广为太子太傅，深受朝廷器重，年老乞归，帝"加赐黄金二十斤，皇太子赠以五十斤。公卿大夫故人邑子设祖道供帐东都门外，送者车数百辆，辞决而去。"

（31）金谷，地名，在洛阳西北，因金水流经此谷而得名，亦名金谷涧。晋石崇曾于此造园，世称金谷园。李善注引石崇《金谷园诗序》："余元康六年，从太仆卿出为使持节青、徐诸军事征虏将军，有别庐在河内县金谷涧中，时征西将军祭酒王羽当还长巡，余与众贤共送涧中。"以上两句引用疏广、石崇事比喻富贵者之别。

（32）琴羽，琴中的高音。羽，古代以宫、商、角、徵、羽为五音。羽音最细。张，琴瑟施弦，即"奏"的意思。琴羽张，犹言琴奏羽声。陈，排列，演奏。

（33）燕、赵，皆古国名。燕在今河北北部一带，赵在今山西及河北南部一带。《古诗十九首》有"燕赵多佳人，美者颜如玉"。

（34）"珠与"二句，珠、玉、罗、绮，指乐伎的穿戴装饰。暮秋，秋季末一月。上春，也叫孟春，阴历正月春事将兴之时。"暮秋""上春"为互文。

（35）驷马，古代一乘车驾四匹马，称驷马。秣，马吃的草料，又作饲马。仰秣，《淮南子·说山训》："伯牙鼓琴，驷马仰秣。"高诱注曰："仰秣，仰头吹吐，谓马笑也。"

（36）竦，吃惊。渊，深水。鳞，指鱼。《韩诗外传》："淳于髡（kūn）

曰：'昔日瓠巴鼓瑟而潜鱼出听，伯牙鼓瑟而六马仰秣。'"这里借用典故来形容音乐之美。

（37）造，到。衔涕，含泪。

（38）"感寂寞"句，意谓在这时候，音乐停止，寂静无声，感到心神伤痛。

（39）剑客，精通剑术的任侠之士。惭恩，惭愧于未能报答主人知遇之恩。《汉书·李陵传》："臣所将屯边者，皆荆楚勇士奇材剑客也。"

（40）报士，勇于报仇之士。《汉书·李陵传》："郭解以躯籍友报仇，少年慕其行，亦辄为报仇。"

（41）韩国赵厕，意思是窥伺在韩都赵厕。国，都城。韩国，指战国时聂政为替严仲子报仇，刺死韩国宰相侠累一事。赵厕，指战国初期，豫让为报主人智伯被赵襄子所灭之仇，化妆埋伏在厕所里，预备刺死赵襄子一事。

（42）吴宫燕市，吴宫，指专诸刺杀王僚之事。燕市，指荆轲刺杀秦王之事。以上四事均见《史记·刺客列传》。

（43）邦，国。里，指家乡，乡里。

（44）沥，水下滴。沥泣，犹言流泪。

（45）诀，别。抆（wèn 问），拭。抆血，泪尽继之以血的意思，言悲怆之深。

（46）征马，上远路的马。

（47）行尘，车马扬起的灰尘。《史记·刺客列传》："荆轲遂发，就车不顾。"

（48）"方衔"二句，因为知遇之恩，而以一剑来报答，而不是以死来换取金钱。买价，换取声价。泉里，地下，指丧失生命。

（49）金石，钟磬一类的乐器。李善注引《燕丹太子》："荆轲与舞阳入秦，秦王陛戟而见燕使，鼓钟并发，群臣皆呼万岁，舞阳大恐，面如死灰色。"

（50）骨肉悲而心死，《史记·刺客列传》载，聂政刺杀了韩相侠累之后，"因自皮面抉眼，自屠出肠，遂以死"，以致使人都认不出他是谁。韩国当局把他的尸体暴露于市上，悬千金之赏以求识者，但很久都没人能辨识。他的姐姐聂荌说："妾其何畏殁身之诛，终灭贤弟之名！"就在韩市伏尸而哭，自杀于其旁。心死，言悲哀之苦。《庄子·田子方》："仲尼曰：'……夫哀莫大于心死。'"

（51）边郡，边疆的郡县。未和，有了战事。

（52）羽，指箭。司马相如《上林赋》："弯繁弱，满白羽。"

（53）辽水，辽河。纵贯辽宁省，至营口入渤海。无极，一望无际。

（54）鴈山，即雁门山，在山西境内。《山海经·海内西经》："雁门山，雁出其间。"参云，高耸入云。

（55）闺中，内门，指家里。

（56）陌，野外的道路。熏，香气。以下写出征时家乡的光景。

（57）曤，照。景，日光。曤景，闪耀光辉。

（58）腾文，露珠在阳光之下闪耀着绚丽的光彩。文，文彩。

（59）镜，照。朱尘，红尘，日光照射下映现红色的灰尘。照烂，辉耀灿烂。

（60）袭，披上。青气，春天草木的色泽。烟煴（yīn yùn 因晕），气氛浓厚。李善注引《易通卦验》："震，东方也。主春分日出，青气出震，此正气也。"

（61）"攀桃李"二句，妇人送别自己心爱的儿子出征，手攀着正在开花的桃李树，因不忍送别而泪落沾裙。

（62）"至于"二句，离别到遥远的别国，哪里还能有相见的日子呢？讵，岂。李善注引《琴道》说："雍门周以琴见孟尝君曰：'先生鼓琴亦能令悲乎？'对曰：'臣之所能令悲者，无故生离，远赴绝国，无相见期，臣为一挥琴而叹息，未有不悽怜而流涕者。'"

（63）乔木，高树。王充《论衡·佚文篇》："睹乔木，知旧都。"

（64）决，通"诀"。此句意思是在北面的桥梁上诀别，一去不回。

（65）"左右"二句，左右的人及宾客亲戚，无不为这种离别而感动得伤心落泪。滋，浸湿。

（66）可班荆兮赠恨，班，布，铺设。荆，树枝条。《左传·襄公二十六年》上说楚伍举在郑国遇到声子，两人相善，都是楚人，班荆"相与而食，而言复故"。后人用此典故来表示匆匆话别。赠恨，把一腔心事向对方吐诉。

（67）樽，酒杯。苏武诗："我有一樽酒，欲以赠远人。愿子留斟酌，叙此平生亲。"

（68）曲，山弯曲处。

（69）湄，水边。

（70）淄，淄水，在今山东境内。右，西面。

（71）河阳，黄河的北岸。今河南孟州市有河阳故城。

（72）琼佩，美玉的佩带饰物。晨照，宋孝武帝《拟汉李夫人赋》："俟王羊（月）之晨照。"

（73）金炉，金质的香炉。

（74）绶，宫印上所系的带子。古时做官必带印绶。结绶，就是出仕做官。

（75）瑶草，香草。《山海经·中山经》："姑媱之山，帝女死焉，其名曰女尸，化为草，其叶胥成，其花黄，其实如菟丘，服之媚于人。"郝懿行疏："'䔄'，通'瑶'。"瑶草，喻闺中少妇。

（76）惭幽闺之琴瑟，指把琴瑟放在幽静的闺房里而无心弹奏，对此感到惭愧。

（77）流黄，指黄色的丝织品。张载《拟四愁诗》："佳人赠我筒中布，何以报之流黄素。"

（78）閟（bì闭），掩闭。

（79）簟（diàn店），竹席。昼不暮，指白日长。

（80）釭（gāng钢），灯。凝，沉滞无光。以上四句写四季相思。

（81）"织锦曲"二句，织锦曲，用苏蕙以回文诗打动丈夫窦滔的典故，写妇女在家中的苦闷。武则天《璇玑图序》："前秦苻坚时，窦滔镇襄阳，携宠姬赴阳台之任，断妻苏蕙音问，蕙因织锦为回文，五彩相宣，纵横八寸，题诗二百余首，计八百余言，纵横反复，皆成章句，名曰《璇玑图》以寄滔。"

（82）傥（tǎng淌）有，或有。华阴，指华山下面古时修道者所居的石室。上士，得道者。

（83）服食，道家迷信，认为服食炼丹，可以成仙。还山，指成仙。李善注引《列仙传》："修芊者，魏人也。华阴山下有龙石，段（锻）其上，取黄精食之，后去，不知所之。"

（84）寂，寂静无闻，这里用来形容道行之深。未传，意思是得道已深，但未得到真传。

（85）丹灶，道家炼丹的灶。炼金鼎，在金鼎中炼丹。不顾，不顾人世。

（86）方坚，意志正十分坚决。

（87）汉，河汉，银河。上汉，指升天。

（88）骖（cān参），驾三马，和上句的驾同是骑的意思。鸾，古代传说中凤凰一类的鸟。

（89）蹔，同"暂"。少别千年，天上小别，人间已是千年。

（90）谢，辞别。依然，依恋的样子。《列仙传》载，王子晋吹笙作凤鸣游于伊、洛之间，道士浮丘公接上嵩高山。三十余年后，见桓良说："告我家，七月七日，待我缑氏山头。"到期晋果乘白鹤至。山下的人望着他而不能上，晋举手谢世人，数日后离去。

（91）下有，人间有。芍药，一种草药。《诗经·郑风·溱洧》："维士与女，伊其相谑，赠之以勺药。"咏男女二人谈情说爱。

（92）佳人之歌，《汉书》载有李延年歌："北方有佳人，绝世而独立。"是男子爱慕女子的情歌。

（93）"桑中"二句，桑中，《诗风·鄘风·桑中》中篇名，有句："云谁之思？美孟姜矣。期我乎桑中，要我乎上宫，送我乎淇之上矣。"桑中是卫国地名，上宫是陈国地名，都是男女恋爱约会的地点。卫女、陈娥，泛指谈恋爱的少女。娥，美女。

（94）渌（lù录），水清。

（95）南浦，《九歌·河伯》句："子交手兮东行，送美人兮南浦。"南浦，后用来泛指送别之地。

（96）珪（guī圭），玉器，这里比喻秋月的洁白。李善注引《遁甲开山图》："禹游于东海，得玉珪，圆如日月，以自照目达幽冥。"

（97）"明月"两句，是说月和露，一明一暗，相互往来映照。

（98）"与子"两句，离别的愁情别绪不能割舍。徘徊，思来想去之意。

（99）"是以"二句，方，方法，一说地方。理，情况，原因。名，种类。

（100）盈，满，充塞于心胸。

（101）渊，汉代王褒，字子渊。云，指汉朝扬雄，字子云。二人均为汉代有名的辞赋家。

（102）严，指严安。乐，指徐乐。二人都是汉代有名的文士。李善注引《汉书》曰："严安，临淄人；徐乐，燕无终人也。上疏言时务，上召见，乃拜乐安皆为郎中。"

（103）金闺，指汉朝长安的金马门，官署名，为著作之庭。诸彦，有才学的名士的美称。

（104）兰台，汉朝宫廷中藏书的地方，后设有兰台令史，掌典校图籍，治理文书。

（105）凌云，《史记·司马相如列传》："（司马）相如既奏大人之颂，天子大说，飘飘有凌云之气，似游天地之间。"

（106）雕龙，雕镂龙文。语出《史记·孟子荀卿列传》："驺衍之术迂大而闳辩；奭也文具难施；淳与髡久与处，时有得善言。故齐人颂曰：'谈天衍，雕龙奭，炙毂过髡。'"裴骃集解引刘向《别录》："驺奭修衍之文，饰若雕镂龙文，故曰'雕龙'。"后遂以雕龙比喻善于修饰文词或刻意雕琢文字。

（107）"谁能"二句，纵然是那些最好的文学家，谁能摹写出短别与永诀的情状呢！

【赏析】

《别赋》是以人类的一种特定情感为表现对象的，集中描写了各种不同类型人物的离愁别恨，抒发哀怨之情。它文辞优美，句法错落，具有浓郁的抒情色彩。这篇小赋以"黯然销魂者，唯别而已矣"作为发端，总写别情之苦，然后再特写行子、居人、富贵、任侠、从军、绝国、伉俪、方外、情侣之别，最后写别情之苦非语言所能形容收束全篇，总起总收，分合有致，首尾照应，浑然一体，不唯篇章结构严密，赋中各类别情的容量亦大体一致。作者的感情尤为贯注，他把自己的全部感情都倾注到所描写的事物之中，突出了"黯然销魂者，唯别而已矣"的主题，有很强的艺术感染力。李元度《赋学正鹄》说："总起收，中分七段平叙，情中有景，景中有情。或就春说，或就秋说，或合春秋兼四时说，炼句各极其妙。而一起尤极超拔，已制全局之胜。故通篇只发明'黯然销魂'四字，殆非绝笔不能。"这个评价实不为过。

在写法上，作者善于把精湛的状物技巧与高超的抒情手法完美地糅合在一起，成功地通过环境、景物、氛围的描摹来表现人物的内心世界，十分生动传神。从军别是以春景相衬，绝国别则衬以秋景，伉俪别以四季之景入情，情侣别专以秋月秋霜移情入景，写得起伏跌宕，摇曳多姿，*丝丝*入扣，缕缕入情。为了强化这篇小赋的抒情色彩，作者还从各种离别的哀伤中，表现出那个时代动乱的总特点，这固然与作者早年也曾羁旅他乡，饱尝过思乡怀人的痛苦经历有关，也反映了当时人们怨恨离别的思想情绪，表达了热爱国家、热爱生活、向往和平安定的美好愿望。

这篇小赋，在抒写各种离愁别恨中，又以明丽优美的语言，灵活多变的句式，缠绵悲凉的情调，加重浓郁的抒情色彩，增强了作品感人的艺术魅力，使之成为历代传诵、脍炙人口的名篇佳作。

江淹的赋大约作于齐、梁之间，这一时期，赋已摆脱了汉大赋以来的板重形式，但还没有达到徐陵、庾信宫体赋那样轻靡。样式已和一般散文相去不远，仅有用韵与不用韵之分，以及偶然还用辞赋中常用的"兮"字来加强句式的变化。从词藻来说，如本篇中的"闺中风暖，陌上草薰"，"春草碧色，春色渌波"之类秾纤整饰的排偶，未尝不是徐、庾的先声；而像"春宫閟此青苔色，秋帐含兹明月光"，简直与七言诗无异，也是后来庾信宫体赋的特色。我们从中可以看出赋体发展的轨迹，以及江淹在赋体演变中所起的作用。清何焯《义门读书记》曾评价说："赋家至齐、梁，变态已尽，至文通已几乎唐人之律赋矣。特其绣色非后人之所及也。"正确地指出了江淹赋以抒情为主，诗化倾向明显的艺术特色。

毛泽东对江淹的文学成就评价很高，尤其喜欢他的名作《别赋》和《恨赋》。曾数次运用《别赋》中的词句来说明现实生活中的问题。1939年7月9日，毛泽东在延安公学作《三个法宝》的讲演，他谈到：南朝梁代的文学家江淹，作了很多好文章，有篇叫《别赋》，里面有很好的话，但尽是伤感流泪的话。最为人们所熟知的有"春草碧色，春水渌波；送君南浦，伤如之何"。这么伤心流泪，文笔很好。我们今天不需要这样写，改一下，改为"春草碧色，春水渌波；送君延安，快如之何"。"黯然销魂者，唯别而已矣"两句，也很有名，毛泽东在其他场合也曾引用过。毛泽东还手书过"春草碧色"四句。毛泽东晚年还嘱咐用大字排印了两本江淹的《恨赋》《别赋》及其他几篇名赋，放在他的卧室里，病重时经常读，有时还背诵，对江淹赋作的挚爱，可谓晚年弥笃。（毕桂发）

庾 信

　　庾信（513—581），字子山，小字兰成，南阳新野（今河南新野）人，南北朝文学家。出生于一个官居显要、世代书香的家庭。远祖庾滔随晋元帝南渡，官散骑常侍，领大著作，迁居南郡江陵（今湖北江陵）。高祖庾玫，巴郡太守。曾祖庾道骥，安西参军。祖父庾易不愿做官，以文章自娱，宋、齐两代很有名气。父庾肩吾初为梁晋安王（萧纲）常侍；萧纲立为皇太子，肩吾兼东宫通事舍人；萧纲即位后，肩吾任度支尚书，是梁代有名诗人。自庾信以上五代，皆有文集。庾信在这个有着深厚文学传统的家庭里受到了很好的熏陶和训练。

　　庾信的生活和创作，一生分为三时期。36 岁前为前期，是创作活动的准备和萌发时期。这时梁武帝在位，境内平静无战事，北魏分裂，无力南侵。梁武帝父子儒雅能文，激赏缀文之子。庾信少而聪敏，博闻强识，"妙善文词，尤工诗赋"。晋安王萧纲立为皇太王，庾肩吾、庾信父子与徐摛、徐陵父子同为东宫抄撰学士，写了一些华美绮艳的宫体诗文，被称为"徐庾体"。他还曾出使东魏，"文章辞令，盛为业下所称"。自 36 岁至42 岁为庾信生活的中期，是他的创作活动从琼楼玉宇走向山园枯树的一个转折。梁武帝末年，侯景叛乱，庾信为建康令，率兵驻守朱雀航（桥），战败。建康失陷，他被迫逃亡江陵，投奔梁元帝萧绎。庾信被任为御史中丞，转右卫将军。自 42 岁出使西魏至病卒为庾信生活的后期，也是他创作取得很高成就的时期。梁元帝承圣三年（554），庾信奉命出使西魏、北周。抵达长安不久，西魏攻克江陵，杀萧绎。庾信因此被留长安，历仕西魏、北周，官至骠骑大将军开府仪同三司，被称为"庾开府"。他"虽位望通显"，而"常有乡关之思"。因此在他后期诗文中，多感伤自己的不幸遭遇，慨叹社会的动乱不安和人民的流离失所；技巧也更加成熟，他把南朝文学的华美绮艳与北方文学的刚健清新结合起来，形成了清新、老成、纵横恣肆的风格。他的一些名作，如《寄王琳》《寄徐陵》《枯树赋》《哀江南赋》等，都作于这一时期。庾信是中国文学史上南北朝文学之集大成者，又是唐诗的先驱者，在中国文学的发展上起着承前启后的作用。原有集，已散佚。后人辑有《庾子山集》。

【原文】

枯树赋

殷仲文风流儒雅⁽¹⁾，海内知名；世异时移，出为东阳太守⁽²⁾；常忽忽不乐，顾庭槐而叹曰："此树婆娑，生意尽矣⁽³⁾！"

至如白鹿贞松，青牛文梓⁽⁴⁾，根柢盘魄⁽⁵⁾，山崖表里。桂何事而销亡⁽⁶⁾，桐何为而半死⁽⁷⁾？昔之三河徙植，九畹移根⁽⁸⁾。开花建始之殿，落实睢阳之园⁽⁹⁾。声含嶰谷，曲抱《云门》⁽¹⁰⁾。将雏集凤，比翼巢鸳⁽¹¹⁾。临风亭而唤鹤，对月峡而吟猿⁽¹²⁾。乃有拳曲拥肿，盘坳反覆⁽¹³⁾，熊彪顾盼，鱼龙起伏。节竖山连，文横水蹙⁽¹⁴⁾，匠石惊视⁽¹⁵⁾，公输眩目⁽¹⁶⁾。雕镌始就，剞劂仍加⁽¹⁷⁾；平鳞铲甲，落角摧牙；重重碎锦，片片真花；纷披草树，散乱烟霞。

若夫松子、古度、平仲、君迁⁽¹⁸⁾，森梢百顷，槎枿千年⁽²⁰⁾。秦则大夫受职⁽²¹⁾，汉则将军坐焉⁽²²⁾。莫不苔埋菌压，鸟剥虫穿。或低垂于霜露，或撼顿于风烟。东海有白木之庙⁽²³⁾，西河有枯桑之社⁽²⁴⁾，北陆以杨叶为关，南陵以梅根作冶⁽²⁵⁾。小山则丛桂留人⁽²⁶⁾，扶风则长松系马⁽²⁷⁾。岂独城临细柳之上，塞落桃林之下⁽²⁸⁾。

若乃山河阻绝，飘零离别；拔本垂泪，伤根沥血⁽²⁹⁾。火入空心，膏流断节。横洞口而欹卧，顿山腰而半折⁽³⁰⁾。文斜者百围冰碎，理正者千寻瓦裂⁽³¹⁾。载瘿衔瘤，藏穿抱穴⁽³²⁾。木魅睒睗，山精妖孽⁽³³⁾。

况复风云不感，羁旅无归⁽³⁴⁾；未能采葛，还成食薇⁽³⁵⁾；沉沦穷巷，芜没荆扉⁽³⁶⁾；既伤摇落，弥嗟变衰⁽³⁷⁾。《淮南子》云："木叶落，常年悲。⁽³⁸⁾"斯之谓矣。乃歌曰："建章三月火⁽³⁹⁾，黄河万里槎⁽⁴⁰⁾。若非金谷满园树⁽⁴¹⁾，

即是河阳一县花⁽⁴²⁾。"桓大司马闻而叹曰⁽⁴³⁾："昔年种柳，依依汉南；今朝摇落，凄怆江潭。树犹如此，人何以堪⁽⁴⁴⁾！"

【毛泽东评点】

周恩来于 1976 年 1 月 8 日逝世，朱德又于 7 月 6 日离开人世。毛、周、朱并肩战斗近半个世纪的三位老战友，不到半年时间，已痛失两位。毛泽东在精神上很难承受这许多次的突然刺激，他那时的痛苦的心境是很难用语言描述的。后来他的病情趋于平稳稍有好转的时候，由于这段时间诸多的不愉快的事情，加重了他的怀念故旧和寂寞悲凉之感，他只好诵诗读赋，以寄托自己的感情。有一天，毛泽东让我（张玉凤——编者）找来庾信的一首《枯树赋》。这首赋，毛泽东是早已熟读过的，前些年他还嘱印过大字本。全赋大部分章节他都能背诵下来。毛泽东躺在床上，让我连续读了两遍，他边听着，边默记着。后来，他说自己背诵。此时，他虽不能像过去那样声音洪亮地吟诗，但他仍以那微弱而又费力的发音，一字一句地有感情地背出：

"……此树婆娑，生意尽矣！至如白鹿贞松，青牛文梓；根柢盘魄，山崖表里。桂何事而销亡，桐何为而半死？

"……昔年种柳，依依汉南；今朝摇落，凄怆江潭。树犹如此，人何以堪！"

除少数几句偶而提示一下句首外，毛泽东均全部背诵出来。

——张玉凤：《回忆毛泽东的晚年生活》，《毛泽东生活实录》，江苏文艺出版社 1989 年版，第 192—193 页。

1975 年 5 月 29 日夜晚，北京大学中文系讲师芦荻第一次来毛泽东身边工作，毛泽东让芦荻读了庾信的《枯树赋》，然后说："我的腿病很久了，不能走路，不断地要锻炼它，战胜它，可是很困难啊！"在两名医务人员的搀扶下，他站了起来，紧闭着双唇，凝视着前方，在书房里吃力地走了三圈。

——杨建业：《在毛主席身边读书——访北京大学中文系讲师芦荻》，1978 年 12 月 29 日《光明日报》。

毛岸英的不幸牺牲，沉重地震撼了毛泽东的心灵。……当彭德怀内疚地对他谈起没有照料好岸英时，他久久地沉默着，一支支抽着烟，抬头凝望窗外那已经萧疏的柳枝，轻轻地念叨着《枯树赋》："昔年种柳，依依汉南；今朝摇落，凄怆江潭。树犹如此，人何以堪！"

他长长地叹了口气，深沉地回忆了岸英短暂的一生。稍停，毛泽东昂起头，轻轻地走了几步，激昂地说："革命战争总是要付出代价的。岸英是一位普通战士，为国际共产主义事业献出了年轻的生命，他尽了一个共产党员应尽的责任。不能因为他是我的儿子，就不应该为中朝两国人民的共同事业而牺牲。世界上哪有这样的道理呀！哪个战士的血肉之躯不是父母所生？"

彭德怀默默地听着，眼里饱含着泪花，他深知岸英的牺牲，对党，尤其是对毛泽东，是个无法挽回的损失。

——竞鸿、吴华：《毛泽东生平实录》，吉林人民出版社1993年版，第125页。

【注释】

（1）殷仲文，东晋殷之弟，曾任骠骑将军、征虏长史。风流儒雅，旧时称扬人学识渊博，举止潇洒，很有风度。语出杜甫《咏怀古迹五首》之二："摇落深知宋玉悲，风流儒雅亦吾师。"

（2）世异时移，指东晋桓玄称帝时殷仲文曾作为咨议参军，玄败后，殷仲文出为东阳太守。东阳，郡名，辖境约为今浙江省金华地区。

（3）顾，回顾，此处指观看。婆娑，扶疏的样子。生意，生机。《世说新语·黜免》："桓玄败后，殷仲文还为大司马咨议，意似二三，非复往日。大司马厅前有一老槐，甚扶疏。殷因月朔，与众在厅，视槐良久，叹曰：'槐树婆娑，无复生意。'"

（4）白鹿贞松，《十三州志》载：相传敦煌有白鹿塞，多古松，白鹿常栖息其下。青牛文梓，《初学记·录异传》载，春秋时，秦文公伐雍州南山文梓树，树断开有一青牛出来，走入沣水中。

（5）柢，树根。《说文》："柢，根也。"盘魄，互相交错盘绕非常牢固的样子。山崖表里，山势险要之状。

（6）桂何事而销亡，这句化用了汉武帝《李夫人赋》中"桂枝落而销亡"的句意。

（7）桐何为而半死，这句化用了枚乘《七发》中"龙门之桐，高百尺而无枝，……其根半死半生"的句意。

（8）三河，汉以河东、河南、河内三郡为"三河"，此处是借指东汉、三国时蜀汉、东晋三个朝代。三河徙植，指象征社稷的社树荣枯，意味着朝代兴亡。九畹移根，指种植兰草。畹，十二亩为一畹。一说三十亩为一畹。《楚辞·离骚》："余既滋兰之九畹兮，又树蕙之百亩。"王逸注："十二亩曰畹。"

（9）建始，汉成帝年号。成帝曾种竹子临池观，风吹其声如环佩，因更名为环佩竹。落实，指结竹实。睢（suī 虽）阳之园，指兔园，亦称梁园，汉文帝之子梁孝王所建，在今河南省商丘县东。园中有竹圃。

（10）嶰（xiè）谷，在昆仑山的北面，传说黄帝曾命乐宫伶伦取竹于此，做箫、笛等乐器。《云门》，周六乐舞之一，相传为黄帝所制。

（11）将，携带。集，栖息。比翼巢鸳，化用《古诗为焦仲卿妻作》"东西植松柏，左右植梧桐。枝枝相覆盖，叶叶相交通。中有双飞鸟，自名为鸳鸯"的句意。意谓雏凤巢于树，似鸳鸯比翼双飞。

（12）风亭，即华亭，晋陆机故乡，在今上海松江县西。唳（lì 力），鸣叫。陆机遇害时叹道："华亭鹤唳，岂可复闻乎？"月峡，四川巴县境内有明月峡，此处是泛指三峡。吟猿，即猿的啼叫。《水经注·江水》："巴东三峡巫峡长，猿鸣三声泪沾裳。"

（13）拳曲拥肿，弯曲臃肿之状。《庄子·逍遥游》："吾有大树，人谓之樗，其大本拥肿，而不中绳墨，其小枝拳曲而不中规矩，立之涂，匠者不顾。"盘坳反覆，盘屈扭结之状。

（14）节，柱上承梁的斗拱。山连，斗拱刻作山形，如山峰相连。文，花纹。水氎，如水波重叠的样子。

（15）匠石，古代有名的木匠，名石，字伯说。见《庄子·人间世》。

（16）公输，即鲁班，春秋时鲁国巧匠。多有发明，后世被尊为建筑工匠的祖师。《孟子·离娄上》："离娄之明，公输子之巧，不以规矩，不能成方圆。"

（17）剞劂（jí jué 及决），雕刻用的曲刀、曲凿。

（18）松子，松树的果实，可食用。古度，树名，不华而实，大如石榴。平仲，树名，即银杏，果实如同白银。君迁，树名，果实如瓠形。以上皆南方之木。晋左思《吴都赋》："木则……严仲君迁，松梓古度，楠榴之木，相思之树。"

（19）森梢，指树木高耸挺拔。

（20）槎枿（niè 聂），树木砍后再生的枝。斜斫叫槎，斩而复生叫枿。

（21）秦始皇东封泰山时，风雨骤至，避于松树下，因此树护驾有功，封此松树为"五大夫"。事见《史记·秦始皇本纪》。

（22）东汉冯夷常于诸将领争夺功名时退坐大树下，军中称为"大树将军"。事见《东观汉记·冯夷传》。

（23）东海，指东部濒临海边的地方。白木之庙，俗传河南密县东三里天仙宫为黄帝葬三女的地方，其地植有白皮松树。白木，树木名。《山海经·大荒西经》："白木，琅玕。"郭璞注："树色正白。"

（24）西河，指黄河上游地区。枯桑之社，干宝《搜神记》载，传说汉张助在空桑中种李，后桑中反复生李，有患目疾者息于荫下，其疾自愈，于是远近都来拜祭。社，设祭。

（25）北陆，北方地区。杨叶为关。南陵，县名，属宣城郡。梅根作冶，梅根，地名，在今安徽省贵池东北，六朝时在此冶炼铸钱。

（26）这句化用汉淮南小山《招隐士》中"桂树丛生兮山之幽""攀援桂枝兮聊淹留"句意。小山，西汉淮南王刘安及一部分门客，合称"淮南小山"。

（27）这句化用晋刘琨《扶风行》"系马长松下，发鞍高岳头"的句意。扶风，郡名，故址在今陕西泾阳县。刘琨，字越石，中山魏昌（今河北无极）人，西晋名将。

（28）细柳，地名，今陕西省咸阳市西南，汉将军周亚夫屯军处。桃林，桃林塞，在今河南省灵宝以西，陕西潼关以东地区。晋文公用先轸等人率军御秦。

（29）垂泪，赵王被秦掳徙房陵，思故乡，作《山木》歌，闻者堕泪，伤根沥血。《三国志·魏志·武帝纪》载，传说曹操在洛阳修建始殿时掘移梨树，梨树根伤血出。事见《三国志·魏书·武帝纪》注引《曹瞒传》。

（30）欹，斜。顿，颠仆。

（31）文，同"纹"，纹理。围，两手合抱为一围。寻，八尺为一寻。

（32）藏穿，为虫所蛀穿。抱穴，被鸟作为巢穴。瘿（yǐng 影），树疙瘩。瘤（liú 留），树干、根皮外隆起的块状物。

（33）木魅（mèi 妹），树妖。睒睗（shǎn shì 闪释），目光闪烁。山精，山中怪兽。妖孽，作怪为害。《国语·吴语》："扰乱百姓以妖孽吴国。"

（34）风云不感，风云不能遇合，即不能辅佐君王。风云，君臣相遇谓之风云相会。羁旅无归，长期旅居在外，指被留于北周。

（35）采葛，《诗经·王风》篇名，是一首怀人诗，《诗序》称为"惧谗"之作。此处借指避免谗言。食薇，用伯夷、叔齐不食周粟，入山采薇典故，庾信借指在北周的生活。

（36）穷巷，简陋的街巷。

（37）这两句化用宋玉《九辩》"萧瑟兮草木摇落而变衰"句意。摇落，凋残，零落。弥嗟，更叹。

（38）《淮南子》，西汉淮南王刘安及其门下所撰的一部书。木叶落，常年悲，《淮南子·说山训》中有"桑叶落而长年悲也"的句子。

（39）建章，汉宫名，汉武帝时所建。三月火，项羽焚秦宫，火烧三月不灭。此处借指东汉建武二年建章宫为赤眉军所焚。

（40）万里槎，《荆楚岁时记》载：相传汉张骞奉命出使西域，寻黄河水源，曾乘槎到天河。

（41）金谷，晋石崇在洛阳的别墅叫金谷园，园内有柏树万株。见《晋书·石崇传》。

（42）河阳一县花，晋潘岳任河阳（今河南省孟州市）县令时，满县皆种桃花。

（43）桓大司马，指桓玄之父桓温，东晋权臣，官至大司马之职。

（44）"昔年"六句，《世说新语·言语》载：桓温北伐途中看见自己从前所种柳树已长到十围，感叹说："木犹如此，人何以堪！"昔年种柳二句，语出《诗经·小雅·采薇》："昔我往矣，杨柳依依。"依依，茂盛之状。汉南，汉水之南。江潭（xún 旬），江边。《楚辞·渔父》："屈原流放，游于江潭，行吟泽畔。"

【赏析】

《枯树赋》是庾信的名作之一。写于他羁留西魏、北周时期。梁元帝承圣三年（554），庾信奉命出使西魏。当他尚在长安未归之时，西魏出兵攻陷了江陵，从此他被迫留在北方，有家难奔，有国难投。不久，王褒等人也被掳入关。西魏、北周的鲜卑族统治集团推行汉化政策，接受汉族文明，任用汉人为官，对江南文人庾信、王褒等优礼有加，王褒、殷不害等"并荷恩眄，忘羁旅焉"。庾信被授予骠骑大将军、开府仪同三司、司宪中大夫，进爵义城县侯，王公碑志，多出其手。但庾信"虽位望通显"，而"常有乡关之思"。这说明在庾信看来，愈是受优待，不仅是背井离乡，简直是一种奇耻大辱，使他内心极其痛苦。再加上这时的梁朝早已为陈所代，"吴宫已火，归燕何巢？"他纵然南归，也已无处立身；况且在 575 年南北通好时陈氏要求王褒、庾信、王克、殷不害等回南，北周武帝却只肯放王克、殷不害等，致使庾信从此永远失去了回乡的机会。因此，在他后期的诗文中，多感伤自己的不幸遭遇，慨叹社会的动荡不安与人民的流离失所。《枯树赋》就是这种社会背景和个人遭际下的产物。

《枯树赋》以乡关之思为主题，是庾信在北朝文坛的奠基之作。唐代张鷟《朝野佥载》载："梁庾信初至北方，文士多轻之。信将《枯树赋》以示之，于后无敢言者。"可见这篇小赋在当时影响之大。此赋纯用比拟手法，以树木自比，抒发感伤身世，怀念故乡的思想感情。文章开头以殷仲文在失势后面对庭槐发出"此树婆娑，生意尽矣"的感慨点醒题旨。接着以"白鹿贞松，青牛文梓"，销亡桂树，半死梧桐，以及徙植兰草相拟，寓含自己显贵于梁，而今流落北朝，不觉生意已尽，这是从正面着笔；作者又从反面入手，即是那些"拳曲拥肿""鱼龙起伏"的不材之木，经过名匠加工后可为大用，暗示自己虽有羁留北方之失，仍可为国效力。接下去，作者又以松子、古度、平仲、君迁四种南方果木及白木、枯桑、杨叶、梅根为名的地名，以及五大夫松、大树将军、桃林塞、细柳营的叙写，暗示自己经历"山河阻绝，飘零离别；拔本垂泪，伤根沥血"之后，还要"风云不感，羁旅无归；未能采葛，还成食薇；沉沦穷巷，芜没荆扉，既伤摇落，弥嗟变衰"，又援引《淮南子》"木叶落，长年悲"的话，感慨自己身世，言自己飘零北地，犹树木拔本伤根，已了无生气。末段引桓温的话作结："昔年种柳，依依汉南；今朝摇落，凄怆江潭。树犹如此，人何以堪！"言自己穷困冷落，仕于异国他乡，犹树木摇落，至足悲凉，很好地强化了乡关之思的主题，也成为历代传诵、脍炙人口的佳句。

此赋在艺术上也颇具特色，其语言之精警，首尾之圆合，有目共睹，自不待言；其主要特色在于比拟手法的成功运用。比拟分拟物和拟人两种，本文用的是拟人，即作者把树木当作自己来写。比拟是一种模拟，构成的客观基础是仿照性，是把拟体的特性加给本体，重在"拟"；本体和拟体彼此交融，浑然一体，本体必须出现，拟体一般不出现。所以，通篇写树，在作者笔下，有"生意尽矣"之树，半死半生之树，"拳曲拥肿"之树，"伤根沥血"之树，乃至昔年茂盛，今已摇落之树，以及易于勾起乡思的南方果木与和树木有关的逸闻轶事，比拟主体得到了充分刻画，而作为比拟客体的作者自己，只在"况复风云不感"一段进行了描写，寥寥数语，便写出了自己羁留北地的感慨和忧伤。

毛泽东喜读《枯树赋》，直到晚年病重时，卧室中还放有此赋的大字本，以便随时取读。其实，这篇赋毛泽东已经读得很熟了，直到1975年，有一次，他让张玉凤读《枯树赋》时，只读了两遍，他便能背诵了，只有个别地方提示一下句子开头。又有一次，芦荻为他读《枯树赋》，他还多次用此赋中的诗句来抒发自己的感慨和哀思。他得知爱子毛岸英在朝鲜牺牲的消息后，默默地读着"昔年种柳，依依汉南；今朝摇落，悽怆江潭。树犹如此，人何以堪！"用以寄托自己的丧子之痛。1976年与毛泽东风雨同舟的老战友周恩来、朱德先后去世，晚年多病的毛泽东更是承受不了，他又让人读《枯树赋》，寄托怀念故旧和自己的寂寞悲凉之感。（毕桂发　东　民）

唐宋赋

李　白

　　李白（701—762），字太白，号青莲居士，祖籍陇西成纪（今甘肃秦安西北），生于中亚碎叶（今巴尔喀什湖南楚河流域），幼随父迁居绵州昌隆（今四川江岫）青莲乡，唐代伟大诗人。少年即显露才华，吟诗作赋，博学广览，行侠好义，求仙学道，同时又有建功立业的政治抱负。从 25 岁起出川，长期在各地漫游。天宝元年（742），由于道士吴筠和玉真公主的推荐，李白应玄宗诏赴长安供奉翰林。因在政治上不受重视，又受到权贵诋毁，仅一年多便离开长安，再次漫游各地。天宝三年（744），在洛阳与诗人杜甫结交。天宝十四年（755），安史之乱爆发，怀着平乱的志愿，曾为肃宗弟永王李璘幕僚。璘败被杀，李白也获罪在浔阳下狱，后又流放夜郎，行至巫山遇赦，又回浔阳。上元三年（761），李白年 62 岁，卒于族叔当涂令李阳冰家。

　　李白是我国文学史上杰出的诗人，他的诗题材极为广泛，表现了唐代社会现实和生活面貌。诗风豪放雄奇，想象丰富；语言流转自然，音律和谐多变，善于从神话、民歌中吸取素材和营养，构成其特有的瑰伟绚烂的色彩，富有积极浪漫主义精神，对后世影响很大。但有些作品存在着纵酒放诞、求仙出世的消极情绪。李白的词、散文、赋数量不多，但皆有佳制。赋以《大猎赋》《大鹏赋》《剑阁赋》较为有名。有《李太白集》。

【原文】

大猎赋并序

　　白以为赋者古诗之流⁽¹⁾。辞欲壮丽，义归博远。不然，何以光赞盛美，感天动神⁽²⁾？而相如、子云竞夸辞赋⁽³⁾，历代以为文雄，莫敢诋讦⁽⁴⁾。臣谓语其略，窃或褊其用心。子虚所言，楚国不过千里，梦泽居其大半⁽⁵⁾，而齐徒吞若八九，三农及禽兽无息肩之地⁽⁶⁾，非诸侯禁淫述职之义也。

　　《上林》云⁽⁷⁾：左苍梧，右西极。考其实地，周袤才经数百⁽⁸⁾。《长杨》夸胡⁽⁹⁾，设网为周阹⁽¹⁰⁾，放麇鹿其中，以搏攫充乐，羽猎于灵台之囿⁽¹¹⁾，围经百里而开殿门，当时以为穷壮极丽，迨今观之，何龌龊之甚也⁽¹²⁾！

　　但王者以四海为家，万姓为子，则天下之山林禽兽，岂与众庶异之？而臣以为不能以大道匡君，示物周博，平文论苑之小，窃为微臣之不取也。今圣朝园池遐荒，殚穷六合。以孟冬十月大猎于秦，亦将曜威讲武，扫天荡野。岂荒淫侈靡，非三驱之意耶⁽¹³⁾！臣白作颂，析中厥美⁽¹⁴⁾。其辞曰：

　　粤若皇唐之契天地而袭气母兮⁽¹⁵⁾，粲五叶之葳蕤⁽¹⁶⁾。惟开元廓海寓而运斗极兮⁽¹⁷⁾，总六圣之光熙。诞金德之淳精兮⁽¹⁸⁾，漱玉露之华滋。文章森乎七曜兮⁽¹⁹⁾，制作参乎两仪⁽²⁰⁾，括众妙而为师⁽²¹⁾。明无幽而不烛兮，泽无远而不施。慕往昔之三驱兮，顺生杀于四时。

　　若乃严冬惨切，寒气凛冽。不周来风⁽²²⁾，玄冥掌雪⁽²³⁾。木脱叶，草解节。土囊烟阴⁽²⁴⁾，火井冰闭⁽²⁵⁾。是月也，天子处乎玄堂之中⁽²⁶⁾。沧八水兮休百工⁽²⁷⁾，考王制兮遵国风。乐农人之闲隙兮，因校猎而讲戎⁽²⁸⁾。

　　乃使神兵出于九阙⁽²⁹⁾，天仗罗于四野。征水衡与林虞⁽³⁰⁾，辨土物之众寡。千骑飙扫，万乘雷奔。梢扶桑而拂火云兮⁽³¹⁾，括月窟而搜寒门⁽³²⁾。赫壮观于今古，毗摇荡于乾坤⁽³³⁾。此其大略也。而内以中华为天心，外以穷发为海口⁽³⁴⁾。豁咽喉以洞开，吞荒裔而尽取。大章按步以来往⁽³⁵⁾，夸父振策而奔走⁽³⁶⁾。足迹乎日月之所通，囊括乎阴阳之未有。

　　君王于是撞鸿钟，发鸾音⁽³⁷⁾，出凤阙⁽³⁸⁾，开宸襟。驾玉辂之飞龙，历神州之层岑。游五柞兮瞰三危⁽³⁹⁾，挟细柳兮过上林⁽⁴⁰⁾。攒高牙以总总兮⁽⁴¹⁾，驻华盖之森森⁽⁴²⁾。于是攫倚天之剑⁽⁴³⁾，弯落月之弓。昆仑叱兮可倒，宇宙噫兮增雄。河汉为之却流，川岳为之生风。羽毛扬兮九天绛⁽⁴⁴⁾，猎火燃兮千山红。

乃召蚩尤之徒⁽⁴⁵⁾，聚长戟，罗广泽。呵雨师⁽⁴⁶⁾，走风伯⁽⁴⁷⁾。稜威耀乎雷霆⁽⁴⁸⁾，烜赫震于蛮貊⁽⁴⁹⁾。陋梁都之体制⁽⁵⁰⁾，鄙灵囿之规格⁽⁵¹⁾。而南以衡霍作襟⁽⁵²⁾，北以岱恒作阹⁽⁵³⁾。夹东海而为堑兮⁽⁵⁴⁾，拖西冥而流渠。麾九州之珍禽兮，迥千群以坌入⁽⁵⁵⁾。联八荒之奇兽兮，屯万族而来居。

云罗高张，天网密布。置罘䍟原⁽⁵⁶⁾，峭格掩路⁽⁵⁷⁾。蟏蟓过而犹碍⁽⁵⁸⁾，蟭螟飞而不度⁽⁵⁹⁾。彼层霄与殊榛⁽⁶⁰⁾，罕避鸟与伏兔。从营合枝，弥峦被冈。金戈森行，洗晴野之寒霜。虹旗电掣，卷长空之飞雪。吴骖走练⁽⁶¹⁾，宛马蹀血⁽⁶²⁾。萦众山之联緜，隔远水之明灭。

使五丁摧峰，一夫拔木。下整高颓，深平险谷。摆桩栝⁽⁶³⁾，开林丛。喤喤呷呷⁽⁶⁴⁾，尽奔突于场中。而田疆古冶之畴⁽⁶⁵⁾，乌获中黄之党⁽⁶⁶⁾。越崝嵘，猎莽苍。暗呜哮阚⁽⁶⁷⁾，瓦旋电往。脱文豹之皮，抵玄熊之掌⁽⁶⁸⁾。批狡手猱⁽⁶⁹⁾，挟三挈两。既徒搏以角力，又挥锋而争先。行魈号以鸮眈兮⁽⁷⁰⁾，气赫火而敌烟。拳封豨⁽⁷¹⁾，肘巨狿⁽⁷²⁾。枭羊应叱以毙踣⁽⁷³⁾，貘貐亡精而坠巅⁽⁷⁴⁾。或碎脑以折脊，或歃髓而飞涎⁽⁷⁵⁾。穷退荒，荡林薮。扼土狛⁽⁷⁷⁾，殪天狗⁽⁷⁷⁾。脱角犀顶⁽⁷⁸⁾，探牙象口⁽⁷⁹⁾。扫封狐于千里⁽⁸⁰⁾，掞雄虺之九首⁽⁸¹⁾。咋腾蛇而仰吞⁽⁸²⁾，拖奔兕以却走⁽⁸³⁾。

君王于是峨通天⁽⁸⁴⁾，靡星旄⁽⁸⁵⁾。奔雷车，挥电鞭。观壮士之效获，顾三军而欣然。曰：夫何神扶鬼摽之骇人也⁽⁸⁶⁾！又命建夔鼓⁽⁸⁷⁾，励武卒。虽蹒轹之已多⁽⁸⁸⁾，犹拗怒而未歇⁽⁸⁹⁾。集赤羽兮照日，张乌号兮满月⁽⁹⁰⁾。戎车辒辒以陆离⁽⁹¹⁾，彀骑煌煌而奋发⁽⁹²⁾。鹰犬之所腾捷，飞走之所蹉躐。攫磨𪊴之咆哮⁽⁹³⁾，蹂豺貉以挂格⁽⁹⁴⁾。膏锋染锷，填岩掩窟。观殊材与逸群，尚挥霍以出没⁽⁹⁵⁾。

别有白貐飞骏⁽⁹⁶⁾，穷奇𪊨貘⁽⁹⁷⁾。牙若错剑，鬣如丛竿。口吞殳铤⁽⁹⁸⁾，目极枪櫓。碎琅弧⁽⁹⁹⁾，攫玉弩⁽¹⁰⁰⁾。射猛虒，透奔虎。金镞一发，旁叠四五。虽凿齿磨牙而致伉⁽¹⁰¹⁾，谁谓南山白额之足覩⁽¹⁰²⁾？

总八校⁽¹⁰³⁾，搜四隅。驰专诸⁽¹⁰⁴⁾，走都卢⁽¹⁰⁵⁾。趠乔林⁽¹⁰⁶⁾，撇绝壁⁽¹⁰⁷⁾。

抄獬狖⁽¹⁰⁸⁾，揽狷猵⁽¹⁰⁹⁾。囷鼬齀于峻崖⁽¹¹⁰⁾，顿觳玃于穹石⁽¹¹¹⁾。养由发箭⁽¹¹²⁾，奇肱飞车⁽¹¹³⁾。巧聒更嬴⁽¹¹⁴⁾，妙兼蒱且⁽¹¹⁵⁾。坠鹥瑪于青云⁽¹¹⁶⁾，落鸿雁于紫虚。捎鸧鸹⁽¹¹⁷⁾，漂鸺鹠⁽¹¹⁸⁾。弹地庐与神居⁽¹¹⁹⁾。斩飞鹏于日域⁽¹²⁰⁾，摧大凤于天墟⁽¹²¹⁾。龙伯钓其灵鼋⁽¹²²⁾，任公获其巨鱼⁽¹²³⁾。穷造化之谲诡，何神怪之有余？

所以喷血流川，飞毛洒雪。状若乎高天雨兽⁽¹²⁴⁾，上坠于大荒；又似乎积禽为山，下崩於林穴。阳乌沮色於朝日⁽¹²⁵⁾，阴兔丧精於明月⁽¹²⁶⁾，思腾装上猎於太清⁽¹²⁷⁾，所恨穷昊於路绝。而忽也莫不海晏天空，万方来同。虽秦皇与汉武兮，复何足以争雄？

俄而君王茫然改容⁽¹²⁸⁾，怅然有失⁽¹²⁹⁾。於居安思危⁽¹³⁰⁾，防险戒逸。斯驰骋以狂发，非至理之弘术。且夫人君以端拱为尊⁽¹³¹⁾，玄妙为宝⁽¹³²⁾。暴殄天物⁽¹³³⁾，是谓不道。乃命去三面之网⁽¹³⁴⁾，示六合之仁。已杀者皆其犯命，未伤者全其天真。虽剪毛而不献⁽¹³⁵⁾，岂割鲜以焠轮⁽¹³⁶⁾？解凤凰与鸾鸶兮⁽¹³⁷⁾，旋驺虞与麒麟⁽¹³⁸⁾。获天宝于陈仓⁽¹³⁹⁾，载非熊于渭滨⁽¹⁴⁰⁾。

于是享猎徒，封劳苦。轩行炰⁽¹⁴¹⁾，骑酌醄⁽¹⁴²⁾。韬兵戈，火网罟。然后登九霄之台，宴八纮之圃⁽¹⁴³⁾，开日月之扃⁽¹⁴⁴⁾，辟生灵之户。圣人作而万物覩，览蒐岐与狩敖⁽¹⁴⁵⁾，何宣成之足数？哂穆王之荒诞⁽¹⁴⁶⁾，歌白云之西母。曷若饱人以淡泊之味，醉时以淳和之觞。鼓之以雷霆，舞之以阴阳。虞乎神明，狃於道德⁽¹⁴⁷⁾。张无外以为置，琢大朴以为杙。顿天网以掩之，猎贤俊以御极。若此之狩，固有不克。使天人晏安，草木繁殖。六官斥其珠玉，百姓乐于耕织。寝郑卫之声，却靡曼之色。天老掌图⁽¹⁴⁸⁾，风后侍侧⁽¹⁴⁹⁾。是三阶砥平而皇猷允塞。岂比夫子虚、上林、长杨、羽猎计麋鹿之多少，夸苑囿之大小哉！

方将延荣光于后昆⁽¹⁵⁰⁾，轶玄风於邃古。拥嘉瑞，臻元符。登封于太山⁽¹⁵¹⁾，篆德于社首⁽¹⁵²⁾。岂与乎七十二帝同条而共贯哉⁽¹⁵³⁾？君王于是乃蜕旌，反銮舆。访广成于至道⁽¹⁵⁴⁾，问大隗之幽居⁽¹⁵⁵⁾。使罔象掇玄珠于赤水⁽¹⁵⁶⁾，天下不知其所如也。

【毛泽东评点】

横空出世，莽昆仑，阅尽人间春色。飞起玉龙三百万，搅得周天寒彻。夏日消融，江河横溢，人或为鱼鳖。千秋功罪，谁人曾与评说？ 而今我谓昆仑：不要这高，不要这多雪。安得倚天抽宝剑，把汝裁为三截？一截遗欧，一截赠美，一截还东国。太平世界，环球同此凉热。

——《念奴娇·昆仑》，载中共中央文献研究室编《毛泽东诗词集》，中央文献出版社1996年版，第60—61页。

【注释】

（1）赋者，班固《两都赋序》："赋者，古诗之流也"。诗有六义：风、雅、颂、赋、比、兴。赋为其一，故云。

（2）感天动神，使天地鬼神为之感动。

（3）相如，司马相如，子云，扬雄的字。二人皆为西汉著名辞赋家。

（4）诋讦（jié 结），诋毁攻击。

（5）梦泽，即云梦泽。据西汉司马相如《子虚赋》，楚七泽，云梦是最小的，方九百里。

（6）三农，指居住在平地、山地、沼泽地的农民。见《周礼·天官·大宰》郑玄注引郑司农云："三农，平地、山、泽也。"

（7）上林，司马相如《上林赋》。苍梧郡属交州，在长安东南，故曰左；西至于豳国，在长安西，故曰右。

（8）袤（mào 茂），长。

（9）长杨，西汉扬雄《长杨赋》。

（10）陆（qù 去），遮禽兽的围阵。

（11）羽猎，扬雄《羽猎赋》。灵台，台名。囿，古代帝王蓄养禽兽以及供观赏的园林。《诗经·大雅·灵台》："王在灵囿，麀鹿攸伏。"毛传："所以域养鸟兽也。"

（12）龌龊，局促狭小之状。

（13）三驱，天子田狩有三驱之制，田猎一年以三次为度，一为乾豆，二为宾客，三为充君之庖。一说谓田猎时须三面驱起，让开一面，以示好生之德。

（14）析中，分析而求其中（正）。

（15）契天地，得天地之要。袭气母，取元气之本。语本《庄子·大宗师》。

（16）五叶，五世。自唐高祖起，经太宗、高宗、中宗、睿宗、玄宗共历五世。葳蕤，草木茂盛之状，喻社会繁荣。

（17）开元，唐玄宗年号，公元714—741年。海，海宇。寓，籀文字字。斗极，《尔雅》："北戴斗极为空桐。"斗，北斗星。极，中宫天极星。北斗拱极，故称斗极。

（18）"诞金德"句，玄宗诞生于八月，故以金德玉露颂扬。

（19）七曜，《初学记·天部上》："日月五星谓之七曜。"

（20）两仪，古指天地或阴阳，《易·系辞》："是故易有太极，是生两仪。"

（21）众妙，一切深远玄妙的道理。《老子》："玄之又玄，众妙之门。"

（22）不周，神话中山名。《史记·律历》："不周风居西北，主杀生。"

（23）玄冥，神名。《礼记·月令》："孟冬之月，其神玄冥。"

（24）土囊，大土穴。宋玉《风赋》："盛怒于土囊之口。"

（25）火井，即天然气井。

（26）玄堂，北向的堂。古天子冬月所居。

（27）沧，凉。八水，关中八水为灞水、浐水、泾水、渭水、丰水、镐水、牢水、潏水，皆出入上林苑。

（28）校（jiào 叫）猎，设栏校遮禽兽而猎取。一说出校队而田猎。《汉书·成帝纪》："冬，行事长杨宫，从胡客大校猎。"

（29）九阙，九门。阙，宫门，城门两边的高台。

（30）水衡，官名，水衡都尉，主管都城水事及上林苑。林虞，官名，掌山泽之官。

（31）扶桑，日出之处，指东方。火云，红霞，指日落之处，指西方。

（32）月窟，月出之处。寒门，北极之门。

（33）嶫（yè 页），高耸之状。

（34）穷发，北极不毛之地。发，毛。

（35）大章，古人名，大禹臣子。《淮南子·墬（地）形训》："禹乃使大章步自东极至于西极，二亿三万三千五里七十五步。"

（36）夸父，古代神话中人名。夸父追日，道渴而死，杖化为邓林。见《列子·汤问篇》。

（37）鸾（luán 峦）音，古人驾车的马佩带的鸾铃发出的声音。

（38）凤阙，《史记》："建章宫，其东则凤阙高二十余丈。因其上有金凤而得名"。

（39）五柞，宫殿名。《三辅黄图》："五柞宫，汉之离宫也。"因宫中有五柞树而得名。三危，山名，在今甘肃敦煌市东南三十里。因上有三峰而得名，也叫卑羽山。

（40）细柳，汉观名。在今陕西西安市西南。《汉书·司马相如传上》："登龙台，掩细柳。"颜师古注引郭璞曰："观名也，在昆明池南也。"

（41）高牙，高大的牙旗。牙，牙旗。古代天子出巡建大牙旗，竿上以象牙饰之，故叫牙旗。总总，攒聚之状。

（42）攉倚天之剑，语出《楚辞·宋玉〈大言赋〉》："方地为车，圆天为盖，长剑耿耿倚天外。"攉，抽取，拔取。

（43）华盖，帝王或贵官车上的伞盖。晋崔豹《古今注·舆服》："华盖，黄帝所作也，与蚩尤战于涿鹿之野，常有五色云气，金枝玉叶，止于帝上，有花葩之象，故因而作华盖焉。"

（44）九天，天的中央和八方。屈原《离骚》："指九天以为正兮。"王逸注："九天谓中央八方也。即钧天（中）、苍天（东）、变天（东北）、玄天（北）、幽天（西北）、颢天（西）、朱天（西南）、炎天（南）、阳天（东南）。"见《吕氏春秋·有始》。

（45）蚩尤，神话中东方九黎族首领。有兄弟八十一人，以金作兵器，能呼风唤雨。与黄帝战于涿鹿，失败被杀。

（46）雨师，神话中的雨神，名玄冥。

（47）风伯，神话中的风神，名飞廉。

（48）棱威，神威。棱，神灵之威。《汉书·李广传》："是以名声暴于夷貉，威棱僭乎邻国。”颜师古注引李奇曰：“神灵之威曰棱。”

（49）蛮貉（mò 莫），古代称南方与北方的少数民族部落。也泛指四方落后部落。《书·武成》：“华夏蛮貉，罔不率俾。”

（50）梁都，当为“梁邹”之误。《东征赋》：“制同乎梁邹，义合乎灵囿。”章怀太子注：“《鲁诗》传曰：‘古有梁邹者，天子之田也。’”

（51）灵囿，周文王苑囿名。《诗经·大雅·灵台》：“王在灵囿，麀鹿攸伏。”囿，以域畜养禽兽之所。

（52）衡霍，衡山和霍山，衡山在湖南境，霍山在安徽境。襟，当作“襟”，格也，即篱笆。

（53）岱恒，岱即泰，泰山。恒，恒山。前者在今山东省境内，后者在今山西省境内。

（54）壍（qiàn 欠），绕城水。

（55）坌（bèn 笨）入，并入。坌，并，一起。《汉书·司马相如传下》：“登陂陀之长阪兮，坌入兽宫之嵯峨。”颜师古注引张揖曰：“坌，并也。”

（56）罝（jié 杰或 jù 句），捕兽的网。《诗经·周南·兔罝》：“肃肃兔罝，施于中林。”罘（fū 夫），捕鱼的网。

（57）峭格，峭，高；格，张网之木。

（58）蟻蠓，一种小虫。

（59）蟭螟，古代传说中的一种极小的虫。“群飞而集于蚊睫，勿相触也。栖宿去来，蚊弗觉也。”（《列子·汤问》）

（60）殊榛，特异丛木。榛，丛木，或草木丛生之状。

（61）吴骏，吴国产的驾车的马。

（62）宛（yuàn 苑）马，古代大宛产的良马，日行千里。蹀（dié 蝶）血，流血很多，踏血而行。

（63）摆桩柘（tián 填），摆小木桩。《韵会》：“摆，开也，拨也。桩，栈也。”《类编》：“柘，木杖也。”栈，小木桩。

（64）喤喤呷呷，《韵会》：“喤呷，众声。”

（65）田疆古冶，春秋齐国勇士田开疆、古冶子，事齐景公，以勇力搏虎著称（见《晏春秋·谏下》）。

（66）乌获，战国时秦力士，能移举千钧（见《孟子·告子下》）。中黄，国名，其俗多力士。中黄伯说："余左执太行之猱，而右搏彫虎。"（见《尸子》）

（67）喑呜（yìn wū 印巫），一作"喑噁"，胸怀怒气。哮䶴（hǎn 罕），虎怒吼声。

（68）玄熊，黑熊，轻捷爱好攀缘高木。

（69）批狻，徒手击狮。狻（suān 酸），狮子。一说借作"俊（quān 圈）"，狡兔。

（70）魋（hàn 汗）号，白虎。

（71）猯（tuān 湍），野猪。

（72）狿（yán 岩），兽名。

（73）枭羊，即狒狒，猿猴类。

（74）猰貐（yà yú 亚于），一作"猰㺄"，一种古代传说中的食人怪兽。

（75）歊，同"喷"。

（76）狛（pì 迫），一种似狼有角的动物，善驱羊。

（77）殪，杀。天狗，《山海经·西山经》："阴山有兽焉，其状如狸而白首，名曰天狗。"

（78）犀，犀牛。

（79）象口，大象之口。象极爱其牙，脱则掩埋。象口，危险之地。

（80）封狐，大狐狸，健走千里。封，大。

（81）挕（liè 列），扭转。雄虺（huī 灰），一种九头毒蛇。屈原《天问》："雄虺九首。"

（82）咋（zé 则），啮。腾蛇，郭璞《尔雅注》："腾蛇，龙类也，能兴云雾而游其中。"

（83）兕（sì 寺），古代犀牛一类的动物。皮厚，可制甲。

（84）峨，高。通天，通天冠，天子戴的一种帽子。汉蔡邕《独断》卷下："天子冠通天冠，诸侯王冠远避冠，公侯冠进贤冠。"

（85）靡星旃（zhàn 占），偃曲柄旗。靡，偃，欲猎而偃旗。星旃，高拂天上星的纯赤色曲柄旗。

（86）抶，苔击。摽（biāo 鳔），击。

（87）夔鼓，夔，古代神话中的一种怪兽，以其皮制鼓，声闻五百里，威震天下（见《山海经·大荒东经》）。

（88）蹸轹（lìn lì 吝力），蹸，践；轹，蹍。

（89）㧙（ǎo 袄），抑。

（90）乌号，一种用柘桑制作的弓。《淮南子·原道训》："射者扞乌号之弓，弯棊卫之箭。"高诱注："乌号，桑柘，其材坚劲，乌峙其上，及其将飞，枝必桡下，劲能复巢，乌随之，乌不敢飞，号呼其上。伐其枝以为弓，因曰乌号之弓也。"

（91）辒辒，车声。陆离，参差之状。

（92）彀（gòu 够）骑，能骑马射箭的士兵。

（93）麕麚（jūn jiā 君佳）。麕，《说文》："麕，鹿属。"即獐。麚，牡鹿。

（94）豺貉（hé 禾），豺，狼类，似狗，长尾白额，色黄。貉，似狸，善睡。

（95）挥霍，飞走乱急之状。

（96）白貓（méi），兽名。亦称"山獾"，似猫而小，棕灰色，两眼间有方形白斑。貓，通"猸"。飞駮，駮，疑当作"駼"，兽名。《尔雅·释畜》："駼如马，倨齿，食虎豹。"

（97）穷奇，《山海经·西山经》："邽山其上有兽焉，其状如牛毛，名曰穷奇，音如嗥狗，食人。"貙獌（shù màn 树曼），兽名，似狸而大。

（98）殳（shū 书），戈类兵器。鋋（chán 婵，又 yán 延），小矛。

（99）琅弧，用玉石装饰的木弓。

（100）玉弩，用玉石装饰的强弓。

（101）凿齿，传说中的一种怪兽，牙长五尺像凿，食人。

（102）白额，白额虎，一种力雄势猛的老虎。觇，"睹"的异体字。

（103）八校，汉武帝初置中垒、屯骑、步兵、越骑、长水、胡骑、射声、虎贲等校尉为八校。详见《汉书·百官公卿表上》。

（104）专诸，春秋时吴国勇士。

（105）都卢，国名。国人体轻善攀缘（见《汉书·地理志》）。

（106）趫（qiāo 敲），缘木。

（107）撇，略。

（108）杪，《说文》："钞，又取也。"钞，俗作"杪"。猭（chán 蝉）猳，猿类。

（109）貊（mò 末），兽名，似熊而小，食铁。貆，音义无解。

（110）鼬（yòu 右），俗叫鼠狼，大尾，食鼠。鼯（wú 吴），鼯鼠，状如小狐，似蝙蝠，有肉翅。

（111）毂（hì 户），兽名，似鼬而大，食猕猴。玃（jué 珏），大母猴。

（112）养由，即养由基。古代楚国善射者（见《战国策·西周策》）。

（113）奇肱，神话中国名。其民能为飞车，从飞远行（见《博物志》）。

（114）更嬴，古代善射者，能虚发而下雁（见《战国策·楚策》）。

（115）蒲（pū 仆）且，即蒲且子，古代善射者。

（116）鸀鳿（shǔ 蜀又 zhú 竹，yú 鱼），水鸟名，即鸀鳿。

（117）鸧（cāng），即鸧鹒，鸟名，黑枕黄鹂的别称。鹄（hú 胡），即天鹅。

（118）鸬（lú 卢），鸬鹚，鸟名，也叫水老鸭，鱼鹰。鸐（qú 渠），即鹠，也作"庸渠"，水鸟名。

（119）殚，当作"殚"，尽。地庐，神祇所居之处。

（120）日域，日出之处。古代以喻极东之地。《汉书·扬雄传下》："西厌月，东震日域。"颜师古注："日域，日初出之处也。"

（121）大凤，当作大风，《淮南子》与猰貐、封豨、修蛇并称，当为怪兽。

（122）龙伯，古代传说中的大人国（见《列子·汤问》《山海经·大荒东经》）。

（123）任公，指任公子。古代传说中善于捕鱼的人（见《庄子·外物》）。

（124）雨兽，落下兽。司马相如《子虚赋》："获若雨兽，揜草蔽地。"

（125）阳乌，神话传说中的日中三足大乌。指代太阳。

（126）阴兔，古代神话传说月为阴精，月中有兔。指代月亮。

（127）腾装，腾束。太清，天空。

（128）茫然，罔然。

（129）愀然，变色之态。

（130）居安思危，在安定的环境中，不忘记可能出现的危难。《左传·襄公十一年》："《书》曰：'居安思危。'思则有备，有备无患。"

（131）端拱，指帝王庄严临朝，清简为政。《魏书·章雄传》："端拱而四方安，刑措而兆民治。"

（132）玄妙，《老子》："玄之又玄，众妙之门。"谓道家所称的"道"深奥难识，万物皆出于此。后因以"玄妙"指道。

（133）暴殄天物，残害、灭绝各种自然事物。《尚书·武成》："今商王受无道，暴殄天物，害虐烝民。"

（134）去三面之网，《史记·殷本纪》：汤出，见田野四面张网，命去其三面，诸侯闻之曰："汤德至矣，及禽兽。"

（135）剪毛，从旁而逆射的动物不祭祀献神，是嫌诛降不祥。

（136）割鲜，《子虚赋》："割鲜染轮。"用割牲的血染车轮。

（137）鹬鹫（yù zhuó 玉浊），一种比兔较大的水鸟。《说文》："鹬鹫，凤属，神鸟也。"

（138）驺虞，一种不食生物的西方义兽。一说是一种身有黑纹的白虎。麒麟，古代传说中的一种动物。其状如鹿，独角，全身生鳞甲，尾像牛。多用作吉祥的象征。

（139）天宝，传说中的神名，即陈宝，鸡头人身。陈仓，今陕西宝鸡市。秦文公时，陈仓人猎得兽如彘，不知其名，道逢二童子曰："此名㷿弗述。"㷿弗述也说："彼二童子名叫宝鸡。得雄者王，得雌者霸。"陈仓人舍㷿弗述，逐二童子，化为雉，雌止陈仓化为石，雄如楚止南阳。（见《文选·羽猎赋》注引《太康记》）

（140）非熊，指姜太公，即吕望。《六韬·文师》载，周文王将往渭河边打猎，行前占卜，卜辞曰："田于渭阳，将大得焉，非龙非彲，非虎非羆，兆得公侯。天遣汝师以之佐昌。"羆，通"熊"。

（141）炰（pǎo跑），《说文》："炰，毛炙肉也。"

（142）酤（gū姑），《说文》："酤，一宿酒也。"

（143）八纮（hóng 宏），八方极远之地。《淮南子·墬形训》："九州之外，乃有八殥……八殥之外，而有八纮，亦方千里。"高诱注："纮，维也。维落天地而为之表，故日纮也。"

（144）扃（jiǒng 垌），门窗上的插关。

（145）蒐（sōu 搜）岐，在岐山打猎。蒐，打猎。指周成王事（见《左传》）。岐山，在今陕西岐山县东北。狩敖，在敖地打猎。狩，冬猎。敖，在今河南荥阳县。周宣王事。

（146）晒"穆王"二句，穆王，周穆王。西王母，古代神话中的女神。《穆天子传》载，乙丑，天子觞西王母于瑶池之上。西王母为天子谣曰："白云在天，山陵自出。道里悠远，山川间出。将子无死，尚能复来！"天子答之曰："予归东土，和洽诸夏。万民平均，吾顾见汝。此及三年，将取而野。"

（147）狃（niǔ 纽），习以为常，不复在意。《诗经·郑风·大叔于田》："将叔无狃，戒其伤心。"毛传："狃，习也。"

（148）天老，相传为黄帝辅臣。《太平御览》卷九七：《河图挺佐辅》曰："黄帝修德立义，天下大治，乃召天老而问焉，……天老以授黄帝，舒视之，名日《录图》。"

（149）风后，相传为黄帝辅臣之一。《史记·五帝本纪》："（黄帝）举风后、力牧、常先、大鸿以治民。"裴骃集解引郑玄注曰："风后，黄帝三公也。"

（150）后昆，后嗣，子孙。《书·仲虺之诰》："垂裕后昆。"

（151）登封，登山封禅，指古帝王登泰山祭天祭地。太山，即"泰山"。

（152）篆德，篆刻于石以颂功德。社首，山名。在今山东泰安市西南，上有社首坛。因周成王封禅得名。

（153）七十二帝，指上古到泰山封禅的君主。相传上古到泰山封禅的君主有七十二个（见《史记·封禅书》引管仲语）。

（154）广成，即广成子，古代传说中的仙人（见葛洪《神仙传》）。

（155）大隗（wěi 委），神名。《庄子·徐无鬼》："黄帝将见大隗乎具茨之山。"陆德明释文曰："或云：大隗，神名也。"

（156）罔象，亦作"罔像"。古代传说中的水怪。一说是木石之怪。状如小儿，赤黑色，赤爪，大耳，长臂（见《国语·鲁语下》《庄子·达生》等）。《庄子·天地》载，黄帝登昆仑山，遗其玄珠，罔象得之。赤水，在昆仑山下。

【赏析】

天宝元年（742），因受玉真公主等的推荐，李白被唐玄宗召入长安，供奉翰林，作为文学侍从之臣，参加草拟文件、侍宴陪猎等工作。李白初时心情兴奋，很想有所作为，但时值玄宗后期，政治日趋腐败黑暗，玄宗已不是励精图治的英明之主，一味好仙求道，宴饮校猎，朝政被权相李林甫、杨国忠把持，贤能之士屡遭排斥和贬谪。所以李白在长安前后不到两年，便被迫辞官离京。《大鹏赋》当写于李白初入长期不久，与描写杨贵妃的著名词作《清平乐》《云想衣裳花想容》等三首都是此时的作品。赋前有序云："以孟冬十月大猎于秦"，是唐玄宗一次冬狩之后所写。写作此赋的原因，李白也说得很清楚，司马相如《子虚赋》《上林赋》，扬雄的《羽猎赋》《长杨赋》，虽然"穷壮极丽"，但还极局促狭小，远不如玄宗田猎盛大。李白认为"但王者四海为家，万姓为子"，"而臣以为不能以大道匡君，示物周博，平文论苑之小，窃为微臣之不取也"。即是说，他写作此赋的用意是在于讽谏。

此赋先写校猎概况。严冬十月，寒风凛冽。农人闲隙，校猎讲武。神兵出于九阙，天仗罗于四野。"千骑飙扫，万乘雷奔"。早晨校于东方日出之处，晚上猎于晚霞日落之中，其范围上至月宫，下至北极，威武雄壮，古今无比，摇荡山岳，振摇乾坤。寥寥数语，就写出了此次校猎的宏大规模和豪壮声势。接着写玄宗出猎时盛大气派：金钟齐鸣，鸾铃锵锵，旗帜如林，华盖森森。"于是擢倚天之剑，弯落月之弓"。昆仑叱兮可倒，宇宙噫兮增雄。河汉为之却流，川岳为之生风，羽毛扬兮九天绛，猎火燃兮千山红。这是总写。下面接着分写猎域之广："联八荒之奇兽，屯万族而来居"；规模之大："云罗高张，天网密布。置罘罥原，峭格掩路"；校士之勇："扼土狙，殪天狗。脱犀顶，探牙象口"。从几个方面写出了此次校猎的盛况。

玄宗头戴通天冠，打着曲柄旗。"奔雷车，挥电鞭"，"观壮士之收获，顾三军而欣然"。使这次校猎达到高潮："总八校，搜四隅。弛专诸，走都卢。趠乔林，撇绝壁。抄猰㺄，揽貙㺚。"壮士奋勇，"金镞一发，方叠四五"。收获甚丰，"喷血流川，飞毛洒雪。状若乎高天雨兽，上坠乎大荒；又似乎积兽为山，下崩于林穴"。海晏天空，万方来同，"虽秦皇与汉武兮，复何足以争雄"？

笔锋一转，作者写道："俄而君王茫然改容，愀然有失。"为什么呢？玄宗意识到："斯驰骋以狂发，非至理之弘术。"天子应该"以端拱为尊，玄妙为宝"。即是说君王应该励精图治，实行仁政为本。校猎这种"暴殄天物"的排场，是不可取的。于是"命去三面之网，示六合之仁"。"享士徒，封劳苦"，应该使"天人晏安，草木繁殖"。不能与《子虚》《上林》《长杨》《羽猎》评计获"麋鹿之多少"，"苑囿之大小"相竞争，即是说不再搞这种劳民伤财的大规模田猎活动了。文章最后归结于继承远古遗风，传之后世子孙。国泰民安，登泰山而祭天地，然后学习广成子和大隗，成仙了道，过逍遥自在的生活。

总之，《大猎赋》对唐玄宗冬季狩猎的盛况进行大肆描状，气魄宏大，生动异常，充分表现了作者高超的艺术想象和表现能力。同时对唐玄宗提倡道教，追求神仙，影响到国计民生的荒唐行为进行讽谏，是有一定意义的。

1935年10月，毛泽东写的《念奴娇·昆仑》词中"安得倚天抽宝剑"，虽然可能受宋玉《大言赋》中"方地为车，圆天为盖，长剑耿耿倚天外"的启发，但应是由李白《大猎赋》"于是擢倚天之剑"直接化出。（毕桂发）

韩 愈

评点中国古代辞赋赏析

韩愈（768—824），字退之，河南河阳（今河南孟州）人，唐代文学家。自谓郡望昌黎，故称韩昌黎。少孤，由嫂郑氏抚育成人。22岁，考中进士，29岁始登仕途，先后任四门博士、监察御史、刑部侍郎、吏部侍郎、刺史等职。一生仕途坎坷，几经黜升，卒年57岁，谥文，世称韩文公。政治上反对藩镇割据，思想上尊儒排佛。力反六朝以来的骈偶文风，提倡散体，与柳宗元同为古文运动的倡导者。其散文在继承先秦两汉古文的基础上，加以创新和发展，气势雄健，流畅明快，是一种适于政论、书启、辞赋、杂说乃至祭文、墓志铭等各种体裁的新型"古文"。其诗力求新奇，有时流于险怪，对宋诗影响颇大。辞赋作品不多，《感二鸟赋》《闵己赋》《复志赋》等皆是抒发不得志的感慨，是以文为赋的典型，从中可以看到赋体在唐代古文家笔下呈现出的风格特色。另有《进学解》《送穷文》等，采用对话形式为赋，句式骈偶，押韵，也多取散文之长。有《昌黎先生集》。

【原文】

感二鸟赋

贞元十一年$^{(1)}$五月戊辰$^{(2)}$，愈东归$^{(3)}$。癸酉$^{(4)}$，自潼关出$^{(5)}$，息于河之阴$^{(6)}$，时始去京师$^{(7)}$，有不遇时之叹$^{(8)}$。见行有笼白乌、白鹦鹉而西者$^{(9)}$，号于道曰："某土之守某官$^{(10)}$，使使者进于天子$^{(11)}$。"东西行者，皆避路，莫敢正目焉$^{(12)}$。因窃自悲$^{(13)}$：幸生天下无事时，承先人之遗业，不职干戈$^{(14)}$、耒耜$^{(15)}$、攻守、耕获之勤，读书著文，自七岁至今$^{(16)}$，凡二十二年。其行己不敢有愧于道$^{(17)}$，其闲居思念前古当今之故$^{(18)}$，亦仅志其一二大者焉。选举于有司，与百十人偕进退，曾不得名荐书、齿下士于朝⁽¹⁹⁾，以仰望天子之光明。今是鸟也，惟以羽毛之异，非有道德智谋，承顾问、赞教化者⁽²⁰⁾，乃反得蒙采擢荐进⁽²¹⁾，光耀如此。故为赋以自悼，且明夫遭时者，虽小善必达；不遭时者，累善无所容焉。其辞曰：

吾何归乎！吾将既行而后思⁽²²⁾；诚不足以自存⁽²³⁾，苟有食其从之。出国而东骛⁽²⁴⁾，触白日之隆景⁽²⁵⁾；时返顾以流涕⁽²⁶⁾，念西路之羌永⁽²⁷⁾。过潼关而坐息，窥黄流之奔猛⁽²⁸⁾；感二鸟之无知，方蒙恩而入幸；惟进退之殊异⁽²⁹⁾，增余怀之耿耿⁽³⁰⁾；彼中心之何嘉⁽³¹⁾，徒外饰焉是逞⁽³²⁾。余生命之湮阨⁽³³⁾，曾二鸟之不如；汩东西与南北⁽³⁴⁾，恒十年而不居；辱饱食其有数，况策名于荐书⁽³⁵⁾；时所好之为贤，庸有谓余之非愚⁽³⁶⁾。昔殷之高宗⁽³⁷⁾，得良弼于宵寐；孰左右者为先⁽³⁸⁾，信天同而神比。及时运之未来，或两求而莫致；虽家到而户说，祗以招尤而速累⁽³⁹⁾。盖上天之生余，亦有期于下地⁽⁴⁰⁾；盍求配于古人⁽⁴¹⁾，独惝怅于无位⁽⁴²⁾？惟得之而不能⁽⁴³⁾，乃鬼神之所戏；幸年岁之未暮⁽⁴⁴⁾，庶无羡于斯类⁽⁴⁵⁾。

【毛泽东评点】

赋　《二鸟赋》

遭时者小善必达，不遭时者累善无所容焉。

皓天舒白日，灵景耀神州。左太冲众嚚嚚而杂处兮，咸叹老而嗟卑。

众嚚嚚而杂处兮，咸叹老而嗟贫。视余心之不然兮，虑行道之犹非。怪神尧以一旅取天下兮，后世子孙不能以天下取河北以为忧。李翱。呜乎，使当时君子皆易其叹老嗟卑之心，为翱所忧之心，唐之天下岂有乱与亡哉！

虽然，公不云乎，文章之作，常发于羁旅草野。至王公贵人，气得志满，非性能而好之，则不暇以为。

——中共中央文献研究室等编：《毛泽东早期文稿》，湖南出版社1990年版，第611页。

【注释】

（1）贞元十一年，公元795年。贞元，唐德宗（李适）年号（785—804）。

（2）五月戊辰，五月初二日。

（3）愈东归，韩愈自京师长安东行，归河阳故里。

（4）癸酉，五月初七日。

（5）潼关，在今陕西华阴与河南灵宝交界处。

（6）河之阴，黄河的南面。水南为阴。息于河之阴，即未至"河阳"。

（7）京师，指唐朝都城长安。京，大。师，众。京都是地广人多的地方，故称京师。

（8）有不遇时之叹，韩愈在当年正月至三月，三上宰相书求仕进，而当时的宰相赵憬、贾耽、卢迈置之不理，不得已东归，故说："不遇时。"

（9）白乌、白鸜鹆（qú wù 渠玉），白乌鸦、白八哥《。春秋·昭公二十五年》："有鸜来巢。"、杨伯峻注："鸜同鹆，音劬。鸜鹆即今之八哥，中国各地多有之。"乌鸦和鸜鹆都是通体黑色的鸟，鸜鹆两翼稍有点白。因而把羽纯白的乌和鸜鹆作为瑞物，献给皇帝去玩赏。《旧唐书·德宗纪》："贞元十一年六月，河阳献白乌。"

（10）某土之守（shòu 受）某官，封建时代，统治阶级把全国所有的土地都看作皇帝个人的私产，把地方官看作代帝王保守土地人员，故如此说。《礼记·玉藻》："诸侯之于天子，曰某土之守臣某也。"

（11）使使（shǐ shì 史市）者，派遣出差传达命令的人。使者，受命出使的人。

（12）莫敢正目，不敢正眼看，惧怕之意。

（13）窃，私下，私自。

（14）职，执掌，主管，从事。干戈，干和戈是古代常用的两种武器，亦为兵器的通称，引申为战争。

（15）耒耜（lěi sì 累寺），上古时起土用的工具。后作为农具的代称。《礼记·月令》："季冬之月，修耒耜。"孔《疏》："耒者以木为主，头而著耜，金铁为之。"

（16）自七岁至今二句，洪兴祖《年谱》："按退之以大历三年（768）

生，至今二十八岁。”贞元十一年，韩愈二十八岁，是三上宰相书，不遇而出关，故曰“自七岁至今，凡二十二年。”

（17）其行己不敢有愧于道，意谓我的行为符合道德，问心无愧。行己，自身和操行。

（18）其闲居思念前古当今之故二句，不论前古或当今的大事，我差不多都能记住它，心中很明白。故，事。仅，少。庶几，差不多。志，同识，记住，记录。

（19）曾不得名荐书，名，列名。荐书，指应博学弘词科。不得名，榜上无名，落第。齿下士，和低级小官员相比并。齿，录，列名。唐制，吏部主文选，凡择人之法，身言书判。韩愈虽登进士第，未得仕，又因此二试吏部，一既得之，而又黜于中书，亦未得仕。

（20）顾问，顾视问讯。《淮南子·氾论训》：“诛赏制断，无所顾问。”高诱注：“决之于心。”赞教化，辅助教化。《礼记·中庸》：“能尽物之性，则可以赞天地之化育。”

（21）采擢，提拔。擢，引用，上升。

（22）吾将既行而后思，《论语·公冶长》有季文子“三思而后行”之语，此说既行而后思，有意翻案，是愤激的口气。

（23）诚不足以自存，实在自己不能过活。诚，实在。存，生存。

（24）国门，长安城门。东骛（wù 务），指东归故里。骛，驰，快走。《说文·马部》：“骛，乱驰也。”

（25）隆景，猛烈的日光。景，同“影”。

（26）时返顾以流涕，屈原《离骚》：“忽返顾以流涕兮，哀高丘之无女。”

（27）念西路之羌永，祢衡《鹦鹉赋》：“矧禽鸟之微物，能驯扰以安处。眷西路而长怀，望故乡而延伫。”西路，指入京之路。羌，句中语气词，无义。

（28）黄流，黄河。《博物志·地理略》：“昆仑出五色云气，五色流水，东南流黄水，入中国为河。”

（29）进退，进，指二鸟说；退，指自己说。绝异，大不相同。

（30）耿耿，烦燥不安之意。《诗经·邶风·柏舟》：“耿耿不寐，如有隐忧。”

（31）中心，心中。《诗经·唐风·有杕之杜》："中心好之，曷饮食之？"又《小雅·隰桑》："中心藏之，何日忘之？"

（32）徒外饰焉是逞，只以外貌取悦。外饰，指羽毛。逞，骄矜夸耀之意。

（33）湮阨，阻塞，困滞。湮（yān 烟），阻塞。《庄子·天下》："昔者禹之湮洪水，决江河。"阨（ài 艾），狭隘，险要。《孟子·公孙丑上》："阨穷而不悯。"

（34）汩（yù 聿）东西与南北二句，像川流不息地四方奔走求食，十年之间，自始至终，没有住下来过安定的生活。汩，水流。《楚辞·屈原〈离骚〉》："汩余若将不及。"王逸注："去貌，疾若流水。"恒，"亘"的借字，横亘，指事物由此到彼的过程。

（35）策名，把封建士人姓名写在简策上，送给本人服事的主人以被荐送。《左传·僖公二十三年》："狐突曰：'策名委质。'"

（36）庸有，岂有。

（37）昔殷之高宗二句，相传殷高宗梦见一位圣人，名字叫作"说"，即摹画他的形貌，到处访求，后来在傅岩（今山西平陆县东）得到，便用为相。事见《史记·殷本纪》。高宗，殷高宗，名武丁。弼，辅佐。良弼，好助手，此指傅说。宵，夜。寐，睡眠。

（38）为之先，语出《汉书·郦食其传》："沛公吾所愿从游，莫为之先。"信天同而神比，李康《运命论》："圣相相遇，岂徒人事哉？授之者天也，告之者神也。"比，协。

（39）祇（zhǐ 只）以招尤而速累，徒然招致麻烦。祇，同"只"。尤，过失。召，同"招"。累，忧累。

（40）亦有期于下地，希望在人间做些事业。《书·金縢篇》："用能定尔子孙于下地。"

（41）盍（hé 河）求配于古人，怎么不和古人傅说比美？盍，何不。配，比。古人，指傅说。

（42）独，何独。怊怅（chāo chàng 超倡），同"惆怅"。失意之态。宋玉《九辩》："独怊怅而自悲。"

（43）惟得之而不能二句，只有那些窃位害事的官僚，是鬼神戏弄，这种人是注定要失败的。之，指上句无位的"位"。得之不能，得到官位而无力胜任。戏，戏弄。

（44）幸年岁之未暮，幸而还未到老大之年。未暮，未晚。

（45）斯类，指二鸟和"得之而不能"一流人。

【赏析】

《感二鸟赋》写于唐德宗贞元十一年（795），韩愈时年28岁。韩愈从京师长安回归河阳故里，路上遇见河阳三城节度使李长荣笼着白乌鸟往长安去给皇帝进献。来往行人都给白乌鸟让路，不敢正眼相看。作者对此很有感慨，就作了《感二鸟赋》。他借鸟和自己对比，主旨在于发泄不平，也对统治者和窃踞权位者进行讽刺。

从本文的写作背景和创作意图来看，韩愈当时正处在"四举于礼部乃一得，三选于吏部率无成"，三次向宰相上书而又一无所获的困境之中。他满怀怨愤，郁郁东归，途中恰遇赴京贡献瑞鸟的竟是来自自己的故乡的官员，不禁想到，由东西去的两只白鸟，只不过依仗羽毛奇异，却能蒙恩入幸，百倍受宠；而由西东归的自己，满腹经纶，胸怀大志，却无情被弃，无所作为。在这种极端愤懑的心情的驱使下，作者写了此赋，可以说是一篇发于羁旅草野的自鸣不幸之作。

从作品的内容和客观效果来看，此赋通过人和鸟的对比，从一个侧面揭露了统治者重视玩物，埋没人才的昏庸面目。同时，从另一方面又暴露了唐王朝的黑暗和腐朽。统治者为供自己享乐，总是要搜罗奇珍异玩、名花异鸟之类，官僚们就借此邀宠取媚，派出爪牙四处掠夺，弊害百端，民不聊生。本文反映的这种现象，确有一定的社会意义和认识价值。

综观全文，韩愈当然不是真的要和鸟相比，愿意做玩物去"蒙恩入幸"，篇末"庶无羡于斯类"就点明了这层意思。他以古代贤相伊尹相比，便是自明抱负之意。

毛泽东在青年求学时期曾听国文教师袁仲谦讲过《感二鸟赋》，并作了详细笔记。他在笔记中抄录了赋中警句和原注中引李翱《幽怀赋》以及原注中欧阳修评论《幽怀赋》的话。欧阳修在《读李翱文》中说："凡昔翱一时人，有道而能文者，莫若韩愈。愈尝有赋矣，不过羡二鸟之光荣，叹一饱之无时尔。此心使光荣而饱，则不复云矣。"此后，陆续有引用这段议论，论定韩愈热衷名利，思想庸俗。如陈景云曰："明言无羡斯类，而欧公乃以不过羡二鸟之光荣议之，非笃论也。"苏舜钦也说："韩退之谓颜子恶衣食陋巷而依孔子，虽乐不足称也。又观其《感二鸟赋》，悲激顿挫，有骚人之思，疑是年壮气锐，欲发其藻章，以耀于世，非其所存也。"（《答马永书》）这种看法，是不够全面和公正的。因为从欧阳修的评议来看，如果联系下文"若翱独不然。其赋曰，众嚣嚣而杂处兮，咸叹老而嗟卑，视予心之不然兮，虑行道之犹非"一道来考虑，欧阳修的主旨在于突出李翱心忧天下的思想品质，因而把韩愈的《感二鸟赋》作为反衬，并不是对韩赋作全面评价。况且从韩愈揭发宫市、谏迎佛骨等表现来看，欧阳修的批评未免失之偏颇。欧阳修还赞同韩愈文章发于"羁旅草野"的见解，毛泽东也作了笔录，表示他对这种看法的兴趣。（毕桂发）

【原文】

复志赋　并序

　　愈既从陇西公平汴州[1]，其明年七月[2]，有负薪之疾[3]，退休于居[4]，作《复志赋》。其辞曰：

　　居悒悒之无解兮[5]，独长思而永叹[6]；岂朝食之不饱兮，宁冬裘之不完[7]？昔余之既有知兮[8]，诚坎轲而艰难[9]；当岁行之未复兮[10]，从伯氏以南迁。凌大江之惊波兮[11]，过洞庭之漫漫[12]；至曲江而乃息兮[13]，逾南纪之连山[14]。嗟日月其几何兮，携孤嫠而北旋[15]。值中原之有事兮[16]，将就食于江之南。始专专于讲习兮，非古训为无所用其心[17]；窥前灵之逸迹兮[18]，超孤举而幽寻[19]；既识路又疾驱兮，孰知余力之不任。

　　考古人之所佩兮[20]，阅时俗之所服；忽忘身之不肖兮[21]，谓青紫其可拾[22]。自知者为明兮[23]，故吾之所以为惑。择吉日余西征兮[24]，亦既造夫京师；君之门不可径而入兮，遂从试于有司⁽²⁵⁾；惟名利之都府兮⁽²⁶⁾，羌众人之所驰⁽²⁷⁾；竞乘时而附势兮，纷变化其难推。全纯愚以靖处兮⁽²⁸⁾，将与彼而异宜。欲奔走以及事兮，顾初心而自非。朝驰骛乎书林兮⁽²⁹⁾，夕翱翔乎艺苑⁽³⁰⁾；谅却步以图前兮，不浸近而愈远。

哀白日之不与吾谋兮⁽³¹⁾，至今十年其犹初⁽³²⁾！岂不登名于一科兮⁽³³⁾，曾不补其遗余⁽³⁴⁾。进既不获其志愿兮，退将遁而穷居⁽³⁵⁾，排国门而东出兮⁽³⁶⁾，慨余行之舒舒⁽³⁷⁾，时凭高以回顾兮，涕泣下之交如；戾洛师而怅望兮⁽³⁸⁾，聊浮游以踌躇⁽³⁹⁾。假大龟以视兆兮⁽⁴⁰⁾，求幽贞之所庐⁽⁴¹⁾；甘潜伏以老死兮，不显著其名誉。非夫子之洵美兮⁽⁴²⁾，吾何为乎浚之都⁽⁴³⁾？小人之怀惠兮⁽⁴⁴⁾，犹知献其至愚。固余异于牛马兮，宁止乎饮水而求刍⁽⁴⁵⁾？伏门下而默默兮⁽⁴⁶⁾，竟岁年以康娱。时乘间以获进兮⁽⁴⁷⁾，颜垂欢而愉愉⁽⁴⁸⁾。仰盛得以安穷兮，又何忠之能输⁽⁴⁹⁾？

昔余之约吾心兮，谁无施而有获？嫉贪佞之涪浊兮⁽⁵⁰⁾，曰吾其既劳而后食。惩此志之不脩兮⁽⁵¹⁾，爱此言之不可忘；情怊怅以自失兮⁽⁵²⁾，心无归之茫茫⁽⁵³⁾。苟不内得其如斯兮，孰与不食而高翔。抱关之厄陋兮⁽⁵⁴⁾，有肆志之扬扬⁽⁵⁵⁾。伊尹之乐于畎亩兮⁽⁵⁶⁾，焉贵富之能当？恐誓言之不固兮，斯自讼以成章⁽⁵⁷⁾。往者之不可复兮⁽⁵⁸⁾，冀来今之可望。

【毛泽东评点】

《复志赋》

其明年七月，有负薪之疾。负薪，贱者之称。

视韩彭之豹变，谓鸷猛致人爵。见张桓之朱绂，谓明经拾青紫，岂知有力者运之而趋乎。刘孝标《辨命论》

经术苟明，取青紫如俯拾地芥也。夏侯胜谓诸生。

朝驰骛乎书林兮，夕翱翔乎艺苑。

发秘府，览书林，遥集乎文雅之囿，翱翔乎礼乐之场。《剧秦美新》

真婆娑乎艺术之场，休息乎篇籍之囿。班孟坚《宾戏》

争名者于朝,乎利者于市；今三川周室,天下之朝市也。《史记·张仪传》

凉却步以图前兮，不浸近而逾远。

是犹却步而欲求及前人，不可得也。《家语·儒行篇》

犹却行而求及前人也。《前汉·刘向传》。

嫉贪佞之污浊兮，曰吾其既劳而后食。

抱关之厄陋兮，有肆志之朝阳。伊尹之乐于畎亩兮，焉富贵之能当。

——《讲堂录》，中共中央文献研究室等编：《毛泽东早期文稿》，湖南出版社1990年版，第611—612页。

【注释】

（1）陇西公，指董晋。贞元十二年（796）七月，以东都留守董晋为宣武军节度使平邓惟恭、李乃之乱，辟韩愈为其府推官。董晋为董仲舒裔孙，居河中虞乡，属河东郡，其先由陇西迁来。汴州，今河南省开封市。

（2）明年，次年，即贞元十三年（797）。

（3）负薪之疾，指有病。《公羊传·桓公十六年》："属负兹舍，不即罪尔。"何休注："天子有疾称不豫，诸侯称负兹，大夫称犬马，士称负薪。"负，担。薪，樵。忧，劳。

（4）退休于居，退职在家休养。

（5）悒悒，忧愁不安之态。《苍颉篇》："悒悒，不畅之貌也。"

（6）无解，无以自解。永叹，长叹息。

（7）裘（qiú 求），皮衣。

（8）既有知，懂事，稍长大。

（9）坎轲，同"坎坷"，不平易之状，指遭遇不顺利。

（10）"当岁行"二句，不到岁星回复一周（十二年）。伯氏，指兄长韩会。代宗大历十二年（777），韩愈十岁，跟随其兄韩会南迁韶州（今广东曲江）。伯氏，《诗经·小雅·何人斯》："伯氏吹埙，仲氏吹篪。"

（11）凌大江之惊波兮，语出《楚辞·九章·悲回风》："凌大波而流风兮。"

（12）洞庭，洞庭湖。漫漫，水广大之状。

（13）曲江，指唐时韶州的治所曲江县。

（14）南纪，指南方。《诗经·小雅·四月》："滔滔江汉，南国之纪。"连山，今广东省连山县。

（15）孤嫠（lí离），孤儿寡妇。韩会死，韩愈带了嫂嫂、侄儿归葬河阳（今河南孟州）。无父曰孤，谓会之子老成。寡妇曰嫠，谓嫂郑氏。

（16）"值中原"二句，德宗建中二年（781），成德、魏博、山南、平庐节度使相继作乱。三年，王武俊、李希烈反。四年，泾原姚令言攻长安，德宗出逃奉天（今陕西乾县），朱泚又进犯奉天。兴元元年（784），李怀光反，攻梁州。中原战乱不止，韩愈避居江南之宣城（今安徽宣城），就食，谋生。《欧阳生哀辞》："建中、贞元间，余就食于江南。"《祭十二郎文》："既又与汝，就食江南。"可对看。

（17）专专，专一。《楚辞·九辩》："计专专之不可化兮，愿遂顾推而为臧。"古训，古代先王的遗训。

（18）窥，看。前灵，前辈贤人。逸迹，遗迹。

（19）超，怅然。孤举，孤身一人行动。幽寻，寻找幽静之地。

（20）"考古人"二句，屈原《离骚》："謇吾法夫前修兮，非世俗之所服。"王逸注："服，亦佩也。"佩、服，皆佩带。古人佩以象德，故行洁者佩兰，德仁者佩玉等。

（21）不肖，不贤。

（22）青紫，指高官。汉代制度，丞相、太尉皆金印紫绶，御史大夫银印青绶。《汉书·夏侯胜传》："经苟明，取青紫如俯拾地芥矣。"

（23）自知者为明，语出《老子》第三十三章："知人者知（智），自知者明。"

（24）西征，京都长安在西，故云。贞元二年（786）韩愈自宣城至长安。

（25）从试，参加科举考试。有司，古设官分职，事有专司，故称有司。此有主试官。

（26）都府，京师。《说文》："都，大。府，聚。"《战国策·秦策》："张仪曰：臣闻争名者于朝，争利者于市。今三川周室，天下之市朝也。"

（27）羌，发语词，无义。《楚辞·九章·惜诵》："羌众人之所仇。"

王逸注："羌，语助。"

（28）纯愚，单纯而愚蠢。语出《宋书·武帝纪》："群山之言，近噂踏，而臣纯愚闇信，必谓不然。"靖处，安静的退隐。

（29）骋骛，奔走。语本《楚辞·九歌·湘君》："朝骋骛兮江皋，夕弭节兮北渚。"书林，藏书之所。扬雄《剧秦美新》："发秘府，览书林，遥集乎文雅之圃，翱翔乎礼理之场。"

（30）艺苑，文学艺术荟萃之处，也泛指文艺界。班固《宾戏》："婆娑乎艺术之场，休息乎篇籍之间。"《宋书·傅亮传》："余以暮秋之月，述职内禁，夜清务隙，游目艺苑。"

（31）白日，喻君王。

（32）十年，韩愈于贞元二年至长安，至十三年已十一年，十年举其成数。犹初，如还同当初，指没有官职。

（33）登名于一科，贞元八年韩愈进士及第。时年二十五岁。虽登第，未授一官职。

（34）曾，竟。遗余，剩下来的空缺（官职）。

（35）遁，隐避。穷居，过贫困生活。《楚辞·王逸〈九思·悼乱〉》："奔遁兮隐居。"王逸注："言欲避世也。"

（36）排，推开。国门，都城之门。东出，贞元十一年（795），韩愈三次上书宰相，不被理睬，离长安东归河阳老家。

（37）舒舒，缓慢之状。

（38）戾（lì 吏），到达。《诗经·周颂·振鹭》："我客戾止。"洛师，东都洛阳。《书·洛诰》："朝至于洛师。"

（39）聊，姑且。浮游，漫游。踌躇，徘徊，犹豫。屈原《离骚》："聊浮游以逍遥。"

（40）"假大龟"句，古代占卜，在龟壳上钻刻，再用火灼，看裂纹形状来定吉凶。假，凭借。兆，征兆。《周礼·卜师》："掌开龟之四兆。凡卜事，视高扬火以作龟，致其墨。"

（41）幽贞，隐士。所庐，所居。语本《易·履卦》："幽人贞吉。"

（42）夫子，指董晋。洵美，实在美好。《诗经·郑风·叔于田》：

"洵美且仁。"毛传："洵，信。美，好也。"

（43）浚之都，指汴州。浚，指汴州当时水运便利。

（44）小人，指下层劳动人民。《论语·里仁》："君子怀刑，小人怀惠。"朱熹《四书集注》："怀惠，贪利。"

（45）宁，难。求刍（chú 厨），求取草料。

（46）默默，不得意之志。《史记·魏其侯传》："魏其日默默不得志。"

（47）乘间，乘闲暇。

（48）颜垂欢，面带微笑。愉愉，脸色和悦之态。《论语·乡党》："私觌，愉愉如也。"何晏《集解》引郑玄曰："愉愉颜色和。"

（49）何忠之能输，有什么忠心向您奉献呢。语本《楚辞·九章·抽思》："孰无施而有报兮，孰不殖而有获？"

（50）嫉，恨。贪佞，贪财奸狡之徒。洿浊，浊水。《说文》："洿，浊水不流也。"

（51）惩，警戒。脩，同"修"，修好。

（52）怊（chāo 抄）怅，惆怅，失意之状。《楚辞·东方朔〈七谏·谬谏〉》："然怊怅而自悲。"王逸注："怊怅，恨貌也。"

（53）无归，没有归宿。茫茫，茫然无措之态。

（54）抱关，守门的人。指地位低微的人。厄陋，居处僻陋，境遇不好。《后汉书·范式传》："侯嬴长守于贱业，晨门肆志于抱关。"以此知赋若抱贡之厄陋，即侯嬴也。

（55）肆志，纵情。扬扬，得意之态。

（56）伊尹，名挚，原是商汤妻子陪嫁的奴隶，后佐商汤灭夏桀，被尊为阿衡（宰相）。畎（quǎn 犬）亩，田间。畎，田间水沟。

（57）斯，乃。自讼，自责。《论语·公冶长》："吾未见其过而内自讼者也。"

（58）往者不可复，语本《论语·微子》："楚狂接舆歌而过孔子曰：凤兮凤兮，何德之衰？往者不可谏，来者犹可追。"冀，希望。望，相望。《诗经·小雅·都人士》："万民所望。"

【赏析】

韩愈贞元八年（792）擢进士第，十一年（795）犹未得仕，东归，十二年（796）始佐汴州。"其明年七月，有负薪之疾，退休于居。"可见此赋作于贞元十三年（797）七月。复，反复，反其初誓之志。义取《易·复》："复见其天地之心乎？"关于作者写作此赋的背景及用意，宋刘克庄《后村先生大全集》卷一百七十五《诗话》曰："此赋有无穷之意，岂非尝忠告董、陆而不见用，遂欲舍之而去乎？先见于此，其免于祸非幸也。"明何焯《义门读书记》曰："公在汴，当董公之衰暮，远猷深虑有所未入，欲去之而耕野，惧食其禄而与其难，故为此赋以自讼也。'退将遁而穷居'，此句是'志'；'孰与不食而高翔'，此句是'复'。"刘克庄、何焯的分析不无道理，或为避被祸及，或"远猷深虑"未被采纳，或二者兼而有之，亦未可知。总之，韩愈虽感激董晋的识拔，但又不愿在他手下继续做事，决心去职，回家闲居。赋前小序，了了数语，交代了这个问题。

此赋开宗明义，直抒在董晋汴州推官任上，忧愁不能排解，常常幽思长叹，并不是朝不饱食、冬不暖衣之故。故接下去，历述自己"坎坷而艰难"的经历。幼时家境贫寒，依兄会南迁，渡长江，过洞庭，直至广东之连山。不久，兄死，又携嫂侄北归河阳故里。正值中原战乱频仍，不得已而就食江南。发愤钻研，学习前贤，踌躇满志，以为青紫可拾。遂择日西征，参加科举考试，到国都谋求出路。谁知因为自己不会逢迎拍马，趋炎附势，没有达到目的，只有从早到晚潜心著述。

是自己才德不行吗？显然不是。因为早在贞元八年就考中了进士，已经十一年了，连一个小官的空缺也补不上，只能归结为："表白日之不与吾谋兮"，即君王不赏识我，这种怨怅是很大胆的。既然在京都不能得官，以展"志愿"，便东出国门，遁而穷居。行动迟缓，涕泪交流，来到东都洛阳。徘徊犹豫，占卜吉凶。这时得到东都留守董晋的赏识，征为汴州观察推官。韩愈是确实感激的，"非夫子之洵美兮"，这是心里话。但韩愈不仅是饱学之士，而且想有一番作为。董晋又值暮年，韩愈的"远猷深虑"是很难采纳的。这种生活虽有了保障，志愿却不能得伸的处境，是韩愈不能忍受的。所以，他牢骚满腹："固余异于牛马兮，宁止于饮水而求刍?""苟不内得其如斯兮,孰与不食而高翔?"换言之,假如只是混碗饭吃,还不如饿着肚子远走高飞。又一次重申"退将遁而穷居"的志向。又以侯嬴抱关、伊尹畎亩为例,重申写此赋自明本志之意,结以往者不可谏,来者犹可追,寄希望于未来。

总之,此赋抒发了韩愈不愿尸位素餐,而想在政治上有一番作为的志的,否则,宁肯退居草野。似不出儒家"穷则独善其身,达则兼济天下"之意。但一路写来,曲曲折折,而又明白果决,大气凛然,不愧为抒情言志佳作。

1913年10月至12月,毛泽东在湖南省第四师范学校读预科时,国文教员袁仲谦劝他多读古文。毛泽东熟读此赋,并在《讲堂录》里记下了赋中的佳句:"朝驰骛乎书林兮,夕翱翔乎艺苑。"又参照旧注,记录这两句的出处:"发秘府,览书林,遥集乎文雅之囿,翱翔乎礼乐之场"(扬雄《剧秦美新》)。"真婆娑乎艺术之场,休息乎篇籍之囿"(班固《答宾戏》)。结合文意,他还记录了刘孝标《辨命论》《汉书·夏后胜传》《史记·张仪传》《孔子家语》及《汉书·刘向传》中的一些话,表明毛泽东对《复志赋》学习极其认真,很感兴趣。(毕桂发)

【原文】

闵己赋

余悲不及古之人兮,伊时势而则然[1];独闵闵其曷已兮[2],凭文章以自宣。

昔颜氏之庶几兮[3],在隐约而平宽[4];固哲人之细事兮[5],夫子乃嗟叹其贤[6]。恶饮食乎陋巷兮,亦足以颐神而保年[7];有至圣而为之依归兮[8],又何不自得于艰难[9]?曰余昏昏其无类兮[10],望夫人其已远[11];行舟楫而不识四方兮[12],涉大水之漫漫。勤祖先之所贻兮[13],勉汲汲于前修之言[14]。虽举足以蹈道兮[15],哀与我者为谁[16]?众皆舍而己用兮,忽自惑其是非;下土茫茫其广大兮,余壹不知其可怀[17]。就水草以休息兮[18],

恒未安而既危；久拳拳其何故兮⁽¹⁹⁾，亦天命之本宜。

惟否泰之相极兮⁽²⁰⁾，成一得而一违⁽²¹⁾。君子有失其所兮，小人有得其时。聊固守以静俟兮⁽²²⁾，诚不及古之人兮其焉悲！

【毛泽东评点】

《闵己赋》

昔颜氏之庶几兮，在隐约而平宽。

恶饮食乎陋巷兮，亦足以颐神而保年。

古之观人也，必于其小焉观之，其大者容有伪焉。人能碎千金之璧，不能无失声于破釜；能博猛虎，不能无变色于蜂虿，孰知箪食瓢饮之为哲人大事乎。苏子瞻光谓韩子以三书抵宰相求官，《与于襄阳书》，求朝夕刍水仆赁之资，又好悦人以志诏（铭）而受其金，其戚戚于贫贱如此，乌知颜子之所为乎？司马君实司马苏氏之论当矣。虽然，退之常（尝）答李习之书曰：孔子称颜子一箪食一瓢饮，人不堪其忧，回也不改其乐。彼人者，有圣者为之依归，而又有箪食瓢饮足以不死，其不忧而乐也，岂不易哉。若仆，无所依归，无箪食瓢饮，无所取资，则饿而死，不亦难乎。

楚囚，君子也。语出《春秋》。

——《讲堂录》，中共中央文献研究室等编：《毛泽东早期文稿》，湖南出版社 1990 年版，第 612 页。

【注释】

（1）伊，《尔雅·释诂下》："伊，维也。"郭璞注云："发语辞。"则，乃。然，语气词。

（2）闵闵，忧伤之态。曷已，何时停止。《左传·昭公三十二年》："余一人无日忘之，闵闵焉如农夫之望岁，惧以待时。"杜预注："闵闵，忧貌。"一作"闷闷"。

（3）颜氏，指颜回，字平渊，春秋时鲁国人，孔子弟子。庶几，差不多。

（4）隐约，穷困。平宽，平和温厚。

（5）哲人，明智的人。细事，小事。

（6）夫子，指孔子。叹其贤，《论语·雍也》："子曰：'贤哉，回也！一箪食，一瓢饮，在陋巷，人不堪其忧，回也不改其乐。贤哉，回也！'"又《论语·先进》："子曰：'回也其庶乎，屡空。'"

（7）颐神，保养精神。保年，延年益寿。

（8）至圣，道德智能最高的人，指孔子。《礼记·中庸》："唯天下至圣，为能聪明睿和，足以有临也。"依归，寄托，依靠。《书·金縢》："呜呼！无坠天之降宝命，我先王亦永有依归。"

（9）自得于艰难，在艰难困苦中自得其乐。

（10）昏昏，糊涂之状。无类，不相似，指不像颜回。

（11）夫人，那人，指颜回。

（12）行舟楫，驾着船。楫，桨。

（13）贻，赠，遗留之意。

（14）汲汲，心情急切之状。《礼·问丧》："其送往也，望望然，汲汲然，如有追而弗及也。"孔颖达疏："汲汲者，促急之情也。"前脩，亦作"前修"，前贤，前代品德高尚的人。《楚辞·离骚》："謇吾法夫前脩兮，非世俗之所服"。范宁集解曰："未履居正之道。"

（15）蹈道，实行正道。《春秋谷梁传·隐公元年》："若隐者，可谓轻千金之国，蹈道则未也。"

（16）哀与我者为谁，同我一样悲哀的人还有谁呢？

（17）壹，志气闭塞。壹，通"抑"。《礼记·檀弓下》："予壹不知其丧之踊也。"孔颖达疏："壹，专一。"亦可通。

（18）就水草，隐居草野。

（19）拳拳，忠诚恳切之态。《礼记·中庸》："（颜）回之为人也，择乎中庸，得一善，则拳拳服膺而不失矣。"天命，上天的意旨。《书·盘庚上》："先王有服，恪谨天命。"

（20）否（pǐ四）泰之相极，好坏到极点，就会相互转化，所谓否极泰来。否、泰，皆《周易》卦名。否卦表示天地不交，闭塞不通，是恶运；泰卦表示天地交而万物通畅，是好运。《易·杂卦》："否，泰，反其类也。"此谓祸福相倚，吉凶相反。

（21）咸，都。违，失去。

（22）聊，暂且。俟（sì寺），等待。

【赏析】

韩愈进士及第后，久不得官，后在汴州刺史董晋手下任职。晋死，他又投靠徐州刺史张建封，佐成徐州，后又因故离去。唐德宗贞元十六年（800）来到洛阳。韩愈才高盖世，但仕途坎坷，哀伤而作此赋。闵，忧伤。己，自己。一说己当作"已"，其理由是赋首有"独闵闵其曷已"和赋末"诚不及古之人兮其焉悲"的句子，"皆是止悲之意"。此说亦可通。

《闵己赋》是篇抒情小赋，文字不多，却写得一波三折，摇曳生姿。文章开端，直抒胸臆。我悲伤我不如古代贤人，这是时势造成的。独自忧愁不已，只能通过文章来宣泄。交代了写作此赋的原因。那么，作者所倾慕的古人又是谁呢？答曰：孔子的好学生颜渊。颜渊的道德修养算是可以了吧，他身处穷厄之境，性情温和宽厚，这本来是明智人的小事，但孔子竟赞扬他的贤良。颜渊住在狭窄的巷子里，吃着粗劣的食品，也能保养精神，延年益寿。因为他有孔子这样的"至圣"作为寄托，又为何不能在艰难困苦中自得其乐。而自己却糊糊涂涂和颜渊不同，并且和颜渊相距甚远。打个比方，自己就好像驾船渡水却不辨方向。刻苦追求祖先的遗训，努力用前贤的言论来勉励自己，却没有同道，以至于对自己的所作所为是对是错，也发生了怀疑。不得已就想隐居草野，内心又感到不安。疑因不能排解，便归结为天命本该如此。最后，作者对问题作了理性思考：否与泰到了极点，就会相互转化，否极泰来。现在这种君子失所，小人得时的现象只是暂时的。暂且静静地等待吧，实在不如古人又有什么悲哀的呢！自我安慰，还是曲折地表达了对自己生活困窘、仕途不通的伤感和悲哀。这便是文章的题旨。

毛泽东1913年曾研读此文，《讲堂录》中有详细的笔记，其中记录了苏轼《颜乐亭诗并序》中批评韩愈视颜回安贫为小事的话："古之观人也，必于其小焉观之，其大容有伪焉。人能碎千金之璧，不能无失声于破釜；能搏猛虎，不能无变色于蜂虿。孰知箪食瓢饮之为哲人之大事乎！"又记司马光《〈颜乐亭颂〉序》中讥评韩愈的话："光谓韩子以三书抵宰相求官，《与于襄阳书》求朝夕刍米仆赁之资，又好悦人以志铭而受其金，其戚戚于贫贱如此，乌知颜子之所为乎？"然后又引韩愈自己的话为他辩解：司马、苏氏之论当矣。虽然，退之尝答李习之书曰："孔子称颜回：一箪食，一瓢饮，人不堪其忧，回也不改其乐。彼人者，有圣者为之依归，而又有箪食瓢饮足以不死，其不忧而乐也，岂不易哉。若仆无所依归，无箪依瓢饮，无所取资，则饿而死，不亦难乎。"表示对韩愈看法的认同。需要说明的是，《讲堂录》中所记苏轼、司马光对此赋的评价及对韩愈的批评，当是国文教员袁仲谦讲课时连类而及。（毕桂发）

李 翱

李翱（772—836），字习之，陇西成纪（今甘肃天水）人，唐代散文家、哲学家。贞元十四年（798）进士。元和时任史馆修撰、考功员外郎。出为庐州刺史。终山南东道节度使、检校户部尚书。谥文。

李翱曾被清人划入唐宋十大家。他曾从韩愈学古文，是古文运动的参加者，文学主张大抵与韩愈相同。他的散文发展了韩文平易的一面，文笔平实流畅，富于感情色彩。所作《来南录》，为传世很早的日记体文章。在哲学上，受佛教影响。所撰《复性书》，糅合儒、佛两家思想，认为人性天生是善的，提出用"正思"消灭邪恶的"情"，达到"复性"为"圣人"。有《李文公集》等。

【原文】

幽怀赋

朋友有相叹者，赋《幽怀》以答之[1]，其辞曰：

众嚣嚣而杂处兮[2]，或嗟老而羞卑。视予心之不能然兮，虑行道之犹非。傥中怀之自得兮[3]，终老死其何悲。

昔孔门之多贤兮[4]，唯回也为庶几[5]。越群情以独去兮，指圣城而高遐[6]。固箪食与瓢饮兮[7]，宁服轻而驾肥[8]。望若人其何如兮，惭吾德之纤微。躬不田而饱食兮，妻不织兮丰衣。授圣贤而比度兮，何侥倖之能希。念所怀之未展兮，非悼己而陈私。

自禄山之始兵兮[9]，岁周甲而未夷[10]。何神尧之郡县兮[11]，乃家传而自持[12]。税生人而育卒兮[13]，列高城以相维。何兹势之可久兮，宣承念而遐思。有苗之逆命兮[14]，舞干羽以来之[15]。惟政刑之既修兮[16]，无远迩而成归。当高祖之初起兮[17]，提一旅之赢师[18]。能顺天而用众兮，竟埽寇而戡隋[19]。况天子之神明兮[20]，有烈祖之前规[21]。划弊政而还本兮[22]，如反掌之易为。苟庙堂之治德兮[23]，何下邑之能违。哀余生之贱速兮，包深怀而告谁。嗟此诚之不达兮，惜此道而无遗。独中夜以潜叹兮[24]，匪吾忧之所宜。

【毛泽东评点】

众嚣嚣而杂处兮，咸叹老而嗟卑。视余心之不然兮，虑行道之犹非。怪神尧以一旅取天下兮，后世子孙不能以天下取河北以为忧。李翱。呜乎，使当时君子皆易其叹老嗟卑之心，为翱所忧之心，唐之天下岂有乱与亡哉！

虽然，公不云乎，文章之作，常发于羁旅草野。至王公贵人，气得志满，非性能而好之，则不暇以为。

——中共中央文献研究室等编：《毛泽东早期文稿》，湖南出版社1990年版，第611页。

【注释】

（1）赋，吟诵或创作诗赋。此作创作解。《左传·隐公元年》："公入而赋。"《汉书·艺文志》传曰："不歌而诵谓之赋，登高能赋可以为大夫。"

（2）嚣嚣（áo 敖），众口诋毁之态。《诗经·小雅·十月之交》："谗口嚣嚣"。《汉书·刘向传》引作"谗口嗸嗸"，《潜夫论·贤难》引作"谗口敖敖"。

（3）傥（tǎng 倘），倘若，假如。表示假设。中怀，内心。汉苏武《别诗》之二："幸有弦歌曲，可以喻中怀。"

（4）孔门多贤，《史记·孔子列传》："孔子以诗、书、礼、乐教弟子，盖三千焉，身通六艺者，七十有二人。"

（5）回，颜回（前521—前490），字子渊，春秋鲁人，孔子弟子。好学不倦，乐道安贫，在孔门中以德行著称，后世儒者尊为"复圣"。事见《史记·仲尼弟子传》。庶几，差不多。

（6）圣城，宗教徒称与教主或教中重要人物生平事迹有重大关系的城市。儒学后亦被视为孔教，故此指曲阜。

（7）箪食（dān sī 丹司）、瓢饮，语出《论语·雍也》："子曰：'贤哉，回也！一箪食，一瓢饮，在陋巷，人不堪其忧，回也不改其乐。贤哉，回也。'"

（8）服轻、驾肥，驾轻车，御肥马。服，驾驭。

（9）禄山，安禄山，唐营州柳城（今辽宁朝阳南）人，本姓康，字轧荦山，母嫁突厥人安延偃，因改姓安，更名禄山。懂六蕃语言，骁勇善战，曾兼任平卢、范阳、河东三镇节度使，拥兵十五万。天宝十四年（755）在范阳起兵叛乱。次年称帝，国号燕，年号圣武。攻破洛阳、潼关，入长安。至德二年（757）被子庆绪杀死。

（10）岁周甲，第一个周年。岁周，周年。甲，第一。夷，平，平定。

（11）神尧，即唐尧。陶唐氏，名放勋。传说中父系氏族社会后期部落联盟首领。他死后，禅让给舜，实行禅让制。郡县，郡和县的并称。此指国土。郡县之名，初见于周。秦始皇统一中国，分国内为三十六郡，郡下辖县，其后郡县遂成为常制。

（12）家传，家中世代相传。秦始皇统一中国后，实行皇位世袭制，后代便形成家传天下。

（13）税，息，休止。三国魏曹植《应诏》诗："爰暨帝室，税此西墉。"生人，活人。

（14）有苗，古国名，亦称三苗。尧、舜、禹时代我国南方较强大的部族，传说舜时被迁到三危。有，词头。《书·大禹谟》："帝曰：咨禹，惟时有苗弗率，汝徂征。"逆命，接受命令。《仪礼·聘礼》："宰命司马戒众介，众介皆逆命不辞。"郑玄注："逆，犹受也。"

（15）舞干戚，跳着干戚舞。干戚舞是一种操干（盾）戚（斧）的武舞。《礼记·乐记》："干戚之舞，非备乐也。"来，归服，归顺。《易·兑》："六三，来兑。"李镜池通义："来，归。以使人归服为悦。"

（16）政刑，政令和刑罚。修，实行，从事某种活动。《国语·晋语》："晋为盟主，而不修天罚，将惧及焉。"韦昭注："修，行也。"

（17）高祖，唐高祖李渊。唐王朝的建立者，祖籍陇西成纪（今甘肃秦安）。大业十三年（617）起兵反隋，攻灭其他义军。次年，建立唐王朝。

（18）旅，军队编制单位。《周礼·地官·小司徒》："乃会万民之卒伍而用之。五人为伍，五伍为两，四两为卒，五卒为旅。"羸（léi雷）师，疲备之师。

（19）埽，通"扫"。寇，指农民起义军。勘隋，推翻隋朝。勘，平定。

（20）天子，指唐肃宗。755年，爆发安史之乱，唐玄宗逃往四川。756年，唐肃宗继位于灵武。

（21）烈祖，建立功业的祖先。古多称开基创业的帝王。此指李渊。《书·伊训》："伊尹乃明言烈祖之成德，以训于王。"孔传："汤，有功烈之祖，故称焉。"

（22）刬（chǎn铲），同"铲"。铲除。弊政，不良的政令，腐败的政治。本，指德政。

（23）庙堂，朝廷。此指以君主为首的中央政府。

（24）中夜，半夜。《书·冏命》："怵惕惟厉，中夜以兴，思勉厥愆。"孔传："言常怵惧惟危，夜半以起。"

【赏析】

发生在天宝十四年（755）的安史之乱，是唐王朝由盛至衰的转折点。次年叛军攻下两京，安禄山称帝。玄宗逃亡四川，肃宗在灵武（今属宁夏）即位。叛军所至，残杀抢掠，国破家亡，人民流离失所，朝政一片混乱。从赋中"自禄山之始兵兮，岁周甲而未夷"推断，《幽怀赋》当写于756年或757年。面对如此混乱的政治局面，作为一个正直的知识分子，一个唐王朝的地方官员，无法抑制自己隐藏在内心的感情，便写了这篇《幽怀赋》。

在赋中作者抒发了什么样的情怀呢？他不赞成"朋友"们的徒自"相叹"，也不像有些人以"嗟老""羞卑"为是，而自行其道。他要行什么道呢？他援引的古贤圣先是箪食瓢饮的颜回。和颜回相比，"躬不田而饱食兮，妻不织兮丰衣"，他是侥幸的，但他仍感叹"所怀之未展"。那么，他所怀的又是什么呢？答曰：安史之乱，至今未平。换句话说，他关心的不是个人的遭际，而是唐王朝的命运，人民的死活。所以，他援引尧舜政令修明，刑罚得当，有苗等少数民族自愿归顺。赞扬高祖李渊提一旅疲惫之师而扫灭群雄，推翻隋朝，开创李唐王朝基业，慨叹当今天子不能举天下之师而削平河北藩镇，恢复唐王朝中央政权，维护国家的统一，救民于战乱之中，呼吁"划弊政以返本"，从朝廷作起。这就是作者的"幽怀"，是作者的由衷之言，也是本文的题旨所在。文章归结于自己官小职微，"此诚"不能"上达"，到头来只落得个"中夜""潜叹"，甚至是"匪吾忧之所宜"。即是说这种幽怀，是杞人忧天，多此一举。

这篇抒情小赋，拥护国家统一，反对藩镇分裂势力，旗帜鲜明，立场坚定，在当时具有一定的进步意义。是是非非，语言明快，具有一种尖锐泼辣之气，在艺术上也是好的。因而是一篇不可多得的佳作。

毛泽东在1913年12月13日《国文》课的《讲堂录》中，记录了韩愈《感二鸟赋》原注中引录的《幽怀赋》中的话："众嚚嚚而杂处兮，咸叹老而嗟卑。视余心之不然兮，虑行道之犹非。怪神尧以一旅取天下兮，后世子孙不能以天下取河北以为忧。李翱。"并且表示了自己的看法："呜乎，使当时君子皆易其叹老嗟卑之心，为翱所忧之心，唐之天下岂有乱与亡哉！"毛泽东的这个看法，实际是肯定了李翱在赋中抒发的情怀。不仅如此，毛泽东还在笔记中记下了原注中引录的宋代散文家欧阳修评论李翱《幽怀赋》的话："虽然，公不云乎，文章之作，常发于羁旅草野。至王公贵人，气得志满，非性能而好之，则不暇以为。"欧阳修认为李翱"文章之作"，"常发于羁旅草野"，而王公贵人，不是特别爱好的，都不肯写文章，实际是赞扬李翱这种有感而发的文章。对于欧阳修的这个看法，毛泽东也笔录下来，表示认同。（毕桂发）

周敦颐

周敦颐（1017—1073），字茂叔，道州（今湖南道县）人，宋代理学大师。居庐山，筑室名濂溪书堂。濂溪为其出生地。一生著述不多，总计只有不到3000字。除《太极图说》和《通书》40篇，采用道家学说，以太极为理，阴阳五行为气，对宋明理学影响极大。此外，还有20多首诗和两三篇散文，其中以《爱莲说》为最著名。他还有一篇《拙赋》，不算后人加上的标点，只有70余字，也颇有意义。

【原文】

拙　赋

或谓予曰⁽¹⁾："人谓子拙？⁽²⁾"予曰："巧，窃所耻也⁽³⁾，且患世多巧也。"喜而赋之曰："巧者言，拙者默；巧者劳，拙者逸；巧者贼⁽⁴⁾，拙者德；巧者凶，拙者吉。呜呼⁽⁵⁾！天下拙，刑政彻⁽⁶⁾。上安下顺，风清弊绝⁽⁷⁾。"

【毛泽东评点】

从前的"赌痞"，现在自己在那里禁赌了，农会势力盛地方，和牌一样弊绝风清。

——《湖南农民运动考察报告》，《毛泽东选集》，第1卷，人民出版社1991年版，第35—36页。

【注释】

（1）或，有。谓，告诉。予，我。

（2）子，古代对男子的美称或尊称。拙，笨拙，与巧相对。《老子》：

"大巧若拙。"

（3）窃，私。常用作表示个人意见的谦词。

（4）贼，伤残，毁坏。德，道德，德行。

（5）呜呼，感叹词。

（6）彻，贯通。

（7）风清，风气清明。弊绝，弊病断绝。

【赏析】

《拙赋》作于周敦颐任职永州期间。文中周敦颐以"拙"为荣，以"巧"为耻。在他的眼里，巧者喜欢耍嘴皮子，拙者则默默地干实事；巧者耍鬼心眼儿，拙者则以德服人；最终，自以为聪明的巧者会倒霉，而拙者却能获得吉祥。周敦颐认为，如果天下皆拙，社会也就拥有了真正的通顺与和谐。

在56岁归隐九江之前，周敦颐一生仕途，官不上知州，究其原因，可能就是太拙，不擅拍马逢迎，不懂自我溢美；但他却也赢得了"操行清修，才术通敏，凡所莅临，皆有治声"的评价（宰相吕公著向朝廷呈递的推荐状里是这么说的）。

周敦颐为官清廉，为人自然、古拙，甚至自认迂腐。《周敦颐集》还收有七律一首《任所寄乡关故旧》："老子生来性苦寒，宦情不改旧儒酸。停杯厌饮香醪味，举箸常餐淡菜盘。事冗不知筋力倦，官清赢得梦魂安。故人欲问吾何况，为道舂陵只一般。"

今日官场中的人，多为巧者，逢迎拍马；生意场上的人，投机取巧。或可从周氏《拙赋》中吸取教益。

"风清弊绝"也作"弊绝风清"，形容贪污舞弊等情况杜绝，社会风气清明良好。毛泽东用"弊绝风清"赞扬湖南农民运动的功绩。

苏 轼

苏轼（1037—1101），字子瞻，一字和仲，号东坡居士，眉州眉山（今四川眉山）人，北宋文学家、书画家。与其父苏洵、弟苏辙同为当时著名古文家，合称"三苏"，都属于"唐宋八大家"之列。

苏轼幼年承受家教，好学上进，博通经史，擅长文学、书画。21岁中进士，先后任主簿、签判、殿中承等职。神宗时，王安石实行变法，苏轼的改革思想与王安石的变法主张有许多不同，他连续上书反对。由于意见未被采纳，请求外调，先后被派往杭州、密州（今山东诸城）、徐州（今江苏铜山）、湖州（今浙江湖州）等地做刺史。元丰二年（1079），因作诗讽刺新法，被何正臣、舒亶等新进官僚罗织罪状，被捕入狱，这就是北宋有名的文字狱"乌台诗案"。出狱后，贬为黄州（今湖北黄冈）团练副使。哲宗即位，旧派司马光等执政，苏轼奉召回京，任翰林学士、侍读、龙图阁学士等职。又因不满旧党全盘否定新法而受打击，再次请求外任，又做过杭州、颖州、扬州、定州等地太守。后新党再度执政，又被贬往惠州（今广东惠阳）、儋州（今海南儋县）。徽宗即位，遇赦北归，建中靖国元年（1101）七月死于常州。

苏轼一生经历北宋仁宗、神宗、哲宗、徽宗四朝，与新、旧党都有矛盾，又不愿"视时上下，而变其学"（《送杭州进士诗序》），所以他一生几乎都是在贬谪中度过的。他所接触的生活面比较广阔，长期游宦生活，阅历丰富，视野扩大，从而在文学艺术方面取得巨大成就。苏轼诗、词、赋、散文都有极高造诣，形式多样，各具风貌。其诗清新豪健，善用夸张、比喻，在艺术表现上独具风格。其文明白畅达，生动形象，纵横驰骋，变化多姿。其词突破"艳科"藩篱，题材广泛，风格豪放奔放，开创豪放词风。其赋摆脱汉赋板滞和齐梁华艳恶习，写景抒情完美结合，显示出作者高度的艺术才能。其书法擅长行、楷书，师法名家，又能自创新意。用笔丰腴跌宕，有天真烂漫之趣。与蔡襄、黄庭坚、米芾并称"宋四家"。能画竹，学文同，也喜作枯木怪石。论画主张神似。

苏轼诗文集合刻本有明成化程宗《东坡七集》本。词集有近人朱祖谋编《东坡乐府》。

【原文】

赤壁赋

壬戌之秋[1]，七月既望[2]，苏子与客泛舟，游于赤壁之下[3]。清风徐来，水波不兴。举酒属客[4]，诵明月之诗[5]，歌窈窕之章[6]。少焉，月出于东山之上，徘徊于斗牛之间[7]。白露横江[8]，水光接天。纵一苇之所如[9]，凌万顷之茫然。浩浩乎如冯虚御风[10]，而不知其所止；飘飘乎如遗世独立[11]，羽化而登仙[12]。

于是饮酒乐甚，扣舷而歌之[13]。歌曰："桂棹兮兰桨[14]，击空明兮泝流光[15]，渺渺兮予怀[16]，望美人兮天一方[17]。"客有吹洞箫者[18]，倚歌而和之。其声呜呜然，如怨如慕，如泣如诉，余音嫋嫋[19]，不绝如缕[20]，舞幽壑之潜蛟，泣孤舟之嫠妇[21]。

苏子愀然[22]，正襟危坐而问客曰[23]："何为其然也？"

客曰："'月明星稀，乌鹊南飞[24]'，此非曹孟德之诗乎？西望夏口[25]，东望武昌[26]，山川相缪[27]，郁乎苍苍，此非孟德之困于周郎者乎[28]？方其破荆州，下江陵[29]，顺流而东也，舳舻千里[30]，旌旗蔽空，酾酒临江[31]，横槊赋诗[32]，固一世之雄也[33]，而今安在哉！况吾与子渔樵于江渚之上[34]，侣鱼虾而友麋鹿[35]，驾一叶之扁舟，举匏樽以相属[36]，寄蜉蝣于天地[37]，渺沧海之一粟。哀吾生之须臾[38]，羡长江之无穷，挟飞仙以遨游，抱明月而长终[39]，知不可乎骤得，托遗响于悲风[40]。"

苏子曰："客亦知夫水与月乎？逝者如斯[41]，而未尝往也[42]；盈虚者如彼[43]，而卒莫消长也。盖将自其变者而观之，则天地曾不能以一瞬[44]；自其不变者而观之，则物与我皆无尽也，而又何羡乎？且夫天地之间，物各有主，苟非吾之所有，虽一毫而莫取。惟江上之清风，与山间之明月，耳得之而为声，目遇之而成色，取之无禁，用之不竭，是造物者之无尽藏也⁽⁴⁵⁾，而吾与子之所共适⁽⁴⁶⁾。"

客喜而笑，洗盏更酌。肴核既尽⁽⁴⁷⁾，杯盘狼藉⁽⁴⁸⁾。相与枕籍乎舟中⁽⁴⁹⁾，不知东方之既白。

【毛泽东评点】

1956 年夏，毛泽东到大江南北视察。5 月底在长沙，毛泽东看到湖南各方面形势很好，十分高兴。他对湖南省委书记周小舟说："苏东坡讲'驾一叶之扁舟'，那说的是小舟，你已经不是小舟了。你成了承载几千万人的大船了。"

——赵志超：《毛泽东和他的父老乡亲》，湖南文艺出版社 1992 年版，第 401—402 页。

【注释】

（1）壬戌（xū 须），宋神宗元丰五年（1082），岁次壬戌。

（2）既望，旧历每月的十六日。既，过了。望，十五日。

（3）苏子，苏轼，作者自称。子，古代对男子的尊称或美称。泛舟，乘船。赤壁，非三国时"赤壁之战"的旧址，此是作者所游的湖北省黄冈县城外的赤壁矶。作者在此借赤壁之名吊古抒怀。

（4）属（zhǔ 主）酒，为客斟酒，劝客（进酒）。

（5）明月之诗，指《诗经·陈风·月出》一篇。

（6）窈窕之章，指《诗经·陈风·月出》。首章有："月出皎兮，佼人僚兮，舒窈纠（jiǎo 皎）兮，劳心悄兮！"窈纠，即窈窕。以起下文"渺渺兮余怀，望美人兮天一方"。

（7）少焉，一会儿。徘徊，踌躇不前。斗牛，星宿名，指斗宿和牛宿。古代以星辰配地上的方位，斗牛之间下合吴越分野，吴越分野在黄州之东，故实指东方的天际。

（8）白露，白茫茫的水气。露，指水气。

（9）纵一苇之所如，任凭小船在江面上漂荡。纵，听任。一苇，比喻小船。《诗经·卫风·河广》："谁谓河广？一苇杭之。"如，往。

（10）冯虚御风，腾空驾风而行。冯，同"凭"，凌。虚，太空。御，驾驭。《庄子·逍遥游》："列子御风而行。"

（11）遗世，遗弃人世。

（12）羽化，道家把人飞升成仙叫羽化。登仙，飞升仙境。

（13）舷，船边。

（14）桂棹（zhào 赵）、兰桨，划船工具的美称。棹，同"櫂"，桨，划船的工具。桂木、木兰，都是香木。

（15）空明，水明澈的样子。沂，同"溯"，逆流而上。流光，水面上闪动的月光。

（16）渺渺，悠远之状。

（17）美人，指自己倾慕的人。《楚辞·九章》有《思美人》，王逸《楚辞章句》："言已思念其君。"这里隐喻宋神宗。

（18）客，后人多认为指道士杨世昌。杨世昌，四川绵竹人。苏轼《次韵孔毅父》称之为"西州杨道士"及"洞箫入手清且哀"，即指此人。

（19）嫋嫋，缭绕之状，形容声音婉转悠长。

（20）缕，指细丝。

（21）舞，使之舞。泣，使之泣。这里舞、泣均是使动用法。幽壑，深渊。嫠（lí 厘）妇，寡妇。

（22）愀（qiǎo 巧）然，脸色因忧愁而改变，神情凄怆。

（23）正襟危坐，整好衣襟，严肃端坐。

（24）"月明星稀"二句，语出曹操《短歌行》。

（25）夏口，今湖北武汉市汉口，故址在今武汉市黄鹄山上。

（26）武昌，今湖北省鄂州市。

（27）相缪（liáo 劳），相连。缪，缭绕。

（28）周郎，周瑜。因其任建威中郎将时年仅二十四岁，故吴中皆呼周郎。此句指建安十三年（208），周瑜在赤壁之战中击溃曹操号称八十万大军一事。

（29）方，正当。荆州，治所在今湖北襄阳市。下，攻下。江陵，今湖北省江陵县。据《资治通鉴·汉纪》，赤壁之战前，曹操曾攻陷荆州，再克江陵，而后进军赤壁。

（30）舳舻（zhú lú 烛卢），大船。舳舻千里，语出《汉书·武帝纪》颜师古注引李斐曰："舳，船后持舵处也。舻，船前头刺棹处也。言其船多，前后相衔，千里不绝也。"

（31）酾（shī 师）酒临江，把酒洒在江里，以示对山川形胜和古来英雄的凭吊。

（32）横槊赋诗，语见元稹《唐故工部员外郎杜子美墓系铭并序》："曹氏父子鞍马间为文，往往横槊赋诗。"槊，古代兵器的一种，长矛。

（33）固一世之雄，本是一代豪杰。

（34）渔樵于江渚之上，漂泊江湖，像渔夫樵夫一样生活。渔、樵，打鱼、砍柴。都用作动词。

（35）侣、友，与……做伴侣、做朋友的意思。麋（mí 迷），鹿的一种。

（36）匏（páo）樽，葫芦外壳做成的酒瓢。相属，互相劝饮。

（37）寄，寄托，寄居。蜉蝣，昆虫名，夏秋间生长水边，往往只能活几小时，用来比喻人生短暂。

（38）须臾，片刻。

（39）挟，腋下夹着，携带。长终，永远的意思。

（40）托，寄托。遗响，余音，指表达怅惘之情的洞箫声。悲风，秋风。

（41）逝者如斯，语见《论语·子罕》："子在川上曰：'逝者如斯夫！不舍昼夜。'"苏轼引用孔子的话，而又补充了一句"未尝往也"，意思是川水虽逝去而河水仍在。斯，此指长江水。

（42）未尝往，没有消失。往，房玄龄《管子·权修》注："往，谓亡去也。"

（43）盈虚，指月亮的圆缺变化。盈，满。虚，缺。彼，那，指月亮。

（44）盖，句首助词。将，假设语气。曾，竟然。一瞬，眨眼间，言变化之速。

（45）造物者，大自然。无尽藏，佛家用语，原指佛法无边，作用于万物无穷无尽。此指大自然乃无尽的宝藏。

（46）共适，共享。适，快适，快乐，引申为享受。今存苏轼手书《赤壁赋》，"共适"作"共食"。

（47）肴核，菜肴和果品。

（48）杯盘狼藉（jí集），语出《史记·滑稽列传》："男女同席，履舄交错，杯盘狼藉。"狼藉，散乱之状。

（49）相与，彼此。枕籍（jiè借），交错躺着。

【赏析】

《前赤壁赋》写于宋神宗元丰五年（1082）七月，十月又写了《后赤壁赋》。熙宁九年（1076），王安石罢相后，新法逐渐失去其积极意义，追名逐利的投机之徒越来越多地混入变法队伍。他们争权夺利，互相倾轧，排斥异己。元丰二年（1079），作者因谏官何正臣、舒亶、李定等摘出他讽刺新法的一些诗句，以诽谤朝廷的罪名逮捕入狱，这就是有名的"乌台诗案"。经过残酷的折磨后，苏轼被贬为黄州团练副使，本州安置，不得签署公事，不得擅去安置所。前后《赤壁赋》就是在这种行动不自由，生活比较困苦，内心极端愤恨和苦闷的境遇中写成的。

关于这一次赤壁之游，苏轼在《与范子丰》的信函中曾有所记述："黄州少西，山麓斗入江中，石室如丹，传云曹公败所——所谓'赤壁'者，或曰非也。……今日李委秀才来相别，因以小舟载酒饮赤壁下。李善吹备，酒酣作数弄，风起云涌，大鱼皆出，山上有栖鹘，亦惊起。坐念孟德、公瑾如昨耳！"可知此赋确为记游的实录。参照同一时期写的《念奴娇·赤壁怀古》一词，更可看出赋中咏及曹操，词中咏及周瑜，起因都是赤壁之战。赋中用"此非孟德之困于周郎者乎"传疑，而词中用"人道是：三国周郎赤壁"，用"人道是"三字传疑，正可与《与范子丰》信函中"传云""或曰"相发明，可见，苏轼并没有把黄冈赤壁误作三国的古战场嘉鱼、蒲圻间的赤壁，只是借传闻写感触罢了。

这是苏轼的一篇著名的散文赋。开门见山，文章先叙秋夜泛舟游赤壁，着重写景和记游。它首先点明了游玩的时间、地点和人物。接着写江上优美的景色和主客游玩的兴致，两者互相联系，情景交融。描绘景色，写清风，写明月，不仅富有诗意地写出了江上秋夜景色的特点，而且提出了全文的线索。再写江上放舟的感觉，像御风，似登仙，运用美妙的比喻，充分表达了游玩时的愉快心情。正当饮酒放歌之际，客人的洞箫忽然吹出一片凄凉哀怨的声调，于是满怀乐趣变成了满耳悲音，情调骤变，文章随着发生了转折。笛音的悲凉自然引起主客间的问答，文章的重点便转移到对人生对宇宙的看法的大问题上，情节发展自然，内容逐渐深化。客人的答话，前半从眼前的历史陈迹想起当年的历史人物，发生了兴亡倏忽之感，后半从古人想自己，想到人生的短暂和渺小，不禁悲从中来，所以"托遗响于悲风"，解说了箫声悲凉的原因。客人只看见人生短促渺小，变动不居的一面，产生了悲观颓丧的思想。当然是作者不敢苟同的。主人回答客人的话，便堂堂正正地讲一番大道理。他接过客人的话头，也用眼前的景物，即客人所羡慕的长江和明月，形象地阐明了"变"和"不变"的哲理，说出了自己对人生和宇宙问题的见解。他的高明之处在于，不仅看到事物"变"的一面，同时还看到事物的"不变"的一面。他能从宇宙间的变化中看到人类和万物同样是永久存在的，因此他能抱着旷达乐观的态度。进而他认为，眼前风月，有声有色，大自然如此美妙，正可以共同欣赏，共同欢乐，这更进一步表达了作者的旷达胸怀和欢乐心情。这一段写清风，写明月，同篇首遥相呼应。篇末，文章写客人转悲为喜，共同饮酒入睡，寥寥数语，戛然而止，余味不尽。

主人的答话是本篇的主旨。它反映了苏轼的政治上失意、遭到贬谪后的心情。在封建社会里，遭到贬谪的文人，往往在作品中流露出愁苦的心情或牢骚不平，而苏轼却能依旧欣赏江上秋风，山间明月，这显示出他的旷达胸怀。这种旷达胸怀，使他在失意时并不颓丧，所以他在贬谪中流转各地，还能替人民办些好事，有它积极的一面。不过这种思想也有消极的一面，就是容易随遇而安。我们知道，一般来说，凡是记游的诗文，首先当然要求写景叙事生动有味，更需要在写景叙事之中灌注作家浓郁的主观感情，才能神情飞动，诗意盎然；倘若在情景交融之外，还能从物我之间即主客观的契合之间生发出某种哲理的意蕴，那便是上乘之作了。《前赤壁赋》对人生与宇宙的哲理思考，虽然不尽正确，但毕竟使人茅塞顿开，耳目一新，所以成为传之千古的名作。

这是一篇散文赋。作者一方面运用散文的写法，不受传统赋体的约束，用笔挥洒自如，具有豪迈奔放的特色；一方面保持赋体的一些特点，适当使用骈偶的句式和押韵的方法，语句整齐，单调和谐，加强了语言的美感。

文章无论写景、抒情、议论，紧扣江上风光，而且善于把情、景、理组织在一起。选材之精，运用之巧，组织之工，都达到了妙造自然的地步。

总之，本文不论全赋情景哲理的意蕴，还是艺术表现方法，都取得了很高的成就。无怪乎受到后代文论家所推崇，以至于唐庚称："东坡《赤壁》二赋，一洗万古，欲仿佛其一语，毕世不可得也。"（《唐子西文录》）

毛泽东熟知这篇赋。1956年夏，他视察大江南北，看到湖南各方面的形势很好，高兴地对当时的湖南省委书记周小舟说："苏东坡讲'驾一叶之扁舟'，那说的是小舟，你已经不是小舟了。你成了承载几千万人的大船了。"透过毛泽东幽默风趣的话语，我们可以看出他对《前赤壁赋》的熟稔，灵活运用，说明现实问题的能力。此外，毛泽东在《在延安文艺座谈会上的讲话》中强调"人民生活是一切文学艺术取之不尽，用之不竭的唯一源泉"，也是从本篇中"惟江上之清风，与山间之明月……取之无禁，用之不竭"变化而来。（毕桂发）

【原文】

菜羹赋

东坡先生卜居南山之下[1]，服食器用，称家之有无[2]。水陆之味，贫不能致，煮蔓菁、芦菔、苦荠而食之[3]。其法不用醯酱[4]，而有自然之味。盖易具而可常享，乃为之赋，辞曰：

嗟余生之褊迫[5]，如脱兔其何因[6]。殷诗肠之转雷，聊御饿而食陈。无刍豢以适口[7]，荷邻蔬之见分。汲幽泉以揉濯，搏露叶与琼根。爨鉶锜以膏油[8]，泫融液而流津。

汤蒙蒙如松风，投糁豆而谐匀。覆陶瓯之穹崇，谢搅触之烦勤。屏醯酱之厚味，却椒桂之芳辛。水初耗而釜泣，火增壮而力均。瀹嘈杂而麇溃，信净美而甘分。登盘盂而荐之，具匕箸而晨飧。助生肥于玉池，与吾鼎其齐珍。鄙易牙之效技⁽⁹⁾，超傅说而策勋⁽¹⁰⁾。沮彭尸之爽惑⁽¹¹⁾，调灶鬼之嫌嗔。嗟丘嫂其自隘⁽¹²⁾，陋乐羊而匪人⁽¹³⁾。先生心平而气和，故虽老而体胖。计余食之几何，固无患于长贫。忘口腹之为累，以不杀而成仁。窃比予于谁欤？葛天氏之遗民⁽¹⁴⁾。

【毛泽东评点】

日本法西斯把最大的仇恨集中在中国共产党，对于国民党则一天一天的心平气和了，"反共""灭党"两个口号，于今只剩下一个反"共"了。

——《毛泽东选集》第3卷，人民出版社1991年版，第919—920页。

【注释】

（1）卜居，选择居地。

（2）称，适合。

（3）蔓菁，一种可食的野菜。芦菔，今称萝卜。苦荠（jì），荠菜。

（4）醯（xī），醋。

（5）褊（biǎn），衣服狭小，引申为狭隘。

（6）脱兔，像逃走的兔子一样，比喻到处迁徙流转。

（7）刍豢，泛指家畜。《荀子·荣辱》："今使人生而未尝睹刍豢稻梁也"。杨倞注："牛羊曰刍，犬豕曰豢。"

（8）爨（cuàn），烧火煮饭。铏，古代盛羹器。錡，三足釜。

（9）易牙，人名，春秋时齐桓公宠臣，长于调味，善逢迎。传说曾烹其子为羹献桓公。事见《左传·僖公十七年》等古籍。

（10）傅说，商代贤士，为奴隶时曾在傅岩地方代胥靡刑人筑道。

（11）彭尸，道家说人尸有三尸虫，均有大害，上尸彭倨好宝物，中尸彭质好五味，下尸彭矫好色欲，合称为彭尸。

（12）丘嫂，大嫂，长嫂。《汉书·楚元王传》："高祖微时，常避事，时时与宾客过其丘嫂食。"颜师古注:"张宴曰:'丘,大也,长嫂称也。'"

（13）乐羊,即乐羊子。东汉河南人。在路上拾到一金饼子,其妻认为有志之士不应在路上拾东西求利,使品行受污。于是乐羊子远出求学。一年后思家归来,妻又以织布为喻:织不能中断,学不能中辍。乐羊子感其言,复出。七年不归,终成学业。事见《后汉书·乐羊子妻》。

（14）葛天氏,传说中的上古帝号。在伏羲之前。其治不言而自信,不化而自行古人认为理想中的自然、淳朴之世。晋陶渊明《五柳先生传》:"无怀氏之民欤,葛天氏之民欤?"

【赏析】

苏轼这篇小赋意趣盎然,你看,东坡先生选择住处在南山脚下,穿着饮食用具与家里的状态相适合。山珍海味,因家境贫穷而无法享用,就煮蔓菁、萝卜、荠菜来吃。煮的方法是不用醋和酱油,利用其自然的美味。因这些菜蔬日常容易搞到,因而能经常享用。因此而作赋说:

嗟乎!我一辈子生活窘迫,像逃走的兔子一样到处跑究竟是什么原因。饥饿使诗人饥肠辘辘,食陈年的谷子以御饿。无喂养的家畜家禽适合口味,幸亏周围的菜蔬都可利用。汲山泉以洗濯,取其叶与根。点火上灶放入膏油。锅内热气腾腾香津沸腾,加入豆米搅匀,盖上盖。盖上盖后不要开盖搅动,不要放醋和酱油,也不要胡椒桂皮之类的调料。用武火把锅烧开后,烧沸一会儿就用均匀的文火煨。菜蔬随开水而翻滚,就煮成了酥烂的浓汤。实在是清醇甘美,盛入盘碗奉上,准备好勺子筷子,消磨暮霭和晨光。溪畔泽旁取的这些野菜,能与诸侯当年的王鼎媲美!

从苏东坡的《菜羹赋》中可以看出,两宋时期,菜羹仍是平常人家的主要菜食。羹仍然分荤素两种。有钱人家用肉作羹,而苏东坡当时经济拮据,就用菜作羹,所用的原料,是大蔓菁、萝卜、荠菜,加上豆粉。由于苏东坡十分强调烹调技术,对水、火、油都十分讲究,尤其是掌握火候,怎样才能煮烂,何时加豆粉为宜等,都很有经验。所以他将最普通的素菜加豆粉,能制作出最美味的菜羹。这种羹,后人叫作"东坡羹"。和"东坡肉"一样,至今仍是美食家的美味佳肴。更为难得的是诗人那种"心平而气和"的心态和心宽体胖的体形。毛泽东在抗日战争中的一篇文章中说日本帝国主义者对于国民党则一天天的"心平气和"了，是批评国民党和日本人互相勾结。

王夫之

王夫之（1619—1692），字而农，号姜斋，又号船山，明清之际湖南衡阳人。清兵南下，曾在衡山举兵抵抗。击败后到桂林，任南明桂王行人司行人。后归衡阳，于石船山筑工室，备尝艰辛，杜门著述以终。学术自成体系批判佛家、老庄以及程朱陆王思想，肯定世界的物质统一性，认为物质是运动的、变化的。一生著述颇丰，有《周易外传》《尚书引义》《张子正蒙注》《思向录》《读通鉴论》《宋论》以及《薑斋诗文集》等，后人辑有《船山遗书》。

【原文】

双鹤瑞舞赋并序

盖闻天以德为胙[(1)]，物以和为应，胙维馨香，应若笙磬，其理甚微，而传之显甚。是以禽鱼草木，皆足以榷休嘉[(2)]，而咏歌之作所自昉也[(3)]。

维我大将军安远公[(4)]，义问淑昭[(5)]，仁声洋溢，光赞兴王，胥匡中夏[(6)]。师兴之日，鸾翔凤翥，既已洋洋吹感讫于南服矣，乃际诞辰，元戎宾佐，拜祝在廷。爰有双鹤，盘旋应接，和鸣中六律[(7)]，回翔中九夏[(8)]，乐作筋行，群心载喜，揆其所自，良有固然，慈恺之情，孚及羽族，则异品皈心，干旄奏凯之先几也[(9)]。而且绎子和之占，既为孝德之征；推同声之吉，又着宾敬之范。昔史克致颂[(10)]，上歌寿母，内赞令妻，化启闺庭，而大东开宇，淮夷献琛，成必然之券，不谓人心所灼见者，而鹤能传之也。岂但苏山仙返[(11)]，缑岭笙来[(12)]，为暇年之庆哉！夫之遥处岳阴，有迟瞻侍，闻祥内跃，忘其耄拙，辄以樵笛之音，次云韶之韵，望秀峰，梦滴水，不自知其未与于笙镛之侧也，亦以奖功弘慈，式勤令业云尔。

维芝田之仙侣，叶佳耦于南云，孕灵滋之淑质，肇美度于芳春，披玄袆之整叟，氅玉衣之缤纷，友彩鸾于崟岭，从丹凤于岐邬，韵闲闲而裹僙[13]，趾岳岳以嶙峋，择香泉之载泌，啄珍粒之怀新。

尔乃回翔微霄，乘凌沇宇，远睨遥天，清空遯仞，晰万里于须臾，振六翮而斯举，虽远游之无方，必怀仁而托处，依琼草乎蘅皋，就瑶将于蕙圃，晞紫纮于朱轩，刷素裳于画庑，欣天和之沦浃，眷慈胥之弘溥，亦既安而既平，宜载鸣而载舞。然而珍重令仪，爱需胜事，谩好音以俟今，戢霓裳之暂试，维摄提之天开[14]，腾八荒之瑞气，虬升南云，鹰腾海滋，式我公之胥匡，奋南溟之鹏翅，涤六寓之霾云，暄曦轮之初丽，衣冠鹊起，旌旗虎视，梧云洗青，湘烟濯翠，矧令月之维嘉，晋寿觞而迎瑞。

于时华钟晓发，玉箫晨喧，瓶花歆其素馨，炉霭爇其蛟涎，宾僚佩其琚瑀，将吏肃其橐键，咸奕奕以雍雍，进娓娓之连连，斯歌斯颂，载喧载闻，羽吹迭震，玉瓽频宣，方畅情以歆睇，倏羽客之翩褪，惊群目而回睐，叹殊美之尤妍。爰乃引修吭，舒广翼，伸长胫之亭亭，转圆肩之抑抑，矜弄回风，腾晦曙色，萧萧盈盈，将舒故息，揉花雪而团圜，散绮霞之络绎，既如安期羡门[15]，驾蚬旌之蝴虬，亦似丰神宓妃[16]，展云旗之赫奕。遂以仰丹栋，回近珠帷，如衔巨枣，类献华芝，欲邀青鸟于西极[17]，偕进玉液于琼卮，喜文明之乍复，振冠佩之陆离，式武功之孔烈，奋腾耀之葳蕤。将以风行朔漠，翼覆蒸黎，汛洞庭而张乐，挟黄鹤以同嬉。盈廷之士，佥曰盛哉，好音载柔，不宁方来，肃雍允孝，静好克谐，鸾封有凤，玉叶新培，信鸥鹭之览德，觊徽音而徘徊，琴调音以播雅，鼓迅节以惊雷，廓长天之旷览，指阊阖而欲开[18]，祝令德之柔嘉[19]，凝百福以不回，谱殊祯而载咏，伫景运于泰阶[20]。

南岳遗民王夫之顿首谨识

【毛泽东评点】

振铎先生：

有姚虞琴先生经陈叔通先生转赠给我一件王船山手迹，据云此种手迹甚为稀有。今送至兄处，请为保存为盼！

顺祝

健吉

毛泽东

十二月三日

——《毛泽东书信选集》，人民出版社1983年版，第422页。

【注释】

（1）胙（zuò），福佑。

（2）榷，商榷。休嘉，美好吉祥。《汉书·礼乐志》："正佳吉弘以昌，休嘉砰隐溢四方。"颜师古注："休，美也。嘉，庆也。

（3）昉，曙光初现，引申为开始。

（4）维，句首发语词。

（5）淑昭，淑，善，善良。昭，彰明，显扬。

（6）胥，等待。匡，救。中夏，华夏，中国。《文选·班固·东都赋》："目中夏而布德，敢四裔而抗棱。"吕向注："中夏，中国。"

（7）六律，古代乐音标准名。相传黄帝时伶伦截竹为管，以管的长短分别声音的高低清浊，阳为律，阴为吕。六律，即黄钟，大蔟、姑洗、蕤宾、夷则、无射。

（8）九夏，古乐名。《周礼·春官·钟师》："凡乐事，以钟鼓奏九夏：王夏、肆夏、昭夏、纳夏、章夏、齐夏、族夏、祴夏、骜夏。"

（9）干旄，以牦牛尾饰旗杆，竖于车后，成为威仪。古卿大夫所用。先几，预先洞知细微。

（10）昔史克致颂数句，《商颂·閟宫》："鲁侯燕喜，令妻寿母。"又："掩有龟蒙，遂荒大东。至于海邦，淮夷来同。莫不率从，鲁侯之功。"

（11）苏山仙返，苏仙，即苏耽，传说中的仙人，又称苏仙公。相传他飞升前留给母亲一个柜子，扣之可得日常所需，后其母开柜视之，从中飞出两只白鹤，柜就不再灵验了。三百年后，有一只白鹤停在郡城东北楼上，他就是苏耽。事见晋葛洪《神仙传·苏仙公》。

（12）缑岭笙来，缑岭，即缑氏山。在河南偃师东。汉刘向《列仙传·王子乔》："王子乔者，周灵王太子晋也。好吹笙，作凤凰鸣。游伊洛之间，道士浮丘公接上嵩高山。三十余年后，求之于山上，见桓良曰：'告我家，七月七日待我于缑氏山巅。'至时，果乘白鹤驻山头，望之不得到，举手谢时人，数日而去。"后因以为修道成仙之典。

（13）裛（yì），香气熏染侵袭。僷（yè），美的样子。

（14）摄提，古星名。摄提格的简称，即寅年。《离骚》："摄提贞于孟陬兮，惟庚寅吾以降。"

（15）安期羡门，安期，即安期生。仙人名。秦汉间齐人，一说琅琊阜乡人。传说他从河上丈人习黄帝老子之说，卖药东海边。秦始皇东游，与语三日夜，赐金璧数千万，皆置之阜乡亭而去，留书及赤玉舄为报。后始皇使人入海求之，未至蓬莱山，遇风波而返。事见《史记·乐毅列传》、汉刘向《列仙传》。

（16）宓妃，传说中的洛水女神。《楚辞·离骚》："吾令丰隆乘云兮，求宓妃之所在。"王逸注："宓妃，神女。"《文选·司马相如〈上林赋〉》："若夫青琴、宓妃之徒，绝殊离俗。"李善注引如淳曰："宓妃，伏羲氏女，溺死洛，遂为洛水之神。

（17）青鸟，神话传说中为西王母取食传信的神鸟。《山海经·西山经》："又西二百二十里，曰三危之山，三青鸟居之。"郭璞注："三青鸟主为西王母取食者，别自栖息于此山也。"《艺文类聚》卷九十一引旧题汉班固《汉武故事》："七月七日，上（汉武帝）于承华殿斋，正中，忽有一青鸟从西方来，集殿前。上问东方朔，朔曰：'此西王母欲来也。'有顷，王母至，有两青鸟如乌，挟持王母旁。"后虽以青鸟为信使的代表。

（18）阊阖，传说中的天门。《离骚》："吾令帝阍开关兮，倚阊阖而望予。"亦指皇宫的正门。

（19）令德，美好的品德。

（20）景运，好时运。《周书·独孤信传》："今景运初开，椒闱肃建。"

毛泽东信中提到的郑振铎（1898—1958），福建长乐人，作家、文学史家。当时任中央人民政府文化部文物局局长。

陈叔通（1876—1966），中国政治活动家，爱国民主人士。浙江杭州人。清末翰林。甲午战争后留学日本，曾参加戊戌维新运动。辛亥革命后，任第一届国会众议院议员，曾参加反对袁世凯的斗争。此后，长期担任上海商务印书馆董事、浙江兴业银行董事等职。抗日战争期间参加抗日救亡活动。抗战胜利前夕，参加筹组上海市各界人民团体联合会。1949年9月出席中国人民政治协商会议第一届全体会议。当时任中央人民政府委员、政协全国委员会副主席，后任全国人大常委会副委员长，中华全国工商联合会第一、二、三届主任委员。1966年2月17日在北京去世。

姚虞琴（1867—1961），名瀛，字虞琴，渔吟，号景瀛，原籍仁和亭趾（今属浙江余杭），久居上海市。以诗画书法之长而驰名艺坛。姚虞琴在亭趾度过了少年时期，从青年时代起辗转外地，最后定居上海，自幼潜心习诗作画，早年习科举未第，曾在湖北水泥厂、造币厂工作25年。1916年到上海公茂盐栈当协理，与画家陈夔龙、程十发、陈祖香、唐云、吴昌硕等交往甚密，常聚会"海上题襟馆"，或挥毫论艺，或诗歌酬唱。多次与吴昌硕同游超山，在宋梅亭留有题咏。1921年为扶持家乡蚕农，出资建造庆成茧行。每逢家乡荒年歉收，辄出资赈灾、施米、施药、施衣。有求画卖钱度日者，不避严寒酷暑，有求必应。1937年，浙江图书馆举办全省文献展览会，以清帝诏令焚禁之《明念赏先生手抄稿》《明山阴刘宗周订定稿》《查初白诗二册》《石门吕晚村留良诗稿》等家藏珍品参展。《吕留良诗稿》属海内孤本。同年，日寇侵沪，虞琴蓄须深居，卖画度日。画兰不带土，寓祖国沦陷之意。有人欲请他出主杭县维持会，遭严词谢绝："我是中国人，怎能为日本人效劳！"新中国成立后，虞琴欣喜万分，1951年将自己珍藏稀世墨宝王夫之《双鹤瑞舞赋》，交由陈叔通先生转献毛泽东主席。毛泽东批示，珍藏国家博物馆。而后，作《十年颂》等多首诗词，歌颂社会主义祖国。姚老热爱家乡，1957年，杭县文化馆举办画展，以生平力作和所藏名画一箱（24幅字画），无偿献赠。历任上海画院画师，中国美术家协会上海分会会员，上海市文史馆馆员，国民党革命委员会成员。1961年3月，终老上海寓所，归葬超山海云洞西侧。

信中所说"王船山手迹"，即《双鹤瑞舞赋》。王船山（1619—1692）字而农，号姜斋，世称船山先生。衡阳（今湖南衡阳）人。明崇祯十五年（1642）中乡举。清军下湖南，与管嗣裘等于衡山起兵抗击，事败逃亡广东肇庆，任南明桂王政权行人司行人。因反对王化澄，几陷大狱。又赴广西桂林依瞿式耜，桂林陷落，式耜死，乃隐遁山林。从此，勤奋著述凡四十年。对天文、历法、数学、舆地诸学均有研究，尤精经史、文学。其主要贡献是在哲学上总结和发展了中国传统的唯物主义。主要著作有《周易外传》《尚书引义》《读四书大全说》《张子正蒙注》《黄书》《读通鉴论》等。邓显鹤等集刊为《船山遗书》。

毛泽东通过郑振铎转赠给中国历史博物馆收藏的王夫之《双鹤瑞舞赋》墨迹，原卷为素绢地，楷书，宽23.6厘米，长297.6厘米。卷前引首有吴昌硕题"王船山先生遗墨"七字。卷后有长沙程颂万、嘉兴金蓉镜跋。此卷于清末为杭县姚景诚（字虞琴）收藏，并影印复制，存长沙船山学社。康熙十三年（1674），王夫之写的《双鹤瑞舞赋》，到底是写给谁，有不同看法：一是1982年，北京《文物》第六期刊出船山的《双鹤瑞舞赋》并发表了史展写的《王夫之双鹤瑞舞赋卷书后》的评论，这篇评论根据赋中有"维我大将军安远公"一语，断定此赋是写给清政府任命讨伐吴三桂的安远靖寇大将军多罗贝勒尚善的祝寿词，进而作出结论：船山晚年已向清朝妥协；一是谭承耕写的《关于王夫之双鹤瑞舞赋问题》一文（刊于《文物》1983年第六期），认为《双鹤瑞舞赋》不是写给清朝多罗贝勒尚善的，而是写给响应吴三桂反清起义的广西将军孙延龄的，原来在吴三桂反清时，有两个人号称"安远大将军"。

我们赞同谭承耕的看法。原因有二：

第一，从官衔上看，孙延陵自称"安远大将军"，据《清史稿》载："（康熙）十三年二月，孙延龄举兵反，……延龄自称安远大将军，移牒平乐、梧州诸郡。"作者称他为"大将军安远公"，表示尊敬，是可以的；而尚善的官衔全称是"安远靖寇大将军"，是康熙皇帝御封，随便去掉"靖寇"而单称"安远公",就犯了忌讳,是不行的。

第二,从落款看,序文开头说:"维我大将军安远公义向淑昭",而结尾作者落款是"南岳遗民王夫之顿首谨识"。"遗民",指亡国之民,即前朝留下来的老百姓,也多指改朝换代后不在新朝做官的人。而王夫之就是不在清朝做官的人,他不愿做清朝的官,与清朝不合作,怎么会巴结一个清朝将军呢?

第三,从赋的内容看,赋序说:"我大将军……光赞兴王,胥匡中夏。""兴王"的"王",如果指康熙,康熙是皇帝,那就贬低了。"中夏",是汉人对中原地区的称呼。"胥匡",则用孔子称赞管仲尊王攘夷"霸诸侯,一匡天下"的典故,称赞着为大将军能像管仲一样拯救王室,恢复中原,驱逐夷狄。当时是满洲贵族入主中原,作者怎敢用这个典故,写赋给满清官员?所以只能是歌颂反清的广西将军孙延龄。"王"是指吴三桂。吴反清后僭称"周王"(《清史稿·吴三桂列传》)说孙延龄"光赞王业",就是响应吴三桂反清。

第四,从赋中涉及的地点来看,序中说"(夫之)望秀峰,梦漓水,不知其未与于筆锯之侧也"。秀峰,即广西桂林独秀峰;漓水,即桂林之漓江。赋正文中还提到"虯升南云""鹰腾海濚""梧云洗清,湘烟濯翠"。"南云""海濚"当指广西邻近南海;"梧云",梧州之云;湘烟,指作者家乡湖南。这些地名都与作者和孙延龄有关,而与在武汉的尚善无涉。

综上所述,这篇赋是作者写给抗清将军孙延龄的。序文和赋正文中,所写意思大致是,赞扬孙延龄起兵,帮助吴三桂反清,是正义事业,所以双鹤为之起舞献瑞,宾朋部将为之祝寿,远在湖南的作者,也写赋致贺。此赋不仅内容堂堂正正,而且文采斐然,一气呵成,是一篇不可多得的佳作。

后　记

历时半年，本书终于完稿了。它是应中国文史出版社之邀编写的《毛泽东谈文论史全编》之一种。它是一部集体著作，初稿由多人执笔撰写，修改定稿则由本人独立完成。

本书收入的毛泽东同志评说的古代辞赋作品，都有直接或间接的依据。其体例分为原文、注释、毛泽东评说和赏析四个部分，与社会上一般古文选本不同。一般的古文选本，往往是有注释而无赏析，或者相反。这样做的好处是可以节省一些篇幅，减少成本；但其缺点是，只有注释，读者虽可读懂作品，但对作品的妙处往往领略不足；有赏析而无注释，往往把文章写得冗长拖沓。为避免以上缺点，我们决定既要注释，帮助读者先读懂作品，又有赏析，引导读者领略作品奥妙之处，以获得欣赏中的最大愉悦。我们觉得这样更符合读者的欣赏过程，对读者将更有助益。因此，我们不畏叠床架屋之嫌，效果如何，有待读者检验。

参与撰写初稿的还有：毕国民、毕晓莹、毕英男、东民、刘磊、孙瑾、赵悦、赵玉玲、赵庆华、赵善修、孙本华、张涛、张豫东、王汇娟、范冬冬、韩明英、许娜、朱东方等。

此外，在编写过程中，我们研读了有关的毛泽东著作，参阅了大量的研究专著，在此一并致谢。

毕桂发

2023 年冬